# DEMOCRACY
## DISSOLVED
### BY FREEDOM

# 被自由消解的民主

## 民主化的现实困境与理论反思

张飞岸　著

中国社会科学出版社

图书在版编目（CIP）数据

被自由消解的民主：民主化的现实困境与理论反思/张飞岸著 . —北京：

中国社会科学出版社，2015.11（2022.1 重印）

（比较政治与中国社会科学话语体系研究书系）

ISBN 978 - 7 - 5161 - 5446 - 5

Ⅰ.①被… Ⅱ.①张… Ⅲ.①民主—研究 Ⅳ.①D082

中国版本图书馆 CIP 数据核字（2014）第 311118 号

| 出 版 人 | 赵剑英 |
| 责任编辑 | 姜 薇 |
| 责任校对 | 王 斐 |
| 责任印制 | 王 超 |

| 出 版 | 中国社会科学出版社 |
| 社 址 | 北京鼓楼西大街甲 158 号 |
| 邮 编 | 100720 |
| 网 址 | http://www.csspw.cn |
| 发 行 部 | 010 - 84083685 |
| 门 市 部 | 010 - 84029450 |
| 经 销 | 新华书店及其他书店 |

| 印刷装订 | 北京君升印刷有限公司 |
| 版 次 | 2015 年 11 月第 1 版 |
| 印 次 | 2022 年 1 月第 2 次印刷 |

| 开 本 | 710×1000 1/16 |
| 印 张 | 26.75 |
| 插 页 | 2 |
| 字 数 | 371 千字 |
| 定 价 | 88.00 元 |

# 序　言

## 杨光斌

拜登就任美国总统以来，中美竞争从科技竞争、贸易竞争进一步升级为话语权竞争。为了联合盟友反华，拜登政府组建了所谓的民主国家同盟，试图利用民主话语霸权，在意识形态领域围剿中国。中国为此发布了《中国民主白皮书》和《美国民主情况报告》，撕下了美式民主虚伪的面纱，并推出了中国自己的民主概念——全过程人民民主。

近年来，在习近平总书记反复强调要建构中国社会科学本土话语的条件下，国内理论界开始了"理论自觉"，突出表现在对自由主义民主理论的反思性研究上。在诸多相关作品中，就研究问题的真实性、深刻性和系统性而言，当首推中国人民大学马克思主义学院张飞岸副教授的《被自由消解的民主：民主化的现实困境与理论反思》，该项研究发现了自由主义民主理论的死结，在2015年就论证了美式民主在政治实践上必定产生灾难性后果，并尝试推出中国本土的民主概念。

2022年，张飞岸博士的《被自由消解的民主：民主化的现实困境与理论反思》由中国社会科学出版社再版，作为导师，我欣然接受为其作序的请求。本书是在张飞岸博士毕业论文的基础上修订而成。在毕业论文答辩时，极具战略智慧的台湾问题一号专家、中国人民大学政治学教授黄嘉树如是说："从来没有读过语言如此有力量的论文，男生都写不出来。"中央党校政法部前主任李良栋教授则断言：张飞岸很可能成为民主理论大家。

如此纯净的语言既让为师骄傲，也可以作为前辈们对她的激励。张飞岸博士心怀大众，公正至上，看不惯不平等、不公正现象，更不能忍受虚伪的政治理论。本书就是这种性情的产物，用她自己的话说：流行的自由民主理论事实上是为了遏制大众的利益，这个发现"让我接近于愤怒，不是因为它的邪恶，而是因为它的虚伪"，立志"把自由民主请下神台"。

本书的第一个贡献是基本完成了对自由民主理论的解构，进而回答了为什么以追求平等为宗旨的第三波民主化非但没有带来平等，反而陷入更不平等的境地。如本书的历史分析径路上的论证，第一波、第二波民主化都是社会主义运动和大众运动的产物，不仅带来了社会的平等化，也带来了财产关系的变化，即无产者第一次在政治上有了再分配财富的权利，西方以社会保障为中心的社会权利就是这样来的。因为民主化带来了财产关系即社会结构的变化，民主化不仅仅是普选权问题，所以第一波民主化才显得如此漫长。相对于第一波民主化运动，以竞争性选举即普选权为特征的第三波民主化虽然很迅猛，但是什么都没有改变，不仅如此，社会反而更不平等了。根本原因何在？就在于民主的去社会主义化，即过去的第一、第二波次的民主都是社会主义的社会民主，而当社会民主直接威胁到既定制度时，即 20 世纪 70 年代社会民主在西方达到高峰时，亨廷顿等人写出了《民主的危机》，认为民主需要降温；以捍卫自由而非民主为宗旨的萨托利的《民主新论》在"冷战"高峰时期如期出版。

也正是在这种被我们忽视的语境下，自由民主理论成为社会民主的替代品。所谓的自由主义民主只是在以"民主"的话语追求"自由"，自由主义民主的实质是自由而非民主。这样的理论又被 20 世纪 80 年代以来西方的语境坐实，那就是撒切尔主义、里根主义所实现的哈耶克式新自由主义。我们都知道，新自由主义的核心就是市场自由化和财产私有化，事实上是一种市场原教旨主义运动。在滚滚向前的资本浪潮（洛克式财产权）中追求民主？民主必然被吞噬！

所以，以民主化之名而行自由化之实，民主化的结果之一倒是最终消解了政府，为资本的自由流动即自由的掠夺打开了方便之门。不是吗？在20世纪90年代，无论是叶利钦时代的俄罗斯，还是南美，赢家都是资本权力集团，输家都是追求民主的大众。结果，深受新自由主义之害的大众反过来就成了民粹主义者。曾经追求民主的俄罗斯人转而呼唤强人普京，深受新自由主义之害的南美则左翼政治盛行，今日美国大选中的民粹主义政治更是新自由主义泛滥的结果，"深南部"的底层白人感觉是过去30年政治的受害者，把真人秀节目主持人、"不着调"的特朗普送进白宫。这个对很多美国人打击太大了，总统至少应该是道德上的"模范公民"啊！

本书的第二个贡献则是回答了西方民主巩固理论为什么失效。在第三波民主转型国家，成功者寥寥无几，原因何在？为此，西方政治学界如同其前辈在"冷战"时期的使命性表现一样，要回答民主如何巩固或者说民主为什么失败，以及无效民主这样重大的现实问题。

学究气的探讨有文化主义的、理性选择主义的，还有制度主义的（国内学术界也基本上是跟着西方学术界走，说难听点就是"拾人牙慧"），只有戴蒙德（Larry Diamond）的"非自由的民主"影响最大，即成功的民主都是自由的民主，而很多竞争性威权主义的产生如俄罗斯的普京、伊朗的内贾德和委内瑞纳的查韦斯是因为缺少自由。那么，自由到底是什么？难道仅仅是戴蒙德所说的、我们习以为常的言论自由和结社自由吗？难道有竞争性多党制就没有这些自由吗？在本书中，最重要的还是洛克式财产自由这样的根本性经济结构和社会结构问题。也就是说，如果民主巩固理论不涉及这样的根本性问题，其理论本身就毫无意义。在作者看来，民主不但是政治权力结构的变化，即所谓的普选权问题，更重要的是社会结构问题。而自由民主的核心即竞争性选举追求的仅仅是政治结构的变化，无视甚至刻意回避了社会结构的问题。在不变的社会结构上到来的民主，最终都是失败的或者无效的民主。要知道，在很多国家，民族独立并没有带来社会结构的改革，依然是封建制、部落制的社会结构，在这种社会结构中搞竞争性选举，只是强化了固有的社会结构，因为主宰选举过程的依然是那些旧结构的主人。且不说第三波民主转型国家的状况，之所以在印度这样的老牌民主国家也是无效的民主，关键在于其古老的不变的社会结构。结果，在封建制社会结构内搞选举民主，社会变得更不平等，因为少数人的特权以大众选举授权的方式获得了更大的合法性，不平等得以固化甚至恶化！这就是国内很多人口口声声授权的重要性，认为没有选举授权就没有政治合法性。到底是纸面上的理论重要还是活生生的现实更有说服力！被国内很多人认为有合法性的印度民主政权，在著名的印裔美籍政治评论家扎克里亚看来，却是千真万确的"强盗式民主"。

与第二个贡献相关，本书还质疑了所谓的威权政权的合法性来自绩效、民主政府的合法性来自选举制度程序这样老生常谈并被当作"真理"的说法。不能提供基本公共服务的民选政府有哪家具有合法性？伊拉克民选政府有什么合法性？只不过，"党争民主"是一条不归路，一旦走上了，就永无回头的可能，老百姓也只得"认栽"了，难道这就是所谓的合法性？不得不说，国内学术界的一些人关于合法性的认识还非常肤浅，总是把美丽的概念与美丽的结果相联系。谈论民主不能不涉及"治理"，这是自20世纪90年代以来国际社会上最流行的两个概念或范式。与消解政府作用的民主化相呼应，西方人的治理概念即社会治理、非政府组织的治理结果如何，虽然不是本书的重点，但本书还是给予了深刻的剖析，指出以社会为中心的治理理论，如同以选举为核心的民主理论一样，都是祸害落后国家的坏东西。

我们知道，习惯于忘却历史的世界银行经济学家们发现，联合国援助项目被社会组织管理比政府管理更有效，由此搞出一个当代的治理概念（其实这个概念在16世纪的英国就有了，指的是国家的统治权）。这到底是无知还是故意陷害发展中国家？第一，谁是世界银行项目的最好完成者？

当然是中国，是中国政府，因为中国政府受世界银行援助最多，也是做得最好的，怎么能说社会组织就比政府做得好？第二，在无数的发展中国家，由于长期被殖民的历史，国家力量被消解了，培育出了贵族、地主、军阀等社会力量，如果在这些国家还强调所谓的社会作用而抑制政府的作用，难道不是落井下石吗？

其实，也不奇怪，这一时期的民主化理论和治理理论都是新自由主义的不同形式。写到这里，不得不佩服中国人与生俱来的智慧，中国人谈的治理更多的是国家治理，即由国家（政府）主导、社会参与的治理，本质上还是如何实现公共上的治国理政之道。最后要指出的是，在我们这个大时代，因为没有自己的概念而简单地用别人的话语来"关照"中国，中国如此伟大的实践和成就却被有些人认为是错误的，被认为不具有合法性，还有什么比这种现象更诡异呢？比较政治研究的反事实法已经昭示，那些按照所谓"正确的""合法性"的自由民主理论开展实践的所有发展中国家，它们发展的希望何在？社会科学说到底是为了回答重大社会问题，是用来"用"的，当流行的理论不符合历史逻辑时，必须被抛去；当理论不符合现实实践时，必须根据实践而修正。《被自由消解的民主：民主化的现实困境与理论反思》一书既发现了自由主义理论与历史逻辑的脱节，也指出了它与现实实践相悖的危险，因而是国内思想界重新认识自由主义民主理论绕不开的智识成果。

# 自序　我的民主揭秘之旅

　　本书是博士论文的产物，在自序中不妨给大家讲讲我写博士论文的故事，希望后来者能有所获益。

　　我的博士论文是揭秘自由民主。民主对于政治学领域的学者来说是耳熟能详的，如何讲出新意、讲出自己的观点，并且让无论赞同或不赞同我观点的人都认可这是一次有创新性的、有学术贡献的尝试，特别考验我驾驭历史和建构理论的能力。从博士论文答辩时答辩委员会各位老师的交口称赞并全优通过来看，我达到了预期目标。

　　博士论文写作是需要使命感的，我常常告诫我的研究生，如果你仅仅是为了工作而读博，我希望你还是不要读了，读博是高危行业，不做好脱发明志、内分泌失调的心理准备，不胸怀"为往圣继绝学，为万世开太平"的壮志雄心，你可能很难坚持下来，也很难写出真正有学术含金量的博士论文。中国正在经历巨大的变革和转型，这种巨变为每一个致力于社会科学研究的人提供了丰富的案例和思想增长点，中国的政治学研究应该致力于推动政治学研究范式的转型，因为我们生在一个需要范式转型的时代，这是一个充满危机的时代，也是一个需要变革的时代。在这个时代，中国政治学最应该做的也许不是模仿美国政治学"冷战"后逐渐在方法上陷入的数理模型游戏，正如刘瑜所说，那种模型游戏不过是一种"精致的平庸"。没错，我们的政治学也许由于起步较晚，处于一种既不精致又平庸的状态，但我们的方向首先应该是不平庸，然后是精致的不平庸，无论如何不应该是"精致的平庸"，因为美国政治学正在因此失去自己的学科身份和学科贡献，它的前景并不明朗，因此不值得我们亦步亦趋。

# 我如何走上学术道路

我的学术之路走得既意外又在预料之中。所谓意外，是因为我从小学之后就不再是家长眼中的好学生（小学因为语文、声乐、体育好，一度混得风生水起，身兼班长、文体委员、大队委数职）。到了初中，因为喜欢看课外书，又痴迷《红楼梦》，一度逃课潜心研究红学，被老师请家长说我是会拖他们重点中学重点班后腿的落后分子。这段老师不喜欢、爹妈不待见的落魄生涯，现在在我看来可能是我人生中最重要的一段时光。因为它重塑了我的人生观，把我从争强好胜的小官迷变成名副其实的曹雪芹主义者。除此之外，它赋予了我一种底层视野。小学时我是个被老师赞赏的好学生，作为班长也经常在差生面前充满优越感，觉得他们朽木不可雕也。初中时自己突然变成别人眼中的差生，我开始学会从下向上看问题。这种底层视野对我后来的学术道路影响很深，我总会以批判的眼光审视精英阶层向外传达的各种观念，并自觉与权力和资本保持一定距离。"曹雪芹主义"是我对自己当时价值偏好的概括，诸位知道曹雪芹经历过大起大伏、大喜大悲的戏剧人生，而我虽未遭遇如他般变故，但短短一年多时间从大队长到落后生的经历也足够让我看尽人间悲喜，从此弃绝红尘。我不再是一个喜欢出风头、万事争第一的小辣妹，反而变成一个淡泊名利、清静无为的"小居士"。这种无为并不是自命清高、故作姿态，而是真的可上可下、可有可无，本来"假作真时真亦假，无为有处有还无"嘛。带着这种世界观和人生观，我并不十分努力也并不十分不努力地经过了高考，由于是少数民族又有做一名律师的理想，我报考了中央民族大学法学院。回首自己这段经历，是想给后来者提供个反面教材。虽然我并不后悔自己上大学前的这段经历，但回首往事总觉得如果我能够不那么叛逆，早些意识到努力学习的重要性，学术这条道路我可能会走得更成功一些。然而，事物都是有两面性的，正因为我叛逆的性格，我不太容易被社会流俗干扰，因而养成了一些适合学者这一职业的秉性，比如爱读书、善思考、怀大爱、淡名利等。每个人都是独立的个体，同时也都是某个具有相似性格、偏好之群体的类存在物，我的个人经历正是在这个意义上可能对与我有着相似特征的同学有些许借鉴和反思意义，大家可以择其善者而从之，其不善者而改之。

民大法学院让我学到的最重要的事情就是我其实并不喜欢法律，法律过于技术化、金钱化、社会化，而我喜欢历史和哲学这些远离现实又形而上的事物。在谈了一场失败的恋爱、泡了两年图书馆之后，我突然意识到自己必须为自己未来的人生道路进行抉择，一想到自己大学毕业后可能会做一名白领、律师或者公务员，一辈子跟各种实务、官僚和琐事打交道，我就如坐针毡、芒刺在背。带着要为自己寻一条生路的信念，我开始了考研之路，这是唯一能让我遵循自己灵魂生活的机会。既然不喜欢法律，考研肯定是要换专业的，大三时在北京大学马克思主义协会参加一年读书会的经历让我对马克思主义和社会主义产生了浓厚的兴趣，马克思的《青年在选择职业时的考虑》对我影响很大，我至今可以背诵这篇文章结尾处那段曾让我莫名感动的文字："如果我们选择了最能为人类福利而劳动的职业，那么，重担就不能把我们压倒，因为这是为大家而献身；那时我们所感到的就不是可怜的、有限的、自私的乐趣，我们的幸福将属于千百万人，我们的事业将默默地、但是永恒发挥作用地存在下去，而面对我们的骨灰，高尚的人们将洒下热泪。"我希望自己能成为一名像马克思那样为全人类的幸福而努力工作的人，我也希望自己能够更清楚地弄明白为什么激情四射的马克思到了政治课本上就变得老气横秋、令人反感；为什么曾经被资产阶级都认可为人类发展趋势的社会主义现在却变成连无产阶级都不相信的乌托邦。带着这样的信念，我决心报考北京大学马克思主义学院。我按照北京大学马克思主义学院科学社会主义与国际共产主义专业的历年考题认真复习了半年时间，胸有成竹地去北京大学参加考试。然而在考场上发生了一件改变我命运的变故，在参加科学社会主义与国际共产主义运动这场考试时，在还有一道半题未答时，我的考卷就已经被我密密麻麻写满了，我向监考老师要求增加答题纸，结果被告知不允许附纸，可上届参加考试的同学明明告诉我写的越多越好，是可以附纸的呀。就这样，虽然距离考试结束还有将近四十五分钟的时间，我却因为没有答题空间而无法答完考题，在利用其他考题空白处的边边角角（也不知道会不会影响卷面整洁）答完倒数第二题之后，最后一道 30 分的大题我由于没有答题纸而一字未写，这急出我一身冷汗，我再次央求监考老师又被果断拒绝，没有经验又不知所措的我愤然交卷。考试成绩出来，我以 3 分之差无法进入复试线，只好接受调剂回到母校中央民族大学管理学院就读研究生。在此，我必须表示我非常感谢我硕士期间的导师肖秀荣教授，他现在是全国著名的考研辅导专家，每次看到肖老师的书占据各大图书销售榜榜首我都由衷地为他感到高兴。肖老师为人正直低调、与世无争，因此在学院时难免遭到一些"禄蠹"的排挤，经历一些树欲静而风不止的不如意，但他的言行与我的人生观颇为契合，对我坚持自己的信念和原则一直是一种激励。除此之外，肖老师对我的学术能力也颇为认可，没有他的鼓励，可能我根本无法从考研失败的阴影中走出来。

　　也许北大考研提前透支了我的霉运，在那之后，我的人生似乎总有贵人相助。研究生毕业那年，中国社会科学院新成立的马克思主义研究院亟须招贤纳士，我面试材料提交的论文《当代中国左翼图绘》获得了院长程恩富教授的赞赏，2006 年 7 月，我非常幸运地以硕士生的身份进入中国社会科学院这一学术殿堂工作。三个月之后，因为中国社会科学杂志社新晋主编要人，我又被程恩富院长推荐到中国社会科学杂志社工作，开始了我的学术编辑生涯。我非常感谢程恩富教授，没有他的赏识，我很难以硕士生的身份进入中国社会科学院这一学术殿堂，社科院为我从事学术研究提供了充足的时间和较高的平台，即使刚入职时月收入仅800元，但在我的记忆里那段日子是非常愉快的。我还要感谢我在杂志社的领导孙麾教授，他是我所在编辑室的主任，他给予了我很多理解、包容和保护，并鼓励我做一名学术型的编辑。

中国社会科学杂志社为我接触中国最顶尖的学者和学术论文打开了便利之门，我开始认真对待自己的学术道路，并希望在学术领域做出一番成绩。2008年，我因为编辑赵汀阳研究员的《民主的最小伤害原则和最大兼容原则》和杨光斌教授的《民主的社会主义之维——兼评资产阶级创造民主的神话》两篇文章对民主理论产生浓厚的兴趣，遂生出跟杨光斌老师读博士深入研究民主问题的愿望。我怀着忐忑的心情给杨光斌老师写了封毛遂自荐的邮件，没想到杨老师欣然同意我报考，于是，2009年，我非常幸运地成了一名杨门女将。

## 熊彼特成功地吸引了我的注意

读杨光斌老师的博士可能是我一生中最正确的抉择。杨老师是一位非常注重思想原创性，并对西方社会科学既存的概念、理论和方法论具有批判意识的学者。他认为，政治学不可能脱离政治、历史和意识形态而独立存在，而所谓科学、客观的研究，就是要能够深刻揭示政治理论背后的政治诉求，并从历史结构和现实需求的角度探寻政治制度和政治概念的起源、演变和发展趋势。大多数老师强调博士论文要从小问题入手，注重从小处着眼培养学科意识和研究方法，并不寄希望博士生能做出大理论、解决大问题。杨老师却经常告诫学生不要迷信西方概念和话语霸权，要有历史使命感和时代责任感，要有中国问题意识和话语意识，要敢于建构新理论、挑战大问题。他经常鼓励我们：博士生也可以如斯考切波那样写出《国家与社会革命》之类的学科巨著。杨老师这种培养学生的方式非常适合我这种问题意识比较强、洞察力比较敏锐的学生，我不太擅长从小处着眼的定量研究，反而喜欢历史比较和结构主义的研究方法，喜欢探讨质性问题、建构核心概念。

研究方法和研究问题是相辅相成的，采用历史比较的研究方法自然会选择一个历史跨度大、比较样本典型、概念可辨性强的大问题作为研究议题。最初，我是选定"现代化"这一"二战"后社会科学的传统议题做反思性研究的，因为我提交的一篇反思现代化研究方法论的作业获得了张小劲老师的认可，给了我 94 分的高分。但在上任剑涛老师的"政治学经典著作选读"一课时，我恰巧被分到读熊彼特的《资本主义、社会主义与民主》一书，熊彼特这本书背后强烈的创作动机再次激发了我探究民主的好奇心。

我对民主问题产生兴趣最初是因为编辑了杨光斌老师的一篇文章《民主的社会主义之维——兼评资产阶级创造民主的神话》。在这篇文章中，杨老师特别强调了民主与社会主义的相关性。在看他这篇文章之前，我并没有认真思考过资本主义、社会主义与民主的关系这个问题，但由于政治学的经典著作基本都是在资本主义建制之内谈论民主，作为对马克思原著有过接触的学者，我觉得这种对民主的认知意识形态性太强，因为从既得利益考虑，资产阶级是不太欢迎民主的，除非把民主限定在不侵害他们利益的范围之内。但我不太清楚他们是如何实现这一目标的，来自美国的民主理论甚少去关注这个问题，一些对自由民主持批判态度的社群主义者和共和主义者也只是从价值层面和制度安排层面对自由民主进行过反思，他们并没有具体讲述过资产阶级是如何改造民主的。但熊彼特的《资本主义、社会主义与民主》涉及了这个问题。他在书中说：因为以"人民主权"为基础的"古典民主"学说使社会主义民主模式比西方"代议制民主""能同样或更好地符合人民的意志和幸福",所以在古典民主设定的民主目标内,资产阶级很难阻止人们利用资产阶级自己在反封建过程中提出的"自由""平等""人民主权"等口号去批判资本主义制度本身。他非常形象地评论:"正如人们从不怀着可能接到满意答复的公正心态向国王、大公和教皇要求功利证书一样,资本主义站在口袋里装着死刑判决书的法官面前受审。不管法官可能听到什么样的辩护词,他们只准备传达这个判决,被告有可能取得胜利的唯一办法是改变起诉书。"① 既然熊彼特认为,保卫资本主义的唯一办法是改变起诉书,那他重新建构一个新的民主概念是不是就是一种改变起诉书的举动呢?

带着这样的问题意识,我又花了一周的时间重读了熊彼特的《资本主义、社会主义与民主》一书,并研读了国内外与熊彼特民主概念相关的学术论文,我发现中西方学者仅仅注意到了熊彼特建构民主概念的过程,但没有人去挖掘他建构民主概念的动机。于是,我用文本解读和历史情境分析相结合的方法写了一篇探究熊彼特创作动机的文章,文章的题目为《论民主的去社会主义化——熊彼特民主概念的意识形态立场和功能解析》,这篇文章完成后非常幸运地被《政治学研究》采纳,发表于《政治学研究》2011 年第 5 期。因为我这篇文章采纳的是剑桥历史学派历史情境的文本分析方法,所以文章特别注重从历史和文本互动的角度解读文本对历史和历史对文本的双向影响。文章发表后,收到一些学者反馈,大家的普遍疑问是民主去社会主义化这一概念是否是我独创,具体的内涵可否再明确?这些反馈让我意识到我可能提出了一个原创性的视角,既然具有原创性,那我应该可以将此作为博士论文的选题,以便通过系统研究将这一原创性的概念解释清楚。有了这个意愿之后,我先在中国知网上以"民主"和"社

---

① [美]约瑟夫·熊彼特:《资本主义、社会主义与民主》,吴良健译,商务印书馆 1999 年版,第 227 页。

会主义"作为关键词检索了相关文献，结果发现大多是一些意识形态宣传之作，少有学术价值，其中有价值的只有两篇，一篇就是我编辑的杨光斌老师的《民主的社会主义之维——兼评资产阶级创造民主的神话》，另一篇是许振洲老师的《论民主与社会主义的本质联系》。但这两篇文章在内容上并不是从民主去社会主义的角度进行的民主概念史梳理。我又关注了一下外文文献，也未见与此相关的有效研究，只有 Frank Cunningham 的 *Democracy Theory and Socialism* 一书阐述了社会主义与民主理论的关系，但也没有涉及民主去社会主义化的议题。在确定我的研究视角具有独创性之后，我开始与导师商议以此作为我博士论文的选题，论文的题目初定为《民主的去社会主义化：20 世纪民主概念的转型》。论文定题后很快通过开题进入写作阶段，但此时我发现，我论文的选题属于概念史的梳理，这需要进行大量的文献阅读，而国内关于民主概念史的文献资料匮乏，要想撰写一篇扎实的学术论文，我必须解决资料匮乏的问题，于是我萌生了到国外收集文献资料的念头。我拜托了汪晖老师帮我申请学校，2012 年 9 月，我拿到了国家留学基金委的资助，开始了在美国斯坦福大学东亚研究中心一年的访问学者生涯。

## 深入美国的民主揭秘之旅

斯坦福大学是美国民主化研究的重地。Larry Diamond 创办的在民主研究领域最有影响力的刊物 *Journal of Democracy* 就诞生在这里。与此同时，斯坦福大学同时是协商民主和参与民主理论与实践的一个研究基地，罗伯特·达尔的学生 James Fishkin 教授继承了他导师的遗志，致力于对自由民主的批判性改进。我到美国后利用上课和讲座的机会与两位学者交流了我博士论文的选题，通过交流，我意识到我的选题在美国汗牛充栋的民主成果中也鲜有涉及，我只能凭一己之力完成我自认为很有原创性并且极具现实意义的选题。由于我论文的选题属于概念史研究，它是一部政治学理论而不是政治科学的作品，因而田野调查对我也帮助不大，我开始把自己埋在与选题相关的大量民主理论文献的研读之中。很快我意识到，这种纯概念史的研究太空泛了，从概念到概念很容易陷入抽象思辨而与现实越离越远，但我的本意并不是要写作一部政治哲学或者民主理论作品，而是要研究民主概念转型背后的历史和这一转型对民主化实践造成的客观性影响，这种客观影响才是我评估这一转型性质的标准和研究这一转型动机的原因。我开始从民主化实践入手重新建构我的框架，而被我抛弃的历史在这种与实践的印证中也重新回到了我的视野。我的写作方法和写作目的发生了变化，我要重新引入历史比较分析的方法写一部评估第三波民主化与第一波、第二波民主化发展进程和实践绩效差异的作品，而造成这一差异的原因，我认为是民主概念的去社会主义化。为此，我需要有充足的证据证明以下观点：（1）第三波民主化与第一波、第二波民主化的最大不同是民主模式的不同，第三波民主化确立的是自由民主模式，而第一波、第二波民主化在发达国家确立的是社会民主模式。（2）"冷战"期间美国社会科学家建构的民主概念和民主化理论并没有真实概括发达国家的民主化历史，他们特别忽略了社会主义运动这一第一波、第二波民主化进程的大背景，也刻意在民主概念的拣选上选择了一个与社会主义距离最远的自由民主模式。（3）自由民主概念的建构过程从熊彼特的初次阐述到罗伯特·达尔的二次包装再到一批民主化学者的努力推广，他们的动机是很明确的，就是将民主去社会主义化。（4）民主去社会主义化不仅是一种"冷战"行为，而且还是一种美国维护本国既得利益的行为，当人们把民主与美国的制度画等号之后，民主化的目标就是向外而不是向内的，民主因此对美国来说就变得很安全，如果民主没有接受美国的规范，那它就会成为一种倡导国内、国际结构性变革的力量，这种力量会威胁到战后美国主导的世界秩序和美国的国家利益。

当我明确了我的论点之后，我发现支持我论点的材料也开始变得有据可查。第一，第一波民主化和第二波民主化与社会主义的相关性是有据可查的，大量的研究文献和历史资料可以证明第一波民主化来源于工人阶级的社会抗争，并且资产阶级为了阶级利益采取了镇压民主运动和拒绝普选权等各种手段；同样有大量的数据和历史资料可以证明第二波民主化在实践层面的社会主义特征，即它在西欧和美国带来的是社会民主即福利国家的确立，民主在第二波民主化进程中切实深入了经济领域并提高了发达国家大多数人的生活水平。第二，美国为了防止民主实践扩展到全球侵犯美国资本的利益，它利用规范民主概念的方法去规范发展中国家民主实践的行为也是有据可查的。根据一些学术会议资料和当时一些学者发表的学术论文，我可以非常清晰地看到美国政府以"冷战"的名义主导过"冷战"时期美国社会科学的理论和概念建构。美国政府出钱召集学科带头人建构核心概念并利用学术会议和行业机制去扩大新的民主概念的影响力，而这个新的民主概念恰恰就是熊彼特的形式民主概念，这一概念祛除了民主内含的社会主义成分，但民主内含的这些社会主义成分恰恰是发达国家民众参与扩大普选权运动的原因。第三，在民主的去社会主义化的任务还没有完成的时候，大量资料证明美国在世界各地积极参与了各种颠覆民选政府的活动，并大力支持与美国在"冷战"中保持统一战线的独裁政府。这说明与美国国家和资本的利益相比，民主在美国政府和主流学者那里根本不值一提。第四，民主去社会主义化导致民主从概念到实践都离大多数人的生活越来越远，民主的平民性越来越弱，民主的精英性越来越强，它造成的结果就是第三波民主化实践出现了民主与平等的脱钩，它仅仅便利了资本向世界范围流动，并没有惠及大多数民众的生活。从数据比较来看，第一波、第二波民主化都同时伴随着财富的分散化流动，即资产阶级与无产阶级和其他社会阶层之间的差距随着民主化的进程而不断缩小，而第三波民主化却没有发生财富的分散性流动，反而出现了财富向少数精英阶层的聚集，世界性贫富差距随着民主化进程而拉大，这无疑与民主变得与自由越来越近与平等越来越远有关。而民主与平等越来越远既是民主去社会主义化的结果，也是民主去社会主义化的原因。

在收集到足够支持我以上四个论点的资料之后，我的博士论文才真正开始进入写作过程。在写作论文之前，我修改了我的论文题目并重新规划了写作提纲。我把题目从《民主的去社会主义化：20 世纪民主概念的转型》改为《民主化的现实困境与理论反思：从民主去社会主义化的视角分析》，而论文也从政治学理论的作品变为了比较政治学的作品，我要在历史比较分析的基础上把从 19 世纪开始到现在的人类民主化进程的故事讲清楚，这无疑是一场民主揭秘之旅，在此之前，我所知道的民主和民主化的故事是别人尤其是美国人想让我知道的，在此之后，我所讲述的民主和民主化的故事是我自己发掘到并希望讲给别人听的。我从一个民主主义者的角度讲述我眼中真实发生的故事，而在此之前人们听到的民主故事大多是由自由主义者以民主主义者的名义讲述的。我想这二者之间最大的区别在于自由主义者其实信仰的是自由而不是民主，他们在民主和自由发生冲突时倾向于压制民主，而我，并不是一个自由主义者，我不认为在任何情况下自由的价值都高于一切，尤其当自由以资本代言人的姿态把世界上大多数人的命运操纵于股掌之中的时候。

我始终认为，社会科学工作者的任务是揭示而不是掩盖真相，尽管我们每一个人都很难摆脱自己价值偏好的影响，但至少我们应该以真诚的态度告诉人们我们的立场，而不是选择对自己立场的遮蔽。我不反对自由，但我反对一个学者在主张自由的时候告诉人们他是在主张民主，这样做的结果，我想最终可能是我们既得不到自由也得不到民主。如果说我的博士论文对社会科学做出了一点贡献，我想这个贡献就是我尽了最大努力对民主和自由进行了区分，然后把自由的给了自由、把民主的给了民主。这样做的结果，我想可以正本清源，让喜欢自由的人去追求自由，让喜欢民主的人去追求民主，最终我们能够实现自由和民主的双赢而不是双输。因此，当决定把我的博士论文作为专著出版的时候，我特别修改了我博士论文的标题，我把书名改成了《被自由消解的民主：民主化的现实困境与理论反思》。

## 揭秘民主意在何为

我想到目前为止我还没有真正讲清楚我博士论文的写作初衷，我为何要研究民主去社会主义化这个议题。

1975 年，亨廷顿曾经在提供给三边委员会的报告中谈到 20 世纪六七十年代西方世界存在的民主超载问题。他指出，六七十年代民主势力的扩张打破了自由和民主之间的平衡，从而"使自由民主平衡的钟摆向民主一方摆荡地过于强烈了"。在这篇报告中，亨廷顿在用词上出现了概念混乱。一方面，他把自由民主看作"自由"＋"民主"的组合，并认为这个两要素组合只有保持平衡，一个国家才会处于最佳的治理状态。亨廷顿对当时美国和世界问题的诊断就是民主和自由之间的力量对比失衡了，民主处于上风，大大压垮了自由。另一方面，他把这篇描述民主超载的报告起名为《民主的危机》。明明民主处于最强势，怎么会是民主的危机呢？他这个报告的题目应该叫作《自由的危机》才对。为何亨廷顿会出现逻辑混乱呢？因为理想的自由民主即自由民主的能指和现实概念中的自由民主即自由民主的所指是不同的。理想的自由民主是一个"自由"＋"民主"的组合，而现实概念中的自由民主是没有民主的民主，它实际上等同于自由。所以在叙述问题时他用的是理想的自由民主概念，但在确定性质时他用的是现实的自由民主概念，他所谓的"民主危机"就是指的"自由民主"这个概念性模式的危机，由于这一概念事实上将民主祛除了，所以它本质上说的就是自由的危机。

作为概念的自由民主模式制造的混乱在学术研究中比比皆是，最有代表性的就是作为民主评估标准的"自由之家"指数。"自由之家"评估的明明是自由，它在评估报告中也没有掩饰这一点，它区分出来的国家类型是：Free Countries Partly 、Free Countries 和 Not Free Countries。但在民主化研究中，不计其数的学术作品都是把这一评估自由的指数拿过来直接评估民主，"自由之家"报告中的"自由国家""部分自由国家""不自由国家"在民主化研究论文中变成了"民主国家""部分民主国家""不民主国家"。这种显而易见的偷换概念的行为为何很少引起人们的注意和批评呢？那是因为他们心里其实对自由和民主本身就是没有区分的，他们知道作为"自由民主"概念的民主事实上指的就是自由。

我为什么要提出这个问题呢？因为我认同自由民主的理想模式而不是现实模式，我认可"自由"＋"民主"这个组合，如果这个组合通过概念游戏直接屏蔽掉了民主，结果就是我们今天看到的世界，一个民主作为话语依然强势但平等却越来越少的世界。为什么我们的世界越来越不平等呢？那是因为自由民主这个民主模式以民主的名义压制了民主，作为平等的民主已经完全被自由消解掉了。亨廷顿对 20 世纪 60 年代世界问题的判断是民主过于强势，"使自由民主平衡的钟摆向民主一方摆荡地过于强烈了"。我们今天的世界与 20 世纪 60 年代完全相反，经过美国政商学精英近半个世纪用自由反制民主的行动，我们今天的世界借用亨廷顿的话变成了"自由民主平衡的钟摆向自由一方摆荡地过于强烈了"。它强烈到弱者在现有的建制内已经看不到制度内改革的希望，制度内反抗的无望导致了制度外反抗的复兴，于是我们看到了一个民粹主义和恐怖主义高潮迭起的世界。

我的博士论文讲述的就是一个从 19 世纪开始自由（资产阶级）和民主（受资产阶级压迫的群体）博弈的故事。在这个故事中，民主是属于平等和社会主义的，而民主在 20 世纪 60 年代之所以发展到比较强势，那是从 19 世纪一直持续到 20 世纪 60 年代社会主义运动的结果。这一运动无疑不是完美的，它最大的污点就是伤害了自由，没有自由的世界是没有创造力的世界，没有资本主义的世界也是经济发展停滞的世界。所以当民主和社会主义的力量过于强势的时候，我不反对主张自由价值至上的政治家和学者站出来维护自由、维护市场经济、维护资本主义，从熊彼特到萨托利，无数深信资本主义价值的学者都是这么做的。但是，我反对以民主的名义反对民主、以社会主义的名义反对社会主义，萨托利的《民主新论》和熊彼特的《资本主义、社会主义与民主》就是这样的作品。这样的作品是在故意制造概念混乱，他们写得越好，越深入人心，造成的危害就越大。其直接的结果就是将民主去社会主义化，将民主去平等化。没有了社会主义和平等，在资本主义主导的结构性世界里就没有民主了，而没有了民主，"自由" + "民主"的组合就会失衡，一个失衡的世界不会是一个合理的世界。

在今天这个失衡的世界，我们看到马克思对资本主义的批评再次显示出有效性。他的批评有哪些呢？首先，他指出了资本主义存在剥削，剥削的存在导致资本主义在一头积累财富、在另一头积累贫困。其次，他指出了资本主义导致金钱拜物教，我们今天的世界就是一个被金钱主导的世界。最后，他指出了资本主义导致人的异化。因为做政治学老师的缘故，我对金钱拜物教和人的异化的体会特别深刻。因为我的学生经常问我一个问题："老师，我们学政治学有什么用"？在反复给他们讲述了政治学这门课的价值之后，他们还是会向我提出类似的问题。每次面对这样的提问，我都会有深深的无奈感，我总会想起《共产党宣言》里的一句话："资产阶级抹去了一切向来受人尊崇和令人敬畏的职业的神圣光环。它把医生、律师、教士、诗人和学者变成了它出钱招雇的雇佣劳动者。"也是出于同样的无奈感，马克斯·韦伯一方面赞美资本主义，一方面又对其制造的工具理性世界不满，他这样评述资本主义创造的终极世界："专家没有灵魂，纵欲者没有心肝，这个废物幻想着它自己已经达到了前所未有的文明程度。"这样的世界，不是民主主义者想要的，也不会是真正的自由主义者想要的。

我的博士论文的写作动机就是想给这样一个世界提供一些解决问题的方案。解决问题的前提是准确判断问题产生的原因，这个原因只能通过回溯历史得以发现。历史不仅告诉我们没有民主的社会主义是失败的社会主义，也告诉我们没有社会主义的民主也是失败的民主。什么是社会主义呢？总是有一些自由主义者朋友问我：你挺热爱自由的，为什么会是一个社会主义者？我想我在这里可以回答他们：我不是社会主义者，我只是一个理想主义者。我理解的社会主义不是一种制度模式，它产生于理想主义者对资本主义现实的不满和批评，它应该既是民主的也是自由的，它是一场以平等和自由为终极价值的、对资本主义永不停息的批判性运动。因为资本是我们时代的结构性权力，所以没有了理想主义者的批评，在一个资本主义世界里，对于大多数人而言，既不可能真正获得自由，也不可能真正获得民主。

# 目　录

# 第二部分 历史

# 导　论

◇◇ 第一节　问题的提出

玻利瓦尔·莱蒙涅尔（Bolivar Lamounier）在《民主治理与社会不平等》一书的导言中指出一个非常重要的现象，即"当代政治科学对日益扩大的社会不平等问题甚少关注"[①]。他分析，政治科学家忽视社会不平等问题的主要原因"在于他们对民主在世界范围内取得胜利过于自信，他们认为不平等即使存在但对民主政体的生存已经不构成威胁"[②]。这一论断提醒我们注意两个问题：第一，政治科学家关注平等是因为它关涉到民主政体的存亡；第二，在当今世界，民主的扩展与不平等的扩大是同时存在的现象。

对于第二个问题，我们可以找到非常充分的数据支持。2001年出版的《世界银行发展报告（2000/2001）》的主题为"向贫困宣战"。这一年恰好是检验第三波民主化实践成果和同一时期指导第三世界发展的新自由主义规范改革方案成果的第一个十年观察期。然而，报告结果显示，"市场化改革在促进经济增长方面取得了一定的成绩。但由于这一增长并没有能够惠

---

[①] Joseph S. Tulchin（eds.），*Democratic Governance and Social Inequality*，Boulder：Lynne Rienner Publishers Inc.，2002，p. 3.

[②] Joseph S. Tulchin（eds.），*Democratic Governance and Social Inequality*，Boulder：Lynne Rienner Publishers Inc.，2002，p. 3.

及穷人，这一改革的成就被大打折扣"①。在报告中的《使市场更好地为穷人运作》一文中，作者对华盛顿共识的改革成果进行了评估，结果显示，华盛顿改革加剧了拉美地区的贫富分化，大多数人对新自由主义改革失去信心。尽管世界银行发展报告并没有关注政治发展与经济发展之间的关系，也没有关注政治发展在改进财富不合理分配方面应该发挥什么样的作用，但我们至少从经济数据分析中可以得出一个结论，第三波民主化并没有改善目标国大多数人的生存状况，即民主与最大多数人的实际利益不再具有相关性。从 2001 年的世界银行宣布"向贫困宣战"以来，世界性的贫富差距仍呈不断扩大的趋势，这一差距不仅存在于发展中国家与发达国家之间，同样存在于发达国家内部。根据经济合作与发展组织（OECD）2011 年度报告，在 2008 年全球经济危机爆发前 20 年间，经合组织成员国家庭实际可支配收入年均增长 1.7%，但 10% 最富裕家庭的收入增长要远远高于大多数家庭的收入增长，收入不平等呈扩大趋势。② 而据瑞士信贷研究所 2010 年的全球财富报告，2010 年全球人口和财富分配，占世界总人口 68.4% 的底层人口占全球总财富份额的 4.2%，而占世界总人口 0.5% 的富裕阶层却占有全球财富份额的 35.6%。③

对于第一个问题，牛津大学政治与国际关系学院教授南希·贝尔梅奥（Nancy Bermeo）的发言非常具有代表性。2008 年世界金融危机爆发以后，蔓延全球的反对国际金融寡头集团的浪潮引发了人们对遍布世界和民族国家内部的不平等问题的关注。2009 年，由美国国家民主基金会出资，全球网络民主研究所（NDRI）在斯洛伐克的伯拉第斯拉瓦城召集了一次以"贫

---

① "Attacking Poverty", World Development Report (2000/2001), New York：Oxford University Press，2001，p. 61.

② http：//www. gfmag. com/tools/global-database/economic-data/11944 - wealth-distribution-income-inequality. html#axzz2WV4XnPBh.

③ http：//inequality. org/global-inequality/.

困、不平等和民主"为主题的研讨会，会议强调在全球经济衰退的条件下，重新反思贫困与不平等对民主化的阻碍作用具有非常现实的意义。贝尔梅奥教授在会上发言承认，尽管从 1990 年到 2005 年，民主国家的数量出现了显著增长，但经济不平等仍然是一个世界性的难题，甚至在很多民主国家还出现了不平等加剧的趋势。她将不平等分为三个方面的因素：政治不平等、性别不平等和经济不平等。民主化过程通过为所有公民创造一个更平等的政治环境减少了一个国家的政治不平等，然而由于其不能直接影响私人家庭和市场领域的活动，因而对经济不平等和性别不平等并没有起到明显的遏制作用。她还通过有效数据证实，"尽管很多学者将民主看作一场再分配的博弈，坚信民主能够改善经济不平等，但从基尼系数的数据显示来看，大多数民主国家的经济不平等不是维持原状就是有所增加"[1]。然而，奇怪的是，在做另一组数据统计时，贝尔梅奥却得出结论说"经济不平等并没有威胁自由权利和问责机制，从这个角度而言，经济不平等并没有影响民主的质量"[2]。与此同时，贝尔梅奥还强调，20 世纪 80 年代开始的新一轮的经济不平等并没有像 60 年代那样导致民主的崩溃，因为传统颠覆民主政府的富裕阶层发现他们在选举民主条件下比威权时期拥有更多的权力。在进行这两项分析之后，贝尔梅奥得出结论，尽管不平等具有很大的危害，但它对民主制度并没有构成显著的威胁。[3]

　　贝尔梅奥的结论回应了莱蒙涅尔的判断，政治科学家主要是从自由民主政体巩固的角度去关注平等问题，当不平等对自由民主政体不构成威胁时，他们常常忽视这一问题。这里所谓的忽视并不是说他们对平等问题不关注，而是说他们关注平等的初衷是为了某种政治秩序的巩固，这一秩序本身与平等无关，甚至某种程度上是反对平等的，因为平等本身与这一秩

---

① 　http：//www. wmd. org/documents/BratislavaConferenceReport. pdf.

② 　http：//www. wmd. org/documents/BratislavaConferenceReport. pdf.

③ 　http：//www. wmd. org/documents/BratislavaConferenceReport. pdf.

序的核心价值——自由，有着根深蒂固的冲突。

正是鉴于平等与自由之间的冲突和民主化理论对自由民主范式的倚重，随着自由民主作为一种理想制度被越来越多的国家和人民所选择和接受，这些新兴民主国家表现出来的问题究竟是非自由民主的问题还是自由民主本身的问题，这是一个值得反思的课题。正如我们在开始时指出的，随着民主化"第三波"甚至"第四波"浪潮在发展中国家的推进，人们越来越发现民主并没有与大众利益的扩张和国家的有效治理呈现出稳定的相关性。从"第三波"民主化的实践效果来看，其主要成果仅仅表现为"选举民主"的确立和资本流动性的增强。前者尽管赋予了人民选择统治者的权利，但由于没有解决深层次的社会结构矛盾，也没有形成不同阶级和族群之间共赢的经济增长模式和利润分配方式，这种选举权的竞争反而使阶级和族群之间的矛盾显性化，因而频繁在发展中国家引发暴力冲突。资本流动性的增强是发达国家资本扩张策略的一部分，这一策略随着"第三波"自由民主的推进以新自由主义规范药方的方式在新生民主国家推行，其在方便各国精英积累财富的同时加剧了发展中国家原本就存在的贫富分化和底层人民的生存困境，而对这种生存困境的不满和改善这种困境的期待恰恰是发展中国家人民渴望和支持民主制度的初衷。于是，对于发展中国家而言，"民主"越来越像一场华而不实的时尚游戏，它困扰着已参与者，诱惑着未参与者，但这场游戏的结局似乎并不指向发展中国家的有效治理。

对于第三波民主化进程出现的这些问题，民主化理论家并不是没有加以重视，否则就无法解释民主巩固学科的兴起。但问题的关键在于，民主化研究者从什么角度去解释和解决第三波民主化国家普遍出现的民主低质量、低绩效问题。他们的解释和解决方案是否有效？

早在亨廷顿撰写《第三波——20 世纪后期民主化浪潮》一书时，他就已经在关注民主巩固问题，鉴于前两波民主化过程中都出现过民主回潮现象，亨廷顿提醒人们注意第三波民主化国家中已经开始出现民主回潮现象。

但他提出的针对回潮问题的解决方案很有意思。他并没有把关注点集中于如何解决新兴民主国家即将面对的各种问题上，这些被他称为情境问题的可能导致新生民主国家出现回潮的危机包括重大叛乱、种族和社会冲突、极端贫困、严重社会经济不平等、长期通货膨胀、巨额外债、恐怖主义、国家过度介入经济。在他看来，短期内这些问题在新兴民主国家是无解的，所以对于民主巩固而言，最主要的应对措施不是解决问题，而是尽快建立民主政权的程序合法性。亨廷顿指出，"威权政权的合法性几乎完全建立在绩效之上，而民主政权的合法性却可以依靠程序而存在。对于民主政体而言，政绩合法性处于次要地位"①。从这个角度出发，亨廷顿强调，"决定新兴民主国家能否生存基本上不是它们所面临问题的严重性或者政府有没有能力解决这些问题，而是政治领袖对他们没有能力解决这个国家所面临的问题作出反应的方式"②。发展中国家的政治精英需要团结起来让公众意识到"对民主的支持和对民主选举出来的政府的支持是两码事"③，只要没有一个政党把造成问题的责任归咎给政府，只要没有一个政党声称，这些问题可以在民主之外找到更好的解决办法，那民主政体就是稳定的。④

亨廷顿的民主巩固论并不是集中于解决如何提高民主政体的回应性以及如何通过民主解决发展中国家面临的各种困境，相反，他的民主巩固论以回应性缺失为前提，他集中研究的是在民主无法解决问题时民主政体如何得到巩固的问题，他的研究出发点其实与他解释拉美威权主义兴起时强

---

① ［美］亨廷顿：《第三波——20 世纪后期民主化浪潮》，刘军宁译，上海三联书店 1998 年版，第 312 页。

② ［美］亨廷顿：《第三波——20 世纪后期民主化浪潮》，刘军宁译，上海三联书店 1998 年版，第 312—313 页。

③ ［美］亨廷顿：《第三波——20 世纪后期民主化浪潮》，刘军宁译，上海三联书店 1998 年版，第 315 页。

④ ［美］亨廷顿：《第三波——20 世纪后期民主化浪潮》，刘军宁译，上海三联书店 1998 年版，第 314 页。

调的"政治秩序论"一脉相承，他的民主化理论其实是一种维稳论，而不是改进论。

亨廷顿的民主巩固论同样印证了玻利瓦尔·莱蒙涅尔的观点，即民主化研究仅仅关注自由民主的推广和巩固问题，他们并不真正关注困扰发展中国家的贫困、两极分化和社会不平等问题。在笔者看来，民主化研究中存在的这一问题并不是一个次要问题，而是涉及民主的价值、存在意义和它与当今世界主要矛盾是否具有相关性的核心问题。本书认为，鉴于自由民主在目前民主化研究中无可争议的地位和它作为一种已经被大多数国家所接受的政治转型方案，当今世界不同国家出现的问题已经不能简单地归结为存不存在自由民主的问题。与民主化理论对当今世界主要矛盾的判断不同，本书认为当今世界存在的最大问题不是民主与专制的对立问题，而是由于资源和财富的不合理分配在国家内部和国家之间导致的利益失衡问题。这种利益失衡由于长期得不到根治进而持续性地在国家内部和国家之间表现为阶级冲突、族群冲突、文明冲突和国家冲突。民主，如果对于当今世界和国家而言是最可行的治理方案，它必须以改变世界各国内部和国家之间的不平等分配为目标。

事实上，民主无论在其诞生之地古希腊，还是在它现代重生之地美国和西欧，都是一个与反抗不平等高度相关的问题。当代民主化研究之所以会出现对平等问题的忽视，与其建构的民主概念和民主化研究中的去社会主义化现象直接相关。发达国家的民主化进程与社会主义运动息息相关，而在当今民主化研究中，学者们有意无意地屏蔽了这种相关性，甚至建立了相反的相关性，社会主义被看作一个反民主的概念，发展中国家的民主化过程成了一个反社会主义的过程。这导致发展中国家的民主转型并没有触及精英主导的社会结构，因而发展中国家的民主转型不过是一个将"威权统治"下的精英利益以民主之名合法化的过程。

为了解决现实民主化理论和民主化过程存在的问题，我们需要强调民主的平等视野，重建民主与社会主义的相关性。然而，民主去社会主义化的过程为何以及如何发生？民主社会主义化对发达国家与发展中国家的民主化进程和结果造成了怎样的差异？在一个民主成为普世价值的时代，要想使民主真正成为促进社会公正、维持国家良性治理的推动力量，我们需要对现有的民主概念和民主化理论进行怎样的改进？这是本书试图回答的问题。

## ◇ 第二节　文献综述

本书的主题是从民主去社会主义化的角度对民主化理论和第三波民主实践进行反思。本书的研究动机和切入角度决定了本书实际上涉及四个方面的内容：民主概念转型、民主与社会主义的关系、民主化理论反思和民主化实践困境的解释。无论在国内还是国外，民主概念研究与民主化研究基本上都分属于不同的研究领域，前者主要为从事政治哲学和政治理论研究的学者所关注，而后者基本上是政治科学特别是比较政治专业学者大展身手之处。这种学科分离状况导致民主的规范研究和经验研究基本处于互相隔绝、缺少对话的状态，于是民主理论对现实民主制度的反思和批判很少被民主化理论家所关注并延伸进自己的研究领域，这造成民主化研究始终无法走出用自由民主去解释发展中国家民主实践的狭隘视野，进而陷入用西方经验去规范非西方实践的死循环。

由于本研究将民主理论和民主化理论进行了贯通性的整体思考，因而现有民主研究领域的学科分离状况并不能为本书提供直接相关的文献支持。尽管如此，汗牛充栋的民主研究文献还是为本书提供了丰富的资料和启发性的智识。此外，与本书主题相关的非政治学学科的相关成果也为本研究提供了灵感、材料和数据支持。由于在本书正文部分对民主巩固理论的分析中会对民主化现实困境的研究做综合性介绍，下面仅对相关研究剩余的三个领域进行文献综述。

1. 关于民主概念的转型

约翰·邓恩（John Dunn）在其讲述民主历史的《让人民自由——民主的历史》一书中提醒人们在进行民主理论研究时要尽量揭示每一次概念演变背后的历史背景，因为民主概念的演变史是非常具有价值倾向的。然而，在民主化研究领域，民主基本被等同于自由民主本身，对民主概念转型史的忽略成为民主化研究的一个显著特征。

相对于民主化研究的学者而言，对民主理论进行分类研究和关注政治思想史的学者比较重视研究民主概念演化的历史和其背后的历史动因，他们都在某种程度上强调过民主进程与社会主义运动的关系和"精英民主"论得以确立的"冷战"背景。

戴维·赫尔德在《民主的模式》中讲述了民主概念发展的历史，他指出"精英民主"的确立实际上是民主主义相对于精英主义的失败，从"古典民主"到"精英民主"的退变，民主理论基本上经过了一个完整的回路：从为一系列能够证明民主正当性的坚实基础做辩护到主张对民主反对者做出全面让步。熊彼特对民主的看法，只是证明了资产阶级精英统治的合法性，却把政治参与降低到了最低的程度。①

安东尼·阿巴拉斯特在《西方自由主义的兴衰》中从自由主义发展史的角度探讨了自由主义与民主之间从携手到分裂再到妥协的过程。在他看来，法国大革命和1848年革命是自由主义从激进转向保守的分水岭。在这一系列由大众参与的革命运动中，自由主义者从群众的民主诉求中看到了民主对财产和市场"规律"的挑战，看到了民主对自由的威胁。相对于民主而言，自由是更具精英立场的价值，只要人民局限于提出本质上符合自

---

① ［英］戴维·赫尔德：《民主的模式》，燕继荣译，中央编译出版社1998年版。

由主义的要求，许多自由主义者一直乐于将民主看作自由的朋友。而一旦群众的需求从政治领域转向了经济和社会领域，自由主义马上就会倒向保守主义的一方，成为大众激进政治的反对者。这种自由主义去激进化发展的一个重要阶段就是自由主义对民主概念的整体性修正。从托克维尔和密尔开始，自由主义对民主的忧虑就已经以对多数暴政的恐惧和防范表现出来，19 世纪后半期政治思想界的所有争论基本上都是围绕着扩大选举权与维持资产阶级统治之间的关系展开的。历史发展到 20 世纪，大众政治看来已经发展成为无法逆转的趋势，反对民主本身已经变得不可能，自由主义者捍卫自由价值的唯一选择就是修正民主的定义，而这一工作无疑成为 20 世纪中叶"冷战"自由主义学者学术研究的集体重心所在。①

约翰·邓恩在其讲述民主发展史的《让人民自由——民主的历史》一书中从历史的视野出发对民主概念的演变进行了最新也最为细致的探讨。他在书中重点关注的问题就是民主如何从一个被大多数精英学者反对的词汇一跃成为 20 世纪最具合法性的词汇，在这一过程中，民主经历了一个去平等化的过程。精英对民主的接受和民主与精英主义的结合有着重要的关系，而这一目的的实现在很大程度上是因为精英民主在 20 世纪最大也是唯一重要的对手苏联所谓的"人民民主"实践的失败所赐。在邓恩看来，精英民主的胜利最主要不在于其本身的成功，而在于其对立物的失败。民主虽然借助其向精英主义的转型起死回生，但它的魅力也因而荡然无存，它不能再激发人们的想象力，不能再以大众参与的力量创造一个与众不同的世界，它只是成了一个在各种利己主义集团之间进行利益博弈的工具，在目前这个充满危机的年代，它似乎已经失去了对人们的感召力。而对于真

---

① ［英］安东尼·阿巴拉斯特：《西方自由主义的兴衰》，曹海军译，吉林人民出版社 2004 年版。

正的民主主义者而言，想要欢呼民主的胜利还任重道远。①

米歇尔·曼德尔鲍姆（Micheal Mandelbaum）教授在 2007 年出版的《民主的美名：世界上最流行政体的兴起和风险》一书中探讨了民主在 20 世纪获得合法性的原因。他指出我们今天公认的民主概念与 20 世纪之前的民主概念有很大的不同。其中最大的区别是当代民主是一种将自由（个人自由）和民主（全民统治）合二为一的民主。而在 20 世纪之前，自由和民主是彼此充满对立和矛盾的价值，那时的民主仅仅指的是人民主权即多数的统治，而多数统治是遏制自由的。经济自由，特别是私有制、宗教自由和各种政治权利在当时被认为在民主之下无法存在。到了 20 世纪自由与民主开始融为一体形成一种混合政体，并独占了民主之名，自由和民主的结合遏制了各自的消极因素，使民主呈现良治状态，民主逐渐获得了好名称。②

艾伦·伍德教授在《民主反对资本主义》一书中阐述了古今民主概念的转变。她认为，美国对民主的重新界定是民主概念转型的关节点。在此之后，民主主义被自由主义所替换，民主成为没有社会含义的精英民主。民主概念的转型适应了资产阶级的民主需求，成为捍卫资本主义统治合法性和遏制民主运动的工具。③

在《民主、意识形态和客观性》一书中，阿恩·奈斯（Arne Naess）等通过查阅从柏拉图时期一直到 20 世纪 50 年代的相关文献，列举了 311 种关于民主的定义。在对民主与意识形态关系的分析中，他们认为"冷战"与民主概念的规范化具有很大的相关性。从文献中显示的民主概念来看，在第二次

① ［英］约翰·邓恩：《让人民自由——民主的历史》，尹钛译，新星出版社 2010 年版。

② Micheal Mandelbaum, *Democracy's Good Name*：*The Rise and Risks of the World's Most Popular Form of Government*，New York：Public Affairs，2007.

③ ［加］艾伦·伍德：《民主反对资本主义》，吕薇洲等译，重庆出版社 2007 年版。

世界大战之后，民主概念开始形成稳定的自由民主的内涵，从那以后，大多数民主的概念都包括选举、法治和政治自由的内涵。①

弗兰克·坎宁安（Frank Cunningham）在《民主理论与社会主义》一书中讲述了自由民主形成的过程。他认为自由民主的主要动机是为了掩盖在历史上存在的民主与社会主义的关系。在 20 世纪上半叶之前，无论是社会主义者还是自由主义者都将民主看作反对资本主义的因素，而在"冷战"开始之后，自由主义者开始以民主代言人的面目出现，重视民主并且希望它有实质定义的政治理论家总是希望民主的定义与他们所支持的社会和政治安排一致。在这一过程中，民主概念发生了亲资本主义和反社会主义的转变。②

彼得·巴克莱奇（Peter Bachrach）在《精英民主理论批判》一书中对精英民主的反民主特征进行了批判。他认为精英民主来源于对社会主义的反动。在莫斯卡和帕累托这些精英主义理论家眼中，文明所面对的最严峻的考验是以社会主义为幌子的试图颠覆富豪统治的灾难。他们继承了托克维尔时代的传统，强调对自由主义和民主的区分，把民主看作通向社会主义革命的危险的手段和催化剂。因此，发起了对民主猛烈的攻击。熊彼特非常明智地将民主和精英统治嫁接起来，他把一个具有价值和目的指向的民主概念改造成一种经验的选择统治者的方法，因而熊彼特的精英民主概念很自然地被那些声称"意识形态终结"的理论家所接受。在精英民主的支持者看来，如果民主保持一个开放的概念，那一定会为一种非美国的民主哲学留下发展的空间。而问题一旦被宣布解决，那无疑会帮助民主发展

---

① Arne Naess, Jens A. Christophersen, Kjell Kvalo, *Democracy*, *Ideology and Objectivity*, Oxford: Basil Blackwell, 1956.

② Frank Cunningham, *Democratic Theory and Socialism*, Cambridge University Press, 1987.

为政治上的既得利益,并使其免除在未来可能面对的挑战。①

除了上述著作之外,涉及民主概念转型的研究成果还包括芬利(M. I. Finley)的《古代和现代的民主政治》(*Democracy Ancient and Modern*),彼得·欧本、约翰·华莱克和约西亚·欧伯尔主编的《雅典政治思想和美国民主的重建》(*Athenian Political Thought and the Reconstruction of American Democracy*),约西亚·欧伯尔和查理·赫得里克主编的《古代和现代民主政治的对话》(*A Conversation on Democracies: Ancient and Modern*),以及柔兹(P. J. Rhodes)的《古代民主政治和现代意识形态》(*Ancient Democracy and Modern Ideology*)等书。

相对于国外民主理论家对民主概念转型的关注,我国学者对民主理论的研究缺乏原创性。对于发生于 20 世纪的民主概念从"古典民主"到"精英民主"的蜕变,事实上成为近年来我国民主理论研究中的一个热点问题。然而,我国学者对"精英民主"的研究基本上停留在对"精英民主"理论家马克斯·韦伯、熊彼特、罗伯特·达尔、萨托利等人著作的转述层面上,着重于对"精英民主"理论的介绍,对于"精英民主"理论建构背后作者的深层次意图和"精英民主"理论从产生到确立主流地位所经历的时代背景和政治转向,恰恰是被我国学者忽视的研究领域。在查阅相关文献的过程中,只有蒋达勇在《民主理论的反思与重构——基于话语分析的视角》一文中探讨过民主概念的转型及其反思问题。他在文章中指出,民主的原初含义和基本价值是城邦公民的直接参与。在西方话语体系下,这一含义与价值受到歪曲和异化,由主张人民主权变成了主张尊重财产权和市场自由,并呈现出现实的运行困境。从解决民主运行困境的角度,蒋达勇强调,当下的民主理论不应是西方话语体系的翻版,而应在整合各国民主话语体系的基础上进行重构。这种重构,一要还原民主的本来意蕴;二要容纳多

---

① Peter Bachrach, *The Theory of Democratic Elitism: A Critique*, Little Brown and Company, 1967.

种模式的探索；三要紧贴各国政治生活的现实。概括而言，就是要在价值层面还原民主的批判性；在实践层面坚持民主的多元性；在操作层面体现民主的发展性。①

2. 关于民主与社会主义的关系

在本书中，社会主义是一个与民主有着高度关联的概念，它们的关联性体现于二者在现代兴起动因的相关性和二者价值指向与利益指向的相关性。然而，在西方民主化研究领域，社会主义作为自由民主的对立面常常被认为是一种反民主的力量。民主概念的去社会主义化使西方学者很难去认同民主与社会主义的相关性，但是，仍有少量注重历史研究的学者看到了民主与社会主义的关系，不过在他们那里，社会主义与民主的关系主要体现为工人运动对民主的推动。

约翰·史蒂芬斯（John D. Stephens）教授在他极具影响力的《从资本主义向社会主义的过渡》一书中通过历史比较和案例分析阐述了民主在推动资本主义向社会主义过渡中的重要性。他认为第二次世界大战后主要资本主义国家都进行了社会主义改革，福利国家的建立更是使工人阶级的生活状况有了本质的改变。而发达国家之所以出现了资本主义的改良运动，是因为社会主义与民主运动的结合，工人阶级的组织化和持续不断的斗争。尽管民主并不必然导致社会主义，但民主与社会主义运动的结合却迫使资产阶级向工人阶级妥协，福利国家在本质上正是这种妥协的结果。②

哥伦比亚大学谢里·伯曼（Sheri Berman）教授的代表作《政治的首要性：社会民主和二十世纪欧洲的形成》一书阐述了欧洲民主在第二次世界大战后巩固的过程。作者认为直到第二次世界大战之前，由于始终困扰于

---

① 蒋达勇：《民主理论的反思与重构——基于话语分析的视角》，《理论与现代化》2009 年第 6 期。

② John D. Stephens, *The Transition from Capitalism to Socialism*, Urbana and Chicago: University of Illinois Press, 1986.

各类战争、经济危机和政治社会冲突，欧洲一直是世界上最混乱的地区之一。直到第二次世界大战后，欧洲各国意识到必须将民主与良好的资本主义和社会稳定结合起来，欧洲才可能实现长期的繁荣和稳定。而推动战后欧洲转型的除了苏联的威胁和美国的援助之外，最主要的原因是国家、市场和社会之间关系的转型。通过吸取两次战争期间欧洲各国崩溃的教训，欧洲跨越各个政治光谱的行动者开始意识到政治、经济和社会结构之间是相互连接并且需要和谐统一发展的。在这一认识的基础上，欧洲人建构了一个新型的制度，这一制度旨在保证经济增长的同时将社会从资本主义的破坏性和不稳定性中拯救出来。政府不再被看作市场和经济发展的破坏性因素，政府成为社会的守卫者而不是经济的守夜人。然而，近几十年来，欧洲一体化进程逐渐抛弃了这一战后共识，经济一体化进程的速度远远超过政治一体化的速度，经济发展凌驾于政治发展之上，而社会需要国家保护的观点被看作阻碍经济一体化和干预市场的力量逐渐被边缘化。这一转型造成的结果是民主失去了运作的经济社会基础，因为民主本质上是社会主义对资本主义的改良，是社会民主而不是自由民主。①

迪特里希·鲁施迈耶（Dietrich Rueschemeyer）等人在《资本主义发展与民主》一书中提出了工人阶级是民主推动力量的观点。鲁施迈耶等认为，民主的本质就是利益的再分配。因此不同阶级对待民主的态度取决于他们在民主化过程中是利益受益者还是受损者。在对土地贵族的反民主性和中产阶级对民主的摇摆性、资产阶级对民主的遏制性进行分析后，鲁施迈耶等认为在所有社会阶级中，只有工人阶级是民主化确实的受益者，所以只有工人阶级的崛起才能为民主化提供动力。资本主义发展过程中创造了大量具有民主需求和组织性的工人阶级，在这个意义上，资本主义生产方式的确立是民主发展的前提。但资本主义促进民主并不是由于资产阶级与民

---

① Sheri Berman, *The Primacy of Politics: Social Democracy and the Making of Europe's Twentieth Century*, New York: Cambridge University Press, 2006.

主的相关性，而恰恰是工人阶级与民主的相关性。①

露丝·科利尔（Ruth Berins Collier）教授继承了鲁施迈耶的工人阶级推动民主论。在《通向民主的路径》一书中，科利尔教授批判了民主转型学确立的精英行动主义范式。科利尔将民主定义为统治阶级和被统治阶级之间斗争的产物。当要求民主的阶级，首先是工人阶级，比抵制民主的阶级更强大时，就发生了民主化。在此书中，科利尔教授将工人运动看作精英主动转型的动因，她认为在存在下层压力的情况下，上层精英才会进行主动的民主改革。②

弗兰克·坎宁安（Frank Cunningham）在《民主理论与社会主义》一书中确立了民主的社会主义属性。他指出，在自由民主观念确立之前，资产阶级始终将民主看作威胁自身统治地位和经济利益的因素。他们认为社会主义是民主的逻辑延伸，而民主的实现必然导致社会主义的实现，为此，他们所从事的活动大多具有遏制民主的动机。自由民主观念将民主的社会主义属性消解，在此之后，资产阶级才接过民主的旗帜作为意识形态挥舞。③

由于民主与社会主义的关系具有一定的意识形态色彩，中国学者对这一问题的研究有些派别倾向。自由主义学者自然不会愿意花费过多的精力去揭示民主与社会主义之间的关系，而社会主义学者由于知识领域过于狭窄或者对于自由主义有着过多的偏见也对这一问题避重就轻。正是这些与学术无关的政治顾虑和意识形态偏见导致一个与民主进程具有重大相关性的研究领域长期以来一直处于政治学者的研究视野之外。2008 年，杨光斌

---

① Dietrich Rueschemeyer, Evelyne Huber Huber and John D. Stephens, *Capitalist Development and Democracy*, Chicago: University of Chicago Press, 1992.

② Ruth Berins Collier, *Paths Toward Democracy: The Working Class and Elites in Western Europe and South America*, New York: Cambridge University Press, 1999.

③ Frank Cunningham, *Democratic Theory and Socialism*, Cambridge University Press, 1987.

教授和许振洲教授几乎同时关注到了这个问题。

杨光斌教授在《民主的社会主义之维——兼评资产阶级与民主政治的神话》一文中从制度变迁的视角梳理了英、美、德等国家民主制度的建制过程。他通过对不同国家民主化进程中资产阶级与民主关系的比较分析，驳斥了社会科学界长期处于主流地位的"没有资产阶级就没有民主"的神话。他认为，在发达国家的民主化进程中，社会主义运动在各国确立普选权的过程中起到了关键作用，民主是工人阶级反抗统治阶级权力垄断的旗帜，因此，民主具有社会主义的属性，民主的本质就是社会主义。①

许振洲教授在《试论民主与社会主义的本质联系》一文中从政治哲学的角度分析了民主和社会主义在价值偏好上的紧密联系。许教授认为，相对于自由而言，民主和社会主义都是把平等作为评价一个社会是否具有正义性的首要标准，现实社会主义国家存在的问题只能归结于具体的国家制度建设问题，不能因此否定民主与社会主义之间的关系。②

房亚明博士在《民主、不平等与再分配：结果正义的维度》一文中指出，民主本质上具有社会主义的属性，有助于缓解不平等。因此，结果正义是衡量民主发展水平和性质的重要尺度。民主制度之所以有助于推进再分配，消解不平等，其制度机理在于竞争、参与和选择机制，舆论、监督和问责机制与商谈、博弈和抗争机制。要实现社会正义，推动社会公平，改善不平等的分配格局，必须发展和提升民主，促进公民权利的充分保障与拓展，建构合理的再分配制度与程序，强化民主机制的多样化与有效性。③

---

① 杨光斌：《民主的社会主义之维——兼评资产阶级与民主政治的神话》，《中国社会科学》2009 年第 3 期。

② 许振洲：《试论民主与社会主义的本质联系》，《国际政治研究》2008 年第 4 期。

③ 房亚明：《民主、不平等与再分配：结果正义的维度》，《人文杂志》2010 年第 3 期。

在《工人运动与西方民主》一文中，孙力和高民政通过英、法两国民主化进程的案例研究，指出了工人运动与欧洲民主化的关系。他们认为，西方民主是历史的产物。它不仅是近代资产阶级对封建阶级斗争的产物，也是近代社会确立以来两大阶级——工人阶级与资产阶级——斗争的产物。西方民主的产生和发展大抵有两种模式：英国模式和法国模式，分别代表了近代以来两大阶级在不同的历史时期所起不同历史作用的两种基本轨迹。无论哪一种轨迹都显示出，工人运动对西方民主的构建产生了极大的推动作用，促进了资本主义社会内部的变革。西方民主的演进正是这种变革的重要体现，忽略了这一点，就忽略了工人阶级伟大历史作用的一个重要方面。①

3. 关于民主化理论的反思

由于第三波民主化进程呈现出无法回避的实践困境和民主化理论对这些困境解释的单一性，国内外学者发表了一些对民主化理论进行反思的论文。一些综合研究和评估民主化的著作也在局部章节中对民主化理论的单一范式提出了批评。

对民主化理论反思较有影响的论文应该是托马斯·卡罗瑟斯（Thomas Carothers）教授的《转型范式的终结》。在这篇发表于 2002 年《民主杂志》的论文中，卡罗瑟斯对民主转型范式存在的五大问题进行了系统的批评。他认为，与民主转型理论勾画的美好前景相反，第三波民主化普遍遭遇了转型危机，它们并没有转型成为真正的民主国家，而是长期被固定于"无效多元主义"和"权力主导性政治"的灰色区域。无效多元主义国家大多表现为政府腐败和无能，而权力主导性国家与其相反，存在一个过于强大的个人、政党或者组织操控整个国家权力。为解释民主转型中出现的问题，卡罗瑟斯对民主转型范式进行了批评：第一，不能认为告别专制就意味着

---

① 孙力、高民政：《工人运动与西方民主》，《政治学研究》1999 年第 3 期。

民主转型，大多数国家在专制之后长期处于灰色区域；第二，并不存在固定的民主发展的序列，不同国家的民主化过程是不同的；第三，竞争性选举并不意味着能扩大政治参与和增强政府责任，民主的有效有赖于财富的合理分配和社会文化结构的变革；第四，民主转型论忽视了民主发展的条件，把民主看作单纯的政体变革；第五，民主转型论忽视国家能力建设，它过于注重分权，不利于稳定政体的生成。①

史蒂文·胡德（Steven J. Hood）教授在《政治发展与民主理论：重新思考比较政治》一书中指出了民主化研究的两个弱点：第一，没有将发达国家民主实践存在的问题与发展中国家的民主实践困境结合起来研究，在他看来，当代民主实践存在的问题在发达国家和发展中国家具有相似性，都表现为治理危机、参与弱化和平等衰退，二者的区别只是问题的程度不同而不是性质不同；第二，民主化研究对民主的理解局限于民主的程序和运行机制方面，这种民主观妨碍了人们对民主的整体质量进行评估。要改变这一现状，需要重新设定民主的定义，需要回归民主的理想并用这一理想指导实践。②

珍·格鲁吉尔（Jean Grugel）教授在《民主化：一个批判性导读》一书中对现有民主化理论过于强调资本主义与民主的统一性提出了批评。她指出，尽管资本主义在全球范围和民族国家内部的发展为民主化创造了机会，但资本主义所制造的结构性不平等对民主的实现却是一个障碍，此外，民主化理论过于强调国家权力与民主之间的对立性，忽视了国家能力是有效民主的前提。③

---

① Thomas Carothers, "The End of The Transition Paradigm", *Journal of Democracy*, Vol. 13, No. 1, 2002.

② Steven J. Hood, *Political Development and Democratic Theory：Rethinking Comparative Politics*, New York：M. E. Sharpe Inc. , 2004.

③ Jean Grugel, *Democratization：A Critical Introduction*, New York：Palgrave, 2002.

菲利普·施密特（Philippe C. Schmitter）和哈维尔·桑蒂索（Javier Santiso）批评了现有民主化研究轻视时间和序列因素的倾向。在《民主巩固的三个时间向度》一文中，他们指出，对于民主化而言，决定其结果成败和优劣的主要不是民主化是否会发生或者发生了什么，而是其发生的时间、节奏和顺序。但现有民主化研究却把主要精力放在了研究民主化发生的原因和设计一次性解决方案上。作者认为，民主化理论家所应该做的是向政治家提供以时间为依据的策略选择。面对民主化过程中可能出现的多种不确定性，没有人能够确定某一过程一定产生成功的结果。对于政治家而言，选择正确的策略固然重要，但更重要的是要懂得何时去实施这些策略。他们必须放弃极端的、快速的、线性的、毁灭性的休克疗法，学会操控时间表，依据事物的发展，时而暂停、时而加速、时而改变、时而放弃原定的目标，以一种可控的、机动的方式操作改革进程。因为，在很多情况下，改革的时间、改革的速度和改革的序列决定了改革的成败。①

艾德里安·莱夫特维克（Adrian Leftwich）批判了民主化研究的前提。这一前提将市场化作为民主化的经济基础，并认为公民社会的建立对于推动民主转型和巩固都具有重要作用。他指出，从发达国家和发展中国家经济发展的成功经验来看，没有任何一个国家是在纯自由放任的市场经济状态下取得经济发展和民主巩固的。问题的关键不在于市场化彻底不彻底，或者公民社会是否存在，而在于能不能建立一个有效的自主性国家克服各种不利因素在经济增长和民主化过程中的作用。独立高效的政府不是制度移植和培养公民社会的产物，而是政治的产物，而政治的核心问题涉及的是生产、使用、分配资源的过程。以第三波民主化国家的现实条件来看，自由民主不是一种可以克服各种不利条件的政体模式，因为它无法推动一

---

① Philippe C. Schmitter and Javier Santiso, "Three Temporal Dimensions to the Consolidation of Democracy", *International Political Science Review*, Vol. 19, No. 1, 1998.

个有效国家和治理系统的产生。①

玻利瓦尔·拉蒙涅尔（Bolivar Lamounier）教授在《民主治理与社会不平等》一书的前言中批判了民主化理论对全球化消极影响的忽视。他指出，尽管大多数学者将民主化和全球化看作同步发生或者是彼此促进的关系，但事实上全球化削弱了民族国家调节再分配的能力。然而，由于大多数学者从政体稳定性的角度看待民主和平等的关系，所以当不平等不再威胁民主政体稳定时，人们便不再关注在发展中国家存在的大量不平等问题。这种观点的存在是因为大家将民主看作一种与再分配无关的程序概念。因此，若想改变政治科学家不关注平等问题的现状，需要从概念上建立民主与再分配之间的联系，只有在此基础上，民主才能更有针对性地解决发展中国家大量存在的社会不平等问题。②

罗纳德·英格尔哈特（Ronald Inglehart）和克里斯蒂安·威尔泽尔（Christian Welzel）对民主化研究中的民主概念和评估标准进行了反思。他们认为形式民主概念不能保证民主的有效性。因为民主的有效性最主要体现于政府对大众需求的回应。如何反映政府的回应性，英格尔哈特和威尔泽尔提出在"自由之家"③的评估标准之上还要加上世界银行治理指数中关于政府腐败系数的标准。之所以如此，是因为政府的回应性很大程度上取决于它的廉洁度，一个被裙带关系和集团利益所操控的政府不可能遵循法治，也不可能真正做到以人民的需要作为政策设定的前提。英格尔哈特认为有效民主的概念弥补了自由民主的不足，它使纸上谈兵的自由真正转化

---

① Adrian Leftwich, "Governance, Democracy and Development in The Third World", *Third World Quarterly*, 1993, Vol. 14, No. 3, p. 620.

② Joseph S. Tulchin (eds.), *Democratic Governance and Social Inequality*, Boulder: Lynne Rienner Publishers Inc., 2002, p. 4.

③ 当今从事民主化研究的学者在对民主进行量化评估时大多参照在纽约的民主监测组织"自由之家"的评估标准。"自由之家"的简介及评估标准可参照本书第64页内容。

为人民实际的自由。①

卡尔·克努森（Carl Henrik Knutsen）在《测量有效民主》一文中批判了现有民主化理论所倚赖的自由民主的评估标准，认为它过于依赖程序指标，忽视了实质民主的参数。在肯定英格尔哈特提出的有效民主概念及其内含的强调实质民主重要性的观点的基础上，克努森也反思了英格尔哈特建构的评估有效民主的标准。他认为英格尔哈特的标准存在着很大的不科学性和性能分配上的失衡。首先，仅补充腐败指数一个参数并不能涵盖有效民主的全部变量，它还可能在实践中造成忽视程序民主的倾向。按照这种评估标准，一个不腐败的威权国家的民主得分可能会高于一个腐败的民主国家。此外，这一评估标准在实践运用中会拉高发达国家的民主得分，因为发达国家大多在解决腐败问题方面取得了较好的成效。②

戴维·毕瑟姆（David Beetham）教授批判了民主化理论的民主观。他认为无论是具有"选举主义谬误"的熊彼特的"选举民主观"还是达尔的"自由民主观"，这些民主观都是把既定制度而不是公众获益度和满意度作为衡量民主的标准。在他看来关键的问题是，凭什么人们要把某种制度安排看作民主的。对此，毕瑟姆认为应该回到实质民主的观念，将人民的统治和人民对集体决策的控制作为民主的核心标准，把民主的程序作为第二标准。只有某种制度能够保证实现政治平等和人民统治，这种制度才能被认为是民主的。③

由于中国社会科学发展尚缺自主性，中国学者对民主化理论的研究大多还停留在综述层面。在中国知网以民主化理论作为关键词进行搜索，涉

---

① Ronald Inglehart and Christian Welzel, *Modernization*, *Cultural Change and Democracy*: *The Human Development Sequence*, Cambridge: Cambridge University Press, p. 192.

② Carl Henrik Knutsen, "Measuring Effective Democracy", *International Political Science Review*, Vol. 31, No. 2, 2010.

③ David Beetham, *Democracy and Human Rights*, Cambridge: Polity Press, 1999, p. 90.

及民主化理论有效研究的文章只有 20 多篇，且大多数为介绍性研究。这其中包括甘峰的《民主化的理论系谱：从现代化理论到结构化理论》、叶长茂的《先民主化还是先自由化——达尔政体转型理论对后发国家的启示》、王菁的《西方政治民主化理论的研究途径、理论模式及其对中国学界的启示》、黄徐强的《民族国家、抗争政治与民主化：蒂利理论的演进脉络》、丛日云的《亨廷顿的"第三次民主化浪潮"理论》、刘瑜的《经济发展会带来民主化吗——现代化理论的兴起、衰落与复兴》、谭晓梅的《第三次民主化浪潮与当代西方民主理论的最新发展》、何历宇的《当代西方民主化理论的分析路径及其走向》、马奔的《民主化的前提条件：经济发展与政治文化的视角》等。

除了以上综述性研究之外，有四位学者对民主化理论进行反思的研究具有很强的建设性。

杨光斌教授在《政体理论的回归与超越——建构一种超越"左"右的民主观》《民主观：二元对立或近似值》《超越"自由民主"："治理民主"通论》《当前世界民主变种与未来大势》《埃及民主挫败的"政治命理学"》《公民社会与民主—治理的逆向关系——比较历史的视野》等文章中持续反思了民主化理论的核心命题和范式，批判了自由民主对民主观和民主发展序列的误导，提出了更有建设性的"参与—自主性回应—责任"三位一体的"治理民主"观念。杨光斌教授认为，自由民主理论对民主的认知是类型学式和社会中心论的，以它为核心的民主化理论所确认的很多议题都具有很大的片面性和误导性。例如，认为公民社会会促进民主和有效治理的观点就忽视了公民社会运行的情境和民情基础，将公民社会与有效民主的关系简单化。大量实践证明，与坏的国家相对应也会有坏的公民社会，一个组织化但碎片化的公民社会会直接妨碍国家治理，导致民主的无效。杨光斌教授认为，以政治民主移植论为基础的民主化理论是对民主发展历史的简化，它忽视了经济权力和社会权力的落实才是民主稳定的前提。世界政治中的国家利益决定了玩家们总是要把复杂的历史简单化，把历史政治化，甚至为了政治目的而刻意掩蔽历史。因此，并非武断地说，西方民主化理论其实就是政治教科书，它企图在一夜之间跳跃过程直奔模式，最终得到的只能是漫漫长夜。

徐湘林教授在回应第三波民主化困境的基础上区分了转型危机和国家治理危机。转型危机主要是指经济和社会层面的，包括两个基本特征：（1）经济和社会关系发生重大结构性变迁从而产生了大量的经济和社会的矛盾和冲突；（2）这些矛盾和冲突不能在经济领域和社会领域自我矫正，需要国家通过各种治理手段进行干预。而国家治理危机则是指作为治理者的政府（国家）在特定时期无法有效地对社会矛盾和冲突进行控制和管理，进而严重地影响到政府统治能力的一种状态。国家治理危机也包括了两个基本特征：（1）其危机不是指由某些重大事件引发的政治紧急状况和不稳定现象，而是指国家治理所出现的体制性困境，即多方面的和大范围的国家治理职能的衰退和弱化；（2）国家治理体制存在着不可克服的严重缺陷，而且体制僵化，自身无法进行有效的调整。徐教授认为，在理论上区分转型危机和国家治理危机的性质和差别非常必要，因为它为解释和分析为什么转型危机在有的国家导致了政治制度和治理体制的瓦解，而在另一些国家则没有导致类似的危机提供了一定的理论依据。而由于缺乏这一区分，民主化理论无法解释第三波民主浪潮以来不同转型国家的政治经济体制改革为何会产生不同的结果。徐教授认为，第三波民主化转型后产生的不同结果很大程度上不在于是否产生了转型危机，而在于国家治理体制应对转型危机的能力差别和在面临治理危机时自我矫正和调试的能力差别。因此，相对于政治转型而言，国家治理能力是一个更为重要却被民主化理论忽视的概念。[①]

---

① 徐湘林：《转型危机与国家治理：中国的经验》，《经济社会体制比较》（双月刊）2010 年第 5 期。

景跃进教授在《民主化理论与当代中国政治发展》一文中提出了西方民主化理论对发展中国家特别是中国的民主化进程的逻辑适应性问题。他认为，以熊彼特选举民主和达尔多头政体为民主概念的西方民主化理论具有强烈的选举中心论色彩，这一民主理论将合法反对派的登台竞争以及政权更替作为民主化的基本内容和衡量标准，其中隐含着选举与回应之间一种内在的、单向性的联系。这种单向联系使人无法看到现实政治实践中大量存在的有选举无回应和有回应无选举现象。以此单向联系建构的民主化理论在经验层面排除了非选举回应的可能性，因而即使经验中出现了这一情形，民主化理论也不将其作为民主实现的方式之一加以考察，因为民主化理论只承认竞争性选举和政权更迭的政治变化才是民主化的研究对象。在这一分析基础上，景跃进认为西方民主化理论无法有效解释发展中国家民主实践中存在的多样性问题，因此，中国的民主化进程需要建构自己的民主化理论。①

王绍光教授在《建立一个强有力的民主国家——兼论政权形式与国家能力的区别》和《有效的政府与民主》等文章中批评了民主化研究中存在的忽视政府统治力的现象。他指出，民主化特别是早期的民主研究过于强调政府的反民主因素，把民主化过程看作政府权威削减的过程，这混淆了政体和国家能力的区别。民主化关于政治转型的注意力多集中于政体形式上，即要民主制还是威权制，要中央集权还是分权，要公有制还是私有制，要计划经济还是市场经济，而国家能力问题不是完全被忽略掉，就是被当成特定政权形式的固有属性。王绍光认为，引起将国家能力与政体类型混淆的原因是没有将国家干预社会经济的外延范围与有效程度区分开来。国家能力不等于威权政体，国家能力指的是国家将自身意志转化为现实的能力，或者说国家能力指的就是国家的自主性，威权政体如果被强势集团俘获，那威权国家很可能就是缺乏国家能力的国家。王绍光认为，发展中国

---

① 景跃进：《民主化理论与当代中国政治发展》，《新视野》2011 年第 1 期。

家的出路就在于建立强有力的民主国家，这个国家首先是民主的，其次国家要具有强大的执行力将有利于民主的政策贯彻到底。[①]

## ◇ 第三节 论文的理论价值和现实意义

### 1. 理论价值

第一，为民主化研究提供了新的理论视角。社会科学研究的创新性工作基本分为三种：（1）对既有理论的反思和修正；（2）提出一种新的理论视角；（3）运用了新的研究方法。本书的研究是前两种尝试的结合，一方面对既有民主化理论进行了反思性的批判研究，另一方面从民主去社会主义的新视角比较了发达国家与发展中国家民主化进程和结果的异同。在现有民主化理论研究中，尽管有一些人提出过民主化与社会主义特别是工人运动的关系，但尚未有人从民主去社会主义化的角度去研究发达国家社会科学对发展中国家民主化进程的规范和影响，以及这种规范背后的政治动机和利益指向。通过反思现有民主化理论的去社会主义指向以及这一指向导致的民主与社会和经济平等脱钩现象，本书试图为第三波民主化遭遇的困境提供一个新的解释视角和解决方案。

第二，通过历史比较分析为人们更清楚地展示了发达国家与发展中国家民主化进程所处的时代背景差异和这一差异对主流意识形态和阶级力量对比的影响，这些影响最终使民主在第一波、第二波民主化进程中表现出比第三波民主化进程中更多的平等指向，因而最大限度地改善了发达国家最大多数人的生存状态。而第三波民主化进程所处的自由主义强势而社会

---

[①] 王绍光：《建立一个强有力的民主国家——兼论政权形式与国家能力的区别》，《安邦之道——国家转型的目标与途径》，生活·读书·新知三联书店 2007 年版，第 2—3 页；王绍光：《有效的民主与政府》，《战略与管理》2002 年第 6 期。

主义衰落的历史背景，则使社会主义内含的价值和利益指向被最大限度地排除出民主的概念建构和制度设计之外，在这一过程中，民主从一个遏制精英利益的概念变成一个维护精英利益的概念，这一概念最直接的作用就是方便了一切精英主义者"'以捍卫民主'的名义'反对民主'"①。

2. 现实意义

人类的历史走向何处与人类的历史来自何方是一个具有高度相关性的课题。如果人们关于发达国家民主化进程的描述并没有反映发达国家真实的民主化历史，那从历史中走来的发达国家的现实便难以成为发展中国家的美好前景。这种理论与历史的偏离是现有民主化理论存在的最大问题，而这种偏离导致了民主化理论对第三波民主化实践的错误引导。当人们将自由民主与民主等同，实际上就抛弃了民主的平等面向，从而将自由民主的历史演变和阶级博弈过程变成一种制度移植和文化改造过程。这种简单的和误导性的理论注定无法为多数发展中国家带来福利，最终也会影响到自由民主的合法性并在发展中国家导致威权的回归。

正是为了解决第三波民主化的现实困境，本书试图重新确立民主与社会主义的相关性，并指出自由民主对民主平等面向的遏制，从而为发达国家、发展中国家和中国民主化进程面临的困境提供一些解决思路。具体而言，重新确立和强调民主和社会主义之间的关系可以在以下三个方面推动民主实践的发展：

第一，使民主化理论研究更加符合发达国家民主化进程的真实历史，以便在实践中推动发达国家民主事业突破自由主义的瓶颈向前发展。

从发达国家的实际民主进程而言，社会主义运动是一个主要的推动因素，民主化理论成功地将民主去社会主义化，主要源于苏联模式政治体制对社会主义和民主原则的背离为反社会主义者在社会主义与极权主义之间

---

① Raymond Wiliams, *Culture and Society 1780 - 1950*, London: Chatto & Windus, 1959, p. 299.

建构联系提供了机会，这在某种程度上提高了"自由民主"对大众的吸引力，并成功遏制了人们超越"自由民主"的意愿。然而，民主的去社会主义化在实践层面却伤害了大众的利益。在将民主去社会主义化的过程中，自由主义日益右倾，其对激进民主政治的反对和对意识形态终结论的宣传表现出与保守主义极为相似的安于现状和反乌托邦政治的特征。这种自由主义的右倾发展到 20 世纪 80 年代，遂在西方世界形成了政治保守主义和经济自由主义一统天下的局面。与这种右翼政治一统天下的局面相对应的不仅是社会主义的衰落，更是民主力量的衰落。民主的本质是弱者反抗强者的权利，其从根本而言追求的是平等，不是自由。自由主义民主彰显自由的价值而淡化平等的意识，其在将民主去社会主义化的过程中，捍卫的不是劳工而是资本的利益。在自由主义民主掌握话语霸权的时代，富人的自由被发挥到极致，而穷人的民主沦为空谈，其表现出来的最大时代悖论莫过于民主话语的强势和民主力量的衰竭。随着社会主义的衰落，弱者反抗强者的空间不仅在缩小，而且其反抗的合法性也被消极自由观所侵蚀，在社会主义民主被当作乌托邦丢进历史垃圾堆的同时，自由放任的社会达尔文主义打着民主的旗号大行其道，缔造了一个贫富日益悬殊、资本回归野蛮的世界。民主与社会主义之间关系的确立有利于突破自由民主的研究范式，在实践层面推动大众参与意识的增长和对自身利益的自觉维护。

第二，强调民主与社会主义的关系，有利于加强民主与中国执政党意识形态和政权合法性的联系。一方面使民主改革更容易被执政党接受，另一方面也为既得利益集团以社会主义名义反民主制造了更多的话语障碍。

在中国很多学者看来，强调民主与社会主义的联系是一种为中国现行体制作注解的投机行为。这种论调虽然很激进，但却无益于打破中国政治体制改革的僵局，真正切实地推动中国的民主进程。在中国，做一个西化自由派或者是反西化自由派都是很容易的事，因为二者都不用花费精力真正深入实际地理解并解决中国存在的问题。后者不用说，只要跟着官方的理论亦步亦趋钻研投机就可以名利双收了。前者存在的问题更具复杂性。中国的大多数自由主义者丝毫不顾中国自由主义与西方自由主义进程之间存在的非共时性问题，简单地移植西方自由民主理论，以自由的名义不断地反对社会主义和大众民主，其在强调个人权利和多数暴政的同时，根本没有看到中国现在存在的最大问题就是个人主义和精英主义。如果说毛泽东时代的中国存在着严重的民粹主义倾向，因而自由主义对自由与民主之间张力的强调完全是有的放矢的话，今天的中国却完全是一个精英联盟的社会，并不存在一个有效的足以威胁少数人的多数。在一个大多数民众还没有形成任何联合力量的国家大谈多数的暴政，这只能制造自由主义与民众之间的对立。推动中国的民主进程在某种程度上需要强调民主的大众参与性和平等的价值，即使是自由主义民主，其在转化为实际制度安排的过程中也必须有大众参与，以克服既得利益集团的阻力。简单地移植精英民主观在中国目前很可能会成为政治体制改革的阻力，因为其对社会主义的否定，很容易被一些伪社会主义者用来制造民主与社会主义之间的矛盾，从而以社会主义的名义反对政治民主改革。

第三，强调民主与社会主义的关系，有利于解决发展中国家民主化过程中存在的问题，使民主和现代化理论更加符合发展中国家大多数人民的利益。

亨廷顿把开始于20世纪七八十年代发展中国家的议会民主制改革称为民主的第三波浪潮。这一波以自由主义民主为样本的民主浪潮的实践结果事实上是相当失败的，因为标榜自由优先的自由主义民主观不仅无法帮助发展中国家塑造实现现代化所必需的具有民族凝聚力的意识形态，而且也因为其忽视平等的价值在发展中国家造成了普遍的社会危机。长期以来被现代化理论忽视的一个问题是发达国家的民主化运动是先于或者与民主理论建构同步的，而民主的后发国家却正好相反。对于发达国家而言，民主理论的去社会主义化发生于社会主义运动和民主运动之后，在发达国家是先有民主对多数利益的扩张，后发生自由对多数权力的限制，这在很大程度上减轻了精英民主论侵蚀大众利益的能力。但对于后发民主化国家而言，由于没有经历过社会主义运动而直接移植了自由民主，这使本来就倾向于精英利益的自由民主更容易被统治精英所操控，从而无法真正实现民主对大众利益维护的价值。对于经济相对落后的国家来说，民主实践的效果不仅仅取决于是否实现了政治民主，也取决于怎样使政治民主拥有社会平等的内涵。

## ◇ 第四节　论文的研究方法

美国政治学家阿兰·艾萨克曾指出："方法论对政治科学的视野有巨大影响，因为采用何种方法论在某种程度上将决定政治科学能够研究什么，不能研究什么。"① 而罗伯特·达尔则从相反的层面指出："我绝不认为任何一种特定的方法会比其他的方法更加具有优越性。最具决定性的是所要研究的问题。我强烈地认为是问题决定方法的选择，而不是方法决定问题的选择。"② 综合二者的观点，我们可以认为，研究议题与研究方法是彼此相辅相成的关系，议题决定了研究方法的选择，而方法则决定了议题研究的成败。本书所采纳的主要研究方法包括：

1. 历史比较的分析方法

本书从历史的角度对第一波、第二波和第三波民主化进程进行了比较分析，找出彼此的差异点，以此确认第三波民主化进程陷入困境的原因和

① ［美］阿兰·艾萨克：《政治学的视野与方法》，张继武等译，南京大学出版社1988年版，第20页。

② Robert A. Dahl, *Toward Democracy: A Journey Reflections* (1940 - 1997), Berkeley: Institute of Governmental Studies Press, 1997, p. 8.

解决方案。

2. 理性选择主义的基本假设

理性选择主义的基本假设包括以下观点：（1）个人的行为动机取决于对自身利益最大化的追求；（2）在特定情境中有不同的行为策略可供选择；（3）人在理智上相信不同的选择会导致不同的结果；（4）人在主观上对不同的选择结果有不同的偏好排列。根据理性选择主义的基本假设，本书认为，由于民主体现为政治和经济权力的分散化，因此，从理性选择而言，垄断政治权力和经济权力的统治阶层是不愿意接受民主的，恰恰是被政治权力和经济权力所排斥的阶层构成追求民主的主体力量。而民主的稳定最终取决于不同利益群体之间力量对比的平衡。

3. 文本情景分析

本书对经典文献的解读采纳了剑桥历史学派的情景分析法。本书认为，对文本的解读不能停留于作者言语的表层，任何一部具有影响力的作品，都是对时代问题的回应。只有结合时代背景对文本进行历史的全方位的考察，弄清楚作者著述文本是处于什么样的背景，为了解决什么样的问题，才能真正把握作者思想的实质和内涵。

# 第一部分　理论

# 第一章 民主化的现实困境:无效民主

只有能够控制"理论"和"方法",才是一个有意识的思想者,才是一个对他所从事的工作的前提和意义有着清醒意识的人。而那些被"方法"和"理论"所控制的人,实际已经远离了真正的研究工作。[①]

——C. 赖特·米尔斯

要弄清人类社会的一些问题并不容易,有时候它比自然科学研究要困难得多。大自然虽然不会把问题的答案放在银盘子里恭敬地献给我们,但也不会费尽心机妨碍我们求知。可在研究人类社会时经常会遇到障碍,所以研究者必须先撕开官方宣传中的假象,那些制造假象的手段常与权力集中的过程如出一辙。[②]

——诺姆·乔姆斯基

引发本书创作初衷的,正是民主化的现实困境。这一困境在中国表现为民主化因为方向不明而迟迟难以被提上日程,在已经发生民主化的国家

---

① C. Wright Mills, On Intellectual Craftsmanship, in Llewellyn Gross (ed.), *Symposium on Sociological Theory*, New York: Harper & Row, 1959, p. 27. 转引自 Giovanni Sartori, "Concept Misformation in Comparative Politics", *The American Political Science Review*, Vol. 64, No. 4, 1970, p. 1033.

② [美] 诺姆·乔姆斯基:《失败的国家:滥用权力和践踏民主》,白璐译,上海译文出版社 2009 年版,第 129 页。

则表现为自由民主的实践效果不理想。近些年，由世界性金融和经济危机引发的出口下降，逐渐显示出对中国经济的负面效应，经济增长的放缓使中国多年来由经济高速发展维持的绩效合法性遭遇危机，中国很可能正在陷入托克维尔所谓的"倒 J 拐点"，即一个国家最可能发生动荡的时刻，不是经济长期停滞时期，而是发生在经济持续增长突然停滞、开始下滑的那个拐点。在这一时期，由经济增长所缓解和掩盖的各种政治社会问题，例如官民矛盾、贫富分化、环境污染、民族冲突、食品安全都会在短期内凸显出来，任何一个问题激发的大规模民众不满都可能引发难以预料和控制的社会危机。如果执政党不能有效及时回应这些危机，转变执政方式，主动进行利益结构调整和政治体制改革，自觉利用立法和行政等各种手段建构良性的社会问题回应机制，那这些社会危机很可能会转化为政治危机，从而引发自下而上的政治变革运动。从任何意义而言，我们都不能说中国没有出现这一政治变革运动的可能，甚至我们可以说，目前的经济社会危机已经使政治变革成为必须，问题的关键是，政治变革的方向何在？从舆论反映出的普遍意见来看，以西方民主化为方向的政治体制改革尽管不被执政党所接受，但几乎却是一种学界和民间的政治共识，然而越是在这样的时刻，我们越是需要克服理想主义和主观主义的冲动，从中国现实问题出发，考虑适合中国的民主概念、民主理论和民主进程，使民主化既能最大程度地解决中国存在的问题，又能最大限度地规避可能存在的风险。要做到这一点，首先要客观认识主流自由民主模式的优势和劣势，它能够解决哪些问题，又可能激化哪些问题；其次要了解第三波民主化国家已经出现的问题，这些问题哪些是自由民主不到位造成的，哪些是自由民主本身造成的，只有在把握这两点的基础上，我们才能有针对性地规划中国的民主理论和民主进程。

基于这样的研究出发点，本书认为以自由民主为范式的民主化理论是不足以回应民主化中存在的问题的。因为这一理论先验地将自由民主作为普世的民主模式向外推广，它对第三波民主化过程中出现问题的解析也是单一性的，几乎毫无例外地认为是自由民主的缺失问题。本书对这一研究进行了反思和超越，并对民主化实践遭遇的困境提出了社会主义视野的解释。然而，本书的立论需要实践支撑，因而本书的反思性研究需要以近30年民主化实践的困境为起点。

## ◇ 第一节  无效民主的出现

无效民主是相对于有效民主生成的概念。有效民主顾名思义指的就是民主的有效性。苏联解体、东欧剧变之后，自由民主成为民主唯一的可行模式，与此同时，民主也越发成为政体合法性的象征。当民主与合法性形成共生关系之后，民主的有效性成为一个被忽视的课题。人们想当然认为民主当然是有效的，不然它的合法性便无从产生。但事实上，民主的合法性和有效性是两个不同的议题。民主作为一种政体模式，它本身不是目的而是一种治理国家的手段。从治理手段的角度而言，民主并不具有天生的合法性，它的合法性奠定于它作为治理手段的有效性。在相同的意义上，自由民主也不具有天然的合法性，它的合法性在于它与其他民主模式或者非民主治理模式较量的过程中，形成了相对而言最佳的治理绩效。具体到当代政治发展史，自由民主的合法性源于美苏"冷战"过程中苏联一方的失败；具体到大众层面的制度吸引力，自由民主的合法性来源于以自由民主制度作为治理模式的西方发达国家在公民素质、公民自由、经济发展、社会福利、生活水平等各个方面体现出来的优势。通俗地讲，如果说自由民主已经成为一种对世界各国人民都有足够吸引力的普世价值，那是因为发展中国家民众的潜意识里已经形成这样的认知：第一，自己国家存在的各种问题是因为自由民主的缺失造成的；第二，只要实现了向自由民主政体的转型，发展中国家的人民就可以过上发达国家人民那样的幸福生活。

然而，现实总是比理想复杂千百倍，失去了竞争对手的自由民主，似乎也失去了激发自身制度优势的动力。事实似乎印证了沃勒斯坦的预测："共产主义的式微并不意味着自由主义这一意识形态赢得了最终胜利，而是决定性地削弱了自由主义意识形态继续发挥其历史作用的能力。"① 随着自由民主政体合法性问题的解决，自由民主政体无效性的问题逐渐凸显出来。

根据"自由之家"2012 年发布的年度报告，截至 2011 年，在全球 199 个国家之中，有 87 个国家为自由国家（占被评估的 199 个国家中的 45%），60 个部分自由国家（占被评估的 199 个国家中的 31%），48 个不自由国家（占被评估的 199 个国家中的 24%）。

表1—1　　　　"自由之家"民主国家统计数据（1972—2012）

| Freedom in the World | Year/dates covered | Total Countries | Free Countries | | Partly Free Countries | | Not Free Countries | |
|---|---|---|---|---|---|---|---|---|
| | | | Number | % | Number | % | Number | % |
| 2012 | 2011 | 195 | 87 | 45 | 60 | 31 | 48 | 24 |
| 2011 | 2010 | 194 | 87 | 45 | 60 | 31 | 47 | 24 |
| 2010 | 2009 | 194 | 89 | 46 | 58 | 30 | 47 | 24 |
| 2009 | 2008 | 193 | 89 | 46 | 62 | 32 | 42 | 22 |
| 2008 | 2007 | 193 | 90 | 47 | 60 | 31 | 43 | 22 |
| 2007 | Dec. 1, 2005— Dec. 31, 2006 | 193 | 90 | 47 | 58 | 30 | 45 | 23 |
| 2006 | Dec. 1, 2004— Nov. 30, 2005 | 192 | 89 | 46 | 58 | 30 | 45 | 24 |
| 2005 | Dec. 1, 2003— Nov. 30, 2004 | 192 | 89 | 46 | 54 | 28 | 49 | 26 |

---

① ［美］沃勒斯坦等：《自由主义的终结》，郝名玮、张凡译，社会科学文献出版社 2002 年版，第 9 页。

续表

| Freedom in the World | Year/dates covered | Total Countries | Free Countries | | Partly Free Countries | | Not Free Countries | |
|---|---|---|---|---|---|---|---|---|
| | | | Number | % | Number | % | Number | % |
| 2004 | Jan. 1, 2003—Nov. 30, 2003 | 192 | 88 | 46 | 55 | 29 | 49 | 25 |
| 2003 | 2002 | 192 | 89 | 46 | 55 | 29 | 48 | 25 |
| 2001—2002 | 2001 | 192 | 85 | 44 | 59 | 31 | 48 | 25 |
| 2000—2001 | 2000 | 192 | 86 | 45 | 58 | 30 | 48 | 25 |
| 1999—2000 | 1999 | 192 | 85 | 44 | 60 | 31 | 47 | 25 |
| 1998—1999 | 1998 | 191 | 88 | 46 | 53 | 28 | 50 | 26 |
| 1997—1998 | 1997 | 191 | 81 | 42 | 57 | 30 | 53 | 28 |
| 1996—1997 | 1996 | 191 | 79 | 41 | 59 | 31 | 53 | 28 |
| 1995—1996 | 1995 | 191 | 76 | 40 | 62 | 32 | 53 | 28 |
| 1994—1995 | 1994 | 191 | 76 | 40 | 61 | 32 | 54 | 28 |
| 1993—1994 | 1993 | 190 | 72 | 38 | 63 | 33 | 55 | 29 |
| 1992—1993 | 1992 | 186 | 75 | 40 | 73 | 39 | 38 | 21 |
| 1991—1992 | 1991 | 183 | 76 | 42 | 65 | 35 | 42 | 23 |
| 1990—1991 | 1990 | 165 | 65 | 40 | 50 | 30 | 50 | 30 |
| 1989—1990 | Nov. 1988—Dec. 1989 | 167 | 61 | 37 | 44 | 26 | 62 | 37 |
| 1988—1989 | Nov. 1987—Nov. 1988 | 167 | 60 | 36 | 39 | 23 | 68 | 41 |
| 1987—1988 | Nov. 1986—Nov. 1987 | 167 | 58 | 35 | 58 | 35 | 51 | 30 |
| 1986—1987 | Nov. 1985—Nov. 1986 | 167 | 57 | 34 | 57 | 34 | 53 | 32 |
| 1985—1986 | Nov. 1984—Nov. 1985 | 167 | 56 | 34 | 56 | 34 | 55 | 33 |
| 1984—1985 | Nov. 1983—Nov. 1984 | 167 | 53 | 32 | 59 | 35 | 55 | 33 |

| Freedom in the World | Year/dates covered | Total Countries | Free Countries | | Partly Free Countries | | Not Free Countries | |
|---|---|---|---|---|---|---|---|---|
| | | | Number | % | Number | % | Number | % |
| 1983—1984 | Aug. 2, 1982—Nov. 1983 | 166 | 52 | 31 | 56 | 34 | 58 | 35 |
| 1982 | Jan. 1, 1981—Aug. 1, 1982 | 165 | 54 | 33 | 47 | 28 | 64 | 39 |
| 1981 | 1980 | 162 | 51 | 31 | 51 | 31 | 60 | 37 |
| 1980 | 1979 | 161 | 51 | 32 | 54 | 33 | 56 | 35 |
| 1979 | 1978 | 158 | 47 | 30 | 56 | 35 | 55 | 35 |
| 1978 | 1977 | 155 | 43 | 28 | 48 | 31 | 64 | 41 |
| Jan. – Feb. 1977 | 1976 | 159 | 42 | 26 | 49 | 31 | 68 | 43 |
| Jan. – Feb. 1976 | 1975 | 158 | 40 | 25 | 53 | 34 | 65 | 41 |
| Jan. – Feb. 1975 | 1974 | 152 | 41 | 27 | 48 | 32 | 63 | 41 |
| Jan. – Feb. 1974 | 1973 | 151 | 44 | 29 | 42 | 28 | 65 | 43 |
| Jan. – Feb. 1973 | 1972 | 151 [150] | 44 [43] | 29 | 38 | 25 | 69 | 46 |

数据来源:"自由之家"网站。①

从表1—1我们可以看到,相对于1973年第三波民主化在南欧起始时的数据,那时的自由国家为44个(占当时被评估的151个国家中的29%),42个部分自由国家(占当时被评估的151个国家中的28%),65个不自由国家(占当时被评估的151个国家中的43%);从1974年到2011年,自由

---

① 参见 http://www.freedomhouse.org/reports。

国家的数量无论是从总量还是比例而言都有了显著的提高。按照当今民主化研究中的评估惯例，如果一个国家被"自由之家"评定为自由国家，那它就同时被认定为民主国家。假定我们认可这种评估民主的方式，我们可以非常确定地认为民主化在近 40 年的时间里形成了一种可以预见的发展趋势，民主是我们时代不可阻挡的潮流。假定我们是民主的信仰者，那生在今天这个时代的我们应该欣欣鼓舞，因为民主的胜利似乎指日可待，对于尚处于非民主国家又向往民主的人民而言，这一潮流足以给他们足够的勇气去反抗威权和追求民主，他们的好日子就在不远的将来。

然而，身处于民主国家之中的人民并不像非民主国家人民想象的那样感觉自己身在天堂。欧洲人民和美国人民正在抱怨他们面临着比过去更大的失业压力，他们要比过去工作更长的时间但却只能换取更少的报酬，他们国家的贫富差距日益拉大但福利却在不断削减。继 2008 年美国金融危机爆发，美国人民怒上华尔街之后，欧洲主权债务危机也使其背后的政治经济危机浮出水面。"在欧洲各国，民粹主义和民族主义开始兴起，第二次世界大战后形成的主流政党正遭遇严重的信任危机。"[1] 菲利普·斯蒂芬斯对此评论说，欧洲正在面临想要推翻欧洲一体化所依赖的自由秩序的民粹主义的威胁。"如果让一群欧洲领导人聚集在一间屋子里，他们谈论的话题很可能是欧洲民粹主义政治的兴起。大约一年前，同样的政界人士念念不忘的是市场对欧元的威胁。现在他们担忧的是，欧洲民主体制能否在拯救单一货币的震荡中生存下来？"[2]

走出欧美，放眼世界，尽管从 1974 年到 2011 年，民主国家的数量增长了 43 个，但是发达国家的数量却一个都没有增长，严格说来甚至还有减少。葡萄牙、土耳其经济每况愈下，希腊、冰岛宣布国家破产，俄罗斯从曾经

---

[1] The Editors, "European Disintegration", *Journal of Democracy*, Vol. 23, No. 4, 2012, p. 2.

[2] http://www.ftchinese.com/story/001050913? page = 2.

可以与美国分庭抗礼的超级大国沦为靠贩卖资源和吃老本谋生的发展中国家。不仅如此，作为曾经的亚洲四小龙和第三波民主化转型的样板国家和地区——韩国和中国台湾，它们的民众普遍感觉民主化后自己的生活水平不仅没有提高，相比于威权主义统治时期，相对收入还有所下降。台湾学者郑振清研究指出："在1985年，台湾最高百分之二十所得阶层与最低百分之二十所得阶层比较，所得分配差距为五点三八倍，是世界各国中所得分配较为平均的国家之一。"① 随着民主化进程的推进，台湾并没有变得更公正，反而基尼系数呈现逐年上升趋势。郑振清将台湾工业化以来家庭所得分配分为三个阶段："第一阶段为70年代到80年代，这二十年间台湾基尼系数在最低0.277（1980年）到最高0.303（1989年）之间变动，高低倍数比在最低4.17（1980年）和4.92（1989年）之间变动，显示台湾处于均富型经济增长阶段，所得分配比较平均；第二阶段为90年代，这十年间基尼系数从1990年的0.312逐步上升到2000年的0.326，高低倍数比从1990年的5.18上升到2000年的5.55，显示台湾的均富型增长模式和所得分配发生变化，贫富差距开始扩大但不算严重；第三阶段为2001年至2010年，这十年间基尼系数从0.35缓步上升，逼近国际警戒线，同时大岛指数基本上在6.0以上，2009年达到6.34，显示台湾的贫富差距持续扩大，所得分配不同于70—80年代均富型增长时期的状况。"② 台湾作为第三波民主化的成功典型非常具有代表性，而台湾民主化与多数利益的分离也为我们反思民主化进程提供了很好的案例。

具体到第三波转型的重点区域——后共产主义的东欧，2008年根据欧洲晴雨表的一份调查，只有21%的立陶宛人、24%的保加利亚人、24%的罗马尼亚人、30%的匈牙利人、38%的波兰人认为他们从柏林墙的倒塌中有

---

① 郑振清：《社会民生政策与台湾选举政治》，《新产经》2012年第1期。
② 郑振清：《社会民生政策与台湾选举政治》，《新产经》2012年第1期。

所受益。[①] 越来越多的人开始怀疑 90 年代初流行的公民社会解放东欧的观点，如今人们更多地认为，东欧转型是一场有利于精英并由精英主导的转型。这场从共产主义到自由主义的转型"只是将精英从意识形态束缚、从共同体的锁链、从被清算的恐惧、从犯罪感、从爱国主义、甚至从作为统治者必须肩负的责任中解放出来"[②]，在转型过程中，精英失去的只是锁链，得到的是整个世界。

对于其他的发展中国家而言，民主化也没有像预期那样与大众利益的扩张和国家的有效治理呈现出稳定的相关性。从"第三波"发展中国家民主化的实践效果来看，其主要成果仅仅表现为"选举民主"的确立和资本流动性的增强。前者尽管赋予了人民选择统治者的权利，但由于没有解决深层次的社会结构矛盾，也没有形成不同阶级和族群之间共赢的经济增长模式和利润分配方式，这种选举权的竞争反而使阶级和族群之间的矛盾显性化，因而在发展中国家频繁引发暴力冲突。资本流动性的增强是发达国家资本扩张策略的一部分，这一策略随着"第三波"自由民主的推进以新自由主义规范药方的方式在新生民主国家推行，其在方便各国精英积累财富的同时加剧了发展中国家原本就存在的贫富分化和底层人民的生存困境，而对这种生存困境的不满和改善这种困境的期待恰恰是发展中国家人民渴望和支持民主制度的初衷。于是，在发展中国家普遍出现了"民主疲劳症"，这种疲劳症源于一种对民主的失望情绪，民主确实给予了人们更多的自由，但这些自由并没有转化为工作机会和社会保障，也没有创造出监督政府、遏制腐败、治理贫困的有效机制，"民主降临、问题依旧"是第三波

---

① Eurobarometer 70, "Field Work, October-November 2008", *Data*, p. 58, December 2008, available at http://ec.europa.eu/public_opinion/archives/eb/eb70/eb70_en.htm.

② Ivan Krastev, "Twenty Years of Postcommunism: Deepening Dissatisfactory", *Journal of Democracy*, Vol. 21, No. 1, 2010, p. 114.

民主化中发展中国家遭遇的普遍困境，这种困境使"20世纪90年代新生民主国家的民众普遍表现出对多元主义未能改善其国内社会经济条件和生存状况的不满，而仅注重于政治过程和政治制度建设的民主化理论家对此却回应乏力"①。

早在2001年，理查德·罗斯（Richard Rose）就在《反向民主化：第三波民主化的问题》一文中谈到过第三波民主化国家可能面临的三种结局：民主因为实现善治而得到巩固，民主因为制造危机而向专制回潮，民主因为无所作为而陷入低水平均衡的陷阱。② 从目前的情况看，民主在发展中国家向前进和向后退的可能性都不大，最大的可能就是长期停留在低水平均衡的陷阱之中，保持着大众的幻灭无助与统治精英的无能腐败交相呼应。然而问题关键在于，民主为何会陷入无效治理的困境。对于这一问题的解释和解决，已经成为比推动民主转型更棘手和更现实的问题。

## ◇◇第二节　主流民主化理论对无效民主的回应

面对第三波民主化国家出现的无效民主和治理危机，西方学术界并没有把研究重点放在如何解释和解决民主失效问题之上，他们选择了一个合法性优先于有效性的视角，即研究西方民主如何在发展中国家得到巩固，而不是西方民主如何解决发展中国家的实际问题。在一般人看来，民主巩固学的兴起即是对发展中国家民主困境的回应，但事实上二者的研究指向是有区别的。举例说明，比如目前中国在现代化进程中也遭遇了很多困境，

---

① Christopher Hobson and Milja Kurki, *The Conceptual Politics of Democracy Promotion*, New York：Routledge, 2012, p. 1.

② Richard Rose, Doh Chull Shin, "Democratization Backwards：The Problem of Third-Wave Democracies", *British Journal of Political Science*, Vol. 31, No. 2, 2001, p. 350.

针对这些困境，有两种完全不同的研究指向：一种认为中国目前存在的危机是体制性危机，这一判断首先就排除了在现有体制内解决问题的可能性，对于现有体制而言，这一研究视角是革命性的，它意味着对体制的颠覆；另一种观点认为中国现代化过程中出现的危机是任何国家从现代到传统转型过程中都会出现的治理危机，它可以通过现有体制的改革和回应来解决问题，而不需要颠覆体制，这一研究视角对于体制是改良性的，它承认体制的合法性。从中国例证反推到西方学者对第三波民主化危机的关注，他们的研究视角无一例外都是以承认自由民主体制的合法性为前提的，他们关注的其实不是治理危机本身，而是治理危机如何能够避免转化为体制危机，如何能防止自由民主的崩溃。在这里，合法性不以有效性为前提，捍卫合法性成了问题的出发点。这种研究问题的出发点如果放在中国问题研究上，很可能会被指责为中国现有体制辩护，是御用研究不是科学研究，但西方民主巩固理论存在同样的问题却被我们忽视了。

民主巩固理论这种研究指向导致了一个很大的问题，就是尽管针对第三波民主化困境的研究成果汗牛充栋，但有效研究其实很少，这就是为什么民主巩固研究从 20 世纪 80 年代初期就开始，但第三波民主化国家的治理状况却至今尚未有所改善的原因。下面我们看一下针对新生民主国家治理危机的民主巩固学的具体现状。

1985 年 12 月，针对部分拉丁美洲国家在民主转型后出现的经济停滞、社会不公和政局动荡现象，由美国福特基金会和美国圣母大学海伦·凯洛格国际研究所出资，来自多个国家的社会科学工作者在巴西的圣保罗出席了主题为"当代拉美国家民主巩固中的困境与机会"研讨会，会议集中讨论了民主巩固的概念和转型后政体比较研究的方法论问题。1987 年，由圣母大学再次召开了主题为"拉美和南欧民主巩固中的问题"研讨会。在这次会议上，学者们总结了民主巩固研究的方法论和主题。此后，民主巩固学进入了一个全盛时期，民主化研究从"转型学"逐渐过渡到"巩固学"。[1]

民主巩固学从一开始就吸引了比较政治领域的最优秀学者介入，这些人包括亨廷顿、奥唐奈、林茨、斯蒂潘、普沃斯基、戴蒙德和谢德勒等。民主巩固主要包括三个方面的内容：何为民主？何为民主巩固？如何实现民主巩固？与民主转型学在民主概念上分为熊彼特定义（选举民主）和达尔定义（自由民主）类似，民主巩固学在民主概念上也通常采用的是这两个最普遍的民主定义。根据所采用的民主定义的区别，不同学者对民主巩固的判定标准主要分为制度中心主义、文化中心主义、综合行为主义。

第一，制度中心主义。主张熊彼特选举民主定义的亨廷顿是民主巩固论制度主义的代表人物。在《第三波——20 世纪后期民主化浪潮》一书中，亨廷顿提出了"两轮更迭测试法"（two-turnover test）。这一方法以选举制度的二轮稳定性作为判断民主巩固的方法。按照这一方法，如果在转型期内第一次选举中掌权的政党或集团在此后的选举中失去权力，并把权力移交给获胜的竞争者，然后在下一次选举中，这些获胜者又将权力和平地移交给那些选举中的获胜者，而且，如果这些选举中的获胜者然后又和平地把权力移交给后一次选举中的获胜者，此时，这样的民主政权就可以被看作得到了巩固。[2] 换言之，亨廷顿认为当选举制度成为一种稳定的更换统治者的方法时，民主制度就得到了巩固。与亨廷顿的"两轮更迭测试法"类似的还有代际测试或寿命测试法，这些方法都将选举制度的稳定性作为民主巩固的标准。主要关心民主政府的延续性，例如民主政府能够坚持两三届以上，就可以说民主得到了巩固。但是，随着越来越多的实例证明，即使

---

① Philippe C. Schmitter, "Transitology: The Science or the Art of Democratization?", in Joseph S. Tulchin (ed.), *The Consolidation of Democracy in Latin America*, London: Lynne Rienner Publisher, 1995.

② ［美］亨廷顿：《第三波——20 世纪后期民主化浪潮》，刘军宁译，上海三联书店 1998 年版，第 321 页。

经历过数次民主选举的国家也可能出现民主回潮现象，例如秘鲁、巴基斯坦等，以选举制度持续性为中心来解释民主巩固越来越难以令人信服。

第二，文化中心主义。文化反映一个社会的基本价值观。大多数学者都将民主巩固看作一个民主政体在所有群体心中取得制度合法性的过程。而这种合法性的建立需要人们对民主的优越性具有坚定的信仰。普列汉姆、英格尔哈特等都把人们稳定民主价值观的形成看作民主巩固的标志。普列汉姆认为只有一个社会中的大多数人坚信民主规范和价值，民主在这个社会才能实现稳固。① 英格尔哈特和他的团队搜集了大量跨国数据证明政治文化与民主制度的相关性。他将民主看作一种民族特性，它不是一种个体文化，而是一种集体文化，只有一个民族形成了民主的集体信仰，民主才能够实现稳固。同时，英格尔哈特还注意到民主稳定性与一个社会人们彼此的信任度和满意的生活水平具有相关性，因为社会和经济安全感的提升容易激发人们自我表达的欲望，而自我表达意识的提升将促进民主的增长。②

第三，综合行为主义。行为主义从民主转型学开始就是比较政治领域学者研究民主化问题的核心范式，这一范式一直延续到民主巩固学的兴起。然而，由于相对于民主转型，民主巩固是一个更为复杂的问题，单纯从行为主义的视角去解释民主巩固很难令人信服，于是，民主巩固学最具代表性的人物拉里·戴蒙德和林茨都在综合了制度主义、文化主义的基础上发展了行为主义。戴蒙德认为民主巩固通常发生在规范与行为两个维度和精英、组织与大众三个层次上。精英的信仰与行为规则非常重要，因为他们的行为方式会影响到大众的行为。在综合分析的基础上，他建构了一个民

---

① G. Pridhman, "The International Context of Democratic Consolidation: Southern Europe in ComparativePerspective", in R. Gunter, P. N. Diamandaurus and H. Puhle (eds.), *The Politics of Democratic Consolidation: Southern Europe in Comparative Perspective*, Baltimore: The Johns Hopkins University Press, 1995, p. 169.

② Ronald Inglehart and Christian Welzel, "Political Culture and Democracy: Analyzing Cross-Level Linkages", *Comparative Politics*, Vol. 36, No. 1, 2003, pp. 61 – 79.

主巩固较为完整的分析模式。

表1—2　　　　　　　　　　戴蒙德民主巩固分析表

| 层次 | 规则与信仰 | 行为 |
|---|---|---|
| 精英 | 各种组织的最重要的领袖相信民主制度是合法的；所有主要的政府领袖和重要的政党领袖相信民主是最好的政府形式；这种信仰体现在他们的公开讲话、意识形态、著作等中 | 这些精英相互尊重对方，和平地竞夺权力的权利；服从法律与宪法，并且互相接受政治行为的规则；精英避免鼓动追随者的暴力、不容忍或非法活动；不试图借助军方来谋取政治优势 |
| 组织 | 各种政党、利益集团和社会运动同意（或至少不拒绝）在他们的这些载体中所体现出来的民主的合法性、国家特殊的宪政规则与制度 | 没有任何组织寻求推翻民主制度或使用暴力、欺骗或其他违宪的、反民主的方法来作为谋取政治权力或政治目标的方法 |
| 大众 | 70%以上的公众一致相信民主比任何其他政府形式更为可取，民主是该国最为合适的政府形式；不多于15%的公众支持威权式的政府形式 | 没有任何政党、运动或组织享有重大的群众支持，普通公民通常不使用暴力、欺骗或其他非法与违宪的手段来表达政治偏好或寻求政治利益 |

来源：戴蒙德：《发展民主：朝向巩固》，1999年。①

与戴蒙德相似，林茨和斯蒂潘也从综合行为主义的角度界定了民主巩固，他们指出民主巩固意味着一个国家在政治行为、政治态度和政治制度三个方面达到了以下要求：第一，在行为上，某一地域的民主政体，当其中重要的国家、社会、经济、政治或制度的行动者不再动用重要资源，不

---

① Larry Diamond, *Developing Democracy*: *Toward Consolidation*, Baltimore: The Johns Hopkins University Press, 1999, p. 69.

通过创建非民主政体或分裂国家的方法来达到自己的目标，它就得到了巩固；第二，在态度上，当公共意见的多数即使面临严重的经济困难，对现政府怀有深深的不满，也仍相信民主的程序和制度是管理集体生活最适宜的方法的时候，当反体制的方案几乎得不到支持，或者这种支持或多或少被亲民主势力所孤立的时候，民主政体就得到了巩固；第三，在宪法上，民主政体的巩固，发生在各种政府和非政府的势力同样地服从于、并且习惯于在为新的民主过程所许可的、专门的法律、程序和制度范围内解决冲突的时候。

相对于确立民主巩固的标准，如何实现民主巩固是民主巩固学至今尚未解决的难题。这表现在关于如何实现民主巩固，政治学家们都仅仅提出了一些前提条件和理论假设，但却没有证明如何才能实现这样条件，如何能够将理论应用于实践。例如亨廷顿在《第三波——20世纪后期民主化浪潮》一书中就已经指出，民主的巩固需要克服情境问题和对威权政权的怀旧，需要发展民主的政治文化，需要实现制度化的民主政治行为，需要良好的经济增长水平，需要支持民主的国际环境。[①] 在这些条件中最具有操作性的是创造有利于民主巩固的国际环境，例如欧盟就为申请加盟国设定了一些政治和经济制度前提，这些前提为东欧国家维持民主制度提供了有效的动力和压力。在规范拉美、非洲、亚洲等国家的政治经济发展路径方面，国际货币基金组织和世界银行等也通过贷款和援助条件等规则强调受援国必须坚持市场经济和民主制度。除此之外，关于如何促进经济发展和进行民主制度化，亨廷顿并没有提供可行的方案。其他民主巩固理论家也没有表现出比亨廷顿更高明的智慧。1994年，同样是针对新生民主化国家遭遇到的各种困境，李普塞特发表了《再论民主的社会条件》一文。他在文中指出很多新生民主化国家在民主建立之初就遭遇到经济危机，这已经在一

---

① ［美］亨廷顿：《第三波——20世纪后期民主化浪潮》，刘军宁译，上海三联书店1998年版，第314—332页。

些国家导致了民主的崩溃。但李普塞特提出巩固民主的方法几乎是老调重弹，他认为，"鉴于新生民主国家的低合法性，它们急需创造有效的经济增长机制去巩固民主政体的合法性"①。但是关于如何促进经济增长，除了进一步市场化之外，李普塞特并没有提出更有针对性的意见。

相对于亨廷顿和李普塞特，菲利普·施密特（Philippe C. Schmitter）和哈维尔·桑迪索（Javier Santiso）的研究更有针对性。他们特别从转型序列的角度批判了经济发展和经济转型优先论，并认为民主化的困境正是因为经济转型中形成了既得利益集团，他们拒绝向前推动自由民主。为此，他们提出了一个更利于民主巩固的民主化方案，这一方案提供了民主转型的理想顺序：领土边界的形成—暴力垄断国家的建立—法治的到位—平民对军队的控制—稳定财产权的确立—国家认同的形成—寡头代表制或地方民主的启动—工业资本主义的扩大再生产—政治公民权的逐步扩展—社会公民权的最终发展。② 从这一顺序我们可以看到，施密特是根据发达国家民主化的顺序开出的发展中国家的民主化药方，他认为这一顺序会带来巩固的民主。但这一方案在实践过程中面临很多困境，因为发展中国家民主化所处的时代与发达国家不同，其中最重要的区别至少有两个：第一，现在没有一个国家的公民能接受普选权的限制和逐步扩大的过程；第二，社会主义运动的缺失使发展中国家的精英失去阶级妥协的压力，这导致从政治民主到社会民主的转型在发展中国家很难发生。

在民主巩固学中最具代表性的是普沃斯基、戴蒙德、林茨和斯蒂潘。在《可持续性民主》《民主与市场：东欧与拉丁美洲的政治经济改革》《新兴民主国家的经济改革：社会民主之路》《民主与发展：1950—1990 年间的

---

① Seymour Martin Lipset, "The Social Requisites of Democracy Revisited: 1993 Presidential Address", *American Sociological Review*, Vol. 59, No. 1, 1994, p. 1.

② Philippe C. Schmitter and Javier Santiso, "Three Temporal Dimensions to the Consolidation of Democracy", *International Political Science Review*, Vol. 19, No. 1, 1998, p. 81.

各国政治体制与福利》等著作中，普沃斯基从有效性和合法性两个角度探讨了民主巩固的条件。首先，他强调民主的公正性和有效性是其持续的前提。在他看来，"唯有当民主能够唤起各主要政治理论从自身的利益出发主动地遵从民主制度时，民主才能长久存在。而为了唤起这种遵从，民主必须同时给所有这些力量提供公平的机会，使之能在制度的框架内竞争，并产生实质性的成果。即民主必须是公平而有效的"①。然而，考虑到民主的公正性和有效性在新生民主化国家短期内很难得到实现，普沃斯基也非常强调合法性与民主可持续性的关系。民主合法性的维持依赖于制度的外部条件背景和民主政府应对危机的能力。"当民主的制度框架促进了标准化的令人满意的结果和政治上要求的方向——例如摆脱独裁暴力获得自由、物质安全、平等或正义——时，民主就是可持续的"，但是，"当民主没有取得满意的结果，但是却能熟练处理因这些结果缺失所引发的社会危机时，民主也是可持续的"②。

戴蒙德作为《民主杂志》的主编，是民主化研究的引领者，他一直相信民主的巩固是民主取得广泛而深刻的合法性的结果。与很多学者认为民主可以在低质量状态下持久维护合法性的观点相反，戴蒙德认为如果新生民主国家不能尽快提高民主的功能和质量，民主很可能会在这些国家丧失合法性，并引发民主崩溃或专制回潮。对于如何提高民主的质量，戴蒙德认为民主在各国的实际运行条件不同，所遇到的障碍也不同。这些障碍在非洲表现为长期的经济衰退、粮食短缺、贫穷、重大社会疾病泛滥、种族和部族冲突以及由此带来的国家构建的失败、国家能力的不足；在东亚如韩国表现为长期的威权统治形成了对权力的高度集中和控制的传统，国家的权力过于强大，公民社会不

---

① ［美］亚当·普沃斯基：《民主与市场：东欧与拉丁美洲的政治经济改革》，包雅钧等译，北京大学出版社 2005 年版，第 4 页。

② Adam Przeworski, *Sustainable Democracy*, New York：Cambridge University Press, 1995, p. 107.

成熟，很难对权力进行制约与监督；在一些海湾富裕国家虽然有民主所需的社会经济基础，但是并没有深厚的民主历史；在拉丁美洲表现为等级式的殖民统治造成的社会结构、强人政治以及经济不发展。因此，戴蒙德认为并没有统一的民主巩固方式，各国所遇到的民主障碍的不同决定了各国民主巩固路径的不同。尽管如此，戴蒙德还是提出了一些民主巩固的普遍适用条件，其中最重要的就是要建立真正的自由民主制度，这意味着行政部门要受到法律和其他平行部门的约束，民选官员要对公众负责，减少政治参与的障碍，建立自主和独立的公民社会组织，保障公民自由和政治权利等。①

林茨和斯蒂潘的《民主转型与巩固的问题：南欧、南美和后共产主义欧洲》一书是民主巩固研究领域公认的权威著作。在此书中，他们提出了民主巩固的一个前提和在此前提基础上的五个相互关联的条件。首先，民主是国家治理的一种形式。没有国家，民主就无从存在，所以国家的存在是民主巩固的前提。在国家存在和有效运转的基础上，林茨和斯蒂潘认为，一个巩固的民主政体需要以下五个相互关联的条件：（1）必须存在一个自由和活跃的公民社会；（2）必须存在一个相对自主和受人尊重的政治社会；（3）必须有法律可以确保公民合法的自由权利和独立的结社生活；（4）必须存在一个国家官僚系统可供民主政府运用；（5）必须存在一个制度化的经济社会。②

## ◇ 第三节　回应的无效性

所谓回应的无效性，指的是民主巩固理论并没有解决民主有效性的问

---

① Larry Diamond, *Developing Democracy: Toward Consolidation*, Baltimore: Johns Hopkins University Press, 1999, p. 75.

② ［美］胡安·J. 林茨、阿尔弗莱德·斯蒂潘：《民主转型与巩固的问题：南欧、南美和后共产主义欧洲》，孙龙等译，浙江人民出版社 2008 年版，第 7 页。

题，他们的研究总体而言围绕的问题是，在民主无效的情况下，如何维持民主的合法性。在民主巩固学研究初期，亨廷顿和普沃斯基就非常注重对民主巩固的两个因素：有效性与合法性，进行区分。他们意识到如果民主的有效性在第三波民主化国家迟迟得不到解决，那如何在民主无效的情况下保证民主的合法性就应该成为民主巩固学研究的重点。

亨廷顿的民主巩固学最能体现这种合法性优先的取向。在《第三波——20世纪后期民主化浪潮》中，他明确表示，由于经济发展、社会公正、腐败都不是短期内能够解决的问题，所以对于大多数新生民主国家，在精英和大众之间确立民主的合法性就显得尤其重要。因为只有建立了民主的合法性，民主才可能在没有绩效的情况下还不会遭遇替代制度的挑战。而民主合法性的建立，首先需要统治精英和反对派精英都要保持清醒的头脑，轮流坐庄而不是彼此颠覆对他们而言是成本最低的统治手段；其次需要帮助被统治者建立民主有效性的观念，这一观念将民主的有效性体现于周期性选举上，有了周期性选举，民众就容易将劣质的政绩和优质的政体进行区分，这种区分对民主的存亡至关重要，它能保证人们在利益受损时也不会挑战政体的合法性。① 亨廷顿还用80年代委内瑞拉中下阶层对民主政体的笃信做榜样，他强调在当时中下阶层的高度挫折感并没有转化成非法的、暴力的政治行动，因为委内瑞拉民众已经学会通过四种方式从心理上解决面临的危机，这包括：合法的抗议、适应、听天由命和移民。②

正是基于合法性优先的取向，亨廷顿特别坚持在民主化研究中使用熊彼特选举民主的定义。在他看来，民主的巩固特别有赖于大众从民主万能

---

① ［美］亨廷顿：《第三波——20世纪后期民主化浪潮》，刘军宁译，上海三联书店1998年版，第316页。

② ［美］亨廷顿：《第三波——20世纪后期民主化浪潮》，刘军宁译，上海三联书店1998年版，第315页。

论的幻想中走出来，接受民主的功能就是更换统治者。因此，他将"民众对民主统治者的失望与幻灭和对威权统治者的怀旧看作民主巩固的第一步"，因为，"这意味着公民已经从短暂而快慰的民主化巅峰中降下来，并开始适应民主低谷中的凌乱与沉重。公众已经懂得，民主政府可能会失灵，民主并不意味着问题必须得到解决，但它意味着统治者可以被更换，民主的实质是更换统治者，当公众意识到民主只是为专制问题提供了一种解决办法，而未必为所有其他问题提供解决办法时，民主就会变得巩固"。①

亨廷顿这种对民主有效性的回避态度并不能从根本上捍卫民主的合法性。因为大众不可能像他所期待的那样仅仅满足于更换统治者，如果要发展中国家的大众真正建立起对民主合法性的信念，还是需要对民主化进程中遭遇的问题给予一个有效的解释。这一解释需要给出一个民主改进的方向，并且这一方向还需要有具体的经验样板，以便大众能够有一个理想的彼岸。从 1996 年开始，以拉里·戴蒙德为代表的自由民主派的学者确立了一个解释民主治理危机的新范式。这一新范式批评了熊彼特民主观存在的"选举主义谬误"，提出民主化在发展中国家引发治理危机的原因是这些国家仅仅实现了竞争性选举，但并没有实现法治和保证公民的自由权利。他将治理良好的选举民主国家称作"自由民主"国家，将出现治理危机或者威权回归的选举民主国家称作"非自由民主"国家，声称非自由民主国家若想解决治理危机，需要向自由民主国家看齐。② 戴蒙德的新范式一提出就获得了广泛赞誉和支持，在此之后，民主巩固理论几乎都围绕着这一范式

---

① ［美］亨廷顿：《第三波——20 世纪后期民主化浪潮》，刘军宁译，上海三联书店 1998 年版，第 317 页。

② Larry Diamond，"Is the Third Wave Over"，*Journal of Democracy*，Vol. 7，No. 3，1996，pp. 20 – 37.

分析并展开论证。① 自由民主和选举民主的区分表现出了美国民主理论家的经验和睿智。首先，它提供了一个可以对发展中国家民主实践进行量化评估的标准，这个标准就是美国民主制度本身；其次，它再次排除了对自由民主范式本身的审视，保证了民主研究的批判矛头始终是对外而不是对内；最后，它帮美国否定了敌对国家"选举民主"的合法性，即使一个国家没有出现治理危机，但只要它连续三届选举选出的是同一个领导人，那这个国家便不能被认定是完全民主（自由民主）国家，而只能被称为"非自由民主"国家中的"竞争性威权"国家。②

然而，对自由民主合法性的拯救并没有帮助发展中国家解决民主无效的问题，它只是转移了问题存在的方向，把民主化范式本身存在的问题转换成了发展中国家不符合民主化范式的问题。这种转移对于民主化理论家回避责任和捍卫美国标准都是成功的，但它却进一步妨碍了对真实问题的认知，加剧了民主合法性和有效性的分离。

民主巩固范式存在的最大问题在于解决方案的程序化和规范化，这很大程度上源于他们采纳的民主概念——无论是熊彼特的选举民主概念还是达尔的自由民主概念——都仅从形式角度理解民主，当民主被等同于某种形式的制度安排，那无论是民主转型还是民主巩固，都从一个社会变迁问题变成了一个制度移植问题。无论人们将制度移植的可能性寄希望于政治文化、政治行为还是政治态度的变迁，他们都忽视了一个重要的问题，就是政治结构变革只有在社会结构变革的基础上才能实现有效性。西达·斯

---

①　自由民主 VS 非自由民主的区分是一个总体框架，具体在"非自由民主"中还有很多亚框架。关于分类标准和发展过程可参见 David Collier and Steven Levitsky，"Democracy With Adjectives：Conceptual Innovation in Comparative Research"，*World Politics*，Vol. 49，1997，pp. 430 – 451。

②　竞争性威权的概念是针对普京和查韦斯等人提出的。参见 Steven Levitsky and Lucan A. Way，"Elections Without Democracy：The Rise of Competitive Authoritarianism"，*Journal of Democracy*，Vol. 13，2002，pp. 51 – 65。

考切波在《国家与社会革命：对法国、俄国和中国的比较分析》一书中曾专门谈到过政治革命与社会革命的区别。她特别强调社会革命是一个社会的国家政权和阶级结构及其支配性的意识形态都发生根本转变的过程。社会革命不同于政治革命（政治转型），社会革命要求发生社会结构变迁、阶级结构变迁，而政治革命所改造的是政治结构而非社会结构，而且并不必然要经由阶级冲突来实现。①

民主巩固学局限于政治变革，是由其研究主体的身份意识决定的，从本质上说，美国的主流政治学者不可能去从社会结构变革的角度探讨发展中国家的政治转型问题，当他们谈到这一点时，恰恰是在为威权主义的合法性做辩护时，例如亨廷顿所著的《变化社会中的政治秩序》。究其原因，是因为我们生存的世界存在一个整体上由资本主导的政治经济结构，这一结构有赖于发展中国家的精英与发达国家精英的结盟，当发展中国家发生社会结构的变革，必然会损害到这一结构性精英联盟的利益。为了规避这一本质问题，只有将民主去实质化，把民主变成一种与物质利益不相关的各种形式指标。这就是我们今天流行的自由民主所承载的最主要功能。而查尔斯·林德布罗姆早就指出："当政治学转向对诸如立法机关、行政机构、政党和利益集团的机构建制的讨论时，它实际上是在同次要的问题打交道。议会和立法机关、行政当局、政党及利益集团的活动，大多取决于政府代替市场或市场代替政府的程度。"②

本书的一个核心主题正是揭示民主去社会主义化的过程中，西方主流政治学利用次要问题遮蔽主要问题的过程，而且不可否认，这一遮蔽战略到目前为止进行得都很成功。从这一意义上说，西方主流民主化理论其实

---

① ［美］西达·斯考切波：《国家与社会革命：对法国、俄国和中国的比较分析》，何俊志等译，上海世纪出版集团 2007 年版，第 4—5 页。

② ［美］查尔斯·林德布罗姆：《政治与市场：世界的政治—经济制度》，王逸舟译，生活·读书·新知三联书店 1994 年版，第 1 页。

是一种意识形态学说，而民主化研究如果想从意识形态变成科学，必须从次要问题转向主要问题的研究。在这一转向中，不仅要找回民主实质层面的应该针对的问题，即民主必须要有绩效合法性，即有效性。还要将民主的实质嵌入到政府与市场、民主与政府、民主与市场的复杂关系之中，在这一关系中确认民主能够并且应该解决的问题。要理解这一复杂关系，简单地将社会主义推到民主的对立面，将民主化看作一个从计划经济向市场经济，从人民民主向自由民主的转型过程，不仅是反政治的，而且是反历史的。要解释清楚这一问题，需要从民主化理论的反思开始。

# 第二章　回应的无效性与民主化理论的反思

在社会意识操纵的重要活动中，作者和"负责任的执行者"所说的话、所做的事，其实际涵义总是被仔细隐藏起来的，要想揭示这些涵义，需要进行专门的研究工作。①

——谢·卡拉—穆尔扎

人们所能犯的最大错误就在于把民主主义看成是某种固定的东西，看成为在观念和外部表现上都是固定的东西。②

——约翰·杜威

基于民主无效困境去反思民主化理论，程序民主观对民主绩效合法性的去除是必须关切到的问题。亨廷顿曾经指出，"威权政体的合法性必须建立在绩效之上，而民主政体的合法性不需要绩效，民主本身就具有程序合法性"③。亨廷顿揭示了一个非常重要的问题，即当我们将民主等同于一种既定的制度安排，那民主的绩效本身便成为次要的因素，这就是以自由民主或者选举民主观为范式的一系列民主化研究始终无法真正回应民主无效困境的

---

① ［俄］谢·卡拉—穆尔扎：《论意识操纵》，徐昌翰等译，社会科学文献出版社2004年版，第22页。

② ［美］约翰·杜威：《人的问题》，傅统先译，上海人民出版社1986年版，第35页。

③ ［美］亨廷顿：《第三波——20世纪后期民主化浪潮》，刘军宁译，上海三联书店1998年版，第312页。

根本原因。对于这一问题，我们需要从主流民主化研究存在的内在矛盾入手，这一矛盾本身决定了它即使意识到问题所在，也无法去对自由民主范式进行反思，而只能选择对核心问题的掩饰和规避。

## ◈ 第一节　回应无效性的根本原因：规范与经验的矛盾

凡是对美国现实政治有着深刻体验的学者都能意识到在美国从政界到学界存在着一种精英联盟，这一联盟的成员或者试图加入这一联盟进而获得美国各个领域主流地位的人士都掌握着一种娴熟的技能，这一技能心照不宣地采纳对内对外两套不同的话语体系。在精英内部，大家非常明确作为一个利益共同体需要以维护共同体的利益和标准为目标，并且对于任何有可能损害到共同体利益的国家、政党、联盟、个人都要尽可能加以孤立、排斥和打击，斯诺登事件就是一个例证。然而，精英的利益必须以一种民主的方式加以表达才能获得最大的合法性并消解公开的反对力量，所以当精英集团面对外部世界时，他们非常默契地运用着一些演讲式的话语和符号，这些话语和符号给人一种印象：对内，美国是一个人民统治的国家，人民是这个国家的主人，这个国家服务于人民的利益；对外，美国是一个推动民主事业的自由国家，是和平与发展的捍卫者和推动者。这套话语被乔姆斯基（Noam Chomsky）称作"必要的幻象"①，被奥斯特罗姆称作"讨好投票者的抽象口号"②，被威廉·赖克（William Riker）称作"操纵的

---

① Noam Chomsky, *Necessary Illusions*: *Thought Control in Democratic Societies*, London: Pluto Press, 1989.

② ［美］奥斯特罗姆：《民主的意义及民主制度的脆弱性》，李梅译，陕西人民出版社 2011 年版，第 6 页。

艺术"①，被查尔斯·赖特·米尔斯称作"公关修辞学"②，任何试图研究美国政治和社会的人，如果不懂或者意识不到这些双重话语符号对于美国统治集团的重要性，他就不可能做有主体意识的真正的科学研究，他不过是在重述别人希望他接受和理解的话语。

对于美国精英娴熟掌握的这种在实体利益和对外宣传两套话语之间游刃穿梭的技能，俄罗斯学者谢·卡拉—穆尔扎曾进行过精妙的分析。他引用著名作家戈尔·维达尔的话说："美国的政治精英有个特点，就是拥有令人羡慕的本领，能说服人违反自身利益去投票。"③ 这种令人羡慕的本领谢·卡拉—穆尔扎将其称之为意识操纵。"意识操纵是指通过为人的行为编制程序来对人施加精神影响的一种统治方式。这种影响用于人的心理结构，是暗中实现的，其任务是按照权力当局所需要的方向改变人们的意见、愿望和目的。"④ 在美国，意识操纵是社会控制的基本手段，有一大批受过良好教育的职业脑力劳动者受雇于此，并在为此工作。比起其他种类的智力活动，美国十分重视制定和完善操纵技术手段的工作。正因为对意识操纵的重视，"美国专家在操纵事业上已达到炉火纯青的地步，他们甚至能够把那些看来正是反对权力圈的社会潮流转过来为统治圈效力"⑤。正因为意识操纵在美国已经发展成为娴熟的统治技巧，所以民主概念在美国很大程度上是一种纯象征性的东西，各路精英只是把它作为一种意识形态的印记来

---

① William Riker, *The Art of Political Manipulation*, New Haven: Yale University Press, 1986, p. ix.

② ［美］查尔斯·赖特·米尔斯：《权力精英》，王崑等译，南京大学出版社 2004 年版，第 3 页。

③ ［俄］谢·卡拉—穆尔扎：《论意识操纵》，徐昌翰等译，社会科学文献出版社 2004 年版，第 41—42 页。

④ ［俄］谢·卡拉—穆尔扎：《论意识操纵》，徐昌翰等译，社会科学文献出版社 2004 年版，第 39 页。

⑤ ［俄］谢·卡拉—穆尔扎：《论意识操纵》，徐昌翰等译，社会科学文献出版社 2004 年版，第 43 页。

使用。"专业人士没人把它认真当一回事。"①

然而,无论美国精英支不支持民主,正如托克维尔所言,民主在美国是一种根深蒂固的民情,正因为有此民情,所以美国精英想进行统治,反而只能通过意识操纵的形式。在这个意义上,谢·卡拉—穆尔扎认为,意识操纵恰恰是民主社会精英统治必须具备的技能,专制社会是不需要意识操纵的,专制社会可以靠暴力进行统治。美国精英集团的意识操纵技能之所以能够发展得炉火纯青恰恰在于从建国时起,美国精英面对的治理环境就容不得暴力操控,因而精英若想维护自身集团利益就必须转而进行意识操纵。"意识形态这个公民社会的宗教替代物作为科学革命和启蒙运动的产物诞生在欧洲,但美国从一开始便成为群众意识操纵这一概念和操作技巧的主要缔造者。在美国这个摆脱了旧的等级文化传统的社会,产生了最纯粹、最完整形式的个人。在美国的民族先辈和殷实阶层中,就出现过一种尖锐的需求,要求控制由个人组成的巨大群体,而不采取国家强制的办法。因为这种强制办法根本行不通,而且与美国个人主义思想基础是相抵触的。与此同时,也无法号召人们去尊重权威这样的道德标准,因为欧洲否定权威的持不同政见者都跑到了美国,于是便产生了历史上崭新的,以诱导为基础的社会操纵类型。"②

当美国成为世界霸权国家之后,美国创制的意识操纵技巧,开始被运用于美国的外交战略和外交术语之中,成为美国进行世界秩序控制的主要手段。意识操纵的可行性在于被操纵方无法意识到操纵的存在。因此,"在社会意识操纵的重要活动中,作为负责任的执行者所说的话、所做的事,其实际涵义总是被仔细隐藏起来的,要想揭示这些涵义,需要进行专门的

---

① [俄]谢·卡拉—穆尔扎:《论意识操纵》,徐昌翰等译,社会科学文献出版社2004年版,第45页。

② [俄]谢·卡拉—穆尔扎:《论意识操纵》,徐昌翰等译,社会科学文献出版社2004年版,第41—42页。

研究工作"①。而寻找"潜藏的涵义"是一个困难的心理过程。它要求意志的勇气和自由，它需要卸下权威的负重，这并不是件容易的事。因为，"正是当权者和有钱的人才需要进行社会意识操纵，这些人总有能力为传递信息报道而雇佣可爱的演员、受尊敬的院士、刚正不阿的诗人"②，这些人在社会各个群体中都很容易成为各个领域的权威。而"我们为了思维省力，总喜欢遵循权威的模式——习惯的套路、概念根深蒂固的成见——来行动"③。

这里引用大量文字解释美国精英集团存在的这种"意识操纵的潜规则"是因为民主化研究很大程度上也很难摆脱服务于美国"意识操纵"工作的使命。拉斯韦尔曾经指出："政治学的任务在于阐明情况，而政治哲学则要为政治选择提供辩护。"④ 对于身负厚望因而众星云集的民主化研究而言，它非常荣幸又非常不幸地要承担起政治科学与政治哲学的双重使命，作为政治科学，它需要对现实进行经验性的研究，需要在价值中立的基础上承担起客观解释现实的使命，而作为美国对外推广自由民主的理论先导，它又要承担起为"某种选择提供辩护"的哲学使命，需要论证自由民主的普世性和其他民主模式的非民主性。正是这种双重使命，使民主化理论不断地陷入经验与规范的矛盾之中。在美国，"政治学向来以立场保守著称"⑤，大量"佯装不偏不倚的作品实际上充斥着价值观偏见，而且是既保守又反政

① ［俄］谢·卡拉—穆尔扎：《论意识操纵》，徐昌翰等译，社会科学文献出版社2004年版，第22页。

② ［俄］谢·卡拉—穆尔扎：《论意识操纵》，徐昌翰等译，社会科学文献出版社2004年版，第35页。

③ ［俄］谢·卡拉—穆尔扎：《论意识操纵》，徐昌翰等译，社会科学文献出版社2004年版，第36页。

④ ［美］哈罗德·D. 拉斯韦尔：《政治学——谁得到什么？何时和如何得到？》，杨昌裕译，商务印书馆1992年版，第3页。

⑤ ［美］罗纳德·H. 奇尔科特：《比较政治学理论：新范式的探索》，高铦、潘世强译，社会科学文献出版社1998年版，第25页。

治的"①。作为美国的政治科学家，如果想获得学科主导权和主流地位，他们就必须游走于经验研究与规范研究之间。所谓经验研究，是指他们必须使用经验的研究方法以显示研究的科学性；所谓规范研究，是指他们必须保证经验研究的结论不能指向对美国核心价值的背离。经验与规范在某些时候具有统一性，一项政治理论的科学性有时候同时表现为它的解释力和指导力，但这二者在大多数情况下是矛盾的，很多对现实具有解释力的理论，当它试图超越解释现实的动机去承担预言家甚至某种事业推动者的使命时，这一理论就从科学滑向了意识形态。

如果说美国政治学本身就是一种与政治高度相关的学科因而很大程度上服务于美国的国家利益，民主化研究作为美国政治学中的对外战略学科，它与美国国家利益的相关性就更加紧密。从研究主体而言，从事民主化研究的学者大多不是民主主义者和激进自由主义者（政治学意义上的新自由主义），他们主要是偏保守的自由主义者或者干脆就是保守主义者。从研究动机而言，民主化研究的学科建制起源于"冷战"的需要，这决定了民主化研究从一开始就无法摆脱服务于自由主义意识形态和美国国家利益的学科身份。

民主化研究起源于政治发展理论，这一理论从选题到结论都与"冷战"时期美国的国家利益息息相关，并在美国政府的直接介入和资助下发展起来。民主化的研究动机决定了在民主化研究领域存在着政府与社会科学家之间的双向选择关系。很多秉承学术独立和科学精神的社会科学家拒绝政府对社会科学研究的介入，并主动远离由政府主导的相关学科研究。于是最初从事民主化研究的学者如李普塞特、阿尔蒙德、亨廷顿、白鲁恂等都在从事科研工作的同时，在政府机构或政府主导的科研机构兼任某种职务，他们首先是政治战略家，其次才是学者。他们游走于学府和政府之间，并能主动自觉地在两种身份中游刃有余地转换。

---

① ［美］罗纳德·H. 奇尔科特：《比较政治学理论：新范式的探索》，高铦、潘世强译，社会科学文献出版社 1998 年版，第 5 页。

当然，我们说美国民主化研究很大程度上服务于美国国家利益并不是说这个领域的所有学者都服务于美国的国家利益。在美国从事民主化研究的学者分为两类，一类是服务于政府对外政策的，一类是进行纯粹的学术研究的。总体而言，非政策性学者所进行的研究，无论采取的是历史结构主义的研究方法还是博弈论和结构主义综合的研究方法①，都对现实具有较强的解释力，但是正因为他们的研究注重于对历史和现实的客观解释，所以他们的研究因为规范性不足而很少被政府采用，他们的理论在学术界很有影响，在政界毫无影响。而政策性的学者②，这些学者占据民主化研究的主流，他们通过控制专业学会和专业刊物掌控着学科规范和学科评价体系。他们的研究首先服务于美国的国家利益，他们的任务在"冷战"期间表现为反共，在后"冷战"时期表现为向发展中国家推广自由民主。这一研究指向决定了其研究成果需要具有规范性和经验性的双重属性，前者服务于美国各个时期的政策需要，后者负责将这种政策指向性研究包装得尽量具有科学和价值中立的色彩。

我们刚才提到，在"冷战"时期，民主化研究领域的知名学者长期游走于政界和学界之间是一个公开的秘密。但这是否意味着民主化研究服务于国家利益像很多此领域的学者所言仅仅是"冷战"时期不得已而为之的行为呢？事实上不是如此。只不过早期民主化研究的学者例如罗斯托、李普塞特、白鲁恂、亨廷顿等人涉足政界的表现是直接在政府相关部门做兼职，而当今民主化研究的学者则体现于接受政府的项目资助和参与外交咨询工作。比如，戴蒙德等人就直接参与过伊拉克战后重建的咨询工作。此

---

① 前者以巴林顿·摩尔的《民主与专制的社会起源》和迪特里希·鲁施迈耶等的《资本主义发展与民主》为代表，后者以达龙·阿塞莫格鲁等的《政治发展的经济分析：专制和民主的经济起源》和卡莱斯·鲍什的《民主与再分配》为代表。

② 他们占据着民主化研究的主流，他们的研究经常与政府形成互动，并能被政府作为对外政策纳采。这些学者包括李普塞特、罗斯托、阿尔蒙德、亨廷顿、白鲁恂、霍尔珀林、布热津斯基、施密特、林茨、戴蒙德等。

外，戴蒙德主编的民主化研究领域的重要刊物《民主杂志》就是美国国家民主基金会出资主办的，这个杂志创建于 1990 年，其第一期就把问题关注点集中于中国的"八九风波"，之后的选题一直服务于美国对外推广自由民主的需要，成为民主化研究成果的发布平台和美国民主促进政策的理论诠释基地。它刊登的论文主要就是围绕两个主题：一是用自由民主解读第三波民主化进程中的问题；二是对一些不同于自由民主模式的民主实践进行负面解读和定性。

我们知道，一份刊物的性质很难与其背后资助机构的性质和宗旨脱离关系。资助出版《民主杂志》的美国国家民主基金会创建于里根政府时期，99％的经费直接来源于美国国会拨款，① 对内对外资助活动都接受美国政府的指导。美国国家民主基金会的创建也是基于"冷战"的需要。在 1980—1981 年，瓦文萨领导的团结工会在波兰向执政的统一工人党发起了进攻，并征得了政府对它的承认，这使原来是铁板一块的东欧出现了松动。里根政府立即把此事与美国向外促进民主联系起来，认为这是一个突破口，可以从这里找到打开苏联东欧集团的口子。在 1982 年著名的伦敦威斯敏斯特区演讲中，里根说："现在正是将我们的公共部门和私人部门凝聚起来作为一个国家对外资助民主发展的时机。"② 在这个演讲的结尾，里根宣布要启动民主促进研究计划，这个讲话直接指导了 1983 年美国国家民主基金会的成立。美国国家民主基金会虽然以民主命名，但它的所谓民主其实就是反共，甚至反社会主义的同义词。主导美国国家民主基金会创建的美国总统里根是一个极端反民主、反劳工的保守主义者。他在任内领导的新自由主义改革开启了世界性的对民主和福利进攻的浪潮。他在 1981—1982 年，借

---

① Jordan Michael Smith，"The U. S. Democracy Project"，*The National Interest*，No. 125，2013，p. 29.

② Jordan Michael Smith，"The U. S. Democracy Project"，*The National Interest*，No. 125，2013，p. 29.

着航空导航工会罢工的机会将所有航空导航工会的会员解雇,从此美国工会力量开始衰落下去。美国国家民主基金会在建立之初就与中情局合作密切,它对外推广民主实行双重标准,主要针对与美国处于敌对状态的独裁国家。① 美国国家民主基金会的保守性不仅体现为反共,还体现为反对西欧左翼政党的一系列行动。在 20 世纪 80 年代,美国国家民主基金会经常参与资助发达民主国家右翼政党和组织反对左翼执政党的活动。1985 年,《纽约时报》曾报道美国国家民主基金会秘密资助 140 万美元给法国的核心右翼组织去反对时任社会党总统弗朗索瓦·密特朗(Francois Mitterrand)的政策。② 这件事情的曝光对美国国家民主基金会的声誉产生了极坏的影响。

我们知道,经验研究的前提是不预设结论,而预设了结论的研究自然会影响到理论的科学性。主流民主化学者与美国政府的密切联系一方面扩大了他们理论的影响力,另一方面也因为与国家利益牵连过甚影响了其理论的解释力。政治发展理论就是一个典型的例证。1959 年李普塞特发表了《民主的一些社会条件》一文,为政治现代化理论开辟了发展主义的方向。③ 政治发展理论的主要观点是经济发展会带来民主化。李普塞特在文章中分析了经济发展促进民主化的原因:首先,他将民主定义为一种为选择统治者提供制度机制的政治体系(他特别强调这一定义来源于韦伯和熊彼特启发的灵感),这一体系为不同利益集团博弈提供了一个制度平台,不同利益集团可以通过选择代表自己利益的政治竞争者来赢得让自己集团获益的机

---

① Jordan Michael Smith, "The U. S. Democracy Project", *The National Interest*, No. 125, 2013, p. 27.

② Jordan Michael Smith, "The U. S. Democracy Project", *The National Interest*, No. 125, 2013, p. 31.

③ Seymour Lipset, "Some Social Requisites of Democracy", *American Political Science Review*, Vol. 53, No. 1, 1959.

会;① 其次，他强调民主作为利益集团政治，特别需要各个集团之间具有妥协的条件和心理，经济发展为这种妥协提供了基础。一方面，经济发展提高了城市化水平，促进了教育普及和识字率的增长。它也带来就业结构的变化，导致农民在规模和重要性上的下降，以及中产阶级和城市工人阶级的发展。后两个群体会不断要求在影响他们的政策上享有发言权和影响力。随着教育程度的提高，他们能够组织工会、政党和公民团体来促进他们的利益。另一方面，经济发展产生了更多的公共资源和私人资源可供在各个团体内分配。政治变得越来越不是你死我活的零和游戏。因此，精英集团能够做一些让步，给大众更多的利益分享，这种让利使极端的政治势力如共产主义失去了生存的土壤。

从整体理论建构来看，李普塞特的分析是非常严谨的，具有结构主义的视野和经验主义的数据支撑，他为之后相关领域的研究提供了一个具有开拓潜力的框架和思路，不但早期的政治发展理论始终沿着李普塞特提供的范式前行，就是中期民主转型理论的历史结构主义和精英行动主义之争也均可以在李普塞特的研究中找到最初的路径。然而，这项经典研究在60年代中期方兴未艾的时候就遭遇到了发展中国家实践的反证，很多经历了经济发展的国家不仅没有进一步民主化反而经历了去民主化的威权主义回潮。威权主义回潮使政治发展理论遭遇了危机，很多人开始质疑政治发展理论的解释力。

然而，至今很少有人反思的是，究竟是政治发展理论逻辑本身妨碍了它的解释力，还是目的指向的反共动机导致了其结论先行的理论偏差。事实上，从政治发展理论开始，民主化研究经历了第一次规范与经验之间的潜在矛盾。政治发展理论建构了经济发展导致政治民主化的模型，这一模型逻辑本身没有问题，大多数发展中国家其实并没有偏离这一轨道，民主

---

① Seymour Lipset, "Some Social Requisites of Democracy", *American Political Science Review*, Vol. 53, No. 1, 1959, p. 71.

当时在大多数发展中国家确实产生了，但发展中国家产生的民主是一种平民的强调"实质性正义"的民主，① 这种民主的诉求与美国所期望的自由民主有很大偏差，反而在世界各地催生了很多激进左翼运动和民选左翼政府。与李普塞特等政治发展理论家预料的相反，在当时的国际环境下，自由民主在发展中国家很难短期内形成一套足够稳定的精英治理机制，进而阻止左翼极端政治力量的成长。但是，出于"冷战"期间为世界迅速指出一条偏离共产主义发展路径的现实需要，政治发展理论家对自由民主的发展前景不得不表现出过于乐观的估计。他们主观期望，市场经济和社会动员能够促进中产阶级的成长，而这一阶级的成长能够帮助发展中国家跨越容易受共产主义蛊惑的发展的早期阶段，进入与自由民主共生的发展的高级阶段。但历史并不像发展主义理论家想象的那样可以跳跃式发展，经济发展和社会动员在发展中国家首先表现出来的是和欧洲 19 世纪相似的阶级斗争和利益冲突。当发展中国家的精英集团没有足够的资源去平衡和消化这些利益冲突，又不像 19 世纪末的帝国主义国家可以向外转移这些冲突，那他们唯一的选择就是颠覆民主，实行专政。

在这种情况下，一向以支持民主著称的美国面临了一个两难，支持民主，很可能就得接受左翼政府；支持独裁，他们又面临与恶者为伍的道德困境。1991 年，丹尼尔·派普斯和亚当·加芬克尔共同主编了《友好的暴君：一个美国的困境》一书，书中详细讲述了美国从 20 世纪 40 年代开始一直到 80 年代初期所参与的在世界各地支持独裁政府和颠覆民选政府的行为。作者将这些行为解释为"冷战"期间国家利益的需要。当时美国发现民主在发展中国家表现出了与其最初预期不一样的情况，被动员起来的民众明显不排斥共产主义，并且对左翼领袖的执政有所期待。而威权政府虽然在国内压制民主、践踏人权，但这些政府是铁杆反共的，对美国

---

① ［阿根廷］吉列尔莫·奥唐奈：《现代化和官僚威权主义：南美政治研究》，王欢等译，北京大学出版社 2008 年版，第 189 页。

比较友善，支持"冷战"时在美国看来非常重要的战略利益，因而成为和美国有共同利益的盟友。"如果美国不支持那些独裁政府而支持民主，那很多国家将会落入共产主义分子的掌控之下。"①

然而，尽管在20世纪六七十年代发展中国家平民民主与军事独裁的对决中，美国选择了支持各国的独裁政府，但美国自由世界的领导地位却不容许它在道义上有过多的失分。对于深谙政治之道的美国统治精英来言，富兰克林·罗斯福坚定支持尼加拉瓜独裁者安纳斯塔西奥·索摩萨的那句名言："他也许是婊子养的，但他是我们家的婊子养的。"② 这句话就足以作为他们支持独裁政府的理由，但若想这种支持独裁和颠覆民选政府的行为被世人所接受，他们还需要更为精致、更有辩解力的理论，亨廷顿《变化社会中的政治秩序》一书适时地承担了这样的任务。

《变化社会中的政治秩序》一书被福山称为终结现代化理论的经典之作，亨廷顿在书中回避了美国在各地参与颠覆民选政府、为独裁者提供武装等行动对于威权政府确立所起到的不可或缺的作用，③ 仅从经济发展过程中政治秩序重要性的角度阐释了威权主义复兴的原因。亨廷顿在书中主要表达了两个观点：第一，第三世界新兴国家现在处于社会动荡和政治衰朽的历史阶段。动荡和衰朽的根源不是这些国家的贫困和落后，而是它们致富和发展的欲望。经济的发展，集团的分化，利益的冲突，价值观的转变以及民众参与期望的提高，这些急剧的变化远远超过了政治体制的承受能力，导致了社会的紊乱。而欲根除国内政治的动荡和衰朽，这些国家必须建立起有能力制衡政治参与的强大政府，这一强大政府所要解决的重要问

---

① Daniel Pipes, Adam Garfinkle, *Friendly Tyrants：An American Dilemma*, New York：St. Martin's Press, 1991, p. 3.

② 转引自［美］拉里·戴蒙德《民主的精神》，张大军译，群言出版社2013年版，第1页。

③ 这其中比较有代表性的有中情局参与的1953年推翻伊朗民选总统莫萨德、1954年颠覆危地马拉阿本兹政府和此书发表之后的1973年颠覆智利民选总统阿连德。

题是防止让政治参与跑到政治制度化的前面。第二，第三世界新兴国家的动荡给共产主义提供了很好的土壤，因为"共产主义和共产主义式的运动恰恰有本事来弥补社会动荡的短处"①。历史证明，"共产党政府最大的长处就是善于维持统治，它们能统治得住，它们能提供有效的权威"，"对于那些深受冲突和动乱之祸的处于现代化之中的国家，共产党人能提供某些保持政治秩序的定心丸"②。所以在这种动荡的环境下，亨廷顿认为发展中国家只有威权主义和共产主义两种选择，相对于共产主义而言，威权主义无疑更符合美国的利益。

《变化世界中的政治秩序》同样是一部担负了经验与规范双重任务的作品，一方面他需要解释当时发展中国家陷入混乱的原因，另一方面他又需要为这种混乱提供一个符合美国利益的解决方案，这一方案需要证明民主是不可欲的，发展中国家无法满足民众的政治参与要求，因为政治参与的根本是要完成利益再分配，而利益再分配必然要挑战现有的符合美国利益的发展中国家的社会结构。对于既定社会结构的维护体现了亨廷顿保守主义的倾向。亨廷顿把保守主义看作"一种可以用来维护任何既定社会秩序的思想体系"，在他看来，"除非共产主义和苏联的挑战被根除或者这种挑战不再起任何效果，否则美国自由主义者的一个主要目标必定就是维护他们已经建立的制度"③。

亨廷顿的这一认识其实也是美国民主化研究的一个隐性原则，这一原则就是民主化研究不能构成对美国既定制度的挑战。正是因为民主化研究始终存在这一隐性原则，所以自由民主在民主化理论中自始至终处于一种

---

① ［美］亨廷顿：《变化社会中的政治秩序》，王冠华等译，上海世纪出版集团2008年版，第7页。

② ［美］亨廷顿：《变化社会中的政治秩序》，王冠华等译，上海世纪出版集团2008年版，第7页。

③ ［美］亨廷顿：《作为一种意识形态的保守主义》，王敏译，《政治思想史》2010年第1期。

规范性的地位。不同阶段的民主化理论虽然所要解决的具体问题不同，政治发展理论侧重民主前提性研究，民主转型理论侧重转型过程研究，民主巩固理论侧重治理问题研究，但它们都是将自由民主作为唯一的民主模式向发展中国家推广的。这种自由民主的强势地位无疑会影响民主化理论的解释力，因为从根本而言，自由民主不是来自于发展中国家经验的民主，而是一种试图规范发展中国家经验的民主。尽管民主化理论家在研究时很注重发展中国家的经验，但这些"经验论诉诸事实，却坚持事实应道出预先规定了的语言"①。在民主化理论中，发展中国家的经验只有在适应自由民主时才有价值，当不适应自由民主时，经验本身只能成为一种阻碍自由民主的否定性因素，而绝不可能成为否定自由民主本身的因素。

正因为自由民主规范着民主化研究的结论，所以学者们如果想进入学科主流获得学科资源和身份，他们必须遵循自由民主这一政治正确的研究结论，即使这些结论本身偏离了他们对问题进行分析时的有效经验。我们说民主巩固学近 30 年几乎都在进行无效研究也是基于这一规范性规则的影响，这一影响导致民主巩固学中经常出现分析与结论脱节的现象。学者们在对某个国家或者发展中国家民主化中存在的问题进行经验研究时，常常能意识到问题的关键所在。例如林茨和斯蒂潘在反思俄罗斯和拉美民主化问题时提出主权国家的存在和国家对市场的干预对于任何国家的民主巩固都是必不可少的②。但是，他们得出的解决东欧拉美问题的方案却仍然是反对国家干预的，把国家干预行为称作迎合民意的民粹主义和民族主义。施密特在分析第三波民主化问题的多篇文章中都提到新自由主义在意识形态中的主导地位和市场的排他效应使第三波民主化过程精英化，这种转型伤

① ［美］萨拜因：《政治学说史》（上），盛葵阳、崔妙因译，商务印书馆 1990 年版，第 641 页。

② ［美］胡安·J.林茨、阿尔弗莱德·斯蒂潘：《民主转型与巩固的问题：南欧、南美和后共产主义欧洲》，孙龙等译，浙江人民出版社 2008 年版，第 11—12 页。

害了底层利益。他对此评价说，"对于推动民主，并没有一个民主的程序去决定改革的序列"①，因此，"改革往往是经济学家和精英主导，因精英利益而设"②。但在其提出的解决方案中却从未有过针对市场负面效应的制度设计和与新自由主义不同的意识形态取向。

所以，一方面学者们普遍意识到第三波民主化国家普遍存在的问题就是缺乏国家主权和有效政府。在一个政府没有统治和治理能力的国家，民主化和自由化只会加剧国家的混乱和放任非法力量掠夺国家和大多数人的财产。然而当俄罗斯真的出现普京那样的将国家凝聚起来的强势领导并提出"主权民主"的概念时，他们又会用自由民主的标准去否定"主权民主"的民主性质，将从叶利钦时代向普京时代的转型称为俄罗斯民主的倒退。这种充斥于理论研究和实践评估之间的冲突体现了美国政治学者一种不由自主的身份意识。这种身份意识背后是美国的国家利益。正如伊多·奥伦教授所说："美国政治学是具有意识形态性质的。它不被承认的支柱和理想就是美国。它附属于它的国家而不是民主本身。"③

## ◇第二节　回应无效性的理论原因：自由民主范式的误区

我们谈到，民主化理论回应发展中国家实践的无效性很大程度上源于其国家利益，很多时候不是学者的个人学识而是其国家意识决定了他的研

---

① Philippe C. Schmitter and Javier Santiso, "Three Temporal Dimensions to the Consolidation of Democracy", *International Political Science Review*, Vol. 19, No. 1, 1998, p. 79.

② Philippe C. Schmitter and Javier Santiso, "Three Temporal Dimensions to the Consolidation of Democracy", *International Political Science Review*, Vol. 19, No. 1, 1998, p. 78.

③ ［美］伊多·奥伦：《美国和美国的敌人：美国的对手与美国政治学的形成》，唐小松、王义桅译，上海世纪出版集团 2004 年版，第 275 页。

究不自觉会陷入经验与规范的矛盾。然而，学术行为毕竟不同于政治行为
和经济行为。学者不可能靠政治干预和经济排斥去规范一个国家的政治发
展方向，学术的规范性体现为对概念和话语权的垄断。正是这个原因，在
美国主导的民主化研究中，自由民主不仅要作为民主的核心定义，还要作
为发展中国家现实问题的解决方案。民主化理论选择将自由民主作为唯一
的民主模式，不仅是一种理论行为，还是一种政治行为，它体现了一种概
念政治。所谓"概念政治"是指"人们通过界定、解释和运用某一本来具
有争议性的概念——例如民主——从而将这一概念固化，并通过推广这一
固化概念去影响现实世界的一种政治方式"①。美国最初建构民主化理论，
正是为了通过规范民主概念进而规范世界民主进程。与直接进行政治干预
相比，通过规范概念去干预政治是一种既简单又隐晦的操控政治进程的方
式。对于美国主导的民主化研究和民主促进事业而言，采取美国的民主概
念对于美国是安全和有益的，相反，"承认民主概念多元化则是一种挑战
美国秩序的行为"，因为"当人们对现存的某种描述政治或者社会制度的
概念提出质疑时，这种质疑行为本身就对用这些概念加以描述的世界构成
了挑战"②。

　　民主化研究所运用的概念政治就表现在自由民主对民主概念的垄断上。
无论在政治思想史和政治理论研究领域民主概念具有怎样的争议性，一进
入到民主化研究领域，民主就毫无争议地被理解为单一的自由民主模式。③
"自由民主"是指在第二次世界大战后形成的被自由主义规范后的一种民主
观。在自由民主范式中，民主采用的是最低限度的来自于熊彼特的定义，

---

① Christopher Hobson and Milja Kurki, *The Conceptual Politics of Democracy Promotion*,
New York: Routledge, 2012, p. 3.

② Milja Kurki, "Democracy and Conceptual Contestability: Reconsidering Conceptions
of Democracy in Democracy Promotion", *International Studies Review*, Vol. 12, 2010, p. 371.

③ Milja Kurki, "Democracy and Conceptual Contestability: Reconsidering Conceptions
of Democracy in Democracy Promotion", *International Studies Review*, Vol. 12, 2010, p. 364.

在这一定义中，民主被作为一种"选择统治者的方法"，"民主方法"通过一系列制度安排，"给予某些人通过争取人民选票取得作决定的权力"①。根据熊彼特的定义，"民主的本质就是选举"②。选举民主是一种程序性的民主观，它反映了自由民主的民主向度，还不是自由民主的全部。对于自由民主而言，除了民主向度之外，还有更为重要的自由向度。自由民主的自由向度包括政治自由和经济自由，政治自由通过保障公民各项政治权利为选举民主提供了基础，经济自由通过确立私有产权和市场经济等宪政原则，将政治权利与经济权利分离，防止了政治自由对经济自由的过度干预，进而使民主停留在政治领域。

用自由民主去指导发展中国家的民主实践之所以会出现无效回应的现象是因为民主化研究在运用自由民主范式时，客观上存在两个非常严重的问题：第一，民主化理论将自由民主在西方发展的动态平衡的历史过程变成了静态的制度移植方案，这一方案便利了自由民主的推广，却不利于自由民主的实现；第二，民主化理论的自由民主概念混淆了自由与民主的区别，其实质上是一种用自由替代民主的理论，从某种程度上可以说民主化理论实质上是以民主冠名的自由化理论。

自由民主范式在民主化理论中表现的这两个问题造成了民主的去历史化、去社会化和去平等化，它使民主的政治形式与社会形式和经济形式分离，将民主最本质的平等内涵和民主在现代社会复兴最基本的再分配功能降到了可有可无的程度。以自由民主为规范的拉美和苏东国家的民主转型，是一种符合精英利益，因而被精英所接受和主导的转型，这一转型以否定社会主义的平等价值和全面自由化、私有化为特征，造成了寡头政治与民

---

① ［美］约瑟夫·熊彼特：《资本主义、社会主义与民主》，吴良健译，商务印书馆 1999 年版，第 395—396 页。

② ［美］亨廷顿：《第三波——20 世纪后期民主化浪潮》，刘军宁译，上海三联书店 1998 年版，第 6 页。

主政治联姻、国际资本与国内资本联盟，政治民主化过程变成了财富的不平等分配和新的垄断集团合法化的过程。在这一过程中，最大多数人的利益被排除在政治民主化进程之外，民主政治在这些国家实质变成了以自由化为特征的寡头政治。寡头政治是一种非多元的、违背了大多数人利益的政治模式，因而很快在各个转型国家引发了以阶级矛盾和族群矛盾为中心的治理危机，并在部分拉美国家引发了左翼势力的复兴。

我们前面提到，发展中国家的民主危机导致了民主巩固学的兴起。而民主巩固学没有看到自由民主存在的问题，反而将自由民主看作解决问题的方案。"他们将研究关注点集中于自由民主政策的推广和实施，很少有人考虑到这些不成功的实践可能源于指导实践的理论和概念框架本身存在问题。"① 民主巩固理论最大的成果是将选举民主和自由民主分离，将危机的原因概括为自由民主的缺位。声称非自由民主国家若想解决治理危机，需要向自由民主国家看齐。表面上看，民主巩固理论似乎找到了解决民主危机的药方，因为它能够在出现治理危机的选举民主国家找到很多非自由民主特征的经验数据去不断验证其理论的合理性，但这一分析其实并没有接近问题的实质。首先，它是一种以发达国家经验为基础的理论，并不是针对发展中国家的经验研究，因而至今无法找到与发展中国家的实践切入点而无助于问题的解决。其次，它用自由民主范式去解决民主自由化本身引发的危机，它无法解决平等缺位的民主所造成的民主精英化问题，而在第三波民主化过程中遭遇治理危机的国家无一例外都表现为民选政府为强势利益集团所俘获，进而片面追求短期市场效益和高额利润，对市场外部效应和大多数民众及边缘群体的社会和生活需求回应乏力。正是在这个意义上，我们才说新生民主化国家存在的问题，不是民主本身的问题，而恰恰是民主自由化的问题，是自由民主范式的问题。

---

① Christopher Hobson and Milja Kurki, *The Conceptual Politics of Democracy Promotion*, New York: Routledge, 2012, p. 2.

何谓民主自由化？我们这里可以非常直观地解释这一问题。当今从事民主化研究的学者在评估一个国家的民主程度时大多参照的是在纽约的监测组织"自由之家"（Freedom House）的评估标准。"自由之家"是一个由艾琳娜·罗斯福、温德尔·威尔基等于1941年创建的非政府组织，由于其80%的预算支出来自美国政府并为美国政府提供多项研究性服务，因此其实质上是与美国国家利益有高度关联的组织。其宗旨公开声明"为推动世界人权、自由事业的发展，美国作为国际事务的领导者是非常必要的"①。"自由之家"每年要根据政治权利和公民自由，对世界上每个公认的国家和地区的自由程度从高（1）到低（7）进行评级。在"自由之家"用来对不同国家进行民主评估的27个参数中，12项是关于政治权利（诸如自由公正的选举、竞争性政党的存在、社会团体是否具有自决权等），15项是关于公民自由（诸如言论、出版、集会自由，财产权和私有企业是否受到保护等），②从这些评估标准中我们可以看到，"自由之家"的量化标准具有强烈的自由指向，这些自由表现为经济自由和政治自由的各项指标，但没有一项涉及政府的公共服务水平、国家的社会保障程度和民主的再分配机制等发达国家人民经过近百年的民主化运动所极力争取到的制度成果。当民主化研究的学者将"自由之家"关于不同国家"自由""部分自由"和"不自由"的定性转换成"民主""部分民主"和"不民主"，并将此作为评定一个国家民主与否的标准时，他们事实上是偷换了概念。尽管这种偷换概念的行为在西方学界和政界是通行甚至是被鼓励的，我们仍然可以认定这种评估民主的标准是不科学的，以这种不科学的标准作为经验指标去建构各种理论和模型，并以此理论和模型去解释后发民主国家民主难以巩固甚至遭遇治理危机的原因，这就是当代民主化理论研究中存在的民主自由化问题，在这个意义上，我认为当代民主化理论可以说是以民主之名的自由化理论。

---

① 参见 http：//en. wikipedia. org/wiki/Freedom_ House。

② 具体标准参照"自由之家"网站，http：//www. freedomhouse. org/reports。

正如我们从"自由之家"的民主评估标准中所看到的，民主自由化的过程是通过将自由民主等同于民主来实现的。扎卡里业曾这样描述过自由民主与民主之间的关系："西方人认为民主就是'自由民主'，但事实上，'自由民主'是对这样一种政体的描述：它不仅保证自由和公正的选举，而且保证法治和权力分立，保证公民的言论自由、集会自由、宗教自由和财产自由。这种由一连串自由组成的政体即所谓的'宪政自由主义'本质上和民主没有任何关系。"① 这一与民主没有任何关系的"宪政自由主义"在西方历史上很长一段时期内所起到的作用就是限制民主，"美国政府的特色不在于民主而恰恰在于不民主。美国法律对多数人的意志总是加以多重制约。权利法案事实上就列举了很多条款，这些条款都是为了防止政府按照多数人的意志行事"②。在当代民主化理论和以此为指导的民主实践中，以"自由民主"为名的"宪政自由主义"的初衷也是为了限制而不是扩展民主。对于这个事实，无论是支持民主还是反对民主，我们都需要有非常清醒的认识。

为了解释这一事实，我们需要回溯一下民主自由化的起点问题。社会科学是一种情境科学，不同情境下产生的社会科学理论是为了应对不同时期的问题。在《民主新论》一书中，萨托利曾经提到，20 世纪 60 年代，由于"法兰克福学派"的盛行和"行为主义"对理论建构的轻视，自由民主在西方遭遇了一场"意识形态"危机，其虽在实践中处于方兴未艾的现在进行时，但在理论论战中却节节溃败，"行为主义的经验民主论抵挡不住法兰克福学派及其遍布各地的后代神采飞扬的哲学建树"③，自由民主在民主

① Fareed Zakaria, *The Future of Freedom : Illiberal Democracy at Home and Abroad*, W. W. Norton & Company, 2007, p. 17.

② Fareed Zakaria, *The Future of Freedom : Illiberal Democracy at Home and Abroad*, W. W. Norton & Company, 2007, p. 22.

③ ［美］乔万尼·萨托利：《民主新论》，冯克利、阎克文译，上海人民出版社 2009 年版，第 8 页。

理论的一片混战中处于失语状态，西方自由民主制度也因此遭受着潜在的危机。

自由民主最核心的特点是强调自由优先于民主，自由是民主的前提和目的。在 60 年代，民主突破自由的限制成为大众追求的一种核心价值。在很多理论家看来，自由主义成为限制民主而不是推动民主的因素。一时间，工业民主、社会民主、经济民主、参与民主各种观点层出不穷，它们共同的特点都是强调民主应该突破政治领域的限制，向与人民生活更为相关的社区和工作场所发展。参与式民主是当时对于自由民主冲击最大的一种理论，无论是麦克弗森从批判自由主义民主的角度，还是佩特曼从建构参与民主理论的角度，参与式民主都直指自由民主的软肋，揭露其作为资本主义和个人主义意识形态背后反民主的本质。按照佩特曼的观点，公民参与政治最恰当的领域是与人们生活息息相关的领域，因为这是人们最为熟悉也最感兴趣的领域。只有当个人有机会直接参与和自己生活相关的决策时，他才能真正控制日常生活的过程。

在萨托利看来，时代精神"使民主因素胜过了自由因素"①。"假如西方式的制度是自由主义加民主的产物，它们就会不断提出对各组成部分进行内部再平衡"②，因此，"自由主义民主中民主成分的增长，越来越要求我们正视走向反面的危险"③。对于这种危险，亨廷顿表示过相同的忧虑。他曾在 1975 年提供给三边委员会的报告中谈到 20 世纪六七十年代西方世界存在的民主超载问题。他指出，六七十年代民主势力的扩张打破了自由民主之间的平衡，平等主义和大众参与的压力使人们对民主政府的要求在增长，

---

① ［美］乔万尼·萨托利：《民主新论》，冯克利、阎克文译，上海人民出版社 2009 年版，第 423 页。

② ［美］乔万尼·萨托利：《民主新论》，冯克利、阎克文译，上海人民出版社 2009 年版，第 423 页。

③ ［美］乔万尼·萨托利：《民主新论》，冯克利、阎克文译，上海人民出版社 2009 年版，第 424 页。

而与此同时，民主对权威的否定却降低了政府治理危机的能力，这种民主与权威之间的矛盾使"人们对政府要求的超负载超过了它的反应能力"①。与萨托利观点相同，亨廷顿也认为60年代自由民主的危机也在于盛行于六七十年代的激进政治打破了自由与民主之间力量对比的平衡，从而"使自由民主平衡的钟摆向民主一方摆荡地过于强烈了"②。

萨托利、亨廷顿等学者谈论民主超载并不是少数个案，而是当时整个西方精英集团基于大众民主强势复兴对资本主义制度的威胁所表现出来的整体性忧虑。第二次世界大战之后，迫于社会主义的压力和两次世界大战使资本主义背负的信誉危机，西方国家第一次在阶级妥协的基础上建立了自由民主相对平衡的政治机制。20世纪70年代，资本主义世界再次爆发了以滞胀为特点的经济危机，经济危机使阶级妥协的条件不复存在，无论是资方还是劳方，双方都开始酝酿建构一种更符合自身阶级利益的治理模式。"在欧洲许多地方，甚至在美国，共产党和社会党开始发展壮大，群众力量激烈要求大规模的改革和政府干预。这一回，所有经济精英和统治阶级都感到了明显的政治威胁。"③ 亨廷顿等三边委员会报告的撰写者曾这样描述当时的情景："今天的气氛同20年代早期的气氛极为相似，类似斯宾格勒'西方的没落'的观点极受欢迎，这一悲观论调还为各种各样的共产主义观察家们所附和，他们明显地幸灾乐祸，日益自信地谈论'资本主义总危机'。"④ 英国高级官员评论说："如果英国无力解决通货膨胀和经济萧条问

① ［美］塞缪尔·亨廷顿等：《民主的危机——就民主国家的统治能力写给三边委员会的报告》，马殿军等译，求实出版社1989年版，第7页。

② ［美］塞缪尔·亨廷顿等：《民主的危机——就民主国家的统治能力写给三边委员会的报告》，马殿军等译，求实出版社1989年版，第58页。

③ ［美］大卫·哈维：《新自由主义简史》，王钦译，上海译文出版社2010年版，第16页。

④ ［美］塞缪尔·亨廷顿等：《民主的危机——就民主国家的统治能力写给三边委员会的报告》，马殿军等译，求实出版社1989年版，第1页。

题，代议制民主最终会为独裁所取代。"日本首相三木武夫在 1974 年上任伊始就悲观地认为："除非进行大规模的改革和恢复人民的信心，日本的民主将会瓦解。"① 面对这种不利的国际国内环境，亨廷顿等认为维护西方政治系统的生命力是个首要问题。② 这就是当时一系列推动民主自由化的著作所创作的历史背景。当时流行谈论的所谓"民主的危机"实际上指的就是"宪政自由主义"制度的危机，而这种危机其实是由民主力量强势造成的。对于当时西方的统治精英而言，民主对自由制度已经形成一种威胁，历史已经到了无可退让的决断时刻，而整个西方体制的前途就取决于统治精英能否在短期内逆转第二次世界大战后建立的偏向劳工的制度结构，能否逆转民主相对于自由的优势。这种逆转不仅需要新的政治行动，更需要新的政治理论支撑。

民主自由化就是此阶段政治理论建构的核心内容，也是以民主主义者面目出现的保守主义化的自由主义者对激进民主政治的回应，它的任务无疑是使自由民主平衡的钟摆从民主再次摆向自由。从目前民主化运动在世界各地的实践效果来看，这次重构民主的行动无疑非常成功，它使人们的民主观念发生了改变。现在大多数人认知的民主是一种与平等的社会结构和经济结构无关的政治民主，人们只关注一个国家是否实现竞争性选举和政治自由，而不再关注这个国家最大多数人的生存状态。一个非常明显的例子就是印度。尽管印度国内还没有能够实现起码的身份平等，种姓制和佃农制的存在使印度大多数穷人祖祖辈辈附庸于地主和精英阶层的庇护之下卑微地生存，毫无人格和平等权利可言，但由于印度拥有竞争性选举制度和政治自由，这样一个国家就常年以 2 和 3 之间的高分被"自由之家"评估为"完全自由"，进而被民主化研究者当作发展中国家民主成功的典

---

① ［美］塞缪尔·亨廷顿等：《民主的危机——就民主国家的统治能力写给三边委员会的报告》，马殿军等译，求实出版社 1989 年版，第 2 页。

② ［美］塞缪尔·亨廷顿等：《民主的危机——就民主国家的统治能力写给三边委员会的报告》，马殿军等译，求实出版社 1989 年版，第 1 页。

范。这样一种民主评估标准可谓实现了萨托利的理想，将民主与自由宪政等同，使"政治民主与自由主义结合，并且大体上已被它取代"①。这种被自由取代的民主向全世界输出的后果就是我们只见世界上有越来越多的"民主国家"，却不见这些民主国家内部有任何底层人民生存状态的改善。

为了认识自由民主去平等化的危害，我们需要强调 20 世纪 60 年代与我们时代的区别。近代以来，人类历史经历过两次由于对激进主义的反思而形成的保守主义占主导的消极政治期。第一次消极政治期开始于对法国大革命的反思，终结于 1848 年欧洲革命；第二次消极政治期开始于 20 世纪 50 年代对极权主义的反思至今尚未结束。20 世纪 60 年代的激进主义仅仅是这一消极政治期的插曲，却成为几乎整整一代知识分子学术建构的精神基础。由于这一代知识分子的学术著作到今天为止还处于主流地位并对从事人文社会科学的新一代学者产生着持久的、根深蒂固的影响，这使得我们对整个时代潮流的认识存在着严重的历史错位，使我们无法认识到保守主义当道和理想主义匮乏已经成为我们的时代之病，并成为我们认识和解决时代危机的意识形态障碍。我们今天生活的时代并不像萨托利在《民主新论》里所言的是一个"否定性思维"盛行、"理想主义强势"的时代，那个时代给他的感觉是"必须对民主的理想进行管理"，他所谓的管理其实就是用保守主义和自由主义去限制民主，而这种管理正是"精英民主"的本质。当我们强调民主对自由的威胁和所谓的"多数暴政"时，我们必须同时意识到恰恰是激进的"多数"的运动推动了民主事业的发展。回顾历史，大众民主权利的扩张恰恰发生在保守主义深恶痛绝的积极政治期，正是有了从 1848 年开始的持续的社会主义运动，才有了 20 世纪 20 年代才在发达国家得以确立的普选权，也正是有了 20 世纪 60 年代的民权运动和民族主义运动，我们今天的世界才变得相对公平。富人和强者永远不缺乏代言者，但

① ［美］乔万尼·萨托利：《民主新论》，冯克利、阎克文译，上海人民出版社 2009 年版，第 424 页。

沉默的大多数又找谁去论证"少数的精英"对"多数权利"的侵犯呢？

自由与民主具有不同的价值偏好和利益取向。诚如萨托利所言："民主有一种水平方向的动力，自由的动力则是纵向的。民主关心的是社会凝聚力和公平分配，自由则看重出类拔萃和自发性。自由以个人为枢纽，民主则以社会为中心。自由首先是要设法限制国家权力，民主则在国家权力中嵌入人民的权力"。[①] 从 19 世纪到今天，自由与民主一直处于不断地斗争和妥协过程中，二者谁在哪一段时期占优势，取决于不同的历史环境和社会结构条件下，自由与民主所偏好的社会群体之间的力量对比，以及当时主流社会思潮和主导意识形态对这种力量对比关系的影响。

当前主导民主化研究和民主化运动的自由民主范式就是在一个力量对比不利于民主，但主流社会思潮又倾向于民主的时代，由主导社会的精英阶层引导的一种遏制民主的意识形态。首先，它认为自由是一种优先于民主的价值，这是一种把精英偏好凌驾于大众偏好之上的行为。对于大众而言，自由固然有其不可或缺的价值，但自由的价值绝不像平等那样涉及大众最根本的利益。欧克肖特曾经表述过"大众人"是对"个体人"的反叛的观点。在他看来，"大众人"是"不成功的个人的联合体"。[②] 当自由主义把人的个体性提高到前所未有的高度的时候，它忽视了大部分群体作为个体是不成功的，这些不成功的个人始终在寻找一个能够"认识到它困境的保护者"，这种保护寄希望于"不成功的个人"数量上的优势，这就是民主的实质。其次，在自由优先的基础上，自由民主并不认为民主与自由之间的兴衰关系是不断变动的，其将民主对自由的威胁看作一个永恒的存在，它把主要的关注点集中于防止多数对少数的侵犯，而全然不顾少数对多数

---

① ［美］乔万尼·萨托利：《民主新论》，冯克利、阎克文译，上海人民出版社 2009 年版，第 421 页。

② ［英］迈克尔·欧克肖特：《代议制民主中的大众》，《政治中的理性主义》，张汝伦译，上海译文出版社 2004 年版，第 93 页。

的侵犯才是历史和现实的常态。例如我们今天世界面临的主要问题就和60年代不同，在今天，自由对民主的侵犯才是一个真问题。最后，自由民主范式将民主化过程单纯地看作一种政治制度变迁过程。事实上，民主不仅仅是个政治制度变迁问题还是一个社会结构变迁问题，它所追求的不仅仅是政治权利的去贵族化，还有社会结构和利益分配方式的去精英化。当民主转型仅仅触及一个国家政治结构的变化，而社会结构毫无变化，那这个国家的民主基础是不稳固的，把这个国家称作民主国家也是不适合的。同样的自由民主制度，之所以在发达国家和发展中国家表现出不同的政治社会生态，主要是因为发达国家的民主化运动与社会主义运动同步，并改变了那里的社会结构，而发展中国家的民主化过程却是在反社会主义的新自由主义氛围下展开的，这一转型本身不过是一个将"威权统治"下的精英利益以民主之名合法化的过程。如果"第三波"民主转型真的改变了发展中国家的社会结构，那美国很可能并不欢迎这种转型，因为这种社会结构的改变必然威胁到美国的核心利益。同样是威权统治，"寡头威权"和"友好威权"是美国可以接受的，而"民粹威权"或"民族威权"是美国必须打击的，这从美国支持皮诺切特、叶利钦，却反对查韦斯和普京的行动就可以清楚地表明。

就是因为被美国国家利益主导的主流民主化研究其实并没有推动民主的诚意，所以在民主化研究领域，民主转型才被单纯地看作一个从"威权"到"自由民主"的政治转型问题。正因为无视社会结构变革的自由民主仅仅是一种形式的民主，它阉割了民主的实质，所以在这一缺乏实质内容的民主制度随着全球化和市场化的过程被推广到越来越多的国家的同时，"从美国到印尼，政府却以20世纪20年代以来从未有过的决绝态度遗忘了穷人"①。当穷人的利益被排除在民主的视野之外，民主就丧失了其在现代社

---

① ［美］蔡爱眉：《起火的世界——输出自由市场民主酿成种族仇恨和全球动荡》，刘怀昭译，中国大百科全书出版社2005年版，第14页。

会最本质的功能——遏制资本和权力精英。在一个资本和权力精英处于强势地位的时期，任何一个声称以促进民主为目标的理论都首先必须追求精英与大众之间利益分配的公正，至少是平衡。而在自由民主范式主导的民主化理论指导下的当代民主化运动却使民主化与民主再分配功能的衰落同时发生，使民主与最大多数人的物质利益脱钩，对于那些"希望民主能像20世纪上半叶英国民主那样改变社会的人来说，这是一种令人失望的民主形式"①。对于各国真诚渴望并追求民主的人民来言，最大的悲剧莫过于我们不得不面对这样一个世界，作为一种历史终结的治理模式，自由民主赢了，作为一种改进人类生存状态的理想，民主和人民却输了。

---

① ［美］达龙·阿塞莫格鲁、詹姆士·A. 罗宾逊：《政治发展的经济分析：专制和民主的经济起源》，马春文译，上海财经大学出版社 2008 年版，第 308 页。

# 第三章　民主如何有效

尽管西方一直声称有对促进自由民主、保障公民权和人权的真实意愿。但事实上，直到现在，西方政府、世界银行、国际货币基金组织并没有显示出对促进发展中国家善治和民主的认真的、持续的兴趣。因为推动民主的意愿与外交利益和海外经济利益相比总是能习惯性地黯然失色。[1]

——艾德礼安·列夫特维奇

我们必须回到马克思，去理解民主制政府在财产权和它的严重不平等分配上的有害后果的问题。正如我们说政府是一种权威制度一样，财产是政府建立的权威制度。出于对政府权威问题上的偏见，自由民主思想对于体现在财产权上的权威问题仍感觉迟钝。[2]

——查尔斯·林德布罗姆

当我们说民主化理论之所以无法解决第三波民主化中出现的无效民主困境是由于民主化理论所倚赖的"自由民主"范式存在着将民主自由化的倾向，这并不意味着我们认为，要使民主能够解决发展中国家实际存在

---

① Adrian Leftwich, "Governance, Democracy and Development in The Third World", *Third World Quarterly*, Vol. 14, No. 3, 1993, p. 606.

② ［美］查尔斯·林德布罗姆：《政治与市场：世界的政治—经济制度》，王逸舟译，生活·读书·新知三联书店1994年版，第8页。

的问题，进而体现出民主的绩效合法性，就需要将自由看作治理绩效的否定因素，否定自由的合法性。本书想要强调的是：第一，自由和民主对于现代国家治理而言是两个不可或缺的因素；第二，自由和民主之间具有内在张力和不同的价值取向，一个国家表现出良好的治理状态有赖于自由和民主之间形成均势；第三，自由和民主之间均势的形成有赖于将两者进行区分而不是混淆，更不是替换，民主化研究中自由民主的概念排除了民主的本质特征，实质是用自由架空了民主。

在此认知的基础上，本书需要解释如果无效民主源于自由民主的自由主义指向，那对于发展中国家而言，民主如何能表现出有效性。这涉及几个层面的问题：第一，民主的有效性首先有赖于其自身独有的价值功能和利益指向，这一功能与自由绝不能等同，否则人们便不需要民主，只需要自由即可。为了明确民主的功能，何为民主必然需要在自由民主范式之外给予更符合历史、现实和民主实质的解释。第二，在明确民主功能的基础上，民主的有效性体现于民主能够回应最大多数人的基本需求，能够将民主的功能价值运用于实践，创造一个更公平的世界。第三，民主的有效性不仅依赖于对民主功能的认知，更需要创造使民主功能得以发挥的条件，这一条件在现代资本主义世界体系下必然体现为政府在多大程度上具有相对于资本的自主性。然而，全球化时代资本流动性的增强，侵蚀了民族国家政府独立于资本进而约束资本的条件和能力，民主在这一历史过程中表面上以自由主义的名义得以扩张，但实质上它促进平等的功能得到了最大程度的遏制。民主功能的衰落与社会主义力量的衰落具有极大的相关性，社会主义的衰落改变了大众与精英之间的力量对比，也改变了时代精神，时代精神的亲资本化使民主失去了功能合法性和功能运行的有利条件，因此，多数人的利益在这个自由民主扩张的时代受到了极大的损害。要改变这一现状，无疑需要重建社会主义与民主的相关性，并在时代精神和意识形态上重建社会主义规范资本主义的合理性和必要性，这一点对于民主能否在全球扩展过程中发挥正能量非常重要。

## ◇ 第一节　重审民主概念

"科学最重要的任务，亦为最长期的任务，就是要找到用作分析的正确概念。"① 因而对于任何一项科学研究而言，概念的界定都是研究的前提。与大家通常把概念界定看作纯学术问题不同，政治学的概念与政治有高度的相关性。在民主已经成为判定一个政府是否具有合法性的标准的时代，我们如何定义民主，对一个国家和整个世界的政治走向都会产生不可忽略的影响。正如查尔斯·蒂利所言，如何定义民主，"它涉及到全世界所有政权的政治身份，在那些政权中人民生活的质量以及对民主化的解释"，"如果人们错误地定义民主或民主化，他们就会搞僵国际关系，妨碍解释，从而减少人们享受更好生活的机会"。② 回顾近40年的第三波民主化进程，大多数政权中人民生活的质量并没有得到提高，也就是说民主并没有为大多数人提供享受更好生活的机会。相反，很多国家在民主化的过程中加剧了两极分化、激化了社会矛盾，甚至导致了国家失败和陷入持久的动荡。这样的民主是人们想要的吗？如果大量民主实践的失败和挫折，还不能激发人们反省民主概念的自觉，那么这一错误的民主定义只会继续误导民主化，搞僵国际关系，继续妨碍我们对真实问题的理解。

鉴于西方学科权威地位的影响，大多数发展中国家的学者都没有足够的勇气和自觉去质疑西方社会科学家为我们设定好的认识这个世界的概念、方法和理论。我们一直按照西方学者为我们设定好的概念和理论去认识我

---

① ［美］戴维·伊斯顿：《政治生活的系统分析》，王浦劬等译，华夏出版社1999年版，第14页。

② ［美］查尔斯·蒂利：《民主》，魏洪钟译，上海人民出版社2009年版，第5页。

们的生活，去评价我们体制，甚至去设定我们的需要和偏好。而这些设定好的偏好、需求、概念和理论屏蔽掉了从国际到国内普遍存在的、制约我们去追求一个更合理更公正的世界的、由少部分精英主导的、不平等的秩序和结构，将我们的视野和研究关注点规范到一些与改变发展中国家和大多数人命运不相关的次要问题上去。民主的自由化就是这一系列规范概念中最关键的环节。

在上文中我们论证说，民主自由化的过程是通过将自由民主等同于民主来实现的。自由民主所要求的自由和公正的选举、法治和权力分立、公民的言论自由、集会自由、宗教自由和财产自由等如扎卡里亚所言，"本质上和民主没有任何关系，它的实质是宪政自由主义"[1]。显而易见，宪政自由主义之所以被称作自由民主，无疑是希望通过语义混淆将自由等同于民主，而将真正的民主最大限度地界定出民主的概念之外。

而说到真正的民主，可能会引起很大的争议。因为从"冷战"以来，民主基本就呈现为两种属性：一种是在政治科学界的自由民主属性，一种是在政治理论界的众说纷纭的属性。前者否定民主在自由民主之外的可欲性和可行性，后者否定民主具有可以形成共识的本质属性。对此罗伯特·达尔强调："没有一种真正的民主理论，只有各色各样的民主理论。"[2] 民主的这两种属性给我们在自由民主之外界定民主带来了困难，然而我们不能不强调的一个问题是，无论是民主的自由主义属性，还是民主的多样性属性，都是形成于 20 世纪以后的事。在 20 世纪之前的整个民主发展历程中，民主的属性首先不是自由主义的，其次也不是多样性的，民主就是指人民的直接统治。

---

[1]　Fareed Zakaria, *The Future of Freedom*: *Illiberal Democracy at Home and Abroad*, W. W. Norton & Company, 2007, p. 17.

[2]　［美］罗伯特·达尔：《民主理论的前言》，顾昕、朱丹译，生活·读书·新知三联书店 1999 年版，第 1 页。

民主，诞生于古希腊的雅典。亚里士多德在《政治学》一书中就将民主描述为穷人为了自身利益进行统治的政体。在他看来，民主不仅指多数的统治，而且主要指穷人的统治。"由无产的贫民（群众）们执掌最高治权，则为平民（多数）政体。"①"平民（穷人）政体原先已解释为多数人的统治；但有时一个城邦中代表最高治权的多数人竟然都是有产者（小康之家）。"因此，"人数这个因素应该为次要的属性……寡头和平民政体的主要分别不在人数的为少为多。两者在原则上的分别应该为贫富的区别。任何政体，其统治者无论人数多少，如以财富为凭，则一定是寡头（财阀）政体；同样地，如以穷人为主体，则一定为平民政体"②。"平民政体以穷人的利益为归依。"③ 亚里士多德的概念表述了两层意思：第一，民主政体是贫民治理的政体；第二，民主政体是服务于穷人利益的政体。他关于民主的定义代表了当时精英对民主政体的看法，并且这一看法在其后两千多年的时间里一直被大多数人接受。

正因为亚里士多德关于民主的定义被大多数人接受，所以从目前可以查阅的文献资料来看，从古希腊到现代，几乎所有的精英都是反民主的。在古希腊，只有伯里克利和德谟斯提尼表达过对民主政体的赞美之意，除此之外所有留下文字或被人留下过文字的包括苏格拉底、柏拉图、亚里士多德、希罗多德、阿基比德、克里底亚、老寡头、修昔底德、波利比阿、阿里斯托芬等人都对民主政体提出过强烈的质疑，所以后世的英国自由主义史学家阿克顿勋爵（Lord Acton）曾总结说："对雅典民主制的抗议是古希腊哲学中最响亮的声音。"④ 从古希腊沿革下来的批判民主的传统一直到18世纪民主在现代开始复兴之时都没有中断，即使在民主完全沉寂的中世

---

① ［古希腊］亚里士多德：《政治学》，吴寿彭译，商务印书馆2007年版，第137页。
② ［古希腊］亚里士多德：《政治学》，吴寿彭译，商务印书馆2007年版，第138页。
③ ［古希腊］亚里士多德：《政治学》，吴寿彭译，商务印书馆2007年版，第146页。
④ ［英］阿克顿：《自由史论》，胡传胜等译，译林出版社2001年版，第60页。

纪，对民主批判的声音都没有沉寂。中世纪神学家托马斯·阿奎那曾批评民主说："不义的政治可以由许多人行施，那就叫作民主政治：当平民利用他们人数上的优势来压迫富人时，这种政治就是暴民政治。在这样的情况下，整个下等社会变成一种暴君。"① 到了近代，随着大众民主运动的高涨，精英对民主的批判更加猛烈。法国大革命结束后，保守主义阵营的思想家们对大众与民主保持着更加戒惧的姿态。基佐在 1837 年写道："民主是一种战争的喧嚣，它是多数下层人民用以反对上层的旗帜。"② 康德也严厉抨击那些把民主政体混同于共和政体的人。在他看来，民主政体就这一术语的固有意义而论，"必定是专制政体"③。而作为自由主义民主派的麦迪逊和密尔也时刻担忧民主演变为多数的暴政，他们强调要避免阶级立法，就需要对普选权进行限制。麦克里兰（J. S. Meclelland）对此评价说，"对民主的担忧，几乎是西方政治思想家的集体共识，甚至可以说，政治理论被发明出来，正是为了证明民主，即所谓的人民自治，势必要演变成暴民之治"④。法国政治思想家埃米尔·法盖（Gustave Le Bon）也为此感慨："几乎所有19 世纪的思想家都不是民主派。在我写《19 世纪的政治思想家》一书时，这令我十分沮丧。我找不到一个民主派，尽管我想找到这么一位，以介绍他所阐述的民主学说。"⑤

　　这种精英中普遍存在的反民主倾向至今没有得到改变。表面上看，我们生活在一个民主具有完全正当性的世纪，但现在具有正当性的民主已经

---

① ［意］阿奎那：《阿奎那政治著作选》，马清槐译，商务印书馆 1963 年版，第46—47 页。

② Paul Edward Gottfried, *After Libertism—Mass Democracy in the Managerial State*, Princeton University Press（Princeton, New Jersey）, 1999, p. 41.

③ 转引自白钢《现代西方民主刍议》，《书屋》2004 年第 1 期。

④ J. S. Meclelland, *The Crowd and The Mob*: *From Plato to Canetti*, London: Unwin Hyman, 1989, p. 1.

⑤ Gustave Le Bon, *The Psychology of Revolution*, New York: G. P. Putnam's Sons, 1913, p. 284.

是被自由主义改造过的民主，所以实质上，今天被大多数政治、经济和学术精英赋予正当性的是自由，而不是民主。对此，雷蒙德·威廉姆斯（Raymond Williams）评价说："在一个所有政治行动都声称代表民主的世纪，存在着无数的、有意识的曲解。例如将民主内含的民有和民享的因素压缩，以名义上的口号去掩盖官僚和寡头的统治。"① 而真正的民主，即从古希腊到 20 世纪初期一直被多数精英所否定的东西——多数的统治、大众对政治的参与、穷人利益的代表、国家对经济的干预等，现在在大多数自由民主学者眼中仍然没有正当性。

在这里我们要确认民主在本书的核心内涵，它在某种意义上恰恰是自由民主所否定和剥离的东西。民主的形式特征是民治，即人民对政治的广泛参与；民主的本质特征是民享，声称是民主的国家必须能够回应和保障多数人和穷人的利益。如果一个国家没有做到这两点中的任何一点，即使它是选举产生的政府，即使它能够保障公民的自由权利，它也许可以被称作自由国家，但绝不能被称作民主国家。之所以要强调民主的本质特征是民享，是因为从源头来讲，民主无论在古代还是现代都起源于阶级斗争。② 大众争取参政权其实是争取利益共享权。当自由民主用选举和自由权利替换了民主时，被它架空的民主就将发展中国家的民主实践引向了偏离大众

---

① Raymond Williams, *Keywords: A Vocabulary of Culture and Society*, Oxford University Press, 1985, p. 97.

② 从亚里士多德《雅典政制》的记载来看，雅典民主起源于平民与贵族之间的阶级冲突。雅典贵族政治是民主政治的前身，在贵族政治后期，雅典发展为寡头政治，贫民与贵族之间的矛盾达到了白热化的程度，进而掀起了反抗贵族统治的斗争。贫民的斗争主要是因为贵族的专制统治和高利贷剥削使土地兼并现象严重，以致大量小农破产。破产农民因无力偿还借款，致使自身以及他们的妻子儿女都沦为富人的债务奴隶。奴隶的增加使公民数量减少，出现了兵源危机，工商业奴隶主因为政治上无权，也趁机加入到推翻贵族统治的斗争行列，雅典贵族政体陷入内外交困的风雨飘摇之中。为了缓解城邦内部尖锐的矛盾，各派最终选择梭伦作为调停者和执政官，梭伦改革开启了雅典民主进程的第一步。

利益的方向，民主从大众所渴望的利益再分配问题转换成了制度建制问题。由于这一转移本身没有回应大众的需求，所以制度建制在发展中国家一直难以稳定下来，因为渴望利益分配的大众无法承认精英制度的合法性。

为什么自由民主制度在发展中国家仅仅表现为符合精英需求的制度，这源于我们反复强调的自由与民主之间不同的功能和利益指向。这种不同决定了二者之间不能进行替代。在古希腊，民主主要是一个关于人民自治的问题，与自由关系不大，这一点贡斯当早就做过澄清。他说："古代人的自由（其实就是民主）在于以集体的方式直接行使完整主权。个人在公共事务上是完整的主权者。"① 它完全不同于现代的自由。现代自由的本质是"个人自由"，"个人独立是现代人第一需求，因此，任何人绝不能要求现代人做出任何牺牲，以实现政治自由"。② 然而，民主也不等于贡斯当所说的现代自由。自由在现代兴起，以文艺复兴、宗教改革和英国议会制确立为起点，是为了将个人、商人和贵族从宗教（神权）和君主（王权）的束缚中解放出来，所以现代自由如贡斯当所言，以维护个人自由和限制国家权力为指向。与自由不同，民主在现代社会兴起，以法国大革命为起点，其首先想要解决的是平等问题。最初资产阶级倡导民主是为了强调与封建王权与贵族的身份平等和政治平等，后来无产阶级追求民主，是为了争取与资产阶级的政治平等和经济平等。对此，萨托利在《民主新论》中也曾非常明确地表述：民主的本质是平等不是自由，"为了把自由主义与民主分离开来，我们说自由主义要求自由，民主主义要求平等"③。"自由是自由主义民主的必要组成部分，它绝不是民主自身的必要组成部分。如果让西方政

---

① ［法］贡斯当：《古代人的自由与现代人的自由》，阎克文、刘满贵译，上海人民出版社 2003 年版，第 35 页。

② ［法］贡斯当：《古代人的自由与现代人的自由》，阎克文、刘满贵译，上海人民出版社 2003 年版，第 43 页。

③ ［美］乔万尼·萨托利：《民主新论》，冯克利、阎克文译，上海人民出版社 2009 年版，第 420 页。

体围绕自由理想运转，论题就应当是把民主之锚泊定于自由主义；另一方面，如果使之围绕平等理想运转，那么论题就是：民主可以或者应该脱离自由主义。"①

我们对自由和民主进行区分，澄清了一个非常重要的问题。理想的自由民主，也可以说是自由民主在发达国家的表现形态，它们经过了资产阶级革命和社会主义运动，前者扩张个人权利，后者捍卫底层利益，使自由和民主的价值和功能都得到了实现。自由民主在西方的组合方式是"自由民主" = "自由" + "民主"。这里自由指的是代议制、公民权利、政治自由，民主指的是一定程度的经济民主（国家通过税收进行财富再分配）②、强大的工会、各项社会保障和福利措施。而当西方学者将自由民主对外推广时，"自由民主" = "自由" + "民主"的组合发生了改变，变成了"自由民主" = "自由" = "民主"。民主被有意无意地抛弃和置换，但却保留了民主的称谓。

如表3—1所示，自由民主在发达国家与发展中国家表现形态的区别可以对应马歇尔公民身份的概念：公民身份 = 公民权利 + 政治权利 + 社会权利。

表3—1　　　　　　发达国家与发展中国家"自由民主"的对比

| 公民身份 | 公民权利 + 政治权利 | 社会权利 |
| --- | --- | --- |
| 自由民主 | 自由 | 民主 |
| 发达国家 | 自由 | 民主 |
| 发展中国家 | 自由 | 无 |

① ［美］乔万尼·萨托利：《民主新论》，冯克利、阎克文译，上海人民出版社2009年版，第415页。

② 萨托利将经济民主定义为："该名称指这样的民主，它的政策目标是重新分配财富，使经济机会和状况平等化。这样理解的经济民主可以是政治民主的一个补充，也可以是政治民主的简单扩大。"参见［美］乔万尼·萨托利《民主新论》，冯克利、阎克文译，上海人民出版社2009年版，第22页。

本书对自由和民主的界定以及将自由和民主区分的方式与萨托利在《民主新论》中表述的观点非常接近。在《民主新论》一书中，萨托利谈到自由主义与民主的本质区别是："自由主义是要设法限制国家权力，民主则在国家权力中嵌入人民的权力。"[①] "前者特别关心政治约束、个人首创精神以及国家形式问题，后者则对福利、平等以及社会凝聚力特别敏感。"[②] "因此，随着时间的推移，在自由主义者和民主主义者之间会形成一种角色划分，前者有着较多的政治关切，后者有着更多的福利关切。我们在谈到社会民主的时候仍然用民主来指称，反之，如果我们谈论的是政治民主，就应当称其为自由主义，或者至少是自由主义民主。"[③] 萨托利同样认为，西方自由民主的形成是自由主义和民主结盟的结果，并且这种结盟非常成功。他所谓的成功包含两个层次的含义：第一，自由民主在实践上运行得很成功，不仅使民主和自由之间形成了制衡，而且二者之间还形成了不平等的关系，"自由主义在这个关系中占了民主的上风"[④]。第二，自由民主这一术语建构得很成功。表面上，自由主义在称谓上向民主主义做了让步，这表现为自由主义放弃了自己的名称而改名为自由民主。"这一让步是具有深远意义的出于政治目的的让步。在这个让步中，自由主义为避免冲突，放弃了其身份而转称民主主义者。这其中最重要的一个原因是，自由主义因为与资本主义联姻过甚而遭人嫉恨。"[⑤] 但实质上，自由主义却大获全胜，因

---

① ［美］乔万尼·萨托利：《民主新论》，冯克利、阎克文译，上海人民出版社2009年版，第421页。

② ［美］乔万尼·萨托利：《民主新论》，冯克利、阎克文译，上海人民出版社2009年版，第422页。

③ ［美］乔万尼·萨托利：《民主新论》，冯克利、阎克文译，上海人民出版社2009年版，第422页。

④ ［美］乔万尼·萨托利：《民主新论》，冯克利、阎克文译，上海人民出版社2009年版，第423页。

⑤ ［美］乔万尼·萨托利：《民主新论》，冯克利、阎克文译，上海人民出版社2009年版，第423页。

为，现在连民主主义者都接受这样的观点，即"自由是目的，民主是手段"①。

尽管与萨托利对自由和民主的本质特征看法相同，但本书并不认同他的核心观点"自由是目的，民主是手段"。这种观点是他自由主义者的立场决定的，对于自由主义者而言，因为自由是目的，所以当自由与民主发生冲突时，舍民主保自由是自然选择。本书也不是一个民主主义者的作品，这决定了本书批判自由民主的动机也不是为了无条件扩展民主，而仅仅是为了澄清流行观点的误区。本书不是某种价值的目的论作品，本书以问题为指向，既然民主已经成为当今最具神话色彩的词汇，它被看作解决发展中国家问题的出路，那民主必须回应大多数发展中国家面临的最棘手的难题：大多数人的贫困和国家统治力缺失导致的混乱。以此为出发点，本书认为，主张公民权利＋政治权利＋社会权利的社会民主观是一个比自由民主观（公民权利＋政治权利）更好的民主概念。

## ◇◇第二节　有效民主：治理与民主的统一

当我们认为民主概念和民主理论必须以回应发展中国家面临的棘手难题为出发点，这意味着我们追求的民主不仅是代表合法性的形式民主，更主要的是代表有效性的实质民主。与民主的合法性不同，民主的有效性是一个更偏重于民主实质的概念。在《政治人——政治的社会基础》一书中，李普塞特曾经对政治系统的合法性和有效性进行过区分。在他看来，政治系统的合法性是指"政治系统使人们产生和坚持现存政治制度是社会的最适宜制度之信仰的能力"。政治系统的有效性是指"实际的行动，即在大多

---

① ［美］乔万尼·萨托利：《民主新论》，冯克利、阎克文译，上海人民出版社2009年版，第423页。

数居民和大企业或武装力量这类有力量的团体看政府的基本功能时，政治系统满足这种功能的程度"①。按照李普塞特的区分，民主的合法性指向民主的形式层面，即竞争性选举。现实中的政治人分为不同的阶级和利益集团，如何使不同阶级和利益集团都认可某种政治制度是最适宜的制度，以至于形成一种稳定的信仰，竞争性选举无疑堪当此任。因为竞争性选举为不同阶层和利益集团提供了一个博弈平台，并且这一平台之所以具有合法性，按照普沃斯基的说法，正因为结果是不可预测和不确定的。② 结果的不确定给予了竞争性选举以形式民主的表象，在这一点上，选举本身就成为合法性的象征。然而，竞争性选举并不能自动将这种合法性转化成有效性，因为有效性涉及民主对不同利益群体需求满足的实际程度，而这种满足不仅取决于公平的制度和程序，还取决于不同群体的组织程度和资源占有程度。正如戴维·伊斯顿所言，"政治的本质就是对社会价值进行权威的分配"③。民主的有效性不取决于它选择统治者的程序（从继承、委任到选举），而取决于选择出来的统治者如何通过公共政策制定去对价值和资源进行权威性的分配，并使这一分配回应不同群体的需求。正因为民主的形式与民主的目标在实践过程中出现了分离，所以民主的有效性即有效民主必须成为一个独立于合法性的课题。

有效民主（Effective Democracy）这一概念最早是由罗纳德·英格尔哈特（Ronald Inglehart）和克里斯汀·威尔泽尔（Christian Welzel）教授提出的。他们认为民主的实质功能在于实现民选政府对民众需求的回应。在对第三波民主经验研究的过程中，他们发现一个国家仅仅具有形式上的公民

---

① ［美］李普塞特：《政治人——政治的社会基础》，张绍宗译，上海人民出版社1997年版，第55页。

② ［美］亚当·普沃斯基：《民主与市场——东欧与拉丁美洲的政治经济改革》，包雅钧等译，北京大学出版社2005年版，第2页。

③ ［美］戴维·伊斯顿：《政治生活的系统分析》，王浦劬等译，华夏出版社1999年版，第5页。

权利和政治权利并不能保证政府对公民需求的回应，而无法保证政府回应选民需求的民主是无效的民主。为此，二人对形式民主（Formal Democracy）和有效民主（Effective Democracy）进行了区分，提出了有效民主的概念。他们认为有效民主就是政府能回应选民需求的民主，而民主之所以无效即政府不回应选民，主要是因为政府的腐败。"公民权利和政治权利的实现需要诚实的、遵守法律的精英。当一个国家的政治精英腐败后，他们会利用裙带关系、任人唯亲等非法的手段去谋求自身的利益，这种行为破坏了法治，剥夺了普通民众的合法权利。"[①] 为了解决腐败问题，实现有效民主，他们提出了一个不同于"自由之家"的新的民主评估标准，这一标准将各国清廉指数纳入了民主评估标准之中。"有效民主"（EDI）＝"自由之家指数"（FHI）×"腐败指数"（CI）。在实际的运用过程中，他们曾使用了两个不同机构的腐败指数。最初一个是"透明国际"的清廉指数 CPI（Transparency International's Corruption Perception Index），从 2005 年之后，他们开始采用世界银行治理指数中的腐败控制指数 CCI（Control of Corruption index from the World Governance Indicators）。[②]

有效民主概念的提出在学术界引起了争议，批评者认为，英格尔哈特等人的标准把两个不同概念的体系混淆在了一起。这会导致在具体民主评估过程中，一个不腐败的威权政府比一个腐败的民主政府在民主评估方面

① Ronald Inglehart &Christian Welzel, *Modernization*, *Cultural Change and Democracy*: *The Human Development Sequence*, Cambridge: Cambridge University Press, 2005, p. 192.

② "透明国际"是一个监察贪污腐败的国际非政府组织。从 1995 年起，透明国际每年公布清廉指数 CPI，提供一个可供比较的国际贪污状况列表。CPI 采用 10 分制，10 分为最高分，表示最廉洁；0 分表示最腐败；8—10 分之间表示比较清廉；5—8 分之间为轻微腐败；2.5—5 分之间为腐败比较严重；0—2.5 分之间为极度腐败。CCI 为世界银行发布的腐败控制指数，与此指数有关的四个因素分别是：政策扭曲指数、司法可预见性指数、公务员工资占制造业工人工资的比率指数、基于个人才干的招聘指数。

得分还要高。① 这一批评是否合理取决于我们如何定义民主，如果将民主定义为形式民主与实质民主的统一，那多数的利益和民主的回应性是民主题中应有之义，任何一个国家的公民都希望有一个清廉的政府，那政府的清廉指数当然应该算到民主的评估标准中去，因为它回应了民众的基本需求，只有将民主仅仅定义为选举和自由权利等形式时，才会认为英格尔哈特的有效民主定义混淆了两种不同的概念体系。我们在上文曾经批判过"自由之家"的民主评估标准，认为它对民主和自由进行了混淆，事实上，除此之外，它还有其他严重的缺陷：第一，如英格尔哈特所言，它没有反映民主的回应性，即民主使一个国家民众真正获益的程度；第二，它没有反映不同国家治理程度的差别。在2012年同样被"自由之家"评估为"自由"（只要被"自由之家"评估为自由，在现有民主化研究领域就被认定为自由民主国家）的阿根廷、巴西、智利等发展中国家与德国、加拿大、澳大利亚等发达国家，他们国内的治理状况、政府对民众的回应状况和最大多数人的生存状况是完全不同的。与此同时，同样被"自由之家"评定为"不自由"的中国、俄罗斯、伊拉克、索马里等国家，它们国家的治理状况、政府对民众的回应状况和大多数人的生存状况也极为不同。②

---

① Axel Hadenius and Jan Teorell, "Cultural and Economic Prerequisites of Democracy: Reassessing Recent Evidence", *Studies in Comparative International Development*, Vol. 39, No. 4, 2005, p. 89.

② 这里可以非常可悲地看到，伊拉克在经历了战乱和国体改造之后，仍然被看作不自由的国家，对伊拉克人民而言，他们除了忍受贫困和战乱，什么都没有得到。同样的悲剧发生在利比亚。利比亚政府英文媒体 libya herald 3 月 22 日报道，利比亚国会主席（相当于总统）哈桑·阿明由于安全局势恶化以及人身受到死亡威胁，宣布辞职，逃亡英国，他本人早年加盟英国国籍（很难想象利比亚选举出来的国会主席竟然是一个英国人）。他还发表了辞职声明，称利比亚目前是政府民兵组织米苏拉塔军的天下，他们为所欲为，对亲近前政府的部落以及中立部落采取种族清洗政策，非法关押平民，私设监狱，导致部落战争发生（参见 http://www.dooo.cc/article-14023-1.html）。

当这样一个既不能反映民众生存状态又不能反映民主回应程度，还不能反映国家治理情况的评估体系，被民主化研究的各类专著和报告广泛引用，并作为政体类型区分的标准，民主无效危机的产生就成了自然而然的事情。① 针对自由民主标准导致的民主无效危机，我们引入英格尔哈特的民主评估标准后，不同国家之间的民主得分会发生怎样的变化，下面的表格可以反映一些简单的数字信息。

表3—2　　　　　有效民主与自由民主对相同国家的不同评分

| COUNTRY | EDI | FHI |
|---|---|---|
| 丹麦 | 100 | 100 |
| 挪威 | 89 | 100 |
| 德国 | 73 | 92 |
| 西班牙 | 61 | 92 |
| 比利时 | 49 | 92 |
| 毛里求斯 | 45 | 92 |
| 意大利 | 43 | 92 |
| 韩国 | 32 | 83 |
| 拉脱维亚 | 31 | 92 |

① 最近几年，欧美政治学和社会学领域的少数学者开始反思自由民主范式本身的解释力和适用力问题，但是由于"西方中心论"视野的局限，尚未有人能够提出一个可以替代自由民主范式的新的学科范式和标准。这方面的研究可参见蔡爱眉《起火的世界》，中国大百科全书出版社2005年版；［美］文森特·奥斯特罗姆《民主的意义及民主制度的脆弱性——回应托克维尔的挑战》，李梅译，陕西人民出版社2011年版；Milja Kurki, "Democracy and Conceptual Contestability: Reconsidering Conceptions of Democracy in Democracy Promotion", *International Studies Review*, Vol. 12, 2010; Stein Ringen, "The Measurement of Democracy: Towards a New Paradigm", *Society*, Vol. 2, 2011; Christopher Hobson and Milja Kurki, *The Conceptual Politics of Democracy Promotion*, New York: Routledge, 2012; Donald K. Emmerson, "Minding The Gap Between Democracy and Governance", *Journal of Democracy*, Vol. 23, No. 2, 2012。

续表

| COUNTRY | EDI | FHI |
|---|---|---|
| 阿根廷 | 23 | 75 |
| 约旦 | 22 | 50 |
| 加纳 | 22 | 67 |
| 印度 | 22 | 75 |
| 厄瓜多尔 | 18 | 75 |
| 俄罗斯 | 10 | 42 |
| 坦桑尼亚 | 10 | 50 |
| 尼日利亚 | 9 | 58 |
| 白俄罗斯 | 6 | 17 |

注：EDI = FHI × CORRUPTION INDEX. ①

表3—2 是卡尔·H. 克努森（Carl Henrik Knutsen）根据 1999 年相关机构提供的数据，按照有效民主的评估标准和"自由之家"的评估标准对同一国家计算出的得分差距。从表格数据可以看到，在英格尔哈特将清廉指数引入民主评估标准之后，不同国家之间的民主绩效表现出了更大的区分性，这种区分性无疑更清晰地反映出不同自由民主国家治理绩效和政府对大众需求回应程度的差别。

从以上分析我们看到，英格尔哈特等建构的有效民主概念和新的民主评估标准相对于目前学术界普遍采纳的自由民主概念和"自由之家"的民主评估标准体现出了更强的问题针对性，然而，相对于第三波民主实践遭遇的困境而言，英格尔哈特的有效民主概念还不够完善和全面。首先，他仅仅关注了第三波民主化国家民主回应性缺失这一个问题；其次，他假设自由民主的回应性本身不存在问题，问题仅仅在于政府腐败导致自由民主

---

① 数据来源：Carl Henrik Knutsen，"Measuring Effective Democracy"，*International Political Science Review*，Vol. 31，No. 2，2010，p. 119。

无法有效运行。事实上，回应性缺失是自由民主本身的一个痼疾，它与自由民主的建制理念息息相关。此外，第三波民主化的实践困境除了回应性缺失之外，还表现出了：（1）在社会同质性缺失和制度化缺失的条件下引入竞争性选举引发的宗教冲突、种族冲突和民族冲突；（2）在民主自由化条件下推进民主化导致了社会资源和财富的非民主性流动和贫富差距的扩大；（3）在阶级妥协意识和妥协条件缺失的条件下简单地进行制度移植引发了循环往复的民粹主义和威权主义交替运动。这些问题的存在使自由民主在发展中国家的运行表现出了前所未有的复杂性和艰巨性，也使得有效民主不可能仅仅在自由民主的框架内去回应发展中国家民主化的实践困境，诚如卡耐基国际和平基金会副主席托马斯·卡罗瑟斯（Thomas Carothers）所言，"这些不成功的实践可能源于指导实践的理论和概念框架本身存在问题"①。基于第三波民主化中无效民主表现出的各种问题，在本书中，有效民主的概念需要对这些问题展开回应。

在本书中，所谓有效民主，是指能实现有效治理的民主，即治理与民主的统一。它包含两层意思：首先，民主是能实现治理的。这意味着民主是治理的手段，任何一种民主模式，如果导致某个国家和社会持续的无序、内战和混乱（例如选举民主和自由民主在非洲和伊斯兰国家的实践），那它对于这个国家和社会而言就不是适合的民主模式，它需要被另一种更有效的民主模式所取代。其次，治理是民主的，这里的民主不仅指向体现为自由民主的形式民主，它还指向实质民主，即政府对不同群体的平等回应和多数利益的实现。一个只有少数精英获益，而大多数人处于贫困、无知和受压迫的状态的国家（例如自由民主在印度和拉美的实践），即使它能够维持稳定和有序，也不能称为有效的民主国家，因为民主在这些国家已经失去了平等的内涵。根据以上界定，有效民主需要在实践中至少体现出治理

---

① Christopher Hobson and Milja Kurki, *The Conceptual Politics of Democracy Promotion*, New York：Routledge, 2012, p. 2.

和民主两个维度，其中民主维度又需要包含两个因素：参与—回应与再分配。

## 一 有效民主的治理维度

有效民主首先必须能实现治理。在本书中，治理的概念与学术界普遍运用的治理概念有一定的差异。在西方政治理论中，治理是一个区别于统治的，强调国家向社会分权和强化公民社会自治能力的概念。治理概念的出现很大程度上是为了应对所谓的"国家失灵"，"治理意味着在为社会和经济问题寻求解决方案的过程中，存在着界线和责任方面的模糊性。它表明在现代社会，国家正在把原先由它独自承担的责任转移给公民社会，即各种私人部门和公民自愿性团体，后者正在承担越来越多的原先由国家承担的责任"①。治理的主要特征"不再是监督，而是合同包工；不再是中央集权，而是权力分散；不再是由国家进行再分配，而是国家只负责管理；不再是行政部门的管理，而是根据市场原则的管理；不再是由国家指导，而是由国家和私营部门合作"②。

然而，在实践过程中，治理理论所倡导的国家与公民社会和私营机构合作去推动公共服务的设想运行得并不成功。发展中国家的治理危机很大程度度上反映的正是治理理论本身的危机，在大部分地区，国家的退出意味着公共服务的退出，所谓国家与公民社会和私营机构的合作互动，在很多地方变成了国家被私营机构所俘获，国家—公民社会—私营企业互动合作推动公共服务的设想变成了国家—私营企业勾结，将公共事业变成国家寻

---

① 俞可平：《治理和善治：一种新的政治分析框架》，《南京社会科学》2001 年第9 期。

② ［瑞士］弗朗索瓦—格扎维尔·梅理安：《治理问题与现代福利国家》，尚孝毛译，《国际社会科学》（中文版）1999 年第 2 期。

租和私人盈利的过程。在治理理论的实验地非洲，国际国内的非政府组织例如"国际红十字会""医生无国界""牛津饥荒救济委员会""非洲行动"等为减贫、教育、技能培训、医疗卫生、环境保护、民主与人权以及冲突管理与人道主义救济等做了大量的工作，但这些补偿性的工作根本无法弥补由于民族工业和公共服务外包和商品化导致的新帝国主义对非洲的整体掠夺，大量利润的外流使政府掌握的资源日益减少，民选政府不得不受制于国际金融机构和私人捐款人下达的指令，推行有利于外资和国内精英集团的经济和社会政策，损害了非洲独立发展和民主运行的经济基础。例如，尼日利亚政府税收的95%来源于外国石油公司开采其石油所上缴的税款，①尼日利亚政府根本无须依靠其人民税收来维持生存，又何谈真正为本国人民服务呢？

所以，从本质上而言，治理理论和民主化理论一样分为形式和实质两个部分。从形式上看，无论是治理理论还是民主化理论都为发展中国家设计了一套以善治为目标的制度转型和制度运行方案，这些方案强调民主、自由、参与、监督、透明、法治、问责、回应等一系列表面上导致发达国家有效治理的价值诉求和制度安排，这一套制度安排我们可以称之为是民主的。但实质上，这一套价值诉求和制度安排是建立在由发达国家跨国资本和国家利益主导的经济政治秩序之上的，这套经济政治秩序是反民主的，服务于私人资本利益，并且这一利益输送机制由发达国家和其主导的国际组织以民主化的名义建构。无论是治理理论还是民主化理论，私有化、自由化和市场化都被看作民主存在的经济基础，而这一经济基础的实质却是解放资本，使其不受民族国家约束，脱离民选机构监督。资本的本质是利益私有化，是反民主的。在资本利益至上的经济基础和国家政策方针之下，民主的形式不过是掩盖私人（寡头）统治的包装而已。所以，无论治理理

---

① Ariel Cohen, Rafal Alasa, "Africa's Oil and Gas Sector: Implications for U. S. Policy", *The Heritage Foundation Backgrounder*, No. 2052, 2007.

论和民主理论在公共利益指向上设想得多么完美，它在实际运行中都只会消解于无形的私人操控之下。为此，治理理论研究的专家艾德礼安·列夫特维奇（Adrian Leftwich）教授评论说，"尽管西方一直声称有对促进自由民主，保障公民权和人权的真实意愿。但事实上，直到现在，西方政府、世界银行、国际货币基金组织并没有显示出对促进发展中国家善治和民主的认真的、持续的兴趣。因为推动民主的意愿与外交利益和海外经济利益相比总是能习惯性地黯然失色"①。

为此，我们这里不是在自由主义的话语之下谈论治理问题。自由主义认为国家是必要的恶，它认为国家介入的领域越少越好。所以治理理论强调国家失灵，其提供解决国家失灵的方案是公共领域和公共服务的市场和私人介入，它假设私人合作（公民社会）能够比国家更好地解决公共服务问题。然而，这一假设高估了公民社会的公益潜力，将国家治理功能边缘化，以致在实践中出现了舍本逐末、缘木求鱼的困境。为此，伊恩·夏皮罗（Ian Shapiro）特别指出，在市场本身作为不公平制造者的地方，"制度上孱弱和无能的政府，就缺乏对此作出回应的能力"，"对于凭借将功能转移到宗教和其他公民组织，以进一步虚弱国家制度能力的冲动，我们应该加以抵制"。② 与强调国家失灵的治理概念不同，有效民主中的治理主要指的是国家治理，强调国家（民选政府）在维持社会秩序、促进经济发展、提供公共服务方面发挥基础性、主导性的作用。为此，国家能力和国家自主性是有效民主治理维度的核心要素。

有效民主必须是能够实现国家治理的民主，因为在任何情况下，一个有效政府都是民主制度运行的前提。对此，亨廷顿早就告诫道："各国之间

---

① Adrian Leftwich, "Governance, Democracy and Development in The Third World", *Third World Quarterly*, Vol. 14, No. 3, 1993, p. 606.

② ［美］伊恩·夏皮罗：《民主理论的现状》，王军译，中国人民大学出版社 2013 年版，第 163 页。

最重要的政治分野，不在于它们政府的形式，而在于它们政府的有效程度。"① 不幸的是，作为一个爱国知识分子，亨廷顿的研究始终以美国的国家利益为最大的出发点。他在 20 世纪 60 年代强调政治秩序的重要性，最重要的原因并不是担心发展中国家的政治衰朽，而是担心大量的政治动员和社会改革的意识形态宣传为共产党执政创造有利的条件。所以，当共产主义的威胁不再存在时，亨廷顿便又成了自由民主的推动者，当他撰写《第三波——20 世纪后期的政治民主化浪潮》时，早已把在《变化社会中的政治秩序》一书中对自由民主的批判和警醒抛诸脑后。然而，当我们今天见证了第四波民主化在阿拉伯国家引发的政治失序和国家动荡之后，我们应该再度重拾亨廷顿对现代化理论忽视国家统治力的批判。"美国人从未为创造一个政府而担忧。这一历史经验的差距特别使他们看不到在处于现代化之中的国家里奠定有效权威方面的问题。当一个美国人在考虑政府建设问题时，他的思路不是如何去创造权威和集中权力，而是如何去限制权威和分散权力。如果要他设计一个政府，他马上会想到要制定一部成文宪法，想到还要有权利法案、三权分立、制约和平衡、联邦制、定期选举、党派竞争——一整套限制政府的绝妙手段。信奉洛克哲学的美国人骨子里便抱有如此强烈的反政府倾向，以至于将政府本身和对政府的限制混为一谈。"② 亨廷顿谈到的这一连串制度设计方案在今天浩如烟海的关于民主转型和民主巩固的重复性研究成果中随处可见，正是这些成果，构成了发展中国家无效民主困境的理论基础。反思无效民主，恢复民主的有效性，就必须从这些固化观念和其背后秉承的自由主义的国家观和民主观中走出来，在国家治理层面重新考虑民主建制问题。因为自由主义将人身强制和外在约束

---

① ［美］亨廷顿：《变化社会中的政治秩序》，王冠华等译，上海世纪出版集团 2008 年版，第 1 页。

② ［美］亨廷顿：《变化社会中的政治秩序》，王冠华等译，上海世纪出版集团 2008 年版，第 6 页。

看作自由的主要敌人，因而作为人身强制的首要场所的国家就成了自由的死敌。在自由主义视野中，"政治成了权力的艺术，而自由则成了反政治的艺术"①。这导致，"自由主义最大的问题就在于既想贬低国家，又想赞扬民主"②，然而，在民众面临集体行动困境，无法抗衡资本的条件下，国家的退出事实上根本不可能得到民主。

面向国家治理的有效民主首先需要找回国家在民主理论中的前提性与合法性。正如杨光斌教授指出，"作为政体的民主理论，只讲民主是没有意义的，把民主和政府联系起来的民主理论才有政体意义。民主政治讲的是国家与社会两种力量的关系：不但要讲社会权利和社会约束的重要性，也要讲国家自主性的重要性。也就是说，民主政治理论必须引入国家自主性变量"③。在民主理论中引入国家自主性的变量，意味着我们不能简单地从国家和社会对立的角度去探讨民主的可行性，不能将国家看作民主的反面，也不能将社会看作民主的同类项。在现代社会，民族国家是民主政治运行的载体。首先，没有一个能够提供基本秩序、安全、规则和服务的有效政府，任何形式的民主都不可能将一个国家引向善治。这意味着在一个缺乏价值、宗教、族群认同的国家，竞争性选举模式的民主不是最佳选项；其次，现代民主的一系列制度安排只有通过政策输出才能变为制度绩效，这意味着政府制定政策的过程和结果应该被看作比制度模式更为重要的检验民主的指标；最后，尽管国家的合法性来源于对每个个人权利的维护。但在实际生活中，任何个人都是软弱无力的，并且他们都客观上分属于不同的阶级和利益集团。因此，个人权利要转化为个人生存所必须凭借的政治

---

① ［美］本杰明·巴伯：《强势民主》，彭斌、吴润洲译，吉林人民出版社 2006 年版，第 41 页。

② ［美］皮埃尔·卡蓝默：《破碎的民主·试论治理的革命》，庄晨燕译，生活·读书·新知三联书店 2005 年版，第 3 页。

③ 杨光斌：《政体理论的回归与超越：建构一种超越左右的民主观》，《中国人民大学学报》2011 年第 4 期。

权利和经济权利需要一个将个人权利组织化的过程。组织性越强的团体，在政治和经济生活中的利益就越可能得到保证。而影响组织强弱的最重要的两个决定因素：一是组织所代表的人数，一是组织所掌握的金钱和资源。在自由市场经济条件下，真正在全国范围内按照民主原则运转即能够以人数优势取胜的领域只有国家领域，即民选政府，所以政府是唯一最有可能代表公共利益和在国家整体范围内照顾到多数利益的机构。如果一个政府没有能够代表公共利益，要么源于它不是民选政府，要么源于选举民主在实践中被强势集团所操控。无论是这两种情况中的哪一种，实现政府的进一步民主化才是问题解决的方案，而政府的民主化不是民主的去政府化。在政府民主化的过程中，公民社会可以成为推动政府民主化的批判和监督力量，但不可能成为对政府的替代力量。所以，良性的国家—社会关系是一种强国家—强社会的模式，民主在西方发达国家之所以体现出有效性，就是依赖于它们在历史过程中形成这种国家和社会双强，二者均能充分发挥有效功能的互动关系。而那些没有形成这种双强关系的国家，即使移植了西方的民主制度，也不会表现出有效治理，它们要么社会压倒了国家自主性，导致国家被私人资本集团俘获，成为徒有民主形式、实则官商勾结的寡头政体；要么国家压倒了私人资本集团，成为不断压缩资本生存空间的民粹主义政府，这样的政府很容易迫使私人资本集团联合具有既得利益的军事力量挑战中央政府权威，进而导致国内持续的动荡。

对于国家在有效民主中的作用，我们可以从查尔斯·蒂利（Charles Tilly）关于欧洲民族国家形成和民主化进程研究的案例中得到验证。蒂利在欧洲国家现代化进程的研究中发现，"从 1500 年开始，欧洲表现出一种国家性增长的总体趋势：16 世纪是国家性显著提高的时期，17 世纪是国家缔造的疯狂时期，18 世纪是国家性巩固的时期，19 世纪和 20 世纪早期是那些

在 *1800* 年还存在显著差异的政府逐步趋同的年代"①。这意味着，西方民主化的过程并不像大多数人认为的那样是一个限权和分权的过程，它同时也是一个增强国家能力和政府权威的过程。对于这一点，萨托利对民主的认知于我们非常具有借鉴意义，他认为，民主的本质不是限制国家权力，限制国家权力是自由的本质，"自由主义是要设法限制国家权力，民主则在国家权力中嵌入人民的权力"②。将民主的要点放在限权之上，是一种典型的自由主义的民主观，在现代资本主义代议制国家取代专制君主国家之后，限权所针对的目标已经不再是专制，而是民主本身了。所以，从欧洲民主化进程的经验出发，蒂利认为，国家和社会构成民主化不可或缺的两个方面，国家能力是民主运行的前提，而民主的实现则需要一切被代议制政府所排斥的群体进行持续不断的社会抗争。

因为将国家看作民主运行不可或缺的因素，所以蒂利认为在判断国家的民主程度方面，主要的评价标准不是"自由之家"开列的一些形式民主的指标，而是"国家行为与公民诉求的一致程度"③。"国家行为与公民诉求的一致"包括四个方面：公民诉求得到满足的范围有多广；不同的公民群体感受到他们的诉求转化为国家行为的概率是否平等；诉求表达权在什么程度上受到国家的政治保护；这个转化过程在多大程度上有双方（国家和公民）的参与。蒂利把这四个方面称作广泛性、平等性、保护性和相互制约的协商性。④ 由于这四个方面的任何一个方面都离不开国家的介入和参与，因此，蒂利强调国家能力在民主运行中的重要性。"国家能力指国家执行其政治决策的能力。如果国家缺乏监督民主决策和将其结果付诸实践的

① Charles Tilly, "On the History of European State-Making", in Charles Tilly (eds.), *The Formation of National States in Western Europe*, N. J.: Princeton University Press, 1975, p. 34.

② ［美］乔万尼·萨托利：《民主新论》，冯克利、阎克文译，上海人民出版社2009 年版，第 421 页。

③ ［美］查尔斯·蒂利：《民主》，魏洪钟译，上海人民出版社 2009 年版，第 12 页。

④ ［美］查尔斯·蒂利：《民主》，魏洪钟译，上海人民出版社 2009 年版，第 12 页。

能力，民主就不能起作用。一个软弱的国家也许会宣布保护公民免受国家机构的骚扰，但是当骚扰发生时却无能为力。"① 正因为民主的运行离不开国家的介入，所以，从 18 世纪开始的发达国家的民主化进程才同时表现为国家能力增强的过程。与此相应，从 20 世纪 80 年代里根、撒切尔政府在全球开启新自由主义改革、向国家宣战以来，随着国家退出和私有化推进产生的就是资本的强势和民主的衰落。因为这一轮解放资本的自由化运动是倚仗自由民主的话语霸权以民主化的名义进行的，所以我们错以为自己生活在了一个民主化高涨的时代。事实上，当民主不再代表多数人的利益，并成为为资本鸣锣开道、树碑立传的工具时，所谓的民主化与这个世界上大多数人的命运也就不再相关了。而随着选举民主推进的在发展中国家不断上演的政权更迭的游戏不过是徒增了这个世界走向民主的幻象而已，在幻象背后，它留给一部分地区依旧处于贫困无望中的人民的当家做主的幻觉还算是不坏的精神馈礼，在另一部分地区，人民甚至感受不到这种幻觉，因为他们已彻底沦为军阀混战、资本掠夺和无政府主义的牺牲品。

综上，我们可以认识到民主的有效运行，或者说真正的民主化过程，往往同时表现为国家能力和国家自主性增强的过程，因为民众的数量优势只有转化为国家权力的优势，才能与社会中具有高度自觉性和组织性的资本权力抗衡，现代资本主义国家的民主化过程，就是国家相对于资本自主性日益增强的过程。然而，尚未解决的问题是，如何保证国家能力和自主性的增强成为一个有利于民主的因素，即国家本身不会成为一个同时凌驾于资本和人民之上的靠权力垄断掠夺社会的新的官僚集团，这需要我们引入有效民主的民主维度，它包括两个方面：参与—回应和再分配。

---

① ［美］查尔斯·蒂利：《民主》，魏洪钟译，上海人民出版社 2009 年版，第 14 页。

## 二 有效民主的民主维度1：参与—回应

我们已经论证，发达资本主义国家民主化的进程同时是国家能力和国家自主性增强的过程。然而，在国家自主性和国家能力增强的过程中产生了两个问题：第一，国家权力在扩张的过程中形成了自身的既得利益，掌握行政决策权的官员有利用权力为个人谋取私利的意愿，如何约束和监督官员的职务行为，防止滥用公权力、以权谋私、权钱交易等各种腐败行为成为民主必须解决的问题；第二，国家自主性增强意味着它独立于掌握重要经济资源的社会集团能力的增强，这种自主性是建立在国家汲取能力、动员能力、调控能力和再分配能力具有可持续性的基础之上的，而这种可持续性某种程度上又恰恰需要在税收上贡献较大份额的掌握重要资源的资本集团的支持，一旦经济增长遭遇困境或者资本集团感觉到来自大众的政治压力有所减轻，他们便不再愿意自觉接受自主性国家的规范和税收强制，他们便开始着手挑战国家权力，削弱国家相对于资本的自主性。在自由主义话语体系内，无论是主张通过立宪民主纠正政府失灵的公共选择理论，还是主张用市场化、私有化终结凯恩斯主义的新自由主义理论，他们都将国家自主性增强过程中产生的这两个问题看作一个问题：即国家官员基于对私利的追求，无论是迎合选民还是权力寻租，他们都倾向于扩大预算、政府扩张，因而导致政府对私人利益的侵犯和财政赤字，并阻碍经济发展。因而，他们提出民主化的方向是限制政府权力，扩大市场运作的范围，重建布坎南所谓的"保护性国家"，即主张民主政府的目的仅仅在于维护自由市场经济运行的规范，监督契约的履行，保护公民自由权利和保证国家不受外敌的侵犯。这是从积极国家观向消极国家观的回归，其实质是对国家自主性的反制，必然增强国家在资本主义体制内工具性（阶级性）的面向，使国家变成洛克所说的"政府除了保护财产之外，没有其他目的"①。

　　这种将削弱国家权力、紧缩财政、自由化、私有化作为民主化方向的视角对于解放市场、调动资本积极性有一定的作用，它应对了西方发达国家从20世纪70年代开始显现的福利病，并直接以拆除发展中国家贸易保护壁垒和进口替代的经济发展战略为目标。这种民主观对于挽救陷于困境的资本主义经济和体制是有效的，因为它直接扭转了资本与劳工之间的力量对比。众所周知，全球化对于民族国家内部的社会民主主义政策和民主的实施条件造成了结构性的冲击，以至于很多学者将民主的巩固与资本流动性直接挂钩，认为资本流动性越强，统治精英越容易接纳民主制，因为"资产流动性遏制了穷人没收富人财产的可能"②。然而，正是人们将资本流动性增强看作民主的一个因素，才引发了随后发生的民主有效性与合法性的分离问题，如果民主以国家自主性的削弱和再分配功能的去除为前提，那这样的民主即使得到精英的认可而巩固下来，它与国家治理和最大多数人渴望的生存条件的改善还有什么相关性呢？难道民主仅仅是一个自由度和话语权问题吗？当然不是，民主首先是一个大众参政并通过政治权利的扩张去分享经济权利的问题。

　　基于对民主参与本质和再分配功能的确认，本书认为，由于国家自主性扩张引发的两大问题的解决不应简单地以政治去国家化和经济自由化为方向。当我们探讨国家理论时，可以同时认可两个基本学派的方向：即最小国家学派和国家干预学派，前者以自由和个人权利作为核心价值，认为即使有大量不平等现象存在也不应该由国家干预财产权并调节收入分配；后者以平等和共同体利益为核心价值，认为国家作为共同体利益的守护者，

---

①　［英］洛克：《政府论》（下篇），瞿菊农、叶启芳译，商务印书馆1982年版，第58页。

②　［美］卡莱斯·鲍什：《民主与再分配》，熊洁译，上海世纪出版集团2011年版，第219页。

有义务为共同体中的弱势群体提供基本的生活保障和福利支持。因为任何好的国家治理都至少需要体现出两项基本功能：促进经济增长和收入合理分配。没有经济增长，那分配就成了无本之木，不讲增长的国家理论只能导致共同贫穷；没有合理分配，增长便成为积累社会矛盾的过程，必然会引发波兰尼所说的社会对市场的自发反抗，从而导致社会不稳定，甚至引发社会革命，使增长失去和平有序的环境。所以对于国家治理而言，最小国家理论和国家干预理论都是合理的，二者同时存在并形成互动关系，才能使国家治理维持良性平衡。但对于民主理论则不然，民主在现代资本主义国家兴起的过程中扮演的就是调节和遏制资本的角色，它通过各个被代议制排斥群体（主要是劳工阶层）长期的社会抗争运动才最终在原则上确认了人数相对于财产的优先权，这一原则并不仅仅是依靠政治制度安排（代议制、普选权和政党政治）才得以在发达国家成为现实，它真正获得成功的关键在于第二次世界大战后在各个阶层形成的社会民主共识。正如谢里·贝尔曼（Sheri Berman）教授所言："在第二次世界大战后，跨越政治光谱的人们普遍意识到要想带来稳定、功能运行良好的民主，仅仅消除专制，改变政治制度和程序是不够的，还必须改变既定的国家、市场和社会之间的关系。换句话说，第二次世界大战之后，西欧人对民主的理解发生了变化，欧洲人的民主观开始超越我们今天普遍推崇的选举民主或者自由民主的概念，民主在西欧被理解为社会民主，这种社会民主作为一种政体类型不仅仅意味着政治安排的变化，还意味着社会和经济安排的引人注目的变化。"[1] "社会民主主义共识是建立在以下认识之上，民主的巩固不可能发生在具有高度社会冲突和分裂的国家，为了实现民主与资本主义的和解，

---

[1]　Sheri Berman, "The Past and Future of Social Democracy and The Consequences for Democracy Promotion", in Christopher Hobson and Milja Kurki, *The Conceptual Politics of Democracy Promotion*, New York: Routledge, 2012, p. 68.

国家必须致力于推动服务于社会团结和稳定的政策。"① 由此可见，第二次世界大战后民主的胜利不仅仅是民主观念的胜利，而且是社会民主观念的胜利。对此，萨托利也承认，民主的本质是倾向平等的，"因此，随着时间的推移，在自由主义者和民主主义者之间会形成一种角色划分，前者有着较多的政治关切，后者有着更多的福利关切。我们在谈到社会民主的时候仍然用民主来指称，反之，如果我们谈论的是政治民主，就应当称其为自由主义，或者至少是自由主义民主"②。萨托利对民主的认知是接近现实的，如他所言，政治民主仅仅是自由主义的同义语，社会民主才代表民主的功能和内涵。只不过他反对社会民主，反对民主的扩张对自由的侵害。他的主张与我们最初谈到的新自由主义者对国家自主权扩张的反应相同，即倡自由、抑平等，将民主自由化，与社会民主脱钩，而当社会民主观念重新被自由民主观念逆转后，民主其实就处于名存实亡的衰退之中了，这一衰退在民主取得合法性霸权的时代不体现于民主话语的消逝，而体现于自由民主话语对民主话语的取代，即民主的去社会主义化。

这里再次涉及本书的一个核心观念，即本书不认为民主等同于自由民主。在本书中自由民主有双重内涵：从理想层面而言，自由民主等于"自由＋民主"，在这种理想的自由民主中，民主代表马歇尔所说的公民的社会权利，即民主等于社会民主；从现实层面而言，自由民主就是一种去社会主义化的民主，它其实是自由主义的同义语。在现实层面上，正如美国学者安德鲁·莱文（Andrew Levine）所言："自由民主是特定历史环境中形成的理论。在自由民主理论中，自由占有压倒性的优势，民主只是细微

---

① Sheri Berman, "The Past and Future of Social Democracy and The Consequences for Democracy Promotion", in Christopher Hobson and Milja Kurki, *The Conceptual Politics of Democracy Promotion*, New York: Routledge, 2012, p. 75.

② ［美］乔万尼·萨托利：《民主新论》，冯克利、阎克文译，上海人民出版社2009年版，第422页。

的一小部分。自由民主政体中的各项制度，例如代议制和政党系统，表面上是为了实现民主，但事实上则背叛了民主。说它是自由制度，它是真实的，说它是民主制度，它是虚伪的。"①

正因为自由民主是一种自由指向的民主制度，所以以自由民主为目标的民主改革必然导致民主的无效，因为使民主无效本来就是自由民主制度设计的初衷之一。本书试图证明民主要想获得有效性必须以社会民主为指向。社会民主是一种在国家权力中嵌入人民权力的民主观，它不以遏制权力为目标，而致力于人民对权力的参与和权力对人民的回应。所以，面对国家自主性和国家能力增强所引发的两个问题：公权力滥用和腐败与资本对国家自主性的反抗，有效民主的解决方案与自由民主将民主去国家化不同，自由民主试图将两个问题混淆，并以公权力滥用和腐败去证明资本反抗国家的合理性，从而瓦解第二次世界大战后形成的社会民主共识，使国家重新退回到资本守夜人的地位。这一解决方案事实上还不是削减国家权力，只是用国家权力去反民主，从而增强国家的工具性，削弱国家的自主性，这一过程在发达国家（如里根和撒切尔改革）和发展中国家（威权主义的独裁统治）都表现为一方面国家从公共服务提供者和劳工力量保护者的角色中退出，一方面国家又在解除金融管制、推动资本全球化、压制工会力量②和镇压激进政党和劳工反抗中扮演了重要的角色。对此，戴维·赫尔德一针见血地指出："自由主义'最低限度'国家的概念，实际上是直接与强烈信奉某种干预的思想相联系的，这种干预就是抑制向由所谓自由市场造成的不平等挑战的行为：自由主义和自由民主国家实际上必然是强制

---

① Andrew Levine, *Liberal Democracy*: *A Critique of its Theory*, New York: Columbia University Press, 1981, p. 7.

② 1981—1982 年，里根借着航空导航工会罢工的机会将所有航空导航工会的会员解雇。1984—1985 年，撒切尔镇压了英国大规模的矿工罢工，彻底扭转了第二次世界大战后近二十年的劳资平衡的局面。

性或强力国家。"① 所以,"从根本上说,新右派关注的是如何通过限制对国家权力的民主性应用,促进反对民主的自由主义事业"②。正因为如此,本书认为,有效民主需要对国家自主性增强所导致的两个问题进行区分,对于国家权力扩张所导致的公权力滥用和腐败问题,必须通过进一步民主化增强政府的责任性和回应性来加以解决;对于国家自主性增强带来的对资本依附性的减少,无论资本对其多为不满,这都是民主本来题中应有之义。与国家治理层面需要兼顾劳资双方的利益不同,民主在资本主义私有制和市场经济的条件下首先要体现为对多数人利益和劳工权益的维护,即民主必须表现为社会民主(形式平等 + 结果公正)而不仅仅是自由民主(政治自由)。只有这样,民主才能有效地保证国家治理领域的劳资平衡,因为体现为竞争性选举和政治自由的扎卡里亚所谓的"宪政自由主义"本身就在现实操作中倾向于资本和精英的利益,此外,资本主义生产方式从经济基础上保证了资方的主导地位。普沃斯基对此评论说:"资本家能够在生产体系的日常活动过程中寻找实现自身的利益。当资本家决定是否投资、雇佣还是解雇工人、是否购买国家债券、进口还是出口时,他们是在不断地为社会资源的配置进行投票。相比较而言,工人只能集体性地和间接地通过嵌入代表制度的组织——主要是工会和政党,来主张他们的权利。"③ 而工人集体主张的权利不仅仅是政治权利,更重要的是参与资本利润分享的经济权利。

因为有效民主需要在实践中体现为社会民主,所以大众对国家决策的参与和政府对民众需求的回应性是非常重要的民主维度。然而,相较于对

① [英] 戴维·赫尔德:《民主的模式》,燕继荣译,中央编译出版社 1998 年版,第 166 页。

② [英] 戴维·赫尔德:《民主的模式》,燕继荣译,中央编译出版社 1998 年版,第 321 页。

③ [美] 亚当·普沃斯基:《资本主义与社会民主》,丁韶彬译,中国人民大学出版社 2012 年版,第 6—7 页。

三权分立、多党制竞争性选举、有限政府、法治的关注，以自由民主为目标的民主化理论研究者很少将研究关注点放在增强民主制度的回应性和参与性上。我们知道，自由民主将民主定位于选举，本身就是反对大众参与政治之意。自由民主认为大众参与对于民主而言，不仅是不可行的，而且是不可欲的，因为大众不具有自我治理的能力，即使有，也会因为多数人的暴政而毁灭自由。因为反对将民主定位于民治和大众参与，所以自由民主主张代议制民主，认为人民的代表比人民更能了解人民的利益和需求，因此代议制比民治能够更有效地服务于民众的利益。对于自由民主对大众参政的反对，以社群主义、共和主义为基础的参与民主的理论家已经进行了充分的批判。按照佩特曼的观点，参与是民主的本质，只有当个人有机会直接参与和自己生活相关的决策时，他才能真正控制日常生活的过程。本杰明·巴伯也强调，大众参与是民主有效的前提，参与并不需要人民在每个层次和每个事件上进行自我管理，但是，在做出基本决策和进行重大权力部署时，人们必须充分地参与和协商。只有这样，"相互依赖的私人个体才能转化为自由公民，部分的、私人的利益才能转化为公益"①。

参与对于有效民主的意义首先在于它反映了民主的本质，任何一种自称为民主的模式如果排除人民对政治的参与，它就会成为官僚专制的一种变体，苏联模式的"人民民主"就因为排斥人民参政而最终被人民否定。其次，从实践层面而言，更重要的一点是政府对人民需求的回应是建立在人民对政治参与广度和深度的基础之上的，这种参与不仅仅是熊彼特所限定的对选举统治者的参与，而是一种利益诉求性的参与，它追求的目的是人民能够对影响自己生活、工作、教育、养老、福利等各项公共政策的制定和执行过程发出自己的声音，施加自己的影响，这种来自于人民参政方面的压力是政府回应人民需求的动力，只有这样才能形成程序民主（选举

---

① ［美］本杰明·巴伯：《强势民主》，彭斌、吴润洲译，吉林人民出版社 2006 年版，第 180—181 页。

和参与）与结果民主（政府回应性）之间的良性互动，即"政府回应民众的参与"①，才能真正保证民主的有效性。因为，从政治的本质"谁得到什么"来看，人民所得到的大部分东西"都是在漫长而艰苦的竞争之后取得的，这一竞争通常都在选举过程之外进行"②。

除了参与而言，政府的回应性是有效民主另一个重要的维度，它体现了民主的目标，即民主的目的是为了民享。相对于对民主参与维度的忽视，自由民主理论家对民主的回应性是非常重视的，代议制之所以能被称为民主制，主要是因为民选代表能够代表选民，所以无论是萨托利还是达尔，他们都将回应性看作衡量民主的一个重要指标。达尔认为："民主国家的一个重要特征，就是政府不断地对公民的选择做出响应，公民在政治上应一视同仁。"③ 拉里·戴蒙德更主张将回应性看作衡量民主的一个结果性指标，认为民主的程序性指标（法治、参与、竞争、横向问责制、纵向问责制）是为了保障民主的结果性指标，即政府对人民诉求的回应。④ 但问题恰恰就出在自由民主理论家所主张的程序性民主事实上无法保证结果性民主，无法保证政府对民众需求的平等回应。对于这个问题，大多数自由民主理论家都保持着习惯性的沉默，他们简单地假定在自由民主的制度安排与民主回应性之间有着充分必要的逻辑关系，认为实现了"多头政体"，就自然保证了民主的回应性，所以他们无一例外将对外推广多头政体作为促进发展中国家民主化的目标。而事实上，多头政体的制度安排并不能保证政府对

---

① 杨光斌：《政体理论的回归与超越——建构一种超越"左"右的民主观》，《中国人民大学学报》2011 年第 4 期。

② ［美］迈克尔·帕伦蒂：《少数人的民主》，张萌译，北京大学出版社 2009 年版，第 2 页。

③ ［美］罗伯特·达尔：《多头政体：参与和反对》，谭君久等译，商务印书馆 2003 年版，第 11 页。

④ Larry Diamond and Leonardo Morlino（eds.），*Assessing The Quality of Democracy*，The Johns Hopkins University Press，2005，p. 8.

民众需求的平等回应。以多头政体的样本国家美国为例，拉里·M.巴特尔斯在对1989—1994年三届国会参议院对不同群体的回应性进行统计分析后得出结论，参议院表决对所在选区的中等收入群体和高收入群体选民的需求做了相当大的回应，而对低收入选民的看法，没有做出任何回应。[①]

为何多头政体无法保证政策的平等回应性，最得到公认的一个解释就是经济权力在政治权力的运用过程中扮演着重要的角色。回应性事实上是大众需求被立法所吸收并转化成实际政策的过程。从回应性的角度看待政治平等，政治平等就不仅意味着投票权的平等，投票本身是手段不是目的，它应该意味着进入政治决策制定层的平等以及在影响整个社会制定的政策和方针中的机会平等。仅仅将大众参政限定在选举层面的多头政体很容易形成上层的精英联盟。首先，按照罗伯特·米歇尔斯提出的"寡头统治铁律"的观点，政党组织必然会在上层形成保守的利益集团，因而政党制度并不能保证政治领袖服务于人民的利益。从理性选择的角度出发，即使具有左翼价值观和宗旨的政党执政，他们基于自身长远利益的考虑，在常态政治条件下，制定政策时也不可能不照顾精英阶层的利益，在各国普遍存在的跨越商政两界的"旋转门"机制不仅为权钱交易披上合法的外衣，而且直接促使了执政官员的保守主义倾向。其次，在多头政体体制下，从表面上看，总统和议会由选举产生必然会保证选举出来的官员对大多数选民负责，事实上，竞选经费来源比例与选民结构并不重合，在选举政治日益变为媒体政治的条件下，传统的群众与选举动员方式被政治营销方式所取代，这就创造了资本直接进入政治过程并深刻影响乃至直接主导政治过程的条件。媒体政治日益推高了竞选经费，而候选人竞选的这些经费大多来自国内外私人资本，表面上赢得选举需要多数选民支持，为迎合和讨好选民，候选人会承诺大量不可能兑现的福利开支，问题在于，多数选民诉求

①　[美]拉里·M.巴特尔斯：《不平等的民主——新镀金时代的政治经济学分析》，方卿译，上海世纪出版集团2012年版，第267页。

与出资人诉求很大程度上是背离的。候选人当选后，他主要是兑现对选民的承诺还是回报出资人的诉求呢？这就是选举民主最讳莫如深之处。在大多数情况下，政客都选择对出资人投桃报李。最后，多头政体实际上是利益集团政治，政府的实际政策制定过程并不是主要由选举决定的，更多地是由利益集团的游说活动和财团与民选官员之间的潜规则决定的。随着 20世纪 70 年代后期保守主义的兴起，民主政治的集团利益化倾向越来越严重，以至于当初写作《谁统治》一书专门证明多头政体是多重少数之间的竞争，因而不存在始终处于统治地位的少数集团的罗伯特·达尔在晚年时将精力集中于对多头政体不平等性的批判上。从 70 年代末开始，达尔逐渐从多元主义者向新多元主义者转变，开始强调经济平等对于政治民主的重要性。他指出："如果收入和财富也是政治资源的一部分，而它们在不同人手中的分配又是不平等的，那所谓的公民之间的政治平等是很难保证的。"[1] 另一位新多元主义的代表人物查尔斯·林德布罗姆也认为多头政体中具有明显的不平等特征。"第一，权威总是被赋予了一种扩展使用的不可避免性。一个在职的国会议员可以利用他的权威，集中他的挑战者无法征集的竞选人力和资金。第二，多头政体的参与者们在财富上仍然很不平等。有些人可以雇佣后援组织，有些人则不能。有些人可以买下公共关系顾问、广播节目时间、报纸版面和公共讲坛，另一些人则不能。"[2] 这会导致多头政体表面上赋予了所有人对公共政策相同的影响力，但实际的运作过程"则趋于以无组织的力量为代价，让有组织的力量获得好处。工会牺牲非会员的利益获得好处，生产者集团牺牲消费者获得好处。每一个有组织的利益都至少以处在每个自然的经济集团底层的没有代表的数百万人为代价而获取某

---

① Robert A. Dahl, *Democracy*, *Liberty and Equality*, Norwegian University Press, 1986, p. 10.

② ［美］查尔斯·林德布罗姆：《政治与市场：世界的政治—经济制度》，王逸舟译，生活·读书·新知三联书店 1994 年版，第 207 页。

些好处"①。因此，林德布罗姆得出结论："多头政治显然不是一个多数规则的制度。"② 而以多头政体为理想的民主理论除了一些关于利益集团的分析外，"没有给商业企业留下任何余地。在美国的法律中，公司是一个人；在所有民主的市场取向的制度下，公司和其他商业企业已进入政治生活。它们的需要和偏好传递到立法者那里，其压力和强度不亚于公民们的需求和偏好。但这些非真实的人比我们这些人更高大、更富有，且具有我们不具有的权利。它们的政治作用有别于一般公民的政治作用，使后者相形见绌"③。在这种条件下，在多头政体的政治实践中，权势集团比代表大众的利益集团和毫无组织力的民众得到的回应多得多，因为政策取决于游说和博弈过程，不取决于人民的利益。

正因为多头政体事实上不具备制度上保障平等回应的条件，所以在大众和精英政治、经济力量对比极不平衡的发展中国家，除非出现一个强硬的民粹主义领袖，仅仅靠移植多头政体的制度模式根本不可能实现能够回应多数利益的有效民主，因为以社会民主为特征的好的资本主义的建构，制度仅仅是一个形式的环节，实质的环节则要倚仗劳工组织的强大和统治精英的妥协，而发展中国家之所以经常会出现短暂的以专制为特征的民粹主义政权，恰恰在于发展中国家的精英阶层在自由民主的条件下根本不具有向底层让利的妥协性。从某种意义上说，正是因为自由民主在发展中国家无效，才有了民粹主义政府的诞生，民粹主义是一种对代议制政治表示不满并做出否定回应的政治状态。"代议制民主肯定是在某个环节上出了故

---

① ［美］查尔斯·林德布罗姆：《政治与市场：世界的政治—经济制度》，王逸舟译，生活·读书·新知三联书店 1994 年版，第 207 页。

② ［美］查尔斯·林德布罗姆：《政治与市场：世界的政治—经济制度》，王逸舟译，生活·读书·新知三联书店 1994 年版，第 208 页。

③ ［美］查尔斯·林德布罗姆：《政治与市场：世界的政治—经济制度》，王逸舟译，生活·读书·新知三联书店 1994 年版，第 4 页。

障才会引起民粹主义周期性的间歇性回应。"① 因此，当我们将参与和回应看作有效民主的核心环节时，如何通过创造更多的大众参与政治的机会来增强政策回应的平等性应该成为民主理论探讨的重中之重。显而易见的一点是，"在今天实行代议制民主的国家，普遍面临着资本深刻影响乃至直接主导政治过程特别是选举的现象，程序民主理论的反馈模式不仅缺乏可信性，并且它的每一个阶段的运作都不像传统理论所描述的那样有效"②。在资本的影响下，"目标的达成和政策的制定都可能是为了有钱人、有良好组织的人以及那些为竞选提供基金、买了媒体时间段的特殊集团的利益。拥有社会权力的人能确保特定阶层的人被排除出讨论之外，剥夺了他们对事件提出不同看法的权利"③。在这种情况下，任何将"平等回应性"看作民主目标的理论（在这一点上自由民主理论也没有异议）仅仅像罗伯特·达尔早期在多头政体与平等回应性之间画等号是无济于事的，我们必须回到达尔晚期的思考中去寻找秘方，即政治民主需要将"经济民主"作为前言。

## 三　有效民主的民主维度 2：再分配

如果我们将这个世界上治理良好的民主国家和治理欠佳的民主国家找一个标准进行区分，那他们之间最主要的一个差别不在于有没有实现选举和政治自由，而在于有没有实现财富的再分配。迈克尔·罗斯金等（Michael G. Roskin）在一本政治学的入门读物中告诉我们，"工业化的民主政治

---

① ［英］保罗·塔格特：《民粹主义》，袁明旭译，吉林人民出版社 2005 年版，第 156 页。

② ［美］查尔斯·J. 福克斯等：《后现代公共行政》，楚艳红等译，中国人民大学出版社 2002 年版，第 5 页。

③ ［美］查尔斯·J. 福克斯等：《后现代公共行政》，楚艳红等译，中国人民大学出版社 2002 年版，第 10 页。

下的绝大多数选举在某种程度上都是围绕财富的分配展开的"①。这么简单的一个常识为什么会消逝于我们的视野，是今天世界的财富分配越来越合理以至于我们忘记了这个问题吗？我认为答案恐怕相反，是因为我们忘记了这个问题，所以世界财富的分配变得越来越不合理。本书要强调，民主的有效性有赖于我们将民主的再分配维度重新嵌入到民主的概念之中，而是否具有再分配的功能，是发达国家有效民主与发展中国家无效民主最本质的区别。本书甚至认为，能否有效地进行财富再分配，是决定一个国家政治稳定与否的核心环节，这个区分维度对于国家治理而言，甚至比民主和专制之间的区分还要重要，我们所见到的治理失败或者动荡不安或者民众不满、民心思变的国家无疑都没有处理好经济发展与财富分配之间的关系，而无论是民主国家（例如瑞典）还是非民主国家（例如阿联酋）还是非自由民主国家（例如新加坡），它们都因为较好地解决了再分配问题，即民生问题，因而政体处于治理稳定的状态。归根结底，对于普通百姓而言，他们所要的民主首先是民生，只要大多数人的民生问题得到了有效解决，无论这个国家是君主制还是一党独大制，无论这个国家有没有巨大的贫富差距（例如阿联酋酋长的富可敌国），这个国家的政体都可能具有合法性。所谓合法性，最终来自于老百姓对自己生活的认可，如果每个老百姓都衣食无忧、生活小康，他们就不会将眼光聚集在少数富人的巨大财富之上，②他们会认为适当的社会分层是具有合理性的，他们会产生对体制的认同感和国家的归属感。这么简单的道理，其实就是第二次世界大战后社会民主主义拯救资本主义的故事，只可惜，随着自由民主观对社会民主观的取

---

① ［美］迈克尔·罗斯金等：《政治科学》，林震等译，华夏出版社 2000 年版，第 37 页。

② 例如，阿联酋虽不是民主国家，但它重视发展教育事业和培养本国的科技人才，实行免费教育制，2007 年 15 岁以上人口识字率 90%、入学率 71.4%，它开展全民福利，提供免费医疗，每一个阿联酋人都过着体面的生活。

代，我们大多数人都忘记了这个故事，我们甚至以为，是资本主义为政治稳定和民主巩固提供了基础，以为资本主义取代了社会主义，自由民主取代了社会民主，人类历史就走向终结了。现实告诉我们，这种乐观的自由主义思维离历史的真相相去甚远。作为政治学学者，作为民主理论的研究者和建构者，我们必须走出经济学的思维——重发展轻分配，走向政治学的思维——"谁得到什么，他是如何得到的"，政治学的研究重心必须是分配问题。当一个国家的政治学学者都去以经济发展为指向，以为解决了经济发展问题一切问题都会迎刃而解，这其实是在自掘坟墓，当国家统治阶级不再认为分配是一个问题，不要说民主，就是政治学的存在都将是一个问题。

当我们将民主的注意力集中于分配问题之上时，我们会发现社会民主是一个比自由民主更好的诠释民主的概念，也是西方民主取得有效治理的真正原因。因为其既包含了资本主义的民主观——政治民主，也包含了社会主义的民主观——经济民主，它是一种混合治理的民主模式。社会民主的本质就是改良资本主义，即资本主义的社会主义化。因为人类历史已经证明，纯粹的资本主义会将人类社会引向市场化，会把人变成商品，会将利润放在生产的中心，会激发严重的社会分化甚至世界大战。人类的历史也已经证明，纯粹的社会主义即取消市场经济和资本，也会激发严重的社会问题，人类会陷入生产动力缺失的陷阱，会陷入物质稀缺的状态。好的办法是用社会主义价值观去改造资本主义，使其变得人性化，人们想到的办法就是社会民主，社会民主是对（资本主义）自由民主和（社会主义）人民民主的综合扬弃，再分配是社会民主用民主改良资本主义的核心环节。

1949 年，社会学家 T. H. 马歇尔在剑桥大学进行了题为《公民身份与社会阶级》的演讲，在演讲中，他特别批评了经济学家阿尔弗雷德·马歇尔将公民身份仅仅局限于公民权利的观点，认为这种观点的核心是"只要公民身份的平等得到认可，社会阶级体系的不平等是可以接受的"①。这种观念长期以来构成推动社会进步的障碍，"以至公民身份本身在某些方面已经成为合法的社会不平等的制造者"②。他认为，突破这些障碍，建构新的公民身份的权利体系的时机已经到了，在历史的转型时刻，他提出了公民身份包括公民权利、政治权利和社会权利的观点，之后，马歇尔的观点被广泛接受，社会权利在战后近 20 年的时间里作为和财产权一样重要的基本的公民权益被每一个宣称自己是民主的西方国家付诸实践。社会权利实践的结果就是再分配作为重要的手段被付诸对资本主义的改良，福利国家成为任何一个自称为民主的国家所认可的必须努力的方向。然而今天，在社会学家 T. H. 马歇尔发表演讲 60 多年之后，我们关于权利体系的概念似乎又退回到了经济学家马歇尔的时代，在公民权利、政治权利日益成为普世价值的时代，社会权利再次被剥离于公民身份之外，认为这是一件不该由国家干预和保障的，而是由个人自行安排的私事。

从社会民主向自由民主的后退其实意味着民主向资本的退却和让步，它是一种反民主的现象。反民主是我们世界从 20 世纪 70 年代发生的故事，它以自由民主替代社会民主为手段，它发生的原因其实非常简单，即当时资本主义制度后退到了其向民主让步的边界，它已经退得不能再退，以致必须反攻。这个问题的实质被塞缪尔·鲍尔斯和赫伯特·金蒂斯描述为："当民主的情绪开始侵蚀基本的社会制度以致威胁到它发挥作用的功能时，民主制度就会发觉它有责任取而代之或者撤回来。"③ 在这种状况中，"民主的主动性或者向前移动促使投资和生产的决定变得以民主方式负责，或者

---

① ［英］T. H. 马歇尔、安东尼·吉登斯：《公民身份与社会阶级》，郭忠华、刘训练编译，江苏人民出版社 2008 年版，第 6 页。

② ［英］T. H. 马歇尔、安东尼·吉登斯：《公民身份与社会阶级》，郭忠华、刘训练编译，江苏人民出版社 2008 年版，第 6 页。

③ ［美］塞缪尔·鲍尔斯、赫伯特·金蒂斯：《民主和资本主义》，韩水法译，商务印书馆 2003 年版，第 6 页。

它回缩退后，导致自由主义扩张和威权主义复辟"①。现实中发生的故事是，民主在资本全球化的压力下逐步向后退缩，这种退缩是一种质量性的衰退，数量上的增长以这种质量的衰退为特征，在资本全球化扩张的条件下，发达国家及其主导的国际组织如世界银行和国际货币基金组织推动民主化的过程其实是为资本全球流动扫除障碍，它并不以促进公平为特征，仅仅以推动自由为旗帜，本书认为，为了民主在发展中国家的有效运行，这种民主去社会化的局面必须得到改进，即必须将财富再分配和消除社会不平等的程度纳入民主的评估标准。这意味着社会权利需要作为公民身份的重要组成部分重新嵌入民主的概念之中，并在民主概念中置于和政治权利（选举）与公民权利（自由）同等重要的地位。

印度经济学家阿马蒂亚·森（Amartya Sen）曾经在《贫困与饥荒——论权利与剥夺》一书中指出，贫困不单纯是一种供给不足，而更多是一种权利分配不均，即对人们权利的剥夺。在自由民主日益普世化与大众贫困并存的今天，所谓的权利分配不均不再仅仅像民主化理论家所关注的那样局限于公民权利领域，它主要表现为经济权利对政治权利和社会权利的侵害和压制。在自由民主模式中，私有财产权是首要价值。民主的核心因素是经济自由，而只有自由市场能够提供经济自由，因此商品化便成为民主化的核心目标。而强调社会权利的民主（社会民主）恰恰强调商业利润服务于人，而不是人服务于商业利润，这意味着波兰尼所说的社会对市场的反抗，即人的去商品化。如考斯塔·艾斯平—安德森所言："如果社会权利被赋予财产权利那样的法律和实际地位，如果它们是神圣不可侵犯的，如果它们是在公民身份而不是在绩效的基础上被授予的，那么，它们必将伴

---

① ［美］塞缪尔·鲍尔斯、赫伯特·金蒂斯：《民主和资本主义》，韩水法译，商务印书馆 2003 年版，第 8 页。

随着一种与市场相对立的，个人地位的非商品化。"① 而要想实现个人地位的非商品化，就必须通过再分配将初次分配倾向于市场利润的财富向在初次分配中利益受损的一方转移。按照马歇尔的观点，社会权利是指"从某种程度的经济福利到安全到充分享有社会遗产并依据社会通行标准享受文明生活的权利等一系列权利"②。这些权利不是按照人的商业价值，而是作为公民的基本权利分配给公民的。所谓基本权利，指的是社会权利需要像公民权利和政治权利一样被看作民主国家公民所享有的天赋权利，这一权利不是如现在自由民主一样提供一个博弈平台给需要的人讨价还价。"基本权利不是一个可以讨价还价的问题"，在马歇尔看来，"在一个将最低生活工资视为一种社会权利的社会中，不得不为最低生活工资而讨价还价显然是荒谬的，就好比在一个将投票权视为一项政治权利的社会中不得为投票而讨价还价一样"。③ 如果我们在民主概念中重新嵌入了社会权利，那将意味着现在民主化评估标准中的公民权利将从政治领域扩展到日常生活领域，从话语权领域扩展到物质享受领域。这意味着民主的目标指向这样一种前景：在发展中国家为少数人垄断的并且文明的、有教养的生活要素要像发达国家一样逐渐惠及大多数人。福利问题，并不如民主化理论家所言是一个随着经济发展到一定水平自然会随着政治权利一起兑现的问题，它是一个与政治权利不同的权利问题，它需要人们民主观念的调整和实际行动的转向。如安东尼·吉登斯所言，"在马歇尔的讨论中，福利国家成为普遍扩

---

① ［美］帕特里夏·休伊特：《全球经济中的社会正义》，载［英］T. H. 马歇尔、安东尼·吉登斯《公民身份与社会阶级》，郭忠华、刘训练编译，江苏人民出版社 2008 年版，第 246 页。

② ［英］T. H. 马歇尔、安东尼·吉登斯：《公民身份与社会阶级》，郭忠华、刘训练编译，江苏人民出版社 2008 年版，第 8 页。

③ ［英］T. H. 马歇尔、安东尼·吉登斯：《公民身份与社会阶级》，郭忠华、刘训练编译，江苏人民出版社 2008 年版，第 33 页。

展中的民主化的一部分"①。如果我们将再分配从民主概念中去除，那意味着民主化的普遍扩展也不可能带来福利的扩展，民主的去民生化即是我们今天生存的世界民主和贫穷携手同在的真相。

## ◇ 第三节 有效民主的前提：社会主义的在场

以上我们论证，体现为善治的有效民主至少要包含治理、参与—回应和再分配三个维度。然而，在我们今天的世界，可以被称为自由民主政体的国家很多，但真正体现为有效民主，即在治理、参与—回应和再分配三个层面都发挥出良好功能的民主国家很少，仍然局限于世界上有限的 20 多个发达国家。大多数国家都处于托马斯·凯罗瑟斯（Thomas Carothers）所称的"无效的多元主义"的灰色区域。在这些国家，广泛存在着滥用权力的警察队伍，处支配地位的地方寡头，无能且漠不关心的政府官僚，腐败又没有实际作用的司法机构，以及蔑视法治且只对自己负责的腐败的执政精英。对于大多数民众而言，除了偶尔的投票之外，政治参与并没有多少真正的内涵，因为政治完全掌握在精英们的手中，并且腐败，也不回应人们的要求。这个显而易见的鸿沟引起了民主研究者的关注，例如拉里·戴蒙德就清醒地意识到"民主结构要想存续而且值得存续下去，它们就不能仅仅只是一个空壳。它们必须具有实质内容、良好的品格以及实际意义。它们必须逐渐地听从人民的声音，接纳他们的参与，容忍他们的抗议，保护他们的自由，并回应他们的需要"②。然而，如何使民主在大多数国家不

---

① ［英］T. H. 马歇尔、安东尼·吉登斯：《公民身份与社会阶级》，郭忠华、刘训练编译，江苏人民出版社 2008 年版，第 223 页。

② ［美］拉里·戴蒙德：《民主的精神》，张大军译，群言出版社 2013 年版，第 284 页。

仅仅成为一个空壳，到目前为止，主流民主理论家开出的药方仅仅局限于以下几点：第一，必须限制国家权力，使权力受到透明的法律、制度的规制；第二，要想限制权力，必须使经济私有化，以充分市场竞争机制去限制权力寻租的机会；第三，开放竞争的政治经济制度只可能在相应的文化和社会结构中得到维系，这意味着不仅要改变政府的运作方式，更要改变人们在获取权力和对资源的控制权之后的行为价值观和预期，为做到这一点，各国需要进一步融入全球经济、社会和政治秩序之中。这一药方看似很有针对性，但它事实上只是对无效民主问题的重复而不是对无效民主问题的解决，问题的关键在于，如何使权力自觉接受法律的约束，并使有限的权力回应民众的需求。

与民主化理论家普遍开出的制度移植药方不同，本书特别强调制度运行的基础性结构差异。比较民主化研究目前陷入困境的一个根本原因，是其进行的是一种共时性的横向制度比较，而忽视了历时性的历史比较和深层次的结构比较。忽视了历史和结构的差异，导致其对发达国家有效民主的生成条件和发展中国家无效民主的生成原因都存在着严重的误判。纵观历史发展的各个时期，人类社会始终是一种精英治理的模式，从君主制、贵族制到资产阶级宪政自由主义制的转变是新的统治精英取代旧的统治精英的转变，它们是精英内部斗争的结果。无论是君主、贵族还是掌握国家经济政治命脉的资产者，他们本身都是不欢迎民主制的，民主是底层反抗精英统治并使政治权力和经济权力向下扩散的结果。这种反抗是一种价值指向下的持续性、反复性过程，这一过程随着大众和精英之间的力量对比不断地呈现出时而扩张时而回缩的结果。因此，查尔斯·蒂利特别强调，"如果我们想洞察民主化或者去民主化的原因和结果，我们就必须承认它们是持续的过程而不是沿着这个方向或那个方向跨越某一界限的简单步骤"①。

①　[美]查尔斯·蒂利:《民主》，魏洪钟译，上海人民出版社 2009 年版，第 9 页。

从过程的角度看待民主，就将民主置入了一种由时间和空间构成的动态场景，而不是静态的一劳永逸的制度方案。从过程的角度看待民主，我们可以非常客观地认识到民主制（本质是民治）如罗伯特·达尔所言对于人类社会而言还仅仅是一种理想。既然民主对于现实任何国家而言都还是一种理想，那么现实中的民主国家和专制国家，有效民主国家与无效民主国家的区别更大程度上不是表现为多数统治和少数统治的区别，而是表现为精英治理模式之间的区别。从理念上而言，民主制相对于君主制和贵族制由于特殊的制度设计、价值偏好和利益指向，更能兼顾和回应多数的利益，因而形成在多数威慑、制约和监督下的好的精英政治。从实践层面而言，同样的民主政体在不同的国家表现出不同的治理绩效，在结构上主要源自以下三个原因：第一，由于在世界资本主义经济结构下占有的利润份额不同，发达国家的精英阶层比发展中国家的精英阶层拥有对底层和中层更大的让渡和利益分享空间。任何民主化理论，如果看不到发达国家以较少的人口占有了世界较大的资源这一核心问题，它都是在回避最大的核心问题，即资本主义世界体系下的结构性不平等。第二，大多数发展中国家的民主化进程都发生在 20 世纪 70 年代中期以后，在这之后的民主化运动适逢资本全球化进程，"当一国的经济发展越来越依赖于全球性的市场，单个民族国家应对国内平等需求的民主措施就越来越难以实施"①。在精英资本可以自由流动的情况下，底层民众对精英的约束力就会减弱，因为这意味着精英比大众掌握了更有分量的博弈筹码。第三，也是最为重要的原因，社会主义运动的失败和社会主义替代方案的消失使资本精英失去了最大的改革威慑力，这使发展中国家的统治者既缺少进行实质性民主化改革（这意味着社会财富的再分配和反腐败）的主观动机，也缺少进行实质性民主化改革的客观条件（来自发达国家真正的物质性支持，如基于"冷战"样板的需

---

① Joseph S. Tulchin（ed.），*Democratic Governance & Social Inequality*，Lynne Rienner Publisher Inc.，2002，p. 165.

要，美国曾经对日本、韩国、中国台湾实行过单方面开放性市场政策）。

以上三个原因无一例外都涉及了对资本主义世界体系的批判和约束性问题。为什么要强调这一问题，因为资本主义世界体系是今天全球各个国家民主化运行的经济社会基础。苏联解体、东欧剧变后，人类世界并没有像自由知识分子所规划的那样走向终结的自由民主伊甸园，反而把这种伊甸园变成了发展中国家的乌托邦。然而，在大多数知识分子眼中，社会主义国家的失败消耗了他们所有改造世界的想象力和勇气，他们意识到现有的自由资本主义体制已经被既得利益充斥得毫无生气，充满弊端和不完美，但他们相信，人类的未来只能是现在的复写，甚至更糟。历史学家拉塞尔·雅各比（Russell Jacoby）无奈地感叹道："不存在其他选择，就是我们这个以政治衰竭和退步为特征的时代的全部智慧。在这个时代，相信未来能够超越现在的观念已经消失。"① 在这种状态下，大多数针对发展中国家的民主改革方案要么是拒绝面向社会结构层面的，而仅仅专注于政治制度的安排和调整，仿佛发达国家民主化曾经走过的历程仅仅是一场局限于政治领域的制度变革，而从来没有发生过下层致力于改造社会结构和利益分配的反体制运动。要么是承认民主的巩固需要经历社会结构的变革，但这种社会变革是民主发展序列的最后环节，它是在经济获得充分发展的条件下才能兑现的。他们同时屏蔽了一个重要的问题，即经济发展成果在国际和国家层面相对公平的分配是如何发生的。这一问题涉及对资本主义制度的定性和功能性分析。

在当今主流政治学和经济学界共享着一个共同的假设，资本主义是民主发展的条件。这很大程度上分别误解了资本主义与民主的性质和功能。民主作为一种政体模式，涉及三个关于政体的核心问题：第一，谁统治；第二，如何统治；第三，在解决统治权问题后对社会资源进行权威性的分

---

① ［美］拉塞尔·雅各比：《乌托邦之死——冷漠时代的政治与文化》，姚建彬译，新星出版社2007年版，第1页。

配。与君主制、贵族制（有土地贵族、军事贵族和资本贵族）等政体对应，民主制意味着大多数人的统治，并按照大多数人的意愿进行分配。资本主义不是一种政体，它是一种生产方式，这种生产方式以私有制为基础，以市场经济为平台，以获取利润为导向。政体和生产方式之间的关系并不是像马克思所言的，一定的生产方式与一定的政体模式相匹配，即经济基础决定上层建筑。从历史和现实的实践都可以证明，政体和生产方式是两个不同的问题，它们不是彼此决定的关系，资本主义生产方式完全可以在民主制、贵族制、君主制、军事独裁制等多种政体下运行。今天我们所看到的表现为善治的发达资本主义国家就是民主和资本主义进行了较好结合的国家，民主和资本主义较好的结合意味着既保留了资本主义促进经济发展的优势，大多数人又有足够的力量迫使资本主义私人利润的占有者向多数人让渡足够的利润份额。这一切的发生不仅仅因为实现了普选权，而是因为大多数人曾经非常有效地进行了组织动员，并以消灭资本主义制度、剥夺资本家财产作为威胁，在这一过程中，替代制度即社会主义革命和社会主义国家威胁的存在是资本家愿意进行财产让渡的前提。在这一过程中，发达资本主义国家实现了有效民主，即大众参与权的扩张导致了社会资源进行了符合民众利益的分配，并且这种再分配没有引发资产阶级反抗去颠覆民主政体，因此同时实现了稳定治理。

　　发达国家有效民主建立的过程证明了社会主义的在场是资本主义能与民主有效结合的前提。没有替代制度的威胁，资本主义在任何地方都不可能真正拥护民主，因为民主的参与和再分配功能与资本主义的精英治理和私有财产权是有着对抗性矛盾的。对于这个事实，第二次世界大战即将结束时，美国著名历史学家卡尔·贝克尔（Carl Becker）指出："对付共产主义挑战最适合、最有效的办法就是在民主国家内部进行经济社会改革。民主的生存有赖于不断地修正民主国家内部存在的令人难以容忍的财产和机会的不平等。"① "如果无法做到自身的改革，那将无异于推动人民大众转向另一种承诺能给予其更理想生活的政治系统。"② 雷纳德·本迪克斯（Reinhard Bendix）在《国家建设与公民权：我们变动中的社会秩序研究》一书也指出，"第一轮民主化国家通常都被广泛的社会主义动员运动所征服，这些国家不得不承担起除了保护政治和公民权利之外，还要保护公民的社会和经济权利的重任"③。当社会主义在场这一大环境消失之后，即苏联解体、东欧剧变之后发生的民主化运动再也没有能够形成威慑资本的有效力量，因而民主在这些国家只能表现为空有选举形式的无效民主，这样的民主其实是装饰资本主义贵族统治即资本贵族制的工具，根本不是真正的民主，因为它作为一种政体，既没有改变统治者，即少数人统治多数人，也没有改变社会资源配置，财富和资源仍然牢牢控制在少数人手中，大多数人过着在温饱线挣扎的生活。

很多学者认为，发展中国家目前所经历的是任何国家从不发达到发达的必经阶段，在经济发展初期，发展中国家没有足够的资本去进行社会改革，它们只有先通过私有化、市场化改革融入全球竞争促进经济发展，在一定时间之后，才能考虑财富的合理分配问题，即"只有先做大蛋糕，才能分蛋糕"。问题的核心是资本主义世界体系本身是一个竞争性体系，这一竞争性体系唯一能解决的问题就是生产动力问题，它解决不了有效需求不足问题，更解决不了为有效需求提供基础的财富再分配问题。所以，在资本主义世界体系内我们看到的是这样的场景，发展中国家的经济可能会由于参与全球市场竞争获得一定的发展，但由于国内民生问题改善乏力，所有发展中国家都面临着国内有效需求不足问题，这意味着发展中国家的资

---

① Carl Becker, *Modern Democracy*, Yale University Press, 1941, p. 67.

② Carl Becker, *Modern Democracy*, Yale University Press, 1941, p. 7.

③ Reinhard Bendix, *Nation Building and Citizenship: Studies of Our Changing Social Order*, New York and London: Wiley and Sons, 1964.

本大多具有对外依附性。此外，不合理的产业结构和利润分割结构，使发达国家拿走了全球资本扩张的大部分份额，很多拉丁美洲、非洲的资源性国家由于外资掌控着能源的生产和出口，少部分依附在外资身上的国内经济、政治权力精英根本与国内大多数人的生活完全脱离关系，他们既不依赖于国内民众消费也不依赖于国内民众税收，政治的最好状态不过是选举在精英操控下还能维持着周期性运转，最差状态是由无序、混乱、暴政和自相残杀来界定的。在这种全球利润分配结构下，任何好的制度设计根本都是纸上谈兵，所谓靠法治来巩固民主那纯粹是知识分子在痴人说梦，政府根本不对人民负责如何实现法治，人民连温饱都解决不了如何监督政府。

根据瑞士信贷研究所 2010 年的全球财富报告，占世界总人口 68.4% 的底层人口占全球总财富份额的 4.2%，而占世界总人口 0.5% 的富裕阶层却占有全球财富份额的 35.6%。① 而根据 2006 年联合国公布的题为《世界经济与社会调查：发散式的增长与发展》的报告，除了全球贫富差距惊人之外，财富在区域上的分布倾斜程度非常明显。北美、欧洲和亚太地区高收入国家拥有全球 90% 以上的家庭财富。而从人口分布来看，北美、欧洲及亚太地区高收入国家的人口相对较少，却拥有世界财富的大多数。相反，人口众多的非洲、中国、印度和其他亚洲低收入国家只拥有较少的世界财富份额。② 在这样的财富分配条件下，怎么可能单纯依赖政治制度转型就给一个国家带来质的变化。经济持续发展与财富合理分配是民主有效运行的前提，因此，将资本主义这个当今民主政治体制运行的经济基础和社会条件排除在研究之外，就不可能看到当今世界发达国家对发展中国家民主的支持实际上是分为表面（话语、理论研究和局限于制度层面的设计、监督和援助）和实质（政治经济）两个层面的，当政治学家和民主运动的支持

---

① http：//inequality. org/global-inequality/.

② 参见谷亚光《全球收入分配差距扩大及其原因分析》，《教学与研究》2011 年第3 期。

者为世界和发展中国家的合理化、民主化改革深思熟虑地设计方案时，真实世界的运行其实是操控在由发达国家跨国资本和发展中国家政治经济权力精英联合制定的游戏规则之下的，这一规则的核心其实只有一条，就是少部分资本政治经济权力精英利润的最大化。因此，发达国家的统治精英一方面质疑发展中国家的腐败政府，一方面与腐败政府勾结交易，以求独占市场份额、投资机会和能源供给；一方面强调民主有效运转的前提依赖于一个同质性的社会，一方面参与制造发展中国家更大的不平等和挑动族群、种族、地区冲突以贩卖军火和扶持代理人；一方面宣布民主巩固有赖于程序合法性的延续性运转，一方面暗中支持颠覆不符合自身利益的民选政府活动。当我们被浮在表面的发达国家和发展中国家统治阶层的民主和反腐败口号所迷惑时，发达国家其实私底下在与符合自身利益的发展中国家的腐败的寡头集团进行着密切的经济合作和政治军事支持。

俄罗斯著名政治学家谢·卡拉—穆尔扎曾经评论道："在马克思生活的时代，由于力量均势还不稳定，社会神经裸露在外，因此马克思关于资本家如何靠剥削获取利润的知识得以广泛流传，整整一个世纪，整个资本主义大厦摇摇晃晃，共运浪潮席卷全世界。于是，资本家的钱袋不得不解开，一部分利润不得不转让出来，使本国的工人也资产阶级化，把硬性剥削转移到自己的世界范围之外。现在，当来自马克思主义的威胁消失时，资本甚至在西方也开始收回给工人的优惠条件，开始拆除社会国家了。所有这些均在悄悄地进行，因为意识操纵在今天具有极为丰富的可靠性。"[1] 今天，我们同样需要质疑资本主义的声音。如亚当·普沃斯基所言："很多东欧国家的人曾经以为要不是因为有那种体制（指斯大林体制），我们早就像西方那样了。但是，许多国家从未经历过共产主义，却依然是南方的一部分。世界人口的一大半是生活在资本主义的、贫穷的、频发的而又有组织的暴

---

① ［俄］谢·卡拉—穆尔扎：《论意识操纵》，徐昌翰等译，社会科学文献出版社2004年版，第70页。

力统治的国家里。当我们的商人们认为共产主义已经失败了，他们忘记了资本主义也遭遇着极大的失败。"① 而所有这一切的改变，普沃斯基认为，需要我们意识到"社会主义者对资本主义的批判是有效的"，需要"我们继续寻找更好地替代方案，即一种在不损害效率的同时，又能使经济按照公民们通过民主程序表达的集体偏好运行的制度"。② 普沃斯基提供的替代方案就是社会民主主义的全球化，然而，他提出了一个他一直未能解决的困惑，为何社会民主主义不能获得全球性的推广？在笔者看来，问题的核心就在于人们对社会主义的批判过度了，使资本主义获得了过于宽松的意识形态环境，人们甚至接受哈耶克、弗里德曼等新自由主义理论家的观念，认为社会主义与民主是相悖的，资本主义是民主的同义词。而在一百年前，人们对于民主的观念完全持有相反的看法，这种观念的转变及其造成的第一波、第二波民主化进程与第三波民主化进程的差异是我们接下来的章节需要结合理论、历史和现实解释的问题。在这里，我们仅仅需要强调，有效民主（社会民主）或者说民主的资本主义的建立是需要条件的，它的条件就是必须保持民主对资本足够的制衡和批判。所谓绝对的权力导致绝对的腐败，在我们今天，最普遍的权力不是君主或独裁者的权力而是资本的权力，任何看不到资本权力存在的限权理论都是虚伪或者避重就轻的。而监督和制衡资本权力是社会主义需要肩负的历史使命。这种社会主义不表现为一种替代市场经济的生产方式，因为财富全球再分配的前提是经济的持续增长，实践已经证明在消灭市场竞争的情况下想维持经济增长对人类的惰性估计过低而对人性的善估计过高。但市场经济并不意味着资本主义，也不意味着私有财产相对于人类普遍幸福而言有着更高的价值。未来的社

---

① ［美］亚当·普沃斯基：《民主与市场——东欧与拉丁美洲的政治经济改革》，包雅钧等译，北京大学出版社 2005 年版，第 153 页。

② ［美］亚当·普沃斯基：《民主与市场——东欧与拉丁美洲的政治经济改革》，包雅钧等译，北京大学出版社 2005 年版，第 104 页。

会主义是一种经过历史正反合洗礼的更民主、更务实的社会主义，它事实上是民主的代名词。本书认为，真正的民主必然体现为政治权利、社会权利和经济权利各个方面相对公正的平等。无论从任何意义而言，巨大的贫富差距和以私人利润增长为目的的社会都不能说是民主的，对此，T·H. 马歇尔早就指出"现代体系如果想变得对大多数人是可欲的，它就必须成为一个具有社会主义价值的体系，而不是像经济学家马歇尔这些人所急欲把它与社会主义分开来的体系"①。

---

① ［英］T. H. 马歇尔、安东尼·吉登斯：《公民身份与社会阶级》，郭忠华、刘训练编译，江苏人民出版社 2008 年版，第 6 页。

# 第二部分  历史

# 第四章 大众的反叛：与社会主义运动同步的发达国家民主化进程

在 1867 年改革法案出台之后，很多保守党人都将改革法案看作革命的序曲。根据规定，改革法案将选区增加了将近一倍，允许绝大多数男性工人阶级户主给下院候选人投票。一个时代拉开了帷幕，自由党和保守党都不得不去估计他们的政策对工人投票的影响。狄士累利最后的招数和让步，产生了一个甚至比领先的自由党所倡导的更为激进的法案。然而，回首往事，英国统治阶级都普遍庆幸，靠司法上扩大选区，进而扩大整个政治生活，他们避免了一场革命。①

——查尔斯·蒂利

对于历史学家来说不幸的是，这些因群众动员而对政府和统治阶级造成的问题在欧洲公开的政治讨论中消失了，因为不断发展的民主化使得人们不能稍有任何坦白地公开讨论这些问题。候选人想要告诉其投票者的难道是，他们认为投票者太愚蠢，不知道在政治中什么是最好的，而且他们的要求也很荒谬吗？除了政治上的局外人之外，再也没有人会以那种曾经围绕在 1867 年英国改革法案争论中的率直和现实态度来讨论民主被期待的含义。民主化的时代就这样被转变成了公

---

① ［美］查尔斯·蒂利：《欧洲的抗争与民主》，陈周旺等译，上海人民出版社 2008 年版，第 5 页。

共政治伪善的或者更确切地说是奸诈的时代，也因此进入了政治讽刺作品的时代。①

——埃里克·霍布斯鲍姆

对于民主化研究而言，最大的问题是忽视了不同民主化进程的宏观背景和社会条件差异。这种对背景和社会条件的忽视不表现为一种方法论的错误，而表现为方法论上的形而上学。指导民主化研究的方法论总体而言包括行为主义、制度主义、理性选择主义和历史制度主义，这些方法论虽然各有偏重，但在解释片段历史和特定问题时都有合理性。然而，当出现历史情景转变和时空错位问题时，这些方法论没有能够建立起宏观整体把握事物变化的视野，因此，常常将理论研究嵌入历史，又将实证研究从历史中割裂，以至频频出现在发达国家与发展中国家之间进行横向比较，或者用发达国家的历史去预测发展中国家未来的误区。然而，现实世界的真实情形恐怕是，发达国家的历史和现实恰恰构成发展中国家无法复制其历史和现实的障碍，因为二者的进程是在不同的外在条件下展开的。这其中最大的两个不同涉及与有效民主确立最为相关的两个因素：第一，发达国家较早开始现代化进程，它们的经济崛起于资本主义制度确立的阶段，这使它们抢占了资本主义世界体系的中心位置。自 1500 年地理大发现以来，西方现代资本主义文明的成长便依赖对边缘国家的控制和掠夺，时至今日，西方仍以其金融、科技和军事优势维持着不平等的国际贸易秩序和生产结构，从边缘国家源源不断地汲取超额利润。这一超额利润的存在和先发优势使其有足够的财富改变国内的社会结构，为大量无产阶级的中产阶级化创造了客观的物质条件。第二，发达国家的民主化进程与社会主义运动的进程同步，在发达国家民主化进程中，社会主义具有合法性，而资本主义

---

① ［英］埃里克·霍布斯鲍姆：《帝国的年代：1875—1914》，贾士蘅译，江苏人民出版社 1999 年版，第 88 页。

没有合法性，这致使资本主义不断在社会主义的威慑下进行着内部改良，民主得以从政治领域突破到社会领域和经济领域，进而对财富再分配产生影响。社会主义外在压力的存在为发达国家无产阶级的中产化创造了客观的政治条件。

大量基于发达国家历史和现实研究的民主化理论都在经济发展和稳定民主化之间建立了相关性，这其中有一个核心的环节，就是经济发展为中产阶级的崛起和扩大创造了条件，而中产阶级的大量存在是民主巩固的基础。现代化理论则试图证明，发达国家的现在是发展中国家的未来，因而发展中国家也会在经历经济发展的几个成长阶段之后，实现民主从政治权利向社会权利的扩展。这一理论就忽视了我们以上提到的发达国家民主化进程与发展中国家不同的两个条件，本书认为，资本主义本身只具备促进资本积累的功能，不具备资本转移支付的功能，转移支付的产生需要在民主和社会主义之间建立相关性的条件下才能实现。发达国家的民主化理论家一方面承认中产阶级的存在是民主巩固和有效的先决条件，一方面又拒绝为中产阶级的产生创造外在的压力环境，把社会主义看作反民主的因素，将发展中国家民选领袖克服资本阻力进行社会结构改革和转移支付的政策视为极端主义、民粹主义或者超阶段论行为，而这些由领袖主动领导的社会结构变革和转移支付的行动在发达国家历史上却曾是真实发生过的故事，正是当时那些改良行为挽救了革命毁灭资本主义的命运。从对两种相同行为的不同评价态度，我们可以意识到发达国家的学者和政治家虽然愿意支持发展中国家的民主和发展，但他们实际上也深知发展中国家的经济发展会分割发达国家的利润，伤及他们的既得利益，所以他们主导和建构的民主化理论会本能地回避全球资本结构的不合理分配问题，将改革的重点放在政治制度层面，而查尔斯·林德布罗姆早就指出："当政治学转向对诸如立法机关、行政机构、政党和利益集团的机构建制的讨论时，它实际上是在同次要的问题打交道。议会和立法机关、行政当局、政党及利益集团的活动，大多取决于政府代替市场或市场代替政府的程度。"① 作为发达国家的理论工作者，选择从次要的问题建构理论是一种理性的行为，而作为发展中国家的理论工作者，被发达国家理论家的理性所引导是一种非理性的行为，为此，本书致力于完善发展中国家民主理论建构的自主能力，而这种能力的完善需要建立在民主真实历史演变的基础之上，我们将一步步揭示现代民主在社会主义运动的推动下从竞争性寡头政体（达尔用此指代没有普选权的代议制）到自由民主再到社会民主的演变过程，并从精英反制社会主义和社会主义自身建制失败的角度去揭示民主去社会主义化的过程即从社会民主到选举民主（精英民主）的蜕变过程，并在合理解释民主演变史的基础上重建民主与社会主义的相关性，从而为改良资本主义，使民主服务于大多数人的利益提供新的动力。

## ◇第一节　从代议制到代议制民主

本书反复强调的一个观点是，代议制民主本身不构成有效民主的充分条件，这个论点事实上已经被发展中国家的民主实践所证明。为什么会如此？除了上一章论证过的寡头统治铁律导致政党精英的保守化、围绕大选的体制性寻租体系和强势利益集团对政策制定的实际影响之外，这里想要解释的是代议制本身就与民主不是同样性质的机制。在实践中，代议制并不是民主主义者发明的，而是作为一种中世纪君主制和贵族制的政治制度发展起来的。② 因而，代议制事实上起源于精英之间的利益博弈（主要是君

---

① ［美］查尔斯·林德布罗姆：《政治与市场：世界的政治—经济制度》，王逸舟译，生活·读书·新知三联书店1994年版，第1页。

② ［美］罗伯特·A. 达尔：《民主及其批评者》，曹海军、佟德志译，吉林人民出版社2006年版，第26页。

主和贵族之间），"它不是一个将农民从封建领主的统治中解放出来的问题，而是一个封建领主维护自身独立权力、反对君主专权的问题"①。代议制的雏形起源于中世纪等级会议。等级议会，事实上是一种税收征收协商机制，它的基本原则是未经等级议会同意，国王不得征收兵役免除税和传统的封建三捐之外的"非常规"新税。等级议会的出现，标志着中世纪王朝国家有了一种雏形的公共财政。近代以来，随着商品经济的发展和对外扩张的需求，财政收入日益成为一个国家崛起的核心环节。为了解决财政问题，英法两国选择了不同的税制形式：法国通过绝对主义建立了君主集权财政；英国则继承了盎格鲁—撒克逊人"贤人议会"的传统，通过代议制将王室财政与国家财政分开，建立了公共财政。公共财政的存在使国王具有了与议会进行协商征税的义务。因而，当时英国人大多认为，代表制所代表的是"财产"，而不是人数，因为财产是征税的对象，拥有财产的人必须在议会有其代表，征税才是正当的。② 正因为代议制事实上源于征税协商的需要，因而它致力于建立的是一个有财产的精英之间的制衡平台，它内含的混合政体思维作为精英治理模式有持续性的稳定治理效用。但这种精英制衡机制与民主制有本质的区别，代议制在近代的产生意味着贵族（包括资产阶级新贵）的崛起，它"标志着有产阶级地位的提高"③。而民主制的产生与代议制不同，无论在古代还是近代，民主制恰恰产生于贵族制的衰败，民主化是贵族制寡头化激起民众反抗的结果，它意味着民众对贵族（财产和身份）的双重反抗。正因为民主与代议制完全意味着不同的东西，所以从代议制到代议制民主的转变经历的是一个制度革新和概念转型

---

① ［加］艾伦·伍德：《民主反对资本主义》，吕薇洲等译，重庆出版社 2007 年版，第 201 页。

② 李剑鸣：《美国革命时期民主概念的演变》，《历史研究》2007 年第 1 期。

③ ［加］艾伦·伍德：《民主反对资本主义》，吕薇洲等译，重庆出版社 2007 年版，第 201 页。

的过程，这一过程是在美国立国之父手中完成的。

我们知道，美国立国之父将他们创建的政体称为共和制或者是代议民主制。这一称谓显示了美国立国精英的绝顶智慧，罗伯特·达尔称："代议制与民主制的结合是一件创举。"① 这一称谓重设了民主的定义。在古希腊，民主指的是直接民主。在罗马共和国时期，作为混合政体的组成部分——民主也是直接民主。"尽管共和国的疆域和公民不断扩张，罗马人也没有想到建立代议制民主。不论一个公民距罗马有多远，对他开放的唯一民主制度就是为了选举执政官和颁布法律而在罗马召开的公民大会。"② 中世纪的城邦共和国和英国代议制也没有想到在代议制与民主之间建立什么关系，"因而，从古希腊到 18 世纪，立法机构可以通过恰当的方式由其公民选举的代表而非整个公民体组成的可能性，仍然主要是民主和共和政府的理论与实践之外的问题。"③ 所以，我们可以说直到美国立国之父将自己的政体称为代议制民主之前，很少人认为民主与代议制是有关系的，代议制一直被看作贵族政体的一种形式。亚里士多德论述说："就任用行政人员而论，拈阄（抽签）法素来被认为属于平民性质，选举法则属于寡头性质。"④ 对此，孟德斯鸠也有同样的看法："用抽签的方式进行选举是属于民主政治的性质。用选择的方式进行选举属于贵族政治的性质。"⑤ 然而，美国立国之父为何要建立代议制民主呢？新实践、新理论的产生总是基于新的现实需要，美国革命后的社会条件决定了新的统治精英既不能支持君主制和贵族

---

① ［美］罗伯特·A. 达尔：《民主及其批评者》，曹海军、佟德志译，吉林人民出版社 2006 年版，第 28 页。

② ［美］罗伯特·A. 达尔：《民主及其批评者》，曹海军、佟德志译，吉林人民出版社 2006 年版，第 26 页。

③ ［美］罗伯特·A. 达尔：《民主及其批评者》，曹海军、佟德志译，吉林人民出版社 2006 年版，第 27 页。

④ ［古希腊］亚里士多德：《政治学》，吴寿彭译，商务印书馆 2007 年版，第 204 页。

⑤ ［法］孟德斯鸠：《论法的精神》，张雁深译，商务印书馆 1961 年版，第 13 页。

制，因为那势必引致大多数人的反对，也不能支持民主制，因为那可能动摇他们期望保持的既得利益。于是，他们必须完成一项将民主与精英统治嫁接的工作，这一工作需要"建构一种把古代的民主模式排除在外的民主概念。他们不能以反对政治理想的名义、不能以寡头政治的名义，而必须以民主本身的名义来抵制古代民主"①。

下面我们对代议制民主在美国产生的原因和过程进行一些必要的解释。

首先，相对于欧洲而言，美国有着更利于民主发展的民情和地理条件。马萨诸塞的英国移民是美洲殖民地最早的移民之一。他们大多是一些信仰新教的平民，具有良好的秩序和道德基础，立志在新大陆建立一个不同于欧洲的自由平等的国家。新英格兰人在 1650 年就已经建立起乡镇政府。根据乡镇自主的原则，人们自己组织起来。在乡镇内部，人们享受真正的、积极的、完全民主共和的政治生活。这种始于基层的民主政治，为未来联邦的民主政治打下了坚实的民情基础。此外，由于得天独厚的地理条件和移民传统，在美国人那里，身份平等是与生俱来的。美国既没有欧洲意义上的贵族，也没有具有特权的教士阶级。在新英格兰，既没有大领主，也没有属民。再加上美国资源丰富、国土辽阔，平民很容易依靠土地或者手工业谋生，因而没有形成欧洲那么严重的贫富差别。罗伯特·布朗曾以马萨诸塞州为对象做过细致的调查，发现那里是一个中产阶级社会，获得财产土地非常容易，大部分人为享有财产的农民。② 正是这些良好的主客观条件，造就了美国民主制发展的基础，托克维尔因此评论道："美国之能维护民主制度，应归功于地理环境、法制和民情。而民情，则是英裔美国人实

---

① ［加］艾伦·伍德：《民主反对资本主义》，吕薇洲等译，重庆出版社 2007 年版，第 221 页。

② 周琪：《美国对西方近代民主制的贡献——代议制民主》，《美国研究》1994 年第 4 期。

行民主制的决定性因素。"①

其次，美国独立战争很大程度上是一场精英动员性的战争。在独立战争爆发之前，美国并不存在很强烈的革命情绪，那里没有广泛的社会苦难、深刻的社会分化和激烈的阶级对抗，也没有对英国宗主国统治的强烈不满，生活在那里的欧洲裔居民，多数早已摆脱了生存危机，其财产权利和其他权利都有一定的保障。正是因为英国对北美殖民地的控制一直相对宽松，也根本谈不上暴政，所以当英国因为税收原因想加强对殖民地的控制时才会引发如此强烈的不满，然而这种不满并没有达到要宣布独立的程度。在这种情况下，殖民地的本土精英阶层要想利用殖民地人民对英国征税方案的暂时不满发动一场以独立、自由为目标的革命，必然需要运用意识形态话语对大众进行广泛动员。因此，美国独立战争很大程度上也是一场向民众宣扬自由和反抗精神的斗争。在独立战争的两个阶段②，主导政治潮流走向的力量来自两个方面：一是社会精英的宣传鼓动，二是基层民众的积极行动。将这两股力量结合在一起的核心因素，就是以自由话语形式表达的共同利益诉求。基于这一共识来鼓动反英运动的关键，并不在于揭示实际的社会弊端或经济困难，而是突出自由处在危机之中，突出殖民地居民的自由遇到了巨大威胁，如果不起而反抗，他们就会沦为暴政的奴隶。③ 对自由和反抗精神的极度张扬对美国独立后的政治建制产生了很大的规范性影响。独立战争之后，精英发现他们很难用非民主的方法进行治理，无论是君主制还是贵族制，这都与他们所宣扬的意识形态相悖。

以上两点原因决定了新独立的美利坚合众国必须以民主的面貌呈现在

① ［法］托克维尔：《论美国的民主》，董果良译，商务印书馆 1995 年版，第399—401 页。

② 第一阶段是抵制英国的征税和强化控制的举措，声张殖民地的自主和自治；第二阶段是全面质疑英国统治北美殖民地的合法性，独立意识趋于成熟。

③ 李剑鸣：《危机想象与美国革命的特征》，《中国社会科学》2010 年第 3 期。

世人面前，只有民主制才适合美国的民情，才能让多数美国人感到满意。然而，如果放任民主精神和民主势力的发展，统治精英们发现国家有可能处于动荡之中，并且他们的既得利益会受到极大的威胁。历时十余年的反英和独立运动，在北美社会造成了深刻的变动，也带来了持续的扰攘和动荡。在战争结束以后，稳定和平静的气象并没有随之出现。一方面，经济形势起伏不定，社会结构发生剧烈变化，不少人的境况都受到了触动；地方社会的冲突、民众对抗政府的行动，在许多州都时有发生。另一方面，自革命开始以来，各州政治格局大为改观，一些新近获得权势的人（主要是激进民主派），在州议会扮演了越来越重要的角色，他们围绕社会关切的问题采取立法行动，引发激烈的分歧和争论，更加剧了当时那种不安的气氛。1786 年新英格兰有人评论说，各州"治理得比从前糟糕"，因为"在战争时期的民众精神作用下，有智慧和有财产的人大为失势"。从前，人民尊重和服从他们的总督、参议员、法官和牧师，但"自从战争开始以来"，"那些吵吵嚷嚷的无知之辈"乘机往上爬，"试图捞取一官半职"，使得人们对"政府中的卓越人士"充满猜忌，有导致本州和政府分裂的危险。① 这种情形使一些保守的精英人士（这些人后来成为美国立宪代表的主导力量）感到，美国社会正迅速走向无政府和无法无天，这种状况如果发展下去，必将导致人民的暴政，约翰·亚当斯称之为"民主的专制主义"②。

　　于是，利用为联邦制定宪法的机会，美国的立国之父们开始了他们为民主纠偏的过程。"从麦迪逊整理的制宪会议的会议记录我们可以看出，美国立国之父们并不想建立一个民主政权，他们试图建立一个强有力的政府来维持独立战争后的社会现状，以此来维护现存制度的既得利益者。在当时秘密协商的过程中，与会者对民主政治的偏见，对公众政治参与的蔑视溢于言表。他们主要关切的是怎样平息民众因革命而被激发的政治激情，

---

① 李剑鸣：《美国革命时期民主概念的演变》，《历史研究》2007 年第 1 期。
② 李剑鸣：《危机想象与美国革命的特征》，《中国社会科学》2010 年第 3 期。

如何抵制完全的阶级平等化倾向。"① 埃德蒙·伦道夫在制宪会议上说"国家的弊端源于民主政治固有的骚乱和动荡","我们体制中的民主成分孕育着巨大的危险"。艾尔布里奇·格里说"民主政治是一切政治罪恶之最"。莫里斯（Gouverneur Morris）警告说，民主权利如果被没有民主素养的人群滥用，就会带来万劫不复的灾难。"试想一下，当我们的国家处处都是制造业工人和手工业者时，他们会真正成为忠诚的自由守护者吗？这些人永远不懂得尊重别人的私有财产，并对公共利益毫无兴趣，因为他们眼光狭隘，眼睛只盯着微薄的工资。"② 汉密尔顿指责民众"叛乱多变"，"他们的判断很少有正确的"，并提议设立一个永久性的政府机构来"限制民主政治之鲁莽"。③ 而作为独立战争统帅的华盛顿则认为："我们制定宪法的首要目的是防范百姓的暴怒倾向，而不是一味地鼓励他们广泛参与政事。无产者的无政府状态很容易导致政治上的专制。"④ 于是，他在制宪会议上呼吁代表们不要仅仅"为了取悦人民"而制定出自己不同意的文件。⑤

美国制宪会议上之所以会出现这么多反对民主的声音，一方面是因为从政治理念而言，制宪代表们多数更倾向于共和政体，他们认为混合政体比单纯的民主政体更能兼顾多重利益，有利于社会的平衡和稳定。另一方面是因为制宪会议的代表并不具有民主性，他们多数来自精英阶层，拥有大量的财产，他们特别担心民主制会侵犯到他们的私有财产权。在《美国宪法的经济观》一书中，比尔德仔细研究了美国开国元勋们制定宪法的动

① ［美］迈克尔·帕伦蒂：《少数人的民主》，张萌译，北京大学出版社 2009 年版，第 54—55 页。

② ［美］迈克尔·帕伦蒂：《少数人的民主》，张萌译，北京大学出版社 2009 年版，第 52 页。

③ ［美］理查德·霍夫施塔特：《美国政治传统及其缔造者》，第 8 页。

④ Jennifer Nedelsky, *Private Property and the Limits of American Constitutionalism*, Chicago University Press, 1994, pp. 27 – 28.

⑤ ［美］理查德·霍夫施塔特：《美国政治传统及其缔造者》，崔永禄等译，商务印书馆 1994 年版，第 8 页。

机和他们代表的经济利益。他调查了 1787 年美国经济权力的分配情况，详细列举了制宪会议每个代表拥有的财产和经济利益。根据他对美国财政部档案文献的研究，在出席制宪会议的 55 名代表中，40 人拥有公债券，14 人是土地投机商，24 人是高利贷者，15 人是奴隶主，11 人从事商业、制造业和航运业。没有一个人代表小农和手艺人的利益，而小农和手艺人在当时占美国人口的大多数。① 从制宪会议代表构成来看，美国宪法的立宪程序就很难说是民主的，甚至也不符合他们心目中理想的混合政体的原则，因为代表并不是出自社会的不同阶层，他们仅仅代表社会的上层。由于是代表上层的精英在立法，所以美国宪法在制定时自然首先反映的是少数精英阶层的利益，"民主思想对这些仍大力扩大特权的特权阶层是没有吸引力的"②。除了这种客观的阶级因素之外，在出席制宪会议的代表中，"至少有六分之五的人对他们在费城的努力结果有紧密的、直接的和个人的利害关系"③。他们普遍是独立战争期间发行公债的债权人，"由于宪法的通过，他们在不同程度上成为经济上的受益人"④。正因为参与立宪的仅仅是美国少数上层精英，并且参加投票批准宪法的人也不到美国成年男子的六分之一。所以在比尔德看来，"美国开国元勋们就是一伙有才干的投机商形成的集团，他们成功地哄骗一帮老百姓去接受一个旨在有利于少数显贵而设计的政体"⑤。"宪法不是所谓全民的产物，而不过是希望从中获得经济利益的一

---

① ［美］查尔斯·A. 比尔德：《美国宪法的经济观》，何希齐译，商务印书馆 1989 年版，第 3 页。

② ［美］理查德·霍夫施塔特：《美国政治传统及其缔造者》，崔永禄等译，商务印书馆 1994 年版，第 8—9 页。

③ ［美］查尔斯·A. 比尔德：《美国宪法的经济观》，何希齐译，商务印书馆 1989 年版，第 3 页。

④ ［美］查尔斯·A. 比尔德：《美国宪法的经济观》，何希齐译，商务印书馆 1989 年版，第 3 页。

⑤ ［美］查尔斯·A. 比尔德：《美国宪法的经济观》，何希齐译，商务印书馆 1989 年版，第 5 页。

个经济利益集团的产物。"①

然而，如果美国宪法仅仅如比尔德所言，反映的是精英阶层的利益，那它还与民主有什么关系，代议制民主又如何产生呢？我们在前面谈到，美国具有实行民主制的民情，这一民情首先反映在民众的身份平等和对他们对民主的偏好之上，其次反映在精英阶层的自由平等意识之上。美国的立国之父与他们反对的英国统治集团不同，他们是一群具有自由平等理想信念的人。他们普遍认可人民主权原则，并对自由有着无比的热爱，他们崇尚法治，因而对复辟君主制也毫无兴趣。当具有自由精神的精英遇到充满民主需求和渴望的民众，他们能非常清醒地意识到单纯遏制民主在美国是行不通的。乔治·梅森在制宪会议上说："尽管我们都体验到民主政治有其压迫和不公正之处，但民众的精神倾向于民主，而这种精神又是必须考虑的。"詹姆士·麦迪逊也强调："制定的法律是要公民大众遵守的，选出的行政官员是要管理公民大众的，因此，公民大众在这两方面必须有发言权。"② 为此，理查德·霍夫施塔特（Richard Hofstadter）公允地评价说："如果说立国之父们害怕民主进步，但他们对转向极右也不无顾虑。他们不安地意识到既有人在讨论军事独裁问题，也有人在讨论恢复君主统治问题，前者主要是未得到饷金，心怀不满的军官，后者是北部那些富有的出现在大场面上的人物。华盛顿拒绝了请他当军事独裁者的建议，他不想从一个极端走向另一个极端。"③

正是基于既要遏制民主又不能反对民主的双重考虑，美国立国之父想到将民主和代议制结合起来，创建了一种对后世影响深远的新的民主形

---

① ［美］查尔斯·A. 比尔德：《美国宪法的经济观》，何希齐译，商务印书馆 1989 年版，第 2 页。

② ［美］理查德·霍夫施塔特：《美国政治传统及其缔造者》，崔永禄等译，商务印书馆 1994 年版，第 10 页。

③ ［美］理查德·霍夫施塔特：《美国政治传统及其缔造者》，崔永禄等译，商务印书馆 1994 年版，第 9—10 页。

式——代议制民主。然而，代议制民主"是一种社会各阶层之间妥协和调解的产物，更是一种妥协下的虚伪的民主"①。它"并不是纯粹的理论探索的产物，而主要是对革命期间的政体实验进行辩护和阐释的结果"②。对于代议制民主的形成过程，艾伦·伍德（Ellen Wood）评价说："联邦党人的理想或许是创造一种将财富与共和主义结合起来的贵族统治，这是一种不可避免地只给财富统治让路的理想。但是他们的实际任务是，用普通大众的选举支持来维持一种有产寡头政治。这要求联邦党人提出一种思想体系，特别是要重新定义一种掩饰其寡头政治方案的含糊性的民主。正是美国反民主的胜利给予了现代世界民主的定义，大众权力的削减是这一定义的基本要素。"③ 然而，代议制民主是如何削减了大众权力呢？理查德·霍夫施塔特对此做过总结：第一，建立一个联邦政府来维持秩序，可以防范民众骚动或者多数人的统治。就一个州而言，可能会有一派崛起并以武力取得全面控制，但如果各州结成联邦，中央政府就可以加以干预制止。汉密尔顿曾引用孟德斯鸠的话说："如果结成邦联之一的邦有民众造反之事，邦联内其他各邦可起而平定之。"④ 麦迪逊在《联邦党人文集》第十篇中指出："多数派是可能产生的各派中最危险的一派，因为多数派最有能力取得全面的权势。然而，如果政治社会的范围很广泛，并包容大量各不相同的局部利益，数量和局部情势本身必然使具有一致多数利益的公民无法一致地实施其压迫计划。这样，要求发行纸币、废除债务、均分财产或任何其他不

---

① ［美］迈克尔·帕伦蒂：《少数人的民主》，张萌译，北京大学出版社 2009 年版，第 58 页。

② 李剑鸣：《美国革命时期民主概念的演变》，《历史研究》2007 年第 1 期。

③ ［加］艾伦·伍德：《民主反对资本主义——重建历史唯物主义》，吕薇洲等译，重庆出版社 2007 年版，第 211 页。

④ ［美］理查德·霍夫施塔特：《美国政治传统及其缔造者》，崔永禄等译，商务印书馆 1994 年版，第 14 页。

当或险恶计划的狂热行为对首要的有产者的利益集团的危险就较小了。"①
第二，代表制排除了民众直接参政。在小型的直接民主国家，民众不稳定
的情绪支配着立法。代议制政府使公众意见流经选出的公民机构，从而使
其得到完善和扩大。人民选出的代表在明智和审慎方面都胜过群众集会的
人民本身。汉密尔顿坦率地预言会出现一种行业家长制，各行各业的有财
势成员将在政治上代表其他人。例如，商人是其雇员的天然代表。汉密尔
顿推测，国会将由地主、商人和知识界人士组成，对政府的本质几乎没有
什么影响。② 第三，两院制用贵族平衡了民主。约翰·亚当斯在他写的《维
护美利坚合众国政府制度》一书第一卷中详细地指出："必须使贵族统治和
民主相互制约。二者应有各自的立法院，两院之上还应各确立一个拥有否
决权的称职、有力及公正的行政负责人。整个体系之上应有一个独立的立
法机关。这样就可以控制富人与穷人之间不可避免的相互压制倾向。"③

综上分析，我们可以看到，代议制民主的建立，既帮助美国精英统治
解决了合法性问题，也维护了他们的利益。代议制民主概念的形成，不仅
反映了美国立国之父将理论应用于制度建构的能力，更反映了他们创建新
的理论去诠释新制度的能力，体现了他们高超的意志自觉性和理论自主性。
政治的本质就是进行利益分配，美国由精英阶层制定的宪法，必然反映了
他们的利益诉求。正如斯托顿·林德（Staughton Lynd）所言："宪法是我国
革命的成果，同时也是一种关于社会发展方向的争论的最终结果。汉密尔
顿、利文斯顿和他们的反对者们在这场争论中的焦点，就是革命战争尘埃
落定后建立一个什么样的社会，而且在这个社会中什么样的阶层将走向政

---

① ［美］汉密尔顿等：《联邦党人文集》，转引自［美］理查德·霍夫施塔特《美
国政治传统及其缔造者》，崔永禄等译，商务印书馆 1994 年版，第 14—15 页。

② ［美］汉密尔顿等：《联邦党人文集》，转引自［美］理查德·霍夫施塔特《美
国政治传统及其缔造者》，崔永禄等译，商务印书馆 1994 年版，第 15 页。

③ ［美］汉密尔顿等：《联邦党人文集》，转引自［美］理查德·霍夫施塔特《美
国政治传统及其缔造者》，崔永禄等译，商务印书馆 1994 年版，第 15 页。

治经济舞台的中心。"① 然而由美国开启的从代议制向代议制民主转型的修正民主时代尚未开启便被一个复兴古典民主的新时代所取代，这个时代不是和谐的多元主义的奏鸣曲，而是充斥着阶级斗争的惊魂曲，阶级斗争的核心是多数人希望突破代议制民主的上层利益局限，它推动了代议制民主向社会民主和人民民主的转型。

## ◇◇ 第二节　法国大革命后民主的社会主义化

尽管"对私有财产的关心阻止了美国建国之父们追求他们曾经所宣称的人的普遍权利"②，但美国宪法确立的代议制民主共和国与美国革命的主题精神却是基本契合的，从一开始，指引美国人反抗英国殖民统治的旗帜就不是民主，而是自由。美国革命是一场信奉自由主义的精英引领的革命，这场革命的群众基础如此不充分，以至于革命的向前推进需要精英"用一场想象的自由与权利危机"去进行社会动员。③ 美国土地和自然资源的丰富使得那个国家的大多数底层人民很容易获得生存的资料。从殖民地时期到现在，美国其实都没有遭遇过严重的阶级危机。特殊的地理环境和清教文化共同塑造了美国的民族精神，他们天然崇尚自由和个人奋斗，讲究机会平等而不是结果平等，因为美国人有充分的理由认为如果你生在美国还面临生存危机，那绝对是因为你个人不够努力。美国革命是一场争取政治权利而不是社会权利的革命，尽管在革命后也发生过谢斯起义那样的下层革

① ［美］迈克尔·帕伦蒂：《少数人的民主》，张萌译，北京大学出版社 2009 年版，第 54 页。

② ［美］安东尼·阿巴拉斯特：《西方自由主义的兴衰》，曹海军译，吉林人民出版社 2004 年版，第 266 页。

③ 参见李剑鸣《危机想象与美国革命的特征》，《中国社会科学》2010 年第 3 期。

命，但那种激进革命在美国并不具有广泛的群众基础。正因为美国革命是一场以自由为指向的革命，所以尽管它建立了代议民主制，但它给予人们的民主印象是模糊的，民主在当时并没有因为美国革命成为一种有影响力的话语，美国的立国之父也没有刻意宣传他们建立的是一种新的民主制度，人们更没有因为美国新的建制改变对民主的看法。所谓美国开创的新的现代民主路径只是今天我们回溯历史时所做的概念史归纳，"在18世纪的英美和欧洲大陆，民主的含义一如既往，表示由人民治理的政府。它不只是由人民选举的政府"①。美国代议制民主的成功仅仅"意味着自由主义这一为资产阶级的利益和目标提供了合理解释的新的思想意识的成功"②。对于欧洲正处于上升阶段的资产阶级而言，他们对在美国发生的剧变持一种开明的态度，并把它作为改变自己在欧洲地位的激励力量。

法国革命与美国革命不同，它是一场民众广泛参与的深刻的政治社会运动。在法国大革命中，"人民群众扮演了积极主动而不是消极被动的角色，旧日的忠顺和服从传统被人民中间的平等意识所取代"③，"被剥削的工人、没有土地的农民、好战的手工业者，挨饿的流氓无产阶级，这些被剥夺者找到了通向政治权力的捷径"④。在法国大革命中，人民举起了民主的旗帜，并寻求广泛的政治参与，他们所追求的不是自由主义代议制，而是平民领导的共和国。无论革命期间和之后，在整个19世纪，人们对民主的评价和认知都深深地与法国革命紧密相连。"在大多数地方，对民主的态度

---

① ［美］约翰·邓恩主编：《民主的历程》，林猛等译，吉林人民出版社1999年版，第111页。

② ［美］斯塔夫里阿诺斯：《全球通史》（下），吴象婴等译，北京大学出版社2006年版，第307页。

③ ［美］安东尼·阿巴拉斯特：《民主》，孙荣飞等译，吉林人民出版社2005年版，第64页。

④ ［美］约翰·邓恩主编：《民主的历程》，林猛等译，吉林人民出版社1999年版，第131页。

取决于人们对法国所发生的事情所持有的立场。"① 对于 1815 年以后重掌欧洲政治大权的贵族和军事精英而言，"民主是一种必然要退化为暴民政治、大众暴力、财产剥夺以及合法恐怖的政权"。对于中间派来说，民主表达了合理的不满倾向，但也充满了堕落的危险。作为中间派的代表，基佐在 1837 年写道："民主是战争的呼声；它是多数下层人反对少数上层人的旗帜。这个旗帜有时是为了最合理的权利而举起，有时却是为了最邪恶的激情而举起，有时是为了反对最不公正的篡权者，有时是为了违抗最合法的权威。"② 对于下层来说，民主意味着"推动大众政府和财富的再分配"③，无论是直接参政还是选举代表，对他们而言，不过是一种实现财富再分配的手段。对于这一点，当时的精英具有广泛的共识，他们团结起来反对普选权、他们千方百计使"民主主义者成为一个屈辱的词语"④，因为他们知道"民主的进步意味着一种他们恐怖的趋势，所有的民主在事实上都必须朝着社会民主发展"⑤。

当今天人们谈论民主化进程时，往往就把它看作一个普选权扩大的过程，一个政治权利和自由权利普及的过程，一个美国模式的民主在全球推广的过程。人们拿第一波欧洲的民主化进程与第三波民主化比较，认为二者的区别是渐进转型与激进转型的区别，而第三波民主之所以难以巩固则是因为它把在欧洲发生的缓慢的、循序渐进的、从公民权利到政治权利再

---

① ［美］约翰·邓恩主编：《民主的历程》，林猛等译，吉林人民出版社 1999 年版，第 149 页。

② ［美］约翰·邓恩主编：《民主的历程》，林猛等译，吉林人民出版社 1999 年版，第 149 页。

③ ［美］约翰·邓恩主编：《民主的历程》，林猛等译，吉林人民出版社 1999 年版，第 151 页。

④ ［美］约翰·邓恩主编：《民主的历程》，林猛等译，吉林人民出版社 1999 年版，第 149 页。

⑤ ［美］约翰·邓恩主编：《民主的历程》，林猛等译，吉林人民出版社 1999 年版，第 151 页。

到社会权利扩展的过程变作了一个三翼齐飞的过程，它使在缓慢进程中可以慢慢消化的矛盾集中化、激进化，因而在第三波民主化国家引发了社会危机或者转型危机，导致了民主无效甚至威权回潮。理查德·罗斯（Richard Rose）将这一过程称作"反向民主化"①，菲利普·施密特（Philippe C. Schmitter）将其称作转型序列错误②。民主巩固理论就是在承认反向民主化的基础上提出应对第三波民主化问题的方案，所以他们认为发展中国家需要像英美一样先确立以法治为基础的"宪政自由主义"之后，民主才能成为引导国家发展的有效力量。事实上，民主巩固理论没有真实反映发达国家第一波民主化的真实情况，也没有找到发展中国家民主化的症结所在。在第一波民主化过程中，除了美国以外，自从法国大革命开启了欧洲民主化进程之后，大众与精英之间民主与反民主的斗争都直指问题的实质"财产的再分配"，即社会民主。随着第一次工业革命推动了欧洲的资本主义进程，简化了欧洲的阶级结构，大众与精英之间民主与反民主的斗争又逐渐集中为资产阶级与无产阶级之间的斗争。被今天民主化理论家所强调的渐进民主化过程，即普选权的缓慢扩张在欧洲表现的并不是他们试图给人们展现的温和场景，而是比今天任何一个发展中国家都要激烈的阶级矛盾。在当时的欧洲，无论是资产阶级还是无产阶级，他们的阶级意识都被充分地调动起来，围绕着普选权的斗争并不是一个关于政治权利的斗争，政治权利仅仅是一个手段，上流社会之所以一直拒绝实现普选权，是因为他们深知大众想通过普选权获得的是利益代表权，是财产收益权。民主在当时不是一个仅仅关乎于选举权的概念，民主是一个通过政治权利去获取社会权利的问题。所谓选举权的缓慢扩展，只有在把民主等同于选举时才能被

①　Richard Rose & Doh Chull Shin, "Democratization Backwards: The Problem of Third-Wave Democracies", *British Journal of Political Science*, Vol. 31, No. 2, 2001, p. 350.

②　Philippe C. Schmitter and Javier Santiso, "Three Temporal Dimensions to the Consolidation of Democracy", *International Political Science Review*, Vol. 19, No. 1, 1998, p. 81.

看作一个民主化的渐进过程，如果把民主等同于社会民主，等同于财产再分配，这一过程一点都不渐进，底层人民从法国大革命开始所要求的就是公民权利、政治权利与社会权利三位一体的社会民主。在社会民主中，政治权利和公民权利被看作实现社会权利的手段。正是为了避免财富再分配，避免实现社会民主，欧洲人民争取普选权的过程才被拖延了半个多世纪，如果当时的民主像今天一样，被所有的人看作仅仅是个选举权问题，那普选权早就被当作资产阶级革命的成果赋予所有公民了。因为"一旦有产阶级的经济权力不再依赖'超经济强制'，不再依赖贵族制度司法的、政治的和军事的力量，政治垄断就不再是精英所必须的东西了"①。

　　1840 年的一位政治词典编纂者写道："到目前为止，不仅社会结构的政治基础，而且它的社会基础都经历着一场转变，所有者阶级和资产阶级不但正在失去他们所享有的政治特权，而且也正在失去这些特权据以建立的物质基础。这一转变有利于比较贫穷的阶级，因此结果必将是所有阶级不仅在政治权利上，而且在物质财富和社会地位上都达到了完全的平等。在此意义上，人们把社会民主国家，民主的和社会的共和国，当成民主原则发展的必然趋势。"② 而这一民主发展的趋势——从政治权利到社会民主——正是法国大革命进程所展现给世人的民主精神，也是之后一切民主化运动，从英国宪章运动到 1848 年革命到社会主义运动的真正追求。在 18 世纪末期，作为资产阶级革命先声的美国革命开启了修正民主概念的进程，这一进程的核心就是使"民主丧失社会含义"③。当这一剥离民主社会含义的政治制度还没来得及在欧洲确立自己的合法身份，被美国革命启示的法

---

　　① ［加］艾伦·伍德：《民主反对资本主义——重建历史唯物主义》，吕薇洲等译，重庆出版社 2007 年版，第 204 页。

　　② ［美］约翰·邓恩主编：《民主的历程》，林猛等译，吉林人民出版社 1999 年版，第 151—152 页。

　　③ ［加］艾伦·伍德：《民主反对资本主义——重建历史唯物主义》，吕薇洲等译，重庆出版社 2007 年版，第 222 页。

国革命就重新将这一社会含义嵌入到民主的概念之中，并在此后一个世纪的时间里形成了激励无产阶级反抗资产阶级的民主与社会主义相结合的运动。在民主与社会主义相结合的第一波民主化进程中，社会主义政党是唯一真正支持民主的政党，因为民主与社会民主在当时密不可分，所以当时大多数社会主义政党都自称为社会民主党。

被美国革命所激励的法国革命之所以发展出了与美国革命不同的民主路径，是源于法国与美国完全不同的政治社会条件。首先，与英国贵族已经资产阶级化不同，法国贵族完全是一个依靠封建制生活的特权阶层。他们无法向英国新贵族那样通过妥协而分享政权，因为废除封建制就意味着贵族的垮台。而法国资产阶级又没有强大到足以凭一己之力与君主、贵族和教士阶层抗衡，他们在之后革命的各个阶段都需要依赖下层民众，所以就不断地受制于下层民众激进平均主义的牵制。其次，之所以下层民众会有如此强烈的平等精神，是因为在 18 世纪后期的法国社会呈现着惊人的不平等。仅有 48 万人口的贵族和教士阶层占有着社会 40% 的土地，却不用承担任何（包括纳税）义务。作为第三等级小部分的资产阶级尽管需要纳税但也占有着 30% 的土地和巨额财富。而拥有 2500 万总人口的农民和城市贫民（包括手工业者、小店主、帮工、学徒、佣工以及部分作坊工人群众）承受着旧制度的全部重压，[1] 现实社会的"不平等竟到了这种程度，以至一些人死于饥饿，另一些死于饮食过度"[2]。城市群众对一日三餐的关心远比要求自由迫切得多，他们把生计问题放在首位。针对资产阶级提出的经济自由，他们要求有生存的权利，针对资产阶级向贵族提出的权利平等，他

---

① ［法］阿·索布尔：《法国大革命在近代世界历史上的地位——比较研究》，《历史研究》1982 年第 4 期。

② 《卢梭全集》（法文版）第 7 卷，转引自刘友霞《法国大革命时期的平均主义》，《历史教学问题》1996 年第 1 期。

们提出了"享受平等"①。在 1793 年法国大革命面临外忧内患的春夏之交，贵族一方面勾结国外军队镇压民众运动，一方面与大资产阶级结盟囤积居奇，导致物价飞涨、粮食紧缺。生存危机进一步激化了民众的激进民主思想。1793 年 6 月 25 日，扎克·卢在向国民公会的请愿书中大声疾呼："在一个阶级可以不受惩罚地使另一个阶级挨饿的情况下，自由只能是一个空虚的幻影，在富人还垄断对他们的同类生杀大权的情况下，平等只能是一个空虚的幻影；在四分之三的公民流着眼泪才付得出的食物价格日复一日地助长反革命的情况下，共和国也只能是一个空虚的幻影。"② 可以说，正是严重的贫富差距和权贵阶层的不妥协持续地激发着占人口多数的下层民众的愤怒，争取面包和生存权的斗争激励着下层民众不断地向平均主义靠拢。法国大革命的进程在后来的第一波民主化运动中得到延续，工业革命加剧了无产阶级和资产阶级之间的贫富分化，无产阶级必须发起争取生存权的社会主义运动。而社会主义运动与资产阶级革命最大的区别在于：对于后者而言，权力再分配是财富再分配的产物；对于前者而言，权力再分配是财富再分配的手段。资产阶级是首先具备了经济条件，然后再去向原有的统治者要求与经济条件相匹配的政治权力，他们之间的斗争属于精英阶层的更迭，而社会主义是大众发起的争取生存权的斗争，它必然将自由作为民主的手段，将民主作为争取再分配的工具。

今天，时代意识形态的转换使我们习惯于更多地站在精英而不是大众的立场去思考与法国大革命和社会主义相关的一系列民主课题。无论是对直接民主的指责还是对平均主义的批判，无论是对多数暴政的恐慌还是极权民主的忧虑，这些与维也纳会议论调颇为匹配的主流观点现在已经耳熟

---

① ［法］阿·索布尔：《法国大革命在近代世界历史上的地位——比较研究》，《历史研究》1982 年第 4 期。

② ［法］阿·索布尔：《法国大革命史》，马胜利译，中国社会科学出版社 1989 年版，第 249 页。

能详地充斥着我们所能见到的几乎所有的学术著作。这些与法国大革命已经紧密相连的指责、批判、忧虑和恐慌都不是毫无根据，甚至相当具有说服力，但这些指责和忧虑并不应该让我们忘却另一个重要的、几乎被主流声音湮没的真理：那些渴望掌握权力、均分财产、素质不高、得势便猖狂的暴民，他们有着自己不能被否定的生存权利。即使理论家用一百种方法证明他们的生存权利没有经济发展、贵族精神、自由竞争、多元文化重要，但当一个国家99%的人口面临生存危机时，他们有权利团结起来争取自己的诉求，当你不认为应该满足他们的诉求，不认为他们应该有一份体面的生活，那么他们总有一天会用自己的方法让你懂得这个道理。从法国大革命开始又经过近一个世纪的博弈，欧洲高贵的精英们终于意识到这个问题：要么你主动给他们一些让利，要么就等着和他们同归于尽。不理解这一点，你对法国大革命的指责就完全陷入了精英视野，你就不可能理解法国大革命赋予整个19世纪、赋予今天相对公平的欧洲的意义。

## ◇◇ 第三节　民主的社会主义化与
## 第一波民主化进程

民主的社会主义化是指在法国大革命和英国工业革命之后，随着资产阶级的崛起和阶级结构的简化，民主日益被看作一种无论在价值还是目标都与社会主义具有很大共同性的制度和理念，一种一旦实现就可能导致社会主义取代资本主义的力量。法国大革命结束后，西欧保守主义阵营的思想家们对大众与民主保持着更加戒惧的姿态。"在19世纪三四十年代，自由主义者普遍相信，民主将不可避免地导致社会主义。社会主义意味着底层大众在社会上占据支配地位，大众的介入只能带来社会的不稳定、激进的财产再分配和野心勃勃的煽动家的掌权。"①

今天我们生活在一个民主去社会主义化的时代，因而很难想象在整个19 世纪，民主被定位于社会主义对于工人阶级和资产阶级而言是一种共识。在当时，"无论是社会主义者还是他们的反对者，都认为民主和社会主义是一种同族现象。社会主义者将社会主义看作法国大革命和 1848 年革命民主一翼的自然延伸，社会主义的反对者同样认为社会主义意味着民主的完全实现，意味着暴民统治和社会混乱"②。当自由民主理论家按照今天的民主观念去回溯这段历史时，他们很统一地将这段历史看作欧洲和美国普选权扩张的过程。在将欧美民主化进程与第三波展开比较的过程中，大部分著作都得出了以下结论：第一，与第三波民主化相比，第一波民主化的进程非常缓慢。这一缓慢进程得以在很长时间内把大部分具有政治诉求的底层民众排斥在政治参与之外，从而为经济发展赢得了时间和稳定的环境；第二，第一波民主化是先实现宪政自由主义，后实现民主，法治对民主的约束消磨了民主的激进特征，这是第一波民主化之所以比第三波民主化表现出更好治理绩效的核心原因。这一研究路径是有严重误导性的，它没有触及问题的核心，即普选权之所以扩展缓慢恰恰是因为第一波民主的激进性，而这一激进民主的特征在当时的统治阶级看来主要不是因为它威胁了法治和经济发展，而是因为它与社会主义运动结合具有强烈的利益诉求，它直接指向当时资本主义发展存在的最核心问题：少数人暴富与多数人贫困并存。把民主化过程仅仅看作一个普选权扩张过程掩盖了一个重要问题，即争取普选权是为了财产再分配。对这一重要问题的掩饰遮蔽了另一个对我们今天而言更重要的问题：即第一波民主化与第三波民主化最大的区别是

①　Paul Edward Gottfried, *After Libertism—Mass Democracy in the Managerial State*, Princeton University Press (Princeton, New Jersey), 1999, p. 30, p. 39.

②　Frank Cunningham, *Democracy Theory and Socialism*, New York：Cambridge University Press, 1987, p. 3.

它触及了社会经济结构的变革，触及了私有财产原则，它强调生存权高于私有财产权，它改变了民主运动参与者的生存状态。当我们把民主化过程仅仅归结为一个政治权利扩张的过程，那民主化课题在我们今天的时代已经可以算作终结了。剩下的关于民主化的研究其实已经是在为捍卫这个世界的既得利益进行主要矛盾的转移和意识形态的包装，因为它根本回避了当今时代最大的政治经济问题：发达国家与发展中国家以及发展中国家内部财富占有的严重不平等。对经济不平等的无视使大多数人的生存状态排除在了民主关怀的价值之外，它使民主所内含的民有[①]、民治、民享三个面向几乎无一在场，它使民主和专制这一类型学区分变得对国家治理无用。因为，当大多数人的生存总是处于一种危机状态时，任何一个国家，无论是选择民主政体还是独裁政体，它都不可能实现长久的稳定治理和安宁。如果研究发达国家的民主化进程对于我们今天还有非常重要的意义，那它就必须揭示出发达国家民主化运动的真实历史，这一历史过程曲折，斗争激励，它一点都不平稳，它伴随着严重的阶级冲突，它经历了无数次社会经济危机，它引发了两次世界大战，它最终在第二次世界大战后稳定下来，不是因为自由民主（公民权利 + 政治权利）而是因为社会民主（公民权利 + 政治权利 + 社会权利）的确立。

## 一　精英的忧虑：民主与财产权的冲突

民主与财产权的冲突由来已久。从古希腊开始，政体冲突背后的财产冲突就已经成为政治学研究的核心议题。亚里士多德在《政治学》中将民主定位于平民政体，他认为"寡头政体以富户的利益为归依，平民政体则以穷人的利益为归依"[②]。亚里士多德界定了从古希腊到 18 世纪人们对民主

---

① 民有即国家权力为人民所有，是一个权利归属概念，它体现了人民主权。
② ［古希腊］亚里士多德：《政治学》，吴寿彭译，商务印书馆 1965 年版，第 146 页。

的看法，即民主是以民治为特征的代表穷人利益的政体。从 18 世纪末开始的法国政治现代化进程将民主分裂为两种形象，"它确立了两个不同的传统：一个是自由民主制，其基本目标是代表并保护私人财产；另一个则是激进民主制，其目标是建立社会平等，实现公民的全面解放。"① 今天我们谈论自由民主和激进民主（古代民主）的区别，主要强调的是代议制和直接民主制、精英政治和大众政治的区别，这是一种被自由主义者从孔多塞、贡斯当到托克维尔、密尔到熊彼特、萨托利建构起来的比较视野，从这个视野出发，自由民主变得完美无缺，它对激进民主的替代既适应了城邦国家到民族国家的转变，也克服了大众政治的无知和非理性。这种视野回避了两个核心问题：财产权与公共利益。自由主义假设"个人利益最大化会自动带来社会利益最大化"，因而"它对剥削和共同体的命题保持沉默"②。然而，作为最早的也是最有开拓性的政体模式研究者，亚里士多德建立起来的比较视野比自由主义要公正全面得多。亚里士多德同样反对民主，赞同精英治理，但他眼中的精英并不等于有钱人，也不等同于崇尚个人权利的人，他眼中的精英指的是有公共精神的人。亚里士多德并不认为政府存在的目的在于保护私有财产，而认为政府存在的目的在于促使公共利益。他认为"凡照顾到公共利益的各种政体就都是正当或正宗的政体；而那些只照顾统治者们利益的政体就都是错误的政体或正宗政体的变态"③。正是由于这两点不同，我们认为亚里士多德的政体理论是一种政治科学，而自由主义的政体理论则是一种意识形态。

罗伯特·达尔在《经济民主的前言》一书中指出，美国立宪者存在着

① ［美］亨廷顿等：《现代化理论与历史经济的再探讨》，罗荣渠等编译，上海译文出版社 1993 年版，第 316—317 页。

② ［美］鲍尔斯、金蒂斯：《民主和资本主义》，韩水法译，商务印书馆 2003 年版，第 20 页。

③ ［古希腊］亚里士多德：《政治学》，吴寿彭译，商务印书馆 1965 年版，第 144—145 页。

一个共识，他们认为"民主是经济自由的威胁，对那些作为财产权利的自由来说，尤其如此"①。美国历史学家埃里克·方纳也认为，对私有财产的保护是立宪者最关心的问题，"联邦宪法之所以出现那些复杂的制衡机制和分裂主权的设计，很大一部分考虑是为了保证共和政府在经济不平等出现后能继续生存下去，同时也有保证不平等的财富聚集不会受到政府的干预"②。在1829年弗吉尼亚州立宪会议上，麦迪逊摘下了他在《联邦党人文集》中用党争之忧掩盖财产权之忧的面具，非常明确地表示："经济变化最终将产生一个无产者的大多数，他们很可能对有产者的权利和正义之权利造成威胁和损害。"③ 在他眼中，无产者就是非正义的代名词。美国立宪者对民主和财产权之间的忧虑，我们在代议制起源部分已经有所论述，这里我们重点讲一下欧洲精英，特别是赞同自由主义的资产阶级精英，他们对民主和财产权之间冲突的担忧。19世纪的自由主义理论家普遍赞同议会制度但不赞同普选权。这种观念反映了他们的阶级意识。在《法律与资本主义的兴起》一书中，泰格、利维考察了自公元1000年到19世纪的历史，令人信服地证明了观念与意识形态的统一性。对于新兴资产阶级与立法原则之间的关系，他们确立了三个阶段：第一个阶段是商业受压制的阶段，在那个阶段，商人（资产阶级）将法律体制"看作是敌对和异己的"；第二个阶段是资产阶级形成的阶段，在那个阶段，资产阶级与保护封建当权者的法律和习惯不断地发生摩擦；第三个阶段，是资产阶级立法的阶段，他们

---

① Robert Dahl, *A Preface to Economic Democracy*, Cambridge: Polity Press, 1985, p. 2.

② ［美］埃里克·方纳：《美国自由的故事》，王希译，商务印书馆2002年版，第49页。

③ ［美］埃里克·方纳：《美国自由的故事》，王希译，商务印书馆2002年版，第89页。

作为立法者，"所制定的法律是为自身利益服务的"①。所以，在 19 世纪，无论是政治家还是政治理论家，他们对自己所代表的阶级利益和民主所代表的阶级利益非常清楚。他们认同政治自由，也认同代议制民主，只是"他们在个人权利和财产权的混合扩张之中看不到什么和谐，他们清楚，一个推行公民平等和经济不平等的社会面临着社会稳定的新问题"②。所以他们反对政治权利平等，主张对选举权进行诸如财产资格、教育水平、家庭负责人等限制，他们之所以如此，主要不是因为托克维尔和密尔所试图标榜的，对大众参政能力信心的不足，对整个社会道德和文化水平拉低的担忧，而是因为在当时的精英眼中，民主（无论是大众参政还是普选权）与财产权之间存在着不可调和的冲突。约翰·亚当斯的话最能反映他们这种表里不一的虚伪心态，他说"财产，唯有财产，才能意味着独立；没有财产的人不会有他们独立的判断力，他们的言论和选票都将为某个有产者所操纵"③。在这里，什么独立的判断力不过是个借口，作为有产者的代表，美国立国之父所建构的政体就是希望有产者能以民主的形式操纵无产者，他们怎么可能担心选票和言论被有产者操纵呢？

早在英国资产阶级革命初期，发生于 1645 年到 1649 年的平等派运动就使上流社会为之震动，因为平等派不但要摧毁等级制度，而且要颠覆私有财产制，特别是土地私有财产制。平等派这一名字来源于 1649 年 11 月 11 日英国国王所写的一则公告，保王党人曼彻蒙·纳德海姆抓住了这一名词，并对其进行解读。"他把它视为让世人闻知如此可恶而凶猛的人群的最恰当的名称，这些人拼命要拆除并夷平贵族、绅士和财产的围墙，使我们所有的人都变成

---

① ［美］泰格、利维：《法律与资本主义的兴起》，纪琨译，学林出版社 1996 年版，第 5 页。

② ［美］鲍尔斯、金蒂斯：《民主和资本主义》，韩水法译，商务印书馆 2003 年版，第 54 页。

③ ［美］埃里克·方纳：《美国自由的故事》，王希译，商务印书馆 2002 年版，第 44 页。

一样，这样每一个普通人都能够与绅士们竞争而每一位绅士都将成为普通人。"① 哈林顿在 1658 年说："使用平等一词的那些人似乎认为，平等就是人们起而侵犯富人的土地和财产并将其在他们中间平均分配。"② 尽管克伦威尔镇压了平等派③和掘地派④的反抗，但他们提出的民主主张对于有产阶级来说产生了异常的恐惧，根据道格拉斯·海（Douglas Hay）的研究，在 18 世纪末期，英国法律针对侵犯财产权的轻罪增加了大量涉及死刑的条款，亚当·斯密对这些条款大加赞扬，并且宣称："只有公民治安官才能阻止穷人侵犯富人的财产。"⑤

在法国，大革命给上流社会的冲击更加严重，民主被看作多数人造反、抢夺富人的旗帜。在 1830 年的七月革命中，以工人、市民为主体的武装起义推翻了波旁王朝，升起了共和的三色旗。银行家路特希尔德公开表示了他们的心声："我需要君主制，我可以把它一劳永逸地买下来，共和制要我付出的代价太大，因为每隔几年我就得收买一批饿鬼。"⑥ 1848 年六月革命之后，作为法兰西第二共和国国民议会议员和外交部部长的托克维尔在议会发言时询问议员，"你们是否真正懂得大众的激情已经由政治的转变为社会的，六月革命并不是一场严格意义上的政治斗争，而是一场一个阶级反

---

① ［英］约翰·邓恩主编：《民主的历程》，林猛等译，吉林人民出版社 1999 年版，第 86 页。

② ［英］约翰·邓恩主编：《民主的历程》，林猛等译，吉林人民出版社 1999 年版，第 86 页。

③ 平等派：英国资产阶级革命时期的小资产阶级民主派，主张社会改革、实行普选、建立共和制。1649 年为克伦威尔镇压。

④ 掘地派：17 世纪英国资产阶级革命期间代表无地和少地农民的空想共产主义派别。

⑤ Douglas Hay（ed.），*Crime and Society in Eighteenth Century England*，New York：Pantheon，1975，pp. 17 – 63.

⑥ 洪波：《法国政治制度变迁》，中国社会科学出版社 1993 年版，第 180 页。

对另一个阶级的斗争"①。其毫无疑问，巴黎的国会议员懂得这一点，不仅他们懂得，经过法国大革命和 1848 年革命的整个欧洲上层精英都懂得，对于下层而言，他们所进行的是一场事关生存权的革命。

随着工业革命在英国及欧洲的推进，新生资产阶级与工人阶级的矛盾日益严重，资产阶级对财产权的忧虑开始表现为找各种借口限制普选权。苏格兰哲学家麦金托什在 1818 年预计，"如果劳动阶级获得选举权，结果必然是舆论和财产之间的永恒对立"②。大卫·李嘉图也认为"选举权只能赋予那些不会推翻私有产权的人"③。1837 年，基佐明确表示要反对普选权的扩张，在他看来，"民主是多数下层人反对少数上层人的旗帜"④。今天，我们往往把工人争夺普选权的斗争看作他们争取政治权利的过程，但事实上"宪章运动者的抗争是为了争得一些好处，使自己的处境变好，而不是为了满足任何抽象和形而上的奇想"。"与其说宪章运动者把统一或成人选举权看做目的本身，还不如说他们把选举权的实现看做是打开社会和经济激进甚至是革命性变化的钥匙。他们的阶级敌人分享了同样的预期，并且害怕和反对基于这个原因而扩展选举权。"⑤ 从某种意义而言，新贵族（资产者）和旧贵族同时意识到，他们之间的矛盾不是不可调和的，只是一个利润在上层重新分配的过程，而如果他们的矛盾被下层所利用则可能导致双方都失去原有的一切，当工人阶级以生存权的动机去争取选举权时，他们不会理会资产阶级与君主和旧贵族之间有什么区别，也不会区分他们所受到的剥削是建立在土地所有权还是资本所有权的基础之上。正是带着这

---

① ［英］约翰·邓恩主编：《民主的历程》，林猛等译，吉林人民出版社 1999 年版，第 152 页。

② 王绍光：《民主四讲》，生活·读书·新知三联书店 2008 年版，第 25 页。

③ 王绍光：《民主四讲》，生活·读书·新知三联书店 2008 年版，第 25 页。

④ 王绍光：《民主四讲》，生活·读书·新知三联书店 2008 年版，第 25 页。

⑤ ［英］安东尼·阿巴拉斯特：《民主》，孙荣飞等译，吉林人民出版社 2005 年版，第 139 页。

样的共识，从1815年维也纳体系开始，资产阶级开始由激进转向保守，在更多的时候，他们宁愿依附于旧势力缓慢地实现自己的利益和主张，也不愿在与下层结盟的过程中一不小心与旧势力同归于尽。

## 二 工人运动与欧洲民主化进程

19世纪自由主义（资产阶级）的保守化，使社会主义（工人阶级）成为推动民主前进的主要力量。学界关于欧洲民主化进程的动力主要分为两种观点：一种是资产阶级（资本主义）推动民主论，一种是工人阶级（社会主义）推动民主论。前者主要从民主发生学的角度去研究民主的起源，在这方面最著名的代表性研究就是巴林顿·摩尔的《民主和专制的社会起源》，后者是从民主动力学的角度去研究民主的扩张，在这方面最著名的代表性研究是摩尔的学生查尔斯·蒂利的《欧洲的抗争与民主》和迪特里希·鲁施迈耶（Dietrich Rueschemeyer）等的《资本主义发展与民主》。这两种观点其实并不矛盾，它们共同反映了一个重要问题，即资本主义在民主起源和民主巩固方面其实扮演着不同的角色。从现代民主起源的角度而言，资本主义与民主的产生具有很大的相关性，没有资本主义生产方式对封建地产制的冲击，没有资产阶级革命提出天赋人权和身份平等、政治平等的理念，现代民主不可能在等级森严的封建社会中产生。然而，资本主义与民主又存在着天然的矛盾，资本主义是一种将赢利置于需求之上的社会生产方式，它虽然将人从身份束缚中解放出来，却无法突破由自身逻辑导致的物的束缚，所以资本主义注定只能建立起一种"以物的依赖性为基础的人的独立性"，它天然包含着公民权利与私有财产权的冲突。这一冲突使资产阶级总试图将政治权利限制在不突破私有产权的范围之内，一旦它感觉到财产权受到威胁，它就从民主的支持者变为反对者。在19世纪，资产阶级还没有发明出一种用自由修正民主的意识形态，它对自身权利的维护只能表现为反对民主本身。法国政治思想家埃米尔·法盖对此评论说："几乎所有 19 世纪的思想家都不是民主派。在我写《19 世纪的政治思想家》一书时，这令我十分沮丧。我找不到一个民主派，尽管我想找到这么一位，以介绍他所阐述的民主学说。"① 与此相对应的是，在 19 世纪，社会主义还不是一种现实的制度模式，还尚未暴露出它自身的缺陷和不足。一种完美的理想和一种极不完美的现实之间的碰撞，使所有期望用平等和自由改造现实的人都将民主和社会主义看作天然的结合体，从 19 世纪中叶开始，在共同的利益和价值诉求指引下，民主运动与社会主义运动交织汇聚成了改变历史的惊涛巨浪。

民主与社会主义的交会使工人阶级成为推动民主化进程的核心力量。在这一过程中，只有社会主义者——无论是表现为改良主义的宪章主义者②、费边主义者③、社会民主主义者，还是表现为革命主义的共产主义者和无政府主义者——出于他们代表工人阶级利益的立场，是真诚支持民主运动的；其他上层阶级的代表，无论是自由主义者还是保守主义者，无论是改良派还是保守派，他们对于由普选权扩张可能导致的下层民众对精英治理的冲击和财产权的侵犯都忧心忡忡。即使像密尔和托克维尔这样能够洞察历史大势的自由主义民主派人士，也无一不对实行普选权持保留态度，他们花费了大量的精力去论证"多数暴政"和"阶级立法"的危害，并对限制普选权的各种方式（财产资格、教育水平、复票制等）表示支持。对此，罗伯特·达尔在晚年曾经非常公正地指出："无论是 19 世纪还是 20 世纪，无论是否名义上以马克思主义为旗号，社会主义政党通常是最具有献

---

① Gustave Le Bon, *The Psychology of Revolution*, New York：G. P. Putnam's Sons, 1913，p. 284.

② 费边主义：19 世纪后期流行于英国的一种主张采取渐进措施对资本主义实行点滴改良的社会主义思潮。

③ 宪章主义：19 世纪英国宪章运动中的政治派别，主张普选权和工人参政。

身精神的民主的支持者。当民主政体面临内外敌人的挑战时，社会主义者整体上是议会民主制度的守卫者。"① 正因为第一波民主化运动实现了民主与社会主义的结合，它体现出了与第三波民主化运动极大的不同：第一，第三波民主化由精英和知识分子主导，而在第一波民主化中，工人阶级广泛参与了以实现普选权为目标的社会运动，成为民主化的主力军；第二，工人阶级的广泛参与使民主改革不仅触及了政治结构，而且触及了社会结构。为了回应工人阶级的诉求，避免社会主义革命的发生，从 19 世纪后期开始，上层社会的开明人士主动进行了有利于工人利益的社会改革。

我以英国为例解释工人对普选权的推动。之所以选择英国作为第一波民主化的核心案例，主要是因为英国工业革命开始较早，在第一波民主化时期，英国较为全面地展现了民主化运动进程中资产阶级与工人阶级的矛盾，在英国，普选权问题就是一个财产权问题。此外，英国上层的派别分裂在 19 世纪也已经泾渭分明，保守派和自由派之间的价值和利益分歧可以让我们窥见他们在不同时期对待民主化的不同态度。

19 世纪英国民主化运动分为两个时期，第一个时期，由于对选区划分和议员构成不满，资产阶级激进派与工人阶级在推动议会改革方面结成了同盟；第二个时期，资产阶级的选举权和代表权获得了满足，他们开始成为普选权扩张的反对者，在这一阶段，由政治集会、街头抗议和政治罢工所组成的工人阶级的社会抗争成为推动垄断性政治权利下放的关键。

达龙·阿塞莫格鲁和詹姆士·A. 罗宾逊合著的《政治发展的经济分析：专制和民主的经济起源》一书确立的几个观念可以帮助我们分析英国民主化的实质动力和过程。在他们看来，第一，民主是代表多数人诉求的制度，它的利益指向偏向穷人。因为人对某种政治制度的认可取决于自己

① Robert A. Dahl, *Democracy*, *Liberty and Equality*, Norwegian University Press, 1986, p. 13.

的利益需求，所以在一个利益垄断的国家里，权贵阶层是没有动力去推动民主的，民主的发生和发展，都源于被排斥阶层的抗争。第二，政治在本质上是冲突性的。大多数政策选择会产生分配性的冲突。在实践中，社会政策一般分为两种，一种有利于民众，另一种有利于权贵。哪一个团体受益，取决于哪一个团体拥有政治权力。第三，政治权力分为法定政治权力和事实政治权力。事实政治权力是指一个团体能用强制力对其他团体和整个社会所做的事情，这种强制力对于权贵而言来源于对武器或军队的控制，对于大众而言，来源于他们组织起来参与罢工、暴动甚至革命。法定政治权力是指由政治制度赋予的政治权力。第四，政治权力是法定政治权力和事实政治权力的组合，民主的一个重要作用是其分配法定政治权力的能力。与非民主政体相比，在民主政体中，多数人拥有更大的法定政治权力。① 在建立了这样的分析框架之后，我们发现英国 19 世纪民主化的过程就是工人通过罢工、示威、游行甚至革命威胁将事实政治权力转换为法定政治权力的过程。在从非民主向民主的过渡中伴随着工人阶级和权贵阶级的激烈冲突，最终权贵阶层迫于维持政权的压力不得不开放政治权利和进行社会改革。

我们知道，英国在光荣革命之后就确立了"王在法下"的议会制度。但议会在 19 世纪之前一直被上层代表所垄断，基本上代表的是贵族和大资产阶级的利益。上院只有教士和贵族才能进入，下院候选人也需要地主和贵族提名。选区的分配不按人口，大多数地区规定 40 先令以上的收入者才有选举权。由于投票需要公开进行，大多数被庇护的选民不敢违背地主和贵族的意志投票。受法国大革命的影响，18 世纪末期，英国频频爆发由激进民主派领导的普选权运动。1795 年，政府颁布了两项法令。其一，每一个企图刺杀、推翻国王的人，每一个在口头上或报刊上要求国王改变政策

---

① ［美］达龙·阿塞莫格鲁、詹姆士·A. 罗宾逊：《政治发展的经济分析：专制和民主的经济起源》，马春文译，上海财经大学出版社 2008 年版，第 22 页。

或政府组成的人都可不经司法程序而被处死；其二，凡举行 50 人以上集会者，须经过三个以上治安法官的批准，否则可以下令解散，拒绝解散者可被处死。1799 年，议会又通过旨在阻止工会运动的《反结社法》，这一法案一直延续到 1824 年。[①]

尽管集会、结社被禁止，但并未阻止激进派别的出现。1815 年，英国政府公布了保护土地贵族利益的"谷物法"，侵害了工业资产阶级的利益，工业资产阶级组织起来建立了"伯明翰同盟"，同盟主张进行议会改革，给予工业资产阶级更多代表权。在资产阶级之外，工人阶级也激进开展争取普选权的斗争。从 1816 年到 1818 年，伦敦和北部工业城市都爆发了大规模工人罢工和游行示威、请愿活动。其中重要的有三次。第一次，1816 年秋至 1817 年初，伦敦失业工人因贫困向政府请愿，他们一度冲进制枪工厂抢枪。第二次，1817 年 3 月，曼彻斯特出现数千纺织工背着毡毯上伦敦请愿。第三次，1818 年至 1819 年，工业城市的工人、市民和中产阶级共同举行要求议会改革的群众集会。政府出动民团和骑兵镇压，造成众多人员伤亡。这些和平请愿和集会并没有能够打动政府进行议会改革，以致在此后的时间里，工人暴动频繁发生，政府于 1824 年被迫废除"禁止结社法"。结社法的废除，使各地纷纷组织工会，1829 年，多尔蒂组织"大不列颠和爱尔兰纺织工人总同盟"，次年更名为"全国劳动保护协会"。1830 年 4 月，伦敦成立"工人阶级全国同盟"，至 1831 年发展到 27 个支部、5000 名会员。[②] 对上层阶级震动最大，使其不得不下决心进行议会改革的是 1830 年法国爆发的巴黎"七月革命"。"革命的威胁强化了立即改革，而不是以后改革的必要性，任何拖延对于政权来说都过于危险。正如威灵顿和皮尔在爱尔兰准许解放以避免起义一样，辉格党两害相权取

---

① 应克复等：《西方民主史》，中国社会科学出版社 2012 年版，第 203—204 页。

② 应克复等：《西方民主史》，中国社会科学出版社 2012 年版，第 204 页。

其轻，决定进行议会改革。"①

1832 年议会改革的主要内容为：取消土地贵族控制的衰败选区；重新划分选区议员人数，把议席转让给以工业资产阶级为主体的新兴工业城市；确定选民的财产资格，本质上是确立了资产阶级的领导地位。通过改革，获得选举权的人数从 43.5 万人增加到 65.2 万人，但仍然不到总人口的 4%。最重要的一点是 1832 年议会改革仍然通过财产限制将工人阶级排除在选举权之外，它不仅成功分裂了工人与中产阶级，而且使改革之后拥有选举权的工人比以前更少了。② 从所有的改革方案可以看出，1832 年改革其实是确立了工业资产阶级的选举权，与此同时也确立了"统一以财产和收入为基础的投票权"③。

不公正的议会改革方案激怒了工人阶级，他们作为议会改革的主要推动者在改革之后却一无所获。这一改革结果源于制定方案的关键人物视扩大选举权为穷人和富人之间的一场斗争。当时英国主要的保守党人克莱伯恩子爵把这场改革描述为："一场阶级之间的而非党派之间的战斗，一场财富和纯粹数字之间的斗争。"④ 上层社会对工人利益的置若罔闻激发了工人阶级的阶级意识。波兰尼对此评论说："从政治上来说，英国的工人阶级是在 1832 年国会改革法案中被定义的，法案拒绝了工人阶级的投票权；从经济上看，英国的工人阶级是在 1834 年济贫法修正法案中被定义的，该法案规定把工人阶级排除在救济对象之外，并且将他们和赤贫者区别开来。只

---

① Sean Lang, *Parliamentary Reform*: *1785 – 1928*, New York: Routledge, 1999, p. 56.

② ［美］塞缪尔·鲍尔斯、赫伯特·金蒂斯:《民主和资本主义》，韩水法译，商务印书馆 2003 年版，第 56 页。

③ ［美］达龙·阿塞莫格鲁、詹姆士·A. 罗宾逊:《政治发展的经济分析：专制和民主的经济起源》，马春文译，上海财经大学出版社 2008 年版，第 4 页。

④ ［美］达龙·阿塞莫格鲁、詹姆士·A. 罗宾逊:《政治发展的经济分析：专制和民主的经济起源》，马春文译，上海财经大学出版社 2008 年版，第 22 页。

有理解英国工人阶级那半无意识的骚动状态，我们才能理解，由于把工人阶级排除在国民生活之外，英国遭受了多么大的损失。"① "群众注视着享有选举权的各个阶级，看到他们安享富裕舒适的生活，于是便把这种富裕的生活与他们贫穷的境遇进行对比。他们根据后果来追溯起因，得出了这样一个结论——一切社会反常现象的起因就在于他们被排斥在政权之外。"② 从 1836 年到 1847 年，英国爆发了三次以工人阶级争夺普选权为目标的宪章运动。

1836 年 6 月，伦敦部分工人和手工业者在罗威特的领导下成立了伦敦工人协会，次年 7 月协会起草了以普选权为基础的《人民宪章》。宪章主要包括六点内容：年满 21 岁男子享有普选权，秘密投票，废除议员财产资格限制，议员支薪，选区平均分配和议会每年改选。以《人民宪章》为内容的请愿书得到全国各地拥护，签名者达 125 万人以上，请愿书递交到议会遭到否决。宪章主义者与政府发生冲突，许多领袖被捕，第一次宪章运动以失败告终。1840 年 4 月，赫瑟林顿成立"首都宪章同盟"，它和各地保存下来的组织于 7 月 20 日在曼彻斯特组成"全国宪章协会"，由此开始第二次宪章运动。1841 年，宪章主义者挨门挨户征集签名，短期内签名者达 330 万人。然而，请愿书再次被议会否决。8 月份，阿什顿工人罢工，各地工人骚动不断，政府派军队平息骚动，逮捕宪章主义者 1500 多人，第二次宪章运动又失败。1847 年，第三次宪章运动开始，全国宪章协会收集 197 万人的签名。1848 年 3 月，从伦敦、格拉斯哥、爱尔兰的三股力量齐聚伦敦，要求实行《人民宪章》。示威者与警察对抗，150 多人被捕。4 月 7 日，政府宣布"宪章派工会"为非法组织。第三次宪章运动又以失败告终。宪章

---

① ［英］卡尔·波兰尼：《大转型：我们时代的政治与经济起源》，冯钢、刘阳译，浙江人民出版社 2007 年版，第 143 页。

② ［英］G. R. 甘米奇：《宪章运动史》，苏公隽译，商务印书馆 1979 年版，第 10 页。

运动之后，工人阶级出现了分裂，一部分人坚持谋求与政府合作，另一部分人走上了马克思主义道路。

宪章运动虽然失败了，但它对英国政治发展的推动来说却功不可没。首先，由工人运动领袖起草的《人民宪章》作为一份内容充实、逻辑清晰的改革方案为日后选举制度的改革确定了方向，到19世纪末，宪章运动的六项要求基本实现：1884年初步建立了成年男子普选权；1885年确立了平等选区原则；1872年《选举法》实施了无记名投票制，并将议会代表由每7年改选一次降为每5年改选一次；1885年废除了下院议员的财产资格限制；从1911年起，议员被支付400英镑薪水。其次，宪章运动曾三次将数百万人的签名请愿书递交给议会，其中第二次请愿书签名达330多万，占英国成年男子的一半以上，这不能不对英国统治阶级产生极大的震慑。随后，资产阶级激进派、自由党领袖罗素三次（1852、1854和1860年）向议会提出改革法案，虽未能有结果，但可以从中看到宪章运动的巨大影响。最后，宪章运动的失败使一部分工人意识到了资产阶级议会制的虚伪性，他们开始信奉马克思主义。1864年成立的第一国际积极地支持英国工人争取选举权的斗争，并在次年倡导成立了以争取改革选举制度为目标的"全国改革联盟"。在"全国改革联盟"的领导下，争取议会改革的运动蓬勃兴起，大规模的群众集会和示威游行接连不断。最有影响力的是1866年7月在海德公园举行的群众集会，参加集会人数达到20万人。政府预先知道了这次集会，下令封锁公园，群众怒不可遏，与警察爆发了大规模冲突。工人运动的威慑力使资产阶级意识到工人阶级是一支不可忽视的力量，统治阶级内部出现了分裂，格莱斯顿内阁垮台。

接任格莱斯顿的保守党内阁财政大臣本杰明·迪斯累利是个经验丰富、善于审时度势的政治家。他曾是议会改革的坚定反对者。1830年，迪斯累利在下议院发表讲话时说，"如果你建立了民主，你会适时收获民主的果实。你将忍受过重的公众负担，因为公共开支将会剧增。你将不得不因为激情而不是因为理性而参战，你将发现你的财富会缩水而你的自由却减少"①。而面对 1867 年广泛存在的社会危机，他深感改革势在必行，如果强行压制必然引发社会动乱。除了缓解阶级矛盾之外，迪斯累利还有另外一层考虑。实际上，1832 年改革法案给了自由党相对于保守党的选举优势。在这个法案创造的下院议席中，有 144 个是由拥有财产的郡投票选举产生，有 323 个是由有代表权的市镇的财产拥有者选举产生。而保守党的支持者大多在郡选区。保守党有理由认为 1832 年改革未能充分代表他们可能的支持者。如果他们能促成一项新的改革，将市镇在下议院的席位转给扩大的郡选区（在这些地方，地主有很好的机会左右他们的佃户和工人投票），保守党就能够掌握更多的竞选优势。在工业革命期间，工人阶级与资产阶级的矛盾更为激烈，如果保守党能够主动领导改革，必然能增加工人阶级对保守党的好感，保守党就可以通过庇护人和工人阶级的内部分化来扩大支持。在深思熟虑之后，迪斯累利于 1867 年 3 月 18 日向下院提出改革法案。7 月，法案经过修改后被议会批准。

1867 年改革法案对议席分配再次做了调整，取消了 46 个衰败选区，空出的 52 个议席分给大工业城市和较大的郡。法案还降低了选民的财产资格，规定凡年收入有 12 英镑，或拥有年租金为 5 英镑土地的人，皆享有选举权。1867 年改革之后，选民新增近 100 万，多为小资产阶级和工人阶级上层。但是广大下层工人及全部农业工人仍未获得选举权。那时英国人口大约2500 万，改革后选民人数还不到总人口十分之一。1867 年议会改革之后，英国议会民主化还有三项任务有待完成：第一，实现普选权；第二，议席比例还有待调整，以实现比例代表制；第三，必须采取有效措施，以消除选举中的腐败现象。经过 1884 年经济危机引发的工人和农民运动、第一次世界大战对人民的战争动员，再加上 1917 年俄国爆发十月革命，议会几经

---

① Micheal Mandelbaum, *Democracy's Good Name*: *The Rise and Risks of the World's Most Popular Form of Government*, New York: Public Affairs, 2007, p. 1.

改革，终于通过 1918 年人民代表法案，将投票权赋予了 21 岁以上的所有成年男性和 30 以上的女性。① 1928 年，又将女性选举权年龄降低到 28 岁，至此，成年公民普选权终于在英国实现。到 1948 年，英国《人民代表制法》彻底取消复票制，英国最终实现了一人一票的平等原则。

通过回顾英国 19 世纪民主化进程，我们可以看到工人阶级在推动民主化中发挥了主导作用。工人阶级的广泛参与，使发达国家的民主必然更多地体现了工人阶级的利益。以宪章运动为例：指导宪章运动的《人民宪章》强调，工人运动的宗旨是"要以各种合法手段使社会上一切阶层获得平等的政治权利和社会权利"②。从这个宗旨我们可以看到，在第一波民主化进程中，工人已经提出社会权利和社会改革的要求，这一点并不像今天的民主化理论家所说民主化就是一个确立普选权的问题。对于当时的英国工人阶级而言，他们生逢英国历史上最辉煌的维多利亚时期，工业革命如火如荼，经济空前繁荣，财富积累迅速，作为工作在工业生产第一线的劳动者，英国工人阶级却无权分享经济发展的成果，他们不仅生活状况极端贫困，还要忍受资产阶级的剥削压迫和上流社会的精神鄙视。为此，工人阶级将争取普选权看作改变自身命运的手段。1839 年，宪章派的斯蒂芬斯指出："普选权问题是刀叉问题，是面包和奶酪问题。所谓的普选权是指这个国家的每个劳动者都有权穿得体的衣服，戴像样的帽子，住结实的房子，吃美味的晚餐。"③ 在宪章派看来，工人阶级"不是因为无财产才没有

---

① 1918 年普选权确立与俄国十月革命有着很大相关性。"大多数人假定，如果要这一体系存续且'满意和稳定流行'，那么就不能否定男人的普遍的公民权，他们被认为遭受了太多苦难且已经注意了俄国革命。"转引自［美］达龙·阿塞莫格鲁、詹姆士·A. 罗宾逊《政治发展的经济分析：专制和民主的经济起源》，马春文译，上海财经大学出版社 2008 年版，第 5—6 页。

② 应克复等：《西方民主史》，中国社会科学出版社 2012 年版，第 205 页。

③ ［美］达龙·阿塞莫格鲁、詹姆士·A. 罗宾逊：《政治发展的经济分析：专制和民主的经济起源》，马春文译，上海财经大学出版社 2008 年版，第 20 页。

代表权，而是因为没有代表权才没有财产。工人的贫困是无代表权的结果而不是原因"①。恩格斯后来总结宪章运动时也非常明确地指出："在英国这个资产阶级的国家里，资产阶级和财产统治着一切，穷人是无权的，他们备受压迫和凌辱，宪法不承认他们，法律压制他们；在英国，民主制反对贵族制的斗争就是穷人反对富人的斗争。英国所趋向的民主制是社会的民主制。"②

英国民主化进程是欧洲民主化进程的一个缩影。在这一进程中，由于工人阶级扮演了民主推动者的角色，因此民主运动与社会主义运动在19世纪紧密地结合在一起。这一结合决定了民主在发达国家从一开始就表现为社会民主的形态，它不仅为了争取普选权，而且也为了实现财产再分配。作为工业革命的始发国家，世界工厂的地位使英国在19世纪拥有最强大的资产阶级力量。资产阶级在英国尚不能成为真实民主建制的推动者，那在其他诸如法国、德国、意大利、瑞典、比利时等后发资本主义国家，资产阶级就更没有力量与封建贵族和君主抗衡，他们在大多数情况下需要依附专制国家力量才能发展，并在与后者的结盟过程中成为民主和社会主义的反对者，成为工人运动的镇压者。资产阶级的保守性是由其阶级利益决定的，而同样是阶级利益使工人阶级在第一波民主化进程中，站在了社会主义和民主运动的最前线。科利尔（Ruth Berins Collier）综合迪特里希·鲁施迈耶（Dietrich Rueschemeyer）等人的观点评价说："民主，是统治阶级和被统治阶级之间斗争的产物，因而也是阶级权力平衡的产物。当要求民主的阶级——首先是工人阶级——比抵制民主的阶级更强大时，就发生了民主

---

① ［美］塞缪尔·鲍尔斯、赫伯特·金蒂斯：《民主和资本主义》，韩水法译，商务印书馆2003年版，第11页。

② 《马克思恩格斯全集》第1卷，人民出版社1995年版，第705页。

化。"① 在对欧洲民主化进程进行经验与历史的比较分析后，蒂利也得出结论，欧洲民主化进程是工人阶级社会抗争的结果："前赴后继的社会主义群众行动和议会走向普选权的突破，二者遥相呼应，令任何人都头晕目眩，以至于忽略了其中的因果联系，从统治集团出版和未出版的资料可以得出结论，大罢工有一种真正的冲击，事实上比当时社会主义所发现的意义还要重大。社会主义工人的抗议，一再令当权者面临革命威胁，从而为民主的突如其来的扩张奠定了基础。"②

### 三 遏制资本主义的美国民主化进程

"美国例外论"在比较民主化研究中是一个非常普遍的观点，亨廷顿在《变化社会中的政治秩序》一书中就曾提醒，研究发展中国家民主化，美国不是一个好样板，因为美国没有经历过具有广泛社会动员的阶级斗争，社会主义对美国资本主义建制也没有形成过威胁。从社会主义运动与以实现普选权为目的的民主化运动相结合的角度而言，美国民主化进程与社会主义的相关性确实较弱，但如果就此认为美国人是支持资本主义的，美国是一个"天然的资本主义国家"，那绝对是一个误解。在这里我们需要重新建立一种"美国例外论"的解释，即"美国例外论"首先不能用根据欧洲社会结构形成的概念去解释美国的问题和不同阶层的利益诉求。在美国，人们对财产权的普遍支持不等于他们对资本主义的支持，美国人支持财产权是因为他们的建国理念和特殊国情是每个人普遍都拥有财产（土地和生产资料）。这种理念与资本主义是存在恒久冲突的，因为资本主义存在的前提

---

① Ruth Berins Collier, *Paths Toward Democracy：The Working Class and Elites in Western Europe and South America*, New York：Cambridge University Press, p. 10.

② ［美］查尔斯·蒂利：《欧洲的抗争与民主》，陈周旺等译，格致出版社 2008 年版，第 73 页。

恰恰是要剥夺大多数人的财产将他们变成无产者。所以，事实上，在美国建国之后，不同阶层利用民主（多数）反对资本主义生产方式的斗争就贯穿于美国历史各个时期。其中最为重要的有三个时期：第一个时期，从1799年华盛顿去世，联邦党人分裂和1800年杰斐逊当选总统，直到1861年共和党人林肯当选总统，在长达六十年（其中仅有六年时间被辉格党执政打断）的时间里，代表南部贵族农场主利益的民主党和其前身民主共和党一直与下层农民、手工业者、小生产者结盟进行着反对北部资本主义工商业发展的斗争，这一时期也是美国民主进展迅速的时期，在1828年杰克逊总统时期，就几乎废除了财产资格限制，有超过50%以上的成年白人男性获得普选权，亨廷顿因此把1828年看作第一波民主化进程的开端。第二个时期，就是从1901年西奥多·罗斯福总统到1920年伍德罗·威尔逊结束任期，这段时期被历史公认是各阶层、各行业人士联合起来用民主反对腐败的垄断资本主义的进步主义时代。在这一阶段，美国民主制得以完善，各项惩治腐败、防止官商勾结的立法纷纷建立，但这一阶段并没有改变美国社会从内战后开始的由资本主义迅速发展导致的日益严重的不平等状况。因此，美国民主党学者保罗·克鲁格曼称从1870年到罗斯福新政之前这段时期为"长镀金时代"，这一时期，美国政治具有寡头性质，政府往往以血腥的方式动用国家权力保护资产阶级的财产利益，"大雇主可以根据就业市场的供需状况随心所欲地决定薪资和工作条件，几乎不用担心会遭遇有组织的抵制"[1]。第三个时期，就是从罗斯福新政开始直到20世纪70年代新保守主义复兴的美国的"大压缩"时代，在这一阶段，尽管美国没有产生新的社会主义政党和社会主义运动，但民主党充当了欧洲社会民主党改造资本主义的重任，他们实行社会改革、建立社会保障、推动民权运动。这段时期可以看作美国的社会民主主义时期，在这一阶段，美

---

① ［美］保罗·克鲁格曼：《美国怎么了？——一个自由主义者的良知》，刘波译，中信出版社2008年版，第14页。

国尽管扮演着反共先锋的角色，但他们非常清楚，真正的反共必须是消灭共产主义产生的土壤，即大量面临生存危机、无所依托、一无所有的无产者。

**图4—1　美国从1917年到1997年上层财富占有率变化①**

从上面美国民主发展三个时期我们可以看到，即使在美国，民主也不像哈耶克所说的是社会主义的反对者。相反，在美国民主扩展的各个时期，民主首先扮演的都是遏制资本主义发展的角色。尽管所谓的"美国例外论"认为美国没有社会主义发展的土壤，那是从马克思主义的社会主义角度而言的。美国人不会支持消灭私有财产的马克思主义的社会主义，但他们大多数人都不会反对遏制资本主义的社会民主主义。美国是两党制国家，两党制国家一个非常突出的特点就是政党会由于争取执政出现向中间靠拢的倾向，在国家面临资本主义严重危机时期，这种两党趋同于社会民主主义

① Thomas Piketty and Emmanuel Saez, "Income Inequality in The United States (1913—1998)", *The Quarterly Journal of Economics*, Vol. CXVIII, February 2003.

的倾向会更加明显。所以，所谓美国没有社会主义的"美国例外论"是建立在美国人对私有财产的渴望而不是对资本主义的支持之上的。对于这一点，就连开创"美国例外论"的 W. 桑巴特也不得不声称："说美国没有社会主义，并不意味着他们就信奉自由贸易和自由市场原则，并憎恶一切国家干预或国家社会主义的改革"①，"为了不引起误解，我应该这样回答，美国工人不信奉我们欧洲大陆当前所理解的社会主义的精神，这个精神，是真正有着马克思主义特征的社会主义"②。桑巴特这本书写作于 20 世纪初期，他的书一方面证明了在当时的欧洲马克思的社会主义有着怎样的影响力，它改变了欧洲工人阶级与资产阶级的力量对比，另一方面也证明了美国社会主义的反马克思主义特征，因为美国人对财产权的偏好使他们对待资本主义的态度表现出了机会主义的特征，这其实是有希望从无产阶级变成中产阶级的人对待资本主义的典型特征，美国工人"既不坚定不移地致力于维护工资体制，也不坚定不移地致力于废除这个体制。他们要求不断地改善工人的条件，如果能够做到这一点，他们就在工资体制内合法斗争，如果做不到这一点，就最终废除这个体制"③。值得一提的是，在《为什么美国没有社会主义》一书的结尾部分，桑巴特非常有预见性地指出："我们应该记住，只是认识到自己可以随时成为一名自由的农场主，就可以使美国工人感到安全和满意，这是一种不为欧洲工人所知的状况。一个人，如果他生活在被迫逃离时有能力逃离的幻想之中，那么他就更容易忍受压迫

---

① ［德］W. 桑巴特：《为什么美国没有社会主义》，赖海榕译，社会科学文献出版社 2003 年版，第 31 页。

② ［德］W. 桑巴特：《为什么美国没有社会主义》，赖海榕译，社会科学文献出版社 2003 年版，第 32 页。

③ ［德］W. 桑巴特：《为什么美国没有社会主义》，赖海榕译，社会科学文献出版社 2003 年版，第 35 页。

性的环境。"① 然而，"所有这些迄今为止阻碍了社会主义在美国发展的因素都将消失或转向它们的反面，其结果是，在下一代人那里，社会主义在美国很可能出现最迅速的发展"②。而从罗斯福开启的美国新政改革，从某种意义上印证了桑巴特的观点。

在民主发展表现出遏制资本主义特征的三个时期中，进步时代和罗斯福新政是比较好理解的部分。进步主义运动是资本主义内在矛盾的产物，是美国长期政治变动、社会抗议的结果，"其使命是抵制社会主义运动的发展和防止革命情绪的蔓延"③。而罗斯福新政是公认的应对资本主义经济危机的措施，它吸收了很多社会主义的理念，以至于罗斯福本人被政敌攻击为要在美国发展共产主义。在罗斯福新政之后很长一段时期，民主党政府都致力于社会改革和财富再分配，直到里根新自由主义改革颠覆新政成果。新政将美国带入了一段财富分配最均衡的时代。

这里需要解释一下的是美国民主化进程的第一个时期，即由美国立国之父杰斐逊和杰克逊开启的民主化时期。在我们前面论证过美国建立代议制民主包含着很强烈的遏制民主的动机，这一动机将不同上层集团团结起来，立法预防可能出现的民主颠覆财产权的状况。但美国比较特殊的是立国之父普遍存在一个共和国理想，这一理想接近于亚里士多德的政治理念，即以中产阶级为主导的混合政体。美国国父理想的国家是没有巨大贫富差距的由"贵族主导"但又存在大量中产阶级的共和国，这些设计国家的大农场主固然不希望大量小农去侵犯自己的财产，但他们也从没有想过去掠夺小农的财产。在他们看来，"政府的根基是财产，没有财产的人并不关心

---

① ［德］W. 桑巴特：《为什么美国没有社会主义》，赖海榕译，社会科学文献出版社 2003 年版，第 211 页。

② ［德］W. 桑巴特：《为什么美国没有社会主义》，赖海榕译，社会科学文献出版社 2003 年版，第 214 页。

③ 李剑鸣：《大转折的年代——美国进步主义运动研究》，天津教育出版社 1992 年版，第 2 页。

社会有秩序与否，因而也不会去做安分守己的公民"①。由于当时地产分散，立国之父们对他们实现"贵族农业共和国"的理想颇有信心②，因而他们赋予了小土地所有者以选举权，在他们谈到宪法中若无民主成分，就不会有自由政府这一点时，他们给予民主认可的就是大量拥有土地的小业主。然而，随后工商业逐渐壮大的过程使立国之父们"农业共和国"的理想无法得到实现，联邦党人内部也开始出现国家发展方向的分歧，在汉密尔顿偏袒北部商业利益的政策触犯了势力强大的种植园主之后，这种冲突加剧起来。种植园主开始倾向于和农场主、农民、小业主结盟反对工商业联盟，"这一强大的联盟持续了近半个多世纪，代表了国内绝大多数相关联的利益集团"，这一联盟的一个显著后果就是在杰斐逊当选总统后近三十年的时间里，"美国政治思想的主流越来越偏离宪法制定者的反民主立场"③，民主成了团结各种力量反对工商业资本主义扩张的工具。为反对工商业资本对小生产者和大农场主财产权的侵蚀，杰斐逊立志要在美国实现"生来自由的男性价值财产所有权的普遍化"④，为了成功地反对土地投机公司，杰斐逊坚持主张："政府的存在不是为了保护财产而相反地是为了促进财产的

---

① ［美］塞缪尔·鲍尔斯、赫伯特·金蒂斯：《民主和资本主义》，韩水法译，商务印书馆 2003 年版，第 19 页。

② 在对土地广阔足以缓解社会矛盾的乐观方面，美国立国之父的信心是有道理的。后来美国历史的发展一再证明，正是因为国土辽阔，美国可以不断地将社会矛盾及时化解，美国人民因此很少存在彻底颠覆体制的理想。亨利·乔治后来论述说："这块公共的领土——等待着私人去占有的广阔的原野，被精力充沛的人们的炯炯双眼所注视——自从第一批殖民者零星地定居在大西洋沿岸的那一刻开始，就已经成为塑造我们民族性格和民族精神的伟大因子。这片公共领土已经成为一种转化的力量，把衰弱的、没有梦想的欧洲农民变成了自力更生的西方农场主。"转引自［德］W. 桑巴特《为什么美国没有社会主义》，赖海榕译，社会科学文献出版社 2003 年版，第 213 页。

③ ［美］理查德·霍夫施塔特：《美国的政治传统及其缔造者》，崔永禄等译，商务印书馆 1994 年版，第 19 页。

④ ［美］塞缪尔·鲍尔斯、赫伯特·金蒂斯：《民主和资本主义》，韩水法译，商务印书馆 2003 年版，第 61 页。

获得。"① 而这时被拿来经常引用的联邦党人讲话已经不再是那些主张保护富人财产不受侵犯的内容，反而是一些担心少数人对多数人压迫的言论。杰斐逊试图强调，"富人如果不受制约也会掠夺穷人"，"财富会腐蚀思想，助长权力欲，并驱使富人去压迫穷人"。② 在当时，杰斐逊的"反对贪婪的资本主义的民主斗士形象"表现得如此鲜明，以至于亚当斯在 1800 年总统竞选期间批评对手杰斐逊是"要将血腥的法国大革命带到和平的美洲海岸的人"③。杰斐逊的"农业共和国"理想到了第一任民主党总统杰克逊时代表现出了更鲜明的特征，民主在当时成了杰克逊有意组织政党抵抗来自北方联邦主义以及北方商业权势侵蚀的工具，正是在杰克逊时代，美国率先实现了成年男性的普选权（不包括黑人）。美国著名史学家小施莱辛格在《杰克逊时代》一书中说："杰克逊运动就是小资产阶级、农民与劳工联合起来向商人阶层发动的一次猛烈进攻，其中东部的劳工阶层发挥了主导作用，银行战就是其中最为明显和具有代表性的斗争实例。"④

从杰斐逊、杰克逊开始的反资本主义联盟一直持续到美国南北战争。美国南北战争事实上是一场白人与白人之间进行关于美国发展道路的战争。战争以北方工商业资产阶级的胜利告终，反映了资本主义不可阻挡的扩张趋势，从此美国进入了资本主义和资产阶级主导发展的时代。这个时代以解放黑奴为开端，给人一种民主进程滚滚向前的假象。但事实上，从 1865 年南北战争结束到进步运动开始，这段美国历史对于大多数人而言是一段

---

① ［美］塞缪尔·鲍尔斯、赫伯特·金蒂斯：《民主和资本主义》，韩水法译，商务印书馆 2003 年版，第 62 页。

② ［美］理查德·霍夫施塔特：《美国的政治传统及其缔造者》，崔永禄等译，商务印书馆 1994 年版，第 13 页。

③ ［美］威廉·J. 本内特：《美国通史》，刘军译，江西人民出版社 2009 年版，第 142 页。

④ 转引自朱辉硕士学位论文《论杰克逊时代的美国民主》，第 3 页，文献来源"中国知网"。

最痛苦的时期。霍夫施塔特指出，从内战结束到 19 世纪末的这段时期，"政治似已全然受制于经济变化，国家命脉似已完全掌握在产业企业家手中，这在本国实为史无前例"①。资本主义生产方式的迅速增长导致了经济竞争的加剧，为了占有市场、维持利润，原先由所有者自行管理的众多中小企业开始寻求联合并进行大规模地集中生产和销售，托拉斯、卡特尔、大型垄断公司逐渐在各行业中占据主导地位。② 在垄断化的进程中，金融资本与工业资本相融合，美国形成了摩根、洛克菲勒、库恩—罗比、梅隆、杜邦、芝加哥、克利夫兰、波士顿八大财团。③ 根据 1890 年的统计，约 1% 的美国人占有近 50% 的国家财富，约 12% 的美国人拥有近 90% 的国家财富，④ 以八大财团为代表的垄断资产阶级成为经济上的支配阶级。与垄断资产阶级的经济地位形成对照，美国中产阶级的比例迅速下降，贫困人口史无前例地增长。据 R. 亨特统计，在正常繁荣的年景，美国人口中约有 1000 万人长期处于贫困状态。其中 400 万人是公开的乞讨者，200 多万人是一年有 4—6 个月失业的工人，约有 170 万失学儿童面临沦为童工的境地。每年有 100 万工人在劳动时因事故而伤亡。⑤

从图 4—2 我们可以看到，被托克维尔视为美国民主基础的大量存在的中产阶级在 1890 年仅占总人口的 4.5%，而工人阶级比例上升到 54.3%。美国大多数人不得不接受被剥夺生产资料所有权变成"工资奴隶"的命运。"这些人默默而思绪万端地回到他们的家，他们不再怀揣工厂的钥匙，因为

---

① ［美］理查德·霍夫施塔特：《美国政治传统及其缔造者》，崔永禄等译，商务印书馆 1994 年版，第 162 页。

② 马骏：《经济、社会变迁与国家治理转型：美国进步时代改革》，《公共管理研究》2008 年第 6 卷。

③ 刘绪贻等主编：《美国通史》（第 4 卷），人民出版社 2001 年版，第 59 页。

④ Samuel E. Morrison, Henry S. Commager, William E. Leuchtenburg, *The Growth of American Republic*, New York: Oxford University Press, 1980, p. 272.

⑤ 刘绪贻等主编：《美国通史》（第 4 卷），人民出版社 2001 年版，第 213 页。

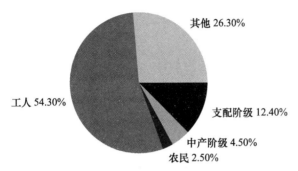

图4—2　美国人口的阶级分别（1890年）①

工厂、工具和钥匙不再属于他们，而属于他们的主人"②。在工人看来，"工资是魔鬼为了使自己做到问心无愧而设置的一个奸诈的手段，他想占尽奴隶制的所有好处，却又不想承担一个奴隶主的花费、烦恼以及丑恶的名声"③。由于代表大资本家利益的共和党通过划分选区、贿赂选民、操纵选举牢牢地控制着政府权力，在"长镀金时代"的大部分时间里，大雇主可以随心所欲决定薪资和工作条件，几乎不用担心会遭遇有组织的反抗，罢工往往被政府武力镇压和破坏。1879年亨利·乔治于《进步与贫困》一书的绪言中写道："事实是无数次的失望，无数次的发明和无数次的创造既没有减轻最需要休息的那些人的劳累，又没有为穷人带来富足。"④ 巨大的社会不公使整个社会弥漫着反抗资本主义的情绪，而上流社会盛行的社会达尔文主义思潮却对这种巨大的社会不公视而不见甚至看作人类文明进步的

---

①　[美]加里·纳什等：《美国人民：创建一个国家和一种社会（1865—2002）》（下卷），刘德斌等译，北京大学出版社2008年版，第595页。

②　[美]塞缪尔·鲍尔斯、赫伯特·金蒂斯：《民主和资本主义》，韩水法译，商务印书馆2003年版，第65页。

③　[美]埃里克·方纳：《美国自由的故事》，王希译，商务印书馆2002年版，第100页。

④　[英]亨利·乔治：《进步与贫困》，吴良健、王翼龙译，商务印书馆1995年版，第13页。

动力。超级富豪洛克菲勒在一篇演讲中公开声称："一项伟大事业的成长只不过是一种适者生存的情形而已。一朵美丽的花朵只有借牺牲它周遭的花蕾才能培养出诱人的香味和娇艳的外观。这并不是商业上的一种不良趋势，这只是自然法则及上帝法则演变的结果而已。"① 在这种社会达尔文主义弥漫的气息之中，最高法院法官哈伦意识到："在人民中间到处都普遍地有一种深深的不安之感。人们普遍地相信，这个国家所面临的真正危险来自于另一种奴役，亦即由资本积累在少数手中而造成的那种奴役。"②

在我们今天的历史叙事中，美国的民主化进程与欧洲极为不同，它毫无民主与资本主义的不和谐感，在美国，民主是支持资本主义的，因而也没有工人与资本主义的冲突。美国主流的工人运动研究采纳的也是坎门斯—威士康辛学派的观点：即劳工运动只是如何组织工会并如何使它们的策略适应环境的一种实验过程。人们耳熟能详的是美国环境的特殊性，如没有封建约束、土地自由使用、阶级流动性大、民主团体多等，人们认为，这种特殊环境使美国工人不可能有阶级意识，即使是美国的劳工运动组织也是以职业意识而不是阶级意识为基础。根据这种认识，美国劳工组织会自觉地将自己的利益与美国社会环境融为一体，形成职业联盟而不是阶级联盟。在这种条件下，那些宣传劳工利益一致及共同行动原则的组织，那些号召工业工会里的技术工人与非技术工人团结一致的组织，那些号召外来和本土、黑人和白人、男人和女人并肩战斗的组织，那些敢于提出增加工资和职业保障之外需求的组织，在美国都不可能获得成功，因为他们与美国劳工整体愿意接受的利益集团意识相悖。这些观点不能说没有道理，但却夸大了工人与资本主义的和谐，美国也许确实没有出现过普遍地以替代资本主义为目标的工人运动，但这主要不是因为工人赞同资本主义，而

---

① ［美］理查德·霍夫施塔特：《美国思想中的社会达尔文主义》，郭正昭译，台湾联涅出版公司 1981 年版，第 40 页。

② 应克复等：《西方民主史》，中国社会科学出版社 2012 年版，第 233 页。

是因为由地理条件决定的美国大多数人天生存在的中产阶级信念，美国每一个处于无产阶级状态的人都渴望成为中产阶级，他们不主张废除私有财产，而是主张自己拥有私有财产，从中产阶级支持民主的观点来说，美国人是天生的民主派，这种民主不是与资本主义和谐共处的民主，而是与资本主义处于博弈状态的民主，历史反复证明，当资本主义扩张妨碍了中产阶级社会的维持时，美国的民主就表现出反对资本主义的特征。

## ◈ 第四节　第二波民主化：人民民主与社会民主的确立

在《第三波——20 世纪后期民主化浪潮》一书中，亨廷顿将 1943 年到 1962 年发生的民主化称作第二波民主化浪潮。由于他将民主化仅定位于自由民主的扩张，所以他所谓的民主化其实不能代表当时民主所承担的主要内涵，也没有完全概括第二次世界大战后发生民主转向的新独立的民族国家。当时的民主潮流不是自由主义主导而是具有强烈的反对资本主义和反对帝国主义特征，这种潮流决定了第二次世界大战后新生的民族国家一部分虽然直接移植了过往殖民者的政治体制，但在经济社会制度方面却更偏向计划经济的人民民主模式，而另一部分在社会革命和长期解放战争中诞生的政权则直接选择了具有社会主义特色的人民民主模式。以我们今天对于民主的认知去衡量当时国家的民主选择是具有误导性的，它不符合历史的真实情况。除此之外，第二次世界大战后发达国家的民主化也出现了从政治民主向社会民主的深化。"在第二次世界大战后，跨越政治光谱的人们普遍意识到要想带来稳定、功能运行良好的民主，仅仅消除专制，改变政治制度和程序是不够的，还必须改变既定的国家、市场和社会之间的关系。换句话说，第二次世界大战之后，西欧人对民主的理解发生了变化，欧洲人的民主观开始超越我们今天普遍推崇的选举民主或者自由民主的概念，民主在西欧被理解为社会民主，这种社会民主作为一种政体类型不仅仅意味着政治安排的变化，还意味着社会和经济安排的引人注目的变化，它要求对国家、市场和社会的关系进行重建。"① 对于经历过资本主义经济大萧条和战争洗礼的发达国家的民众而言，拒绝任何与资本主义有着密切联系的民主形式是自然而然的选择。人民的民主偏好决定了战后发达国家政党的政策选择，无论后来由于社会主义国家人民民主的失败对人们民主观的转变产生了怎样的影响，当研究第二次世界大战后初期的民主历史时，我们必须认真对待 20 世纪上半期历史进程对当时主流民主观念的影响。

早在第一次世界大战期间，由于战争拖延时间过长，战争动员时被激发起来的民族主义热情已逐渐消退。由于大量农民被征入伍，以致许多土地荒芜，农畜产品普遍减产，物价不断上涨。1916—1917 年的严冬给交战各国的人民带来深重灾难，许多人冻饿而死，仅德国一个国家，战时就有 75 万人死于饥饿。人们越来越怀疑战争的意义，随着交战国经济危机的加深，各国反战运动日益高涨，法国罢工人数 1917 年达到 29 万，罢工工人高喊"打倒战争"的口号。德国的罢工更为激烈，1917 年 4 月参加人数达到 30 万。前线战士反战情绪高涨，兵变频繁发生。② 战争更使本来国家薄弱、经济落后的俄国成为帝国主义链条的薄弱环节，列宁趁机变帝国主义战争为国内战争，俄国爆发十月革命，建立了世界上第一个社会主义国家。社会主义苏联的建立就对西欧以及风雨飘摇中的世界产生了巨大的冲击。"从哈布斯堡政权检查人员留下的记录中，我们可以证明一件事：自大战爆发以来，头一桩顺应民心的政治事件，就是俄国的大革命。在 1917 年 11 月到

---

① Sheri Berman, "The Past and Future of Social Democracy and The Consequences for Democracy Promotion", in Christopher Hobson and Milja Kurki, *The Conceptual Politics of Democracy Promotion*, New York: Routledge, 2012, p. 68.

② 齐世荣主编：《世界史》（现代史上卷），高等教育出版社 1994 年版，第 53 页。

1918 年 3 月之间抽调的受检信件中，三分之一表示，和平的希望在俄国，另外三分之一认为，和平的希望在革命，还有五分之一认为，和平的希望在俄国和革命，两者皆不可缺。"① 在俄国革命的影响下，德国爆发了十一月革命，匈牙利爆发社会主义革命，英法美等国也爆发了无产阶级支持苏俄的政治罢工。迫于国内各种军人暴动和工人运动层出不穷，从 19 世纪末期开始的资本主义改良运动开始逆转，资产阶级对革命进行了血腥镇压，并出现了向右转化的倾向。查尔斯·迈尔（Charles Maier）对第一次世界大战后资产阶级权力在欧洲的重建做了权威性论述："1920 年末和 1921 年初，在意大利和法国，工会遭到严重打击，在德国，共和国看起来处于僵局，由资产阶级托管。"② 在美国，威尔逊卸任之后，经历了共和党三界连任的情况，哈定、柯立芝、胡佛三任总统坚决贯彻自由放任的经济政策，"在短短的十年当中，政治生活的道德水平低下到无以复加的地步，公共事业完全停滞"③，社会达尔文主义重新盛行，柯立芝、胡佛声称"美国的事业就是企业"，他们对各种投机行为听之任之，终于在 1929 年爆发了史上最严重的经济危机，危机波及全世界，对各国经济和就业造成致命打击。

在大萧条期间，不包括苏联在内的世界工业生产指数从 1929 年的 100 下降到 1930 年的 86.5、1931 年的 74.8 和 1932 年的 63.8，共下降了 36.2%。世界国际贸易的衰退更为急剧，它从 1929 年的 686 亿美元下降到 1930 年的 556 亿美元、1931 年的 397 亿美元、1932 年的 269 亿美元和 1933 年的 242 亿美元。④ 这些经济上的大变动引起了各种重大的社会问题。最严

---

① ［英］霍布斯鲍姆：《极端的年代》，郑明萱译，江苏人民出版社 1999 年版，第 84 页。

② ［英］唐纳德·萨松：《欧洲社会主义百年史》（上），姜辉等译，社会科学文献出版社 2008 年版，第 37 页。

③ 齐世荣主编：《世界史》（现代史上卷），高等教育出版社 2004 年版，第 157 页。

④ ［美］斯塔夫里阿诺斯：《全球通史》（下），吴象婴等译，北京大学出版社 2006 年版，第 657 页。

重、最棘手的是大规模失业的问题，这问题已达到了悲剧的程度。1933 年 3 月，美国的失业人数保守地估计为 1400 多万，相当于全部劳动力的四分之一。面对危机，执政的胡佛政府一开始仍然奉行自由放任政策，对危机不加干预，以为这场危机会很快过去。随着危机的加剧，胡佛政府不得不采取一些反危机措施，把大批款项贷给一些工商企业，面对广大失业者却不闻不问。这不仅不可能缓解危机，反而加重了生产过剩。衣食无着的群众忍无可忍，阶级矛盾空前尖锐。危机期间，全国共发生近 3000 次罢工，罢工人数由 90 万增至 156 万。1930 年春，在美国共产党的领导下，在全国各地举行了约有 125 万失业工人参加的大规模的群众集会和示威游行。他们高呼着"我们不愿饿死——必须战斗"等口号。1932 年春夏，在美共支持下，"工人退伍士兵同盟"发动 20 万退伍士兵向华盛顿进军，要求政府发放补助，但遭到政府的拒绝和镇压。在社会动荡不安的情况下，法西斯势力乘机兴风作浪。历史学家梅尔文·杜博夫斯基等人在回顾当时的严重形势时说："经济萧条不仅使资本主义经济沦为废墟，还使西方自由民主制度陷入防御地位，并使人们对它将来是否能存在下去产生了怀疑。"[①] 当时哈佛大学商学院院长查尔斯·施瓦布曾说过："资本主义正在经受考验，西方文明前途如何，取决于这次考验的结果。"在英国，失业人数将近 300 万，在全部劳动力中所占的比例与美国的大致相同。德国的情况最糟，失业人数至少有 600 万，工会执行委员会估计，他们的成员中有五分之二以上的人完全没有工作。在英国，由于整个 20 世纪 20 年代长期存在着失业，这时的形势变得更糟。整整一代人中，有相当一部分人是在几乎没有机会、没有希望找到工作的情况下成长起来的。一些人痛苦地将他们无目的的生活称作"活地狱般的生活"。在德国，由于失业者所占的比例较高，失望情绪更为严重，局势也更为紧张；所有这些最终使希特勒的成功成为可能。最悲惨

---

① Melryn Dubofsky, *The United States in Twentieth Century*, New Jersey, 1978, p. 203.

的是东欧农民的命运。虽然他们以往一向过着仅能糊口的生活，但 1939 年对一个颇能代表东南欧的地区——南斯拉夫德里纳地区所作的调查报告揭示，219279 个家庭中，有 46.4% 的家庭没有床，54.3% 的家庭没有任何种类的厕所，51.6% 的家庭是以泥地为地板。从人的方面来说，这意味着罗马尼亚、南斯拉夫和保加利亚、希腊的婴儿死亡率（一年每 1000 个活产婴儿的死亡数）分别是 183、144 和 99，而德国、英国、荷兰的婴儿死亡率分别是 66%、55% 和 37%。①

　　20 世纪 30 年代资本主义经历严重经济危机时期，大萧条的影响和意义因苏联的几个五年计划而增大。在西方经济确实是一团糟的同时，苏联正在继续进行经济发展方面的独特实验。虽然五年计划伴有严厉的压制和民众的穷困，但实质上是成功的。到 1932 年第一个五年计划结束时，苏联的工业产量已从世界的第五位上升到第二位。苏联从一个以农业为主的国家迅速上升为世界第二大工业强国，并且解决了失业问题，在整个五年计划期间，几乎保持着零失业的记录。这种前所未有的成就产生了巨大的国际影响，这种影响因为西方世界的大萧条显得更为突出。它们一者衬托了另一者，对西方国家从人民到知识分子产生了极为震撼的冲击。五年计划引起了全世界的关注，社会主义不再是空想家的梦，它是发展中的事业。美国新闻记者林肯·斯蒂芬斯从苏联回国后声明："我看到了未来，它行得通。"② 著名历史学家汤恩比描述说："1931 年，世界各地所有的人都在认真地思考并坦率地议论着西方的社会制度也许会失败和不再起作用的可能性。"③ 20 世纪 30 年代初，共产主义的成功奇迹在灾难重重的西方世

---

　　① ［美］斯塔夫里阿诺斯：《全球通史》（下），吴象婴等译，北京大学出版社 2006 年版，第 658 页。

　　② ［美］斯塔夫里阿诺斯：《全球通史》（下），吴象婴等译，北京大学出版社 2006 年版，第 651 页。

　　③ ［美］斯塔夫里阿诺斯：《全球通史》（下），吴象婴等译，北京大学出版社 2006 年版，第 651 页。

界散布开来。"在 1932 年至 1934 年，几乎所有思想活跃的大学生都是共产主义的同情者，其中一些人加入了共产党。可以不夸张地说，在当时那段时期，整整一代求知探索的知识分子都有过接近共产主义的经历。"① 毕加索说："他走向共产主义就像走向一泓清泉。"英国著名费边主义学者韦布夫妇在 1932 年造访苏联后写了一本书，"盛赞苏联共产主义是一种新文明，它比西方制度更民主"。美国记者路易·菲舍在去过苏联之后，"盛赞它开辟了公民自由的新时代，是一种新的民主制度"②。1933 年初，英国的约翰·斯特雷奇在《即将到来的夺权斗争》一书中认为，"经济萧条是资本主义背叛历史的结果；在这次危机中，共产主义提供着人类文明得以维系的解决办法；而苏联则无限美好。"还有学者指出："俄国已成为明智计划与统一信仰的象征，在俄国终于有一个'致力于公共目的而不是保护私人利益的政府'，'俄国是当今世界上唯一消灭了失业的国家'。"甚至宗教界也称颂苏联。莱曼·P. 鲍威尔牧师说："看起来，俄国以社会正义的名义，发展一种真正合乎人道的四海一家精神如此迅速，以至于可能有一天，我们基督教国家发现自己不得不拜俄国为师，重新学习耶稣社会教义的更深意义。"③ 因此，在当时"同情苏维埃，渴望把苏联的经济成就设法移植过来医治美国流行的失业等弊病"的情绪是"普遍存在的"。④ 在这种情绪下，1933 年取代胡佛上台的罗斯福甚至公开否认自己是一个正统的资本主义者。

---

① ［美］罗兰·斯特龙伯格：《西方现代思想史》，刘北成等译，中央编译出版社 2005 年版，第 483 页。

② ［美］罗兰·斯特龙伯格：《西方现代思想史》，刘北成等译，中央编译出版社 2005 年版，第 483 页。

③ 刘绪贻、李存训：《富兰克林·D. 罗斯福时代（1929—1945）》，人民出版社 1994 年版，第 66—67 页。

④ ［美］拉尔夫·德·贝茨：《美国史（1933—1973）》（上卷），南京大学历史系英美对外关系研究室译，人民出版社 1984 年版，第 110 页。

如果说大萧条动摇了自由放任的资本主义在所有人心目中的合法性，那第二次世界大战对资本主义制度的合法性则构成了致命打击，"它摧毁了对于资本主义将会产生一个美好社会的信仰"①。第二次世界大战使西欧各国的经济遭到了严重的破坏，从战争结束到 1947 年，整个西欧社会疮痍满目，工业生产停滞，农村田地荒芜。在情况更糟的德国西占区，1946 年和 1947 年的工业产量只相当于 1938 年的 29% 和 34%。② 农业生产由于战争的破坏和不利气候的影响也极不景气，以法国为例，1946 年的小麦产量仅及战前的三分之一，以致法国政府不得不恢复面包配给制。1946 年底到 1947 年初，百年罕见的严寒又猛烈地袭击了西欧，使西欧社会雪上加霜，本来已经十分凋敝的经济濒临全面崩溃。由于严寒和冰冻，英国的海陆运输全面停顿，致使一半以上的工业完全瘫痪，失业人数激增；法国居民的粮食配给量甚至低于纳粹德国占领时期。其他西欧国家也是一片饥饿和混乱的凄凉景象。③ 1947 年 5 月，英国前首相温斯顿·丘吉尔形象地描绘西欧是"一座瓦砾堆，一个尸骨收容所，一个滋生疽疫和憎恨的温床"④。战后初期西欧各国经济的困难引起了政局的激烈动荡。饥寒交迫的人民群众对本国政府的不满和反抗情绪与日俱增，阶级矛盾急剧上升。1947 年上半年，法、英、意、比等西欧国家的罢工浪潮和工人运动风起云涌。在反法西斯斗争中得到锻炼和成长的西欧各国共产党在群众中的影响不断扩大，威望越来越高。尤其是法共和意共，在战后初期的大选中，法共获选票四分之

---

① 　［英］唐纳德·萨松：《欧洲社会主义百年史》，姜辉等译，社会科学文献出版社 2008 年版，第 101 页。

② 　Peter Calvocoressi, *Survey of International Affairs：1947—1948*, London, 1952, pp. 64-67.

③ 　张锡昌、周剑卿：《战后法国外交史》，世界知识出版社 1993 年版，第 32 页。

④ 　Ronald J. Caridi, *20<sup>th</sup> Century American Foreign Policy*, N. J.：Englewood Cliffs, 1974, p. 225.

一，成为国会中第一大党，意共获得选票达三分之一。① 1945—1947 年，西欧有法、意、比等 8 个国家的共产党参加了本国联合政府。这一现象不仅引起了西欧各国统治集团的恐惧，而且使美国资产阶级坐卧不宁。美国国务卿马歇尔警告说："要是美国不支持欧洲进行自助，走向暴政统治（即共产党执政）很可能是不可避免的。"② 宾夕法尼亚州国会众议员弗朗西斯·沃尔特斯也危言耸听地说："用不了几个月，共产主义就会席卷整个西欧。"③

对共产主义的担忧加上大萧条和第二次世界大战的冲击，给整个资本主义世界政治经济思想造成了脱胎换骨的改造，"它摧毁了自由派经济大半个世纪之久"④。霍布斯鲍姆曾这样叙述过第二次世界大战后的世界大势："大战方歇，如果说新掌权的共产党领导人有任何忧虑的话，绝不是担心社会主义的前途。"⑤ "再看看各国的资产阶级，它们之中有谁能不为资本主义的前途担忧。法国的实业家在重建工厂之余，岂不也扪心自问：国有化政策，或干脆由红军当政，恐怕才能解决他们面对的问题？保守派法国史学家拉迪里后来回忆，当年即深受亲人这种疑惑心情的影响，毅然于 1949 年加入法国共产党。美国商业部副部长于 1947 年曾向总统杜鲁门提出报告说：欧洲多数国家已经摇摇欲坠，随时就会崩溃瓦解；至于其他国家，也是风雨飘摇，饱受威胁，好不到哪去。"⑥ 在战后第一次选举中，具有资产主义倾向的政党的支持率普遍下降。甚至连具有出色战绩和卓越

① 张锡昌、周剑卿：《战后法国外交史》，世界知识出版社 1993 年版，第 32 页。

② 刘绪贻、杨生茂：《战后美国史》，人民出版社 1989 年版，第 27 页。

③ 刘绪贻、杨生茂：《战后美国史》，人民出版社 1989 年版，第 29 页。

④ ［英］霍布斯鲍姆：《极端的年代》（上），郑明萱译，江苏人民出版社 1999 年版，第 135 页。

⑤ ［英］霍布斯鲍姆：《极端的年代》（上），郑明萱译，江苏人民出版社 1999 年版，第 119 页。

⑥ ［英］霍布斯鲍姆：《极端的年代》（上），郑明萱译，江苏人民出版社 1999 年版，第 118 页。

贡献的丘吉尔也受到牵连，在 1945 年选举中蒙羞惨败，西方历史进入了社会民主主义时代。

尽管并没有采取社会民主主义的称谓，但首先开启社会民主改革的是美国总统罗斯福。因为大萧条对自由放任主义冲击巨大，1932 年末，以"新政"作为竞选纲领的罗斯福以 2280 万张选票对胡佛 1575 万选票和选举人团 472 票对 59 票的巨大优势，当选为美国第 32 届总统。在罗斯福时代，美国进行了广泛的政治、社会、经济改革。1935 年 8 月通过了《社会保险法》，它改变了过去由民间团体自助自救或由慈善团体提供救助的方式，开启了美国的福利主义实验。该法包括三个部分：养老金制度、失业保险制度和对残疾、无谋生能力者提供救济。1935 年 6 月通过《全国劳工关系法》，法律规定：工人有组织工会的权利，雇主不得干预或图谋控制劳工组织，雇主不得拒绝与工人集体谈判合同，不得歧视工会会员（如表 4—1 和表 4—2 所示）。具有社会主义运动传统的欧洲，在第二次世界大战之后社会党和共产党几乎分摊了 80% 的选票，共产党的活跃和社会主义国家的建立，为社会民主党执政创造了前所未有的宽松条件，也使欧洲进行了更为彻底的社会民主主义改革，建立了保障全体公民平等社会权利的福利国家制度。

表 4—1　　　共产党在 1945 年后第一次选举中获得选票的比例（%）

| | | |
|---|---|---|
| 奥地利 | 1945 年 | 5.4 |
| 比利时 | 1946 年 | 12.7 |
| 丹麦 | 1945 年 | 12.5 |
| 芬兰 | 1945 年 | 23.5 |
| 法国 | 1945 年 | 26.0 |
| 荷兰 | 1946 年 | 10.6 |
| 意大利 | 1946 年 | 19.0 |
| 挪威 | 1945 年 | 11.9 |

续表

| 瑞典 | 1944 年 | 10. 3 |
|---|---|---|
| 西德 | 1949 年 | 5. 7 |

数据来源：唐纳德·萨松：《欧洲社会主义百年史》①。

表4—2　　1945—1950 年社会党、社会民主党和工党获得的选票（%）

|  | 1945 年 | 1946 年 | 1947 年 | 1948 年 | 1949 年 | 1950 年 |
|---|---|---|---|---|---|---|
| 奥地利 | 44. 6 | — | — | — | 38. 7 | — |
| 比利时 | — | 32. 4 | — | — | 29. 8 | 35. 5 |
| 丹麦 | 32. 8 | — | 40. 0 | — | — | 39. 6 |
| 芬兰 | 25. 1 | — | — | 26. 3 | — | — |
| 法国 | 23. 8 | 21. 1 | — | — | — | — |
| 荷兰 | — | 28. 3 | — | 25. 6 | — | — |
| 意大利 | — | 20. 7 | — | 31. 0b | — | — |
| 挪威 | 41. 0 | — | — | — | — | — |
| 瑞典 | 46. 7c | — | 46. 1 | — | 45. 7 | — |
| 英国 | 48. 3 | — | — | — | — | 46. 1 |
| 西德 | — | — | — | — | 29. 4 | — |

数据来源：唐纳德·萨松：《欧洲社会主义百年史》②。

　　福利国家的建立与人们对国家和市场关系认识的转变有着密切联系。首先，凯恩斯从理论上证明了国家干预市场的必要性。他致力于提供一种不同于共产主义和法西斯主义的解决资本主义问题的方案。他清楚地意识到，共产主义和法西斯主义的出现恰恰在于自由主义在处理社会和经济危

---

① ［英］唐纳德·萨松：《欧洲社会主义百年史》，姜辉等译，社会科学文献出版社 2008 年版，第 114 页。

② ［英］唐纳德·萨松：《欧洲社会主义百年史》，姜辉等译，社会科学文献出版社 2008 年版，第 140 页。

机时的无效。凯恩斯希望设计一套体系，这套体系能够使国家在协调生产工具的私人所有制和民主的经济管理中发挥作用。他希望人们相信，存在着一套民主的解决资本主义问题的方案。在凯恩斯主义的影响下，1945 年之后，发达资本主义国家开始形成一种社会民主的共识，它们试图建构一种新秩序，"这一秩序在保证经济增长的同时要保护社会免受资本主义破坏性和不稳定的后果的影响。这一秩序代表了与过去的决裂，国家不仅仅被看做是市场的维护者，经济利润也不再被看做是最应该实现的目标。相反，国家要成为社会而不是经济的守护者，经济需求要被置于社会需求之后。这一社会民主主义共识是建立在以下认识之上，民主的巩固不可能发生在具有高度社会冲突和分裂的国家，为了实现民主与资本主义的和解，国家必须致力于推动服务于社会团结和稳定的政策"①。这一共识的影响是普遍性的。因为民心所向，在战中和战后很长一段时间内，"每个政党都试图冒充左翼"②。在 1944 年 7 月 27 日的演讲中，意大利天主教民主党领袖加斯佩里宣布："马克思与和马克思一样是犹太人的耶稣拥有同样的平等观以及四海之内皆兄弟的信念。"③ 1944 年 11 月 24 日，法国天主教人民共和运动宣称"支持建立由从那些拥有财产的人的统治中获得解放的、国家指导的经济制度而进行的革命"④。1947 年，德国基督教民主联盟在纲领上宣布："德国经济的新结构必须从以下认识为起点，即不受限制的私人资本主义时

---

① Sheri Berman, "The Past and Future of Social Democracy and The Consequences for Democracy Promotion", in Christopher Hobson and Milja Kurki, *The Conceptual Politics of Democracy Promotion*, New York: Routledge, 2012, p. 75.

② ［英］唐纳德·萨松：《欧洲社会主义百年史》，姜辉等译，社会科学文献出版社 2008 年版，第 164 页。

③ ［英］唐纳德·萨松：《欧洲社会主义百年史》，姜辉等译，社会科学文献出版社 2008 年版，第 164 页。

④ ［英］唐纳德·萨松：《欧洲社会主义百年史》，姜辉等译，社会科学文献出版社 2008 年版，第 164 页。

代已经终结。"① 在布雷顿森林会议致辞时，美国财政部长小亨利·摩根索（Henry Morgenthau）声明："我们见证了我们时代经济大萧条的灾难。我们承受了战争和法西斯主义的苦难。为阻止这一切再次发生，政府不得不在保护人民免受资本主义负面效果威胁上承担更多的责任。"②

在发达国家建立社会民主制度的同时，以苏联和中国为代表的人民民主模式也在世界，特别是发展中国家范围内产生了很大的影响。麦克弗森曾经指出，第二次世界大战后，发展中国家对民主的认识并不像美国民主化理论家那样局限于单一的自由民主模式。社会主义国家的人民民主模式强调民主的阶级特征，"它意味着民主是被压迫阶级或者为了被压迫阶级的利益而统治"③。在某种意义上，人民民主更接近古典民主的本意，由于它强调一种压迫与被压迫的关系，因而，它能够与被殖民国家的记忆融合在一起，并调动起它们反抗殖民主义统治的情绪。不可否认，后来的历史证明，苏联人民民主模式由于实质上变为官僚集权体制而逐渐对人们失去吸引力，但当我们谈论第二波民主化进程时不能因此犯下超阶段的错误，历史的真实情况是，除了亨廷顿列举的战后新出现的自由民主国家之外，例如日本、巴西、乌拉圭、哥斯达黎加，这些国家因为与美国地缘政治关系更紧密因而更多受到了美国的影响，更多的发展中国家选择了以计划经济和一个魅力型领袖服务人民，凝聚共识为指向的人民民主模式。这一模式的选择首先是因为苏联，特别是中国对第二次世界大战后发展中国家民族

① Sheri Berman, "The Past and Future of Social Democracy and The Consequences for Democracy Promotion", in Christopher Hobson and Milja Kurki, *The Conceptual Politics of Democracy Promotion*, New York: Routledge, 2012, p. 75.

② Sheri Berman, "The Past and Future of Social Democracy and The Consequences for Democracy Promotion", in Christopher Hobson and Milja Kurki, *The Conceptual Politics of Democracy Promotion*, New York: Routledge, 2012, p. 75.

③ C. B. MacPherson, *The Real World of Democracy*, Oxford University Press, 1966, p. 12.

独立运动的支持。1944 年至 1970 年，总共有 63 个国家赢得了独立。这些国家拥有 10 亿多人，大约占世界总人口的三分之一。面对新独立的民族国家，与苏联和中国对殖民地革命支持的反应不同，欧洲人作为曾经的殖民者，对民族国家的独立实际上非常不情愿。美国作为欧洲国家的盟国，与殖民者采取了同样保留的态度。在塞浦路斯问题上，美国支持英国，在印度支那和阿尔及利亚问题上又支持法国。而作为殖民帝国的首脑，1942 年，丘吉尔发表了他那常被引用的声明 "我当国王的首相不是为了眼巴巴地看着英帝国被清理掉"①。同样，1944 年在自由法国政府支持下召开的布拉柴维尔会议宣布："即使在最遥远的将来，也决不准许殖民地获得自治。"② 除了苏联和中国对民族解放运动的支持赢得了发展中国家的好感之外，苏联在 30 年内将自己成功地从一个落后的农业国转变成世界第二大工业、军事强国的国家的经历也对刚刚获得独立、百废待兴的发展中国家产生了极大的吸引力。尽管大多数民族已赢得政治独立，但它们还远没有获得经济独立。因此，他们对于自由的爱好远远没有求生来得强烈，他们是用羡慕而不是同情的眼光来看待苏联的生活水平。他们不太注意苏联人缺乏个人自由这一点，因为这些人在他们自己的国家里通常还享受不到这样的自由。

通过上述分析我们看到，由于自由民主视野的局限，主流民主化理论并没有能够真实概括出第二次世界大战后的第二波民主化进程的特征。第二次世界大战后无论是西方世界还是东方世界经历的都是一场重大的涉及社会领域的革命，如斯考切波所言，在任何重大的革命之后，人们都会看到 "一套新的文化系统取代了旧的文化系统"③。这种新的文化反映了波兰

---

① ［美］斯塔夫里阿诺斯：《全球通史》（下），吴象婴等译，北京大学出版社 2006 年版，第 772 页。

② ［美］斯塔夫里阿诺斯：《全球通史》（下），吴象婴等译，北京大学出版社 2006 年版，第 772 页。

③ ［美］斯考切波：《国家与社会革命：对法国、俄国和中国的比较分析》，何俊志、王学东译，上海人民出版社 2007 年版，第 6 页。

尼所描述的社会自发对市场的反抗，它所规范的民主化进程展现的是一种
与自由民主不同的民主模式。霍华德·威亚尔达在研究欧洲民主时也得出
结论："现代欧洲民主在社会、经济、甚至文化层面都超越了定义较为狭窄
的美国式民主。欧洲的自由主义从未只专注于宪制问题和政治形式。因此，
从本质上讲，欧洲对何为民主要素的看法更为宽泛，它是建立在三个支柱
之上的社会民主，它包括：宪政化的政治民主，福利国家的社会民主以及
相对而言比较注重平等的社会市场资本主义所体现的经济民主。"①

当主流民主化理论将第二波民主进程归结为自由民主的扩展时，他们
其实规避了人民民主和社会民主所展示出的民主在选举权之外的多重内涵：
第一，作为工人阶级极力争取的一项制度，民主必然要以解决多数人的生
存和福利为目标，民主不仅意味着政治领域的平等，它还需要体现经济领
域和社会领域的公正。第二，发达国家的民主化进程其实是反市场化的过
程，它体现出了强烈的社会主义特征。"社会主义是工业文明的内在倾向，
这种倾向有意识地试图使市场从属于一个民主社会，从而超越自发调节的
市场"②，发达国家的民主化过程正是"工人阶级通过民主和社会主义运动
重新使市场嵌入社会的过程"③。第三，作为发展中国家而言，民主不仅要
体现出使其国家内部平等化的倾向，还要显示出改变现存世界不合理的经
济结构的视野。第二波民主化所体现出的多重内涵必然会使服务于美国利
益的主流民主化理论将它们屏蔽出研究视野之外，因为它意味着民主不可
能真正和资产阶级对利润和私有财产权的追求达成持久妥协，在接受民主
的同时，资产阶级必然要寻求一种可靠和隐蔽的办法消磨民主的锋芒。因

---

① ［美］霍华德·威亚尔达主编：《民主与民主化比较研究》，榕远译，北京大学
出版社 2004 年版，第 20 页。

② ［英］卡尔·波兰尼：《大转型：我们时代的政治与经济起源》，冯钢、刘阳译，
浙江人民出版社 2007 年版，第 198 页。

③ ［英］卡尔·波兰尼：《大转型：我们时代的政治与经济起源》，冯钢、刘阳译，
浙江人民出版社 2007 年版，导言，第 16 页。

为，只要在资本主义制度范围内，"当民主情绪开始侵蚀基本的社会制度以致威胁到它发挥作用的功能时，民主制度就会发觉它们有责任去取而代之或者撤回来"①。这就是我们接下来的章节要讲述的内容。

---

① ［美］塞缪尔·鲍尔斯、赫伯特·金蒂斯：《民主和资本主义》，韩水法译，商务印书馆 2003 年版，第 6 页。

# 第五章　精英的反制:民主的去社会主义化

自由民主资本主义社会中进步的社会变迁遵循马克思主义理论所提出的集体反对压迫的逻辑,同时也采纳自由主义权利的语言和民主授权的目标。自由主义给了我们社会变迁的话语,而马克思主义给了我们社会变迁的理论。然而,社会变迁本身无论对于自由主义还是马克思主义都是难以理喻的,前者没有认识到它的话语通过阶级斗争和其他的集体斗争而得到发展,后者误解了这些斗争的意图。①

——塞缪尔·鲍尔斯、赫伯特·金蒂斯

作为一种政府形式的称呼,利己主义制度的拥护者已经俘获了平等这个词。与此同时,平等却大体上被逐出了政治领域。②

——约翰·邓恩

## ◇ 第一节　民主的去社会主义化:概念和动机

与我们今天的观念截然不同的是, "在1945年之前,民主还被广泛地

---

① [美] 塞缪尔·鲍尔斯、赫伯特·金蒂斯:《民主和资本主义》,韩水法译,商务印书馆2003年版,第33页。

② [英] 约翰·邓恩:《让人民自由——民主的历史》,尹钛译,新星出版社2010年版,第149页。

认为是与资本主义和社会稳定不兼容的"①。"从 19 世纪开始到 1945 年之前，欧洲经历了几波民主化运动，这些运动无一例外都没有使民主巩固下来。政体之间的冲突直接导致了大规模的暴力，其中包括最残忍的专制独裁和最致命的世界战争"②。经历过两次世界大战的洗礼和近一百年的劳资博弈，第二次世界大战后在发达资本主义国家终于确立了以社会民主为特征的民主制度。如谢里·伯曼（Sheri Berman）教授所言："回溯西欧民主巩固史我们可以看到，是社会民主，而不仅仅是选举民主和自由民主，才是使民主在欧洲巩固下来，社会民主不仅要求自由公正的选举和保护个人的自由和权利，它还要求保证某种相对公平的社会和经济权利，保证一定程度的结果平等。这一新的民主观认为国家需要在减少社会冲突和分裂中承担更多责任。"③

然而，社会民主并不能真正解决民主（多数）与资本主义（少数）之间的冲突。社会民主的确立意味着国家在制定政策的过程中不能像过去一样仅仅作为资产阶级的利益代言人，国家要体现出相对于资本的自主性。这种自主性如何获得？首先需要存在一种价值共识，即包括资本主义的拥护者也认为为所有的人提供一份体面的无后顾之忧的生活是自由存在的基础，这意味着财产权利要让位于福利权利，形成一种以"生命权、自由权、

---

① Sheri Berman, "The Past and Future of Social Democracy and The Consequences for Democracy Promotion", in Christopher Hobson and Milja Kurki, *The Conceptual Politics of Democracy Promotion*, New York：Routledge, 2012, p. 68.

② Sheri Berman, "The Past and Future of Social Democracy and The Consequences for Democracy Promotion", in Christopher Hobson and Milja Kurki, *The Conceptual Politics of Democracy Promotion*, New York：Routledge, 2012, p. 69.

③ Sheri Berman, "The Past and Future of Social Democracy and The Consequences for Democracy Promotion", in Christopher Hobson and Milja Kurki, *The Conceptual Politics of Democracy Promotion*, New York：Routledge, 2012, p. 80.

福利权"取代"生命权、自由权、财产权"的"新人权宣言"。① 其次，如果经济资源都掌握在私人资本手里，国家没有任何独立的资源，那它就很难脱离对资本的依附承担起在全国范围内分配资源的重任。所以社会民主的国家在某种程度上需要采取些国有化的措施，这些国有化的企业并不像马克思主义者所说能够创造出比私人企业更高的生产率，它更大的作用是为社会民主制度创造某种经济基础，只有国家具有独立于私人资本的资源才能减少对资本的依附性，进而表现出国家的自主性。因此，在第二次世界大战之后，发达资本主义国家不分党派都采取了某些国有化的措施，将某些具有战略地位和私人资本无力承担的产业收归国有，从而建立了一种与社会民主政体相匹配的混合经济模式。例如，在 1945—1949 年，工党政府扩大了国有资产的范围，在 1946 年实现了英格兰银行、民航、电讯及煤炭的国有化，1947 年将铁路、长途公路运输和电力收归国有。②

国家自主性的增强尽管为社会民主的实施提供了经济和政治基础，但它毕竟在很大程度上损害了资产阶级的利益。以高税收为基础的再分配政策意味着将富人本来可以据为己有的一部分利润转移给穷人。这种政策的持续性有赖于私人资本能够在维护劳工利益的前提下继续资本的积累，一旦资本积累本身遭遇障碍，那在资本主义制度范围内对社会民主主义的反攻就必然发生。此外，资产阶级非常清楚，战后整体社会氛围和政策向劳工倾斜，是由劳资之间的力量对比决定的，而劳资力量对比之所以在第二次世界大战后发生了强烈的倾向于劳工的变化，是因为大萧条和两次世界大战不仅使资本主义失去了道义合法性，还失去了经济合法性，已经建立的社会主义国家宣布其既是民主制度坚定的支持者又是比资本主义更优越的生产方式。对于资本

---

① ［英］T. H. 马歇尔、安东尼·吉登斯：《公民身份与社会阶级》，郭忠华、刘训练编译，江苏人民出版社 2008 年版，第 62 页。

② ［英］唐纳德·萨松：《欧洲社会主义百年史》，姜辉等译，社会科学文献出版社 2008 年版，第 177 页。

主义制度的拥护者而言，他们有一场持久的经济和意识形态战争要打，他们需要体现出自身的经济优势和政治优势，而政治优势的核心就是在一个民主已经成为政体合法性象征的年代与社会主义国家争夺民主的代表权。

在当时的历史条件下，大众关于民主的认知是接近于激进民主而不是自由民主的，也就是说在当时大多数人眼中的民主：第一意味着多数的统治，第二意味着对政治广泛的参与，第三意味着对社会财富的再分配。基于客观环境对民主认知的限制，使以美国和苏联为代表的民主代表权之争在当时体现出了迎合和规范两个层次：首先，双方需要迎合大众对民主的认知，这意味着双方关于民主代表权的竞争需要围绕着谁更接近于大众心中的民主模式而行。这种迎合性的竞争使民主在实际运行过程中需要体现出它的激进层面，即民主需要体现出大众寄托于其上的所有美好的梦想，这些梦想至少包括自由、平等、福利、参与等各个层面。对于大众民主需求的迎合是发达国家在战后二十年时间政治、经济、社会政策不断民主化的核心动力，这种激进民主的突飞猛进直到20世纪60年代末与资本主义的制度外壳爆发严重冲突时才开始逆转。其次，与西方国家战后二十年在民主层面不断激进化的实践相矛盾的是，战后西方民主理论的建构体现出了它试图规范实践的保守倾向，这其中最重要的一个表现就是，西方民主国家在对民主进行概念界定时，并没有采取激进民主或者社会民主的定义，他们试图将民主界定为以选举为本质、以政治自由为前提、以精英治理为特征的自由民主模式。

我们知道，第二次世界大战后大多数发达国家所采取的民主模式是欧洲式的社会民主模式，而不是美国式的自由民主模式，如果说一个科学的民主定义既应该体现出经验性又应该体现出以超越经验为目标的规范性的话，那战后以美国为主导的民主化研究集体确认的民主定义是不科学的，它体现出了一种强烈的自由主义的意识形态倾向。在第二次世界大战后参与民主化研究和民主理论建构的很少有真正的民主主义者，他们大多数是自由主义者甚至是保守主义者，安东尼·阿巴拉斯特将这些学者称为"冷战"学者。这些"冷战"学者大多是资本主义制度坚定的支持者和社会主义制度坚定的反对者，他们积极参与了由美国政府直接出资支持的一整套社会科学重建计划。第二次世界大战后，在联邦政府，特别是国防部和中情局的资助下，美国社会科学的一些领域，如现代化研究或发展研究、地区研究和行为科学研究等带有明显的意识形态特征。① "在美国政府的宣传口号中，民主、自由、真理是最为频繁出现的字眼。然而，如一位美国历史学家所言，在"冷战"的背景下，真理远不仅仅是一种大家所共同寻求的知识产品。它也被看作是'我们的武器'。与之相应的是，接受了政府国家安全观念的社会科学家也日益模糊了学术与宣传之间的界线，成为功利的目的至上主义者。"② 代号为"PSB D–330"的学说宣传项目（doctrinal program）是杜鲁门政府时期利用社会科学家的专业知识为美国"冷战"意识形态服务的项目，根据已经解密的项目信息，人们看到美国政府曾明确指导参与社会科学冷战化的活动。之所以如此，"一方面是为了应对一些高度学术化的东西，如反击国际共产主义的学说体系；另一方面则是为了给心理宣传披上学术的外衣，以免引起宣传对象的反感"③。为此，美国政府在"学说宣传项目"中还强调"发行的书籍和其他作品一定不要给人以宣传煽动反对共产主义的感觉，而是要在系统和科学的基础上，客观地分析共产主义；体现美国和自由世界传统、观点和理念的材料也要在一个客观

---

① 於荣：《战后美国社会科学研究政策及其对美国社会科学研究的影响》，《清华大学教育研究》2010 年第 1 期。

② 于群：《社会科学研究与美国心理冷战战略——以"学说宣传项目"为核心的探讨》，《美国研究》2007 年第 2 期。

③ 于群：《社会科学研究与美国心理冷战战略——以"学说宣传项目"为核心的探讨》，《美国研究》2007 年第 2 期。

的基础上为全世界有识人群所接受"①。对于这一切，美国人自己的解释是："为了打赢这场自由与专制的斗争，美国必须用一半真话来揭露一个彻头彻尾的谎言。"②

鉴于战后民主对于政体合法性的重要性，美国社会科学家参与了一场规范民主概念的行动，这个行动的核心特征就是将民主去社会主义化。所谓民主的去社会主义化，就是通过建构一个规范性的民主定义，使民主从概念上既远离苏联的人民民主模式也远离欧洲的社会民主模式。经过几番权衡，熊彼特的以"竞争式选举"为特征的"程序化"民主观被确认为诠释民主的最佳方案。美国学者劳伦斯·迈耶和约翰·伯内特在对比较政治中的民主理论进行细化研究时特别强调过西方民主化学者重构民主概念时的打算："如果要使民主这个术语的定义能够用来根据我们的意思进行实践分类，它必须能够毫不含糊地用于我们认为应该归入民主一类的，以此与那些我们认为不应该归入民主一类的国家相区别。一个所设置的标准却没有西方国家能够满足是没有意义的，同样，一个既能运用于西方国家，又能运用于一党制国家的民主定义也是没有意义的。"③ 熊彼特建构的以"竞争式选举"作为"民主"评价核心准则的"精英民主"概念之所以能够成为"冷战"时期至今"自由民主"的主流概念，无疑在于"它提供了一个标准，将我们认为民主的国家与非民主的国家相区别。如果将民主定义为在社会或经济上的平等程度，或者政府对人民的回应程度，那非民主国家

---

① National Council, "Report Details on Overview of the U. S. Doctrinal Program and Its Basic Principles on U. S. Foreign Policy", *CK3100094653*, *DDRS*, June 29, 1953.

② ［英］弗朗西丝·斯托纳·桑德斯：《文化冷战与中央情报局》，曹大鹏译，国际文化公司出版社 2002 年版，第 105 页。

③ ［美］劳伦斯·迈耶等：《比较政治学：变化世界中的国家和理论》，罗飞等译，华夏出版社 2001 年版，第 35 页。

可能符合甚至超过了我们认为的民主国家在这些属性上的程度"①，以至于"那些被归于民主范畴之外的政治体系也可以拿来自我肯定"②。

这种重构民主概念的行为"既是一个政治运动，同样也是一个知识性运动"③。在确认了熊彼特民主概念的权威地位之后，民主化理论家所要做的事情就是在学术研究中统一采纳新的民主定义，并且要用新的民主概念重新解释西方民主化的过程。在这一过程中，罗斯福新政时崛起的一代民主理论家受到了冷落和批判。梅里亚姆的境遇是个非常典型的例子。在1940年，继承了杜威民主观念的梅里亚姆发表了一本非常具有影响力的民主著作《民主是什么？》。在书中，梅里亚姆将民主定义为"一种由社会主体决定国家共同体控制和指导方向的政治联合形式。在民主政体中，必须为大众参政和管理者对被管理者负责提供某种相应的程序"。他把民主看作"一种精神、一种对待同胞的态度。认为民主的目的是推动人类文明的进步。而文明的进步从根本上说是大众获益"④。而民主使大众获益必然意味着："每个人在获得最低限度安全方面具有平等的机会。每个人都拥有最低标准的食物、住房和衣物。每个人都有一份收入不错的工作和免于失业的保障。每个人都有接受教育的保障，每个人都有免受衰老威胁的保障。"⑤梅里亚姆的民主观明显是一种具有社会主义倾向的社会民主观念，因而，当美国政府决定将民主作为"冷战"的旗帜时，他这种理想的民主观必然

---

① ［美］劳伦斯·迈耶等：《比较政治学：变化世界中的国家和理论》，罗飞等译，华夏出版社 2001 年版，第 37 页。

② ［美］劳伦斯·迈耶等：《比较政治学：变化世界中的国家和理论》，罗飞等译，华夏出版社 2001 年版，第 39 页。

③ ［英］安东尼·阿巴拉斯特：《西方自由主义的兴衰》，曹海军译，吉林人民出版社 2004 年版，432 页。

④ Charles E. Merriam, *What is Democracy*? Chicago：University of Chicago Press，1941，p. 6.

⑤ Charles E. Merriam, *On The Agenda of Democracy*，Cambridge Mass：Harvard University Press，1941，pp. 98－99.

要让位于一种更实用的民主观，于是梅里亚姆的《民主是什么?》一书在"冷战"开始之后就停止出版了。1948 年 12 月，梅里亚姆的一位芝加哥大学的同事弗兰克·奈特（Frank Knight）在美国政治学会年会上批评了梅里亚姆的民主观，他指出："民主不应该被等同于某种社会目标，而应该被等同于自由。民主等同于社会目标必然导致人们不断地给政府新的任务和越来越多的权力，会使政府不久以后成为所有人的主人，而不是公仆。"[1] 他对政府成为所有人主人的担忧在当时的美国无疑是不符合实际的，第二次世界大战后的美国政府是最接近人民公仆的政府，以至于在 20 世纪 70 年代初期，亨廷顿等保守主义者开始指责政府对民众迎合过度导致民主超载现象。如果政府成为所有人主人的担忧在当时是不真实的，那这次研讨会所反映的只能说是上层资产阶级的立场，因为在当时的条件下，政府确实发展出了某种以民主名义成为资本主人的倾向。

正是在那期政治学年会上，参会学者给民主研究的界限定了调子，他们得出的结论就是将民主定位于自由，这种民主定位不仅需要确立一种自由主义的民主观，而且还需要确立一种自由主义的国家观，无论是以自由为核心的民主观还是国家观，都需要将国家看作民主的危害而不是民主的途径，他们试图论证政府干预的结果不是政府成为人民的公仆，而是政府成为人民的主人。这种论证无疑是哈耶克《通往奴役之路》的路径，这一解释其实具有强烈的"冷战"意识，它以反对极权主义而不以推动民主为目标，这一目标指向忽略了国家干预的必要性和有效性，简单地认为国家干预都是恶的行为，这是不符合第二次世界大战后国家干预行为所表现出的积极经验的。

然而，在"冷战"期间，探求事物的真相其实并不重要，重要的是能够达到妖魔化共产主义的目的。所以，在"冷战"期间，"美国政治科学协会的成员从 1944 年的 3200 名扩展到 1966 年的 15000 名。这些成员为战后

---

① Frank Knight, "Economic and Social Policy in a Democratic Society", *Journal of Political Economy 58*, 1950, p. 513.

美国政治科学的发展确立了主要的研究范式。这些范式为之后政治科学、政治社会学、政治哲学研究提供了假设、问题和判断的标准"①。这些标准需要将美国的实践和意愿塑造成社会科学的概念和理论对外输出，为此，"他们建构了民主和极权主义的概念，前者特别突出与后者的不同之处，后者又特意模糊纳粹德国和苏维埃俄国之间的区别"②。"极权主义"一词是由1925年法西斯主义发明的"总体国家"（totalitarian state）的概念转化而来的。1953年，由美国中央情报局资助，西方学术界召开了一次关于极权主义的讨论会，随后由弗里德利克编成一本论文集《极权主义》。在《极权主义》一书中，极权主义被作为"民主"的对立物，指代一种把整个社会囚禁在国家机器之中，对人的非政治生活的无孔不入的政治统治。与建构"极权主义"概念同时进行的是"自由民主"概念的建构，他们不能接受社会民主作为民主的定义，因为社会民主模式被认为离苏联模式更近而离美国模式更远。在这种定位下，熊彼特的民主概念被采纳，并被广泛运用于民主化的评估与研究。"自由民主"替代了不受欢迎的"资本主义"这一概念成了西方国家政治经济制度的代名词。这样一来，"社会主义"国家与"资本主义"国家的对立就被转化为"极权主义"与"自由民主"的对立，社会主义对资本主义批判的合理性被消解了。在这些概念建构成功之后，美国中央情报局还通过直接赞助或向各种基金会注资的方式间接资助了大量政论性刊物和文化刊物的出版，并通过同样由中情局资助的"文化自由大会"等组织免费为各国知识精英订阅这些刊物，大力宣传推广这些将社会主义与民主分离的思想。与此同时，中情局还大力支持"反共"的"自由主义""保守主义"和受斯大林主义排挤的从左转

---

① Edward A. Purcell Jr. , *The Crisis of Democratic Theory*：*Scientific Naturalism & the Problem of Value*, Lexington：The University Press of Kentucky, 1973, p. 237.

② Edward A. Purcell Jr. , *The Crisis of Democratic Theory*：*Scientific Naturalism & the Problem of Value*, Lexington：The University Press of Kentucky, 1973, p. 238.

向右的知识分子出书，并帮助他们发行和推广。据不完全统计，中央情报局在 20 世纪 50—60 年代至少参与了 1000 本书的出版。吉拉斯的《新阶级》、巴斯特纳克的《日瓦戈医生》、奥威尔的《动物庄园》等都是中央情报局推销的重点书籍。在有据可查的接受过中情局资助的知识分子中，就包括非常有知名度的法国社会理论家雷蒙·阿隆、美国哲学家胡克、英国哲学家以赛亚·伯林、美国社会学家丹尼尔·贝尔等。①

## ◇ 第二节　社会主义的去民主化：
## 自由民主建构的前提

自由民主无疑是西方世界尤其是美国精心选择并建构的一种用于冷战需要的民主定义。然而，它的有效性不能靠自身主动生成，还要基于对立面的失败。前文我们论述道，第二次世界大战之后社会主义苏联和美国所进行的意识形态之争很大程度上是关于民主代表权和话语权之争。双方都一方面使自己建构的制度接近大众的民主理想，一方面又试图对这种民主理想进行有利于增强自身政体合法性的解读。在这两者的较量中，苏联的人民民主模式无论从理论到实践都是失败的。由于苏联标榜的是第一个真正的社会主义国家，苏联民主模式的失败无疑削弱了民主与社会主义的相关性，从这个意义上说，是社会主义的去民主化为民主的去社会主义奠定了基础，而社会主义的去民主化在一个民主成为政体合法性象征的时代又破坏了社会主义的合法性。与 19 世纪自由主义和保守主义者对社会主义的反对不同，社会主义在 20 世纪中后期遭受的是一种内伤。这种内伤最大的表现在于宣称建立了社会主义制度的国家在它所承诺的理想的各个方面似

---

① ［英］弗朗西丝·斯托纳·桑德斯：《文化冷战与中央情报局》，曹大鹏译，国际文化出版公司 2002 年版，第 105 页。

乎都乏善可陈。哈耶克在《自由秩序原理》一书中有过这样的论述："在几近一个世纪的时间里，社会主义赢得了知识界大部分领导人士的支持，并渐渐被广泛认为是社会发展势所必趋的终极目的。未来的历史学家完全可以将 1848 年革命到 1948 年这段时间看作欧洲的社会主义世纪。然而，在过去的十年中，却发生了一项重大变化，那种实现社会正义的特定方法的社会主义开始衰落了。它不仅失去了它往日在知识上的号召力，而且还明确遭到大众的抛弃。导致这一普遍失望的主要因素有三个：第一，人们日益认识到，社会主义式的生产组织，其生产效率并不比私人企业高，相反，而是远远低于后者；第二，人们还更为清楚地认识到，同以前的制度相比，与其说社会主义导致了曾被认为的更大正义，还不如说它意味着新的专断，更无从逃避的等级秩序。第三，人们认为，社会主义没有提供更多的自由，反而意味着一种新专制的出现。"[①]

哈耶克对社会主义的指责直指软肋，它意味着马克思关于社会主义理想的描述是一个已经被实践证伪的乌托邦。尤其是苏联社会主义建制中自由因素的缺乏使无数希望摆脱资本主义束缚的理想主义者梦想破灭，第二次世界大战后，很多 20 世纪 30 年代激进的托派分子甚至转换成了新保守主义者。然而，从本文的主题而言，重复哈耶克的社会主义是通往奴役之路的命题是没有意义的，本书需要证明社会主义并不是必然与新的奴役和等级制相伴随，它与民主和自由都具有比资本主义更大的相关性，社会主义作为批判和改造现实世界的价值理想在今天资本霸权反击的时代具有开拓未来的潜力。然而，问题的关键在于，如果民主与社会主义具有很大的相关性，那作为 20 世纪最重要的制度实践，社会主义去民主化的现象是如何发生的呢？

---

① ［英］弗里德里希·哈耶克：《自由秩序原理》（下），邓正来译，生活·读书·新知三联书店 1997 年版，第 3—6 页。

## 一　社会主义去民主化的理论基础：马克思民主观的问题

在《民主和资本主义》一书中，塞缪尔·鲍尔斯和赫伯特·金蒂斯对自由民主观进行了批判。他们认为自由民主试图论证资本主义是民主的基础是完全错误的。"资本主义和民主不是两种互补的体系。相反，它们是调控人类发展进程和全部社会历史演变的两种反差鲜明的规则：一种规则的特征就是以各种财产权为基础的经济特权的优先性，另一种规则坚持以个人权利行使为基础的自由权和民主责任的优先性。"① 财产权优先原则导致资本主义民主必然倾向于将民主局限于政治领域，他们认为压迫仅仅具有政治压迫一种形式，而对来自于经济和家庭领域的压迫视而不见。马克思看到了问题所在，因而他提出民主需要从政治领域扩展到经济、家庭等各个领域。在《论犹太人问题》中，马克思非常深刻地区别了"政治解放"和"人类解放"，在他看来，即便是实现了普选权的代议制度也不是一种真正的民主，而只是人民在政治领域的解放。"一旦国家取消了选举权和被选举权的财产资格，国家作为国家就废除了私有财产，人就宣布私有财产在政治上已被废除。尽管如此，但从政治上废除私有财产不仅没有废除私有财产，反而以私有财产为前提。国家还是任凭私有财产、文化程度、职业来表现其特殊的本质。国家远远没有废除所有这些实际差别，相反地，只有在这些差别存在的条件下，它才能存在。"② 因而，马克思认为政治民主只是用财产的不平等取代了由身份、等级制等封建性因素造成的不平等，它并不意味着民主，而仅仅是一种"资主"，是一种在政治民主掩盖下的资产阶级的统治。

---

① ［美］塞缪尔·鲍尔斯、赫伯特·金蒂斯：《民主和资本主义》，韩水法译，商务印书馆 2003 年版，第 1 页。

② 《马克思恩格斯全集》第 1 卷，人民出版社 1965 年版，第 427 页。

马克思对政治民主局限性的分析并没有错，他非常深刻地揭示出被自由主义民主刻意划分到私人领域的经济和家庭场所恰恰是工业社会和传统力量统治的领域。他的错误在于，他把政治社会生活的所有领域都看作经济领域的消极反映，认为政治民主是一种资本主义的民主模式，而将无产阶级专政看作无产阶级民主即社会主义的民主模式。

他的阶级民主观存在以下几个问题：

第一，无视个体的概念，他把个体的人看作集体的类存在的一部分。在《资本论》第 1 卷第 1 版序言中，马克思特别谈道："为了避免可能的误解，要说明一下，这里涉及到的人，只是经济范畴的人格化，是一定的阶级关系和利益的承担者。我们的观点是：社会经济形态的发展是自然历史过程；不管个人在主观上怎样超脱各种关系，他在社会意义上总是这些关系的产物。同其他任何观点相比，我的观点是更不能要个人对这些关系负责的。"[①] 将个人看作阶级的类存在使马克思的民主理论非常有利于解决集体行动问题，所以马克思的民主理论很容易成为一种革命动员的理论。但由于这一理论中没有个人，这必然导致按照他的民主理论建立的政治制度忽视集体权利对个人的侵害，个人自由在马克思的民主视野中消失了。

第二，马克思的民主观由于将所有领域看作经济领域的反映，这使他对权力来源的认知单一化。在这个问题上，马克思的民主观和自由民主各执一端，自由民主将国家权力看作压迫和暴政的源泉，所以它的民主着眼点放在了限制政府权力而忽视资本权力的压迫。马克思与之相反，他同样没有看到权力来源的多样化，他把民主的着眼点仅仅放在经济权力之上，而国家权力不过是经济权力的体现，是资产阶级的委员会。他预计国家权力会随着资本主义经济权力的消失而消失，所以他忽视了社会主义国家同样会存在国家权力问题，忽视民主需要解决未来社会主义国家的专权和等

---

① 《资本论》第 1 卷，人民出版社 1975 年版，第 12 页。

级关系问题。在这一点上，萨托利很有力地批判道："人对人的支配权并不是或者不仅仅是与财产相联系的一种有形事物。权力还是一种关系现象，这一点更为重要。消除源于占有的权力只能产生这种结果：一切权力均呈现为关系形式。在这种形式下，我们得到的权力最为险恶。"① 塞缪尔·鲍尔斯和赫伯特·金蒂斯也评论说："任何政治哲学，如果未能形成有关国家强权威胁的概念，私人性和个人自由权对于人类解放之中心地位的概念，都为专制者和狂热分子提供了避风港。正是在这样一种意义上，古典马克思主义在理论上是反民主的。"②

第三，马克思将政治民主等同于资产阶级民主，使他看不到政治民主对一个持续性民主运动的重要性，他假设的无产阶级民主即无产阶级专政将政治自由湮没在了阶级话语之中，这使他无法意识到，民主本身不应按照阶级类型划分，即不应将民主划分为资产阶级民主和无产阶级民主。民主应该按照社会结构的权力来源划分，应该按照权力来源将民主分为政治领域、经济领域、社会领域和行政领域等民主，任何一个领域的不民主都构成对整体民主运作的障碍。在这几个领域中，政治民主是所有领域民主得以发展并持续性扩张的基础，只有政治民主存在，其他领域的民主才可能得以合法推进。因而，无论在社会主义国家还是资本主义国家，政治民主都是必需的，"没有政治自由的民主，并非程度较低的民主，那根本不是民主"③。但在马克思主义文献中，经济民主并不以政治民主为前提，它代替并取消了政治民主。

马克思民主观存在的这些问题来源于方法论的不足。他过于看重经济

---

① ［美］乔万尼·萨托利：《民主新论》，冯克利、阎克文译，上海人民出版社2009年版，第396页。

② ［美］塞缪尔·鲍尔斯、赫伯特·金蒂斯：《民主和资本主义》，韩水法译，商务印书馆2003年版，第26页。

③ ［美］乔万尼·萨托利：《民主新论》，冯克利、阎克文译，上海人民出版社2009年版，第5页。

基础的决定性作用，而对人性和社会结构的复杂性认识不够。马克思主义倾向于认为人性以及建立在人性基础上的所有社会意识都是由以经济为基础的社会存在决定的。因此，他认为他所看到的所有人性的弱点和社会的黑暗面都会因为从资本主义生产方式向社会主义生产方式的变革而消失。这使他将普遍的人性看作资产阶级性，而将无产阶级看作理想人性的代言，这导致他对无产阶级政治组织建制的艰巨性估计不足。首先，它将无产阶级利益放大，这必然会引发其他阶级的不满和恐慌；其次，它没有意识到无产阶级从资本主义制度到社会主义制度的转变过程中身份地位的变化，一旦资本主义私有制被取消，资本剥削不存在，无产阶级还能否称之为无产阶级，它争得了统治权之后是否还是除了锁链一无所有；最后，它没有意识到组织自我生成的寡头统治铁律，即无产阶级先锋队是否能持续代表无产阶级的利益。对于无产阶级的理想认知，使马克思倾向于认为，社会主义社会是一个和谐的、没有矛盾的社会，在这样的社会中，民主和国家甚至会因为功能的消失而逐渐消亡，这使他对社会主义民主建制的思考极不完善。

正是马克思民主观存在的这些问题使以马克思理论为基础的社会主义建制从一开始就忽视了民主，尤其是政治民主对于一个国家良性发展的重要性，马克思民主观的问题构成了社会主义去民主化的理论基础。

## 二　社会主义去民主化的实践基础：集权官僚制

马克思的理论在批判资本主义问题上的有效性，不能证明他建立新社会的合理性，新的问题只有在新社会的发展过程中才能凸显出来。社会主义发展证明官僚制与民主之间的关系问题至少和资本剥削问题一样构成少部分人对多数人的统治。韦伯和米歇尔斯算是第一批比较清醒地认识这一问题的人。在他们看来，现代政治的问题不在于资本主义还是社会主义，而在于官僚政治与民主的关系。韦伯把官僚化视为现代社会固有的制度形式。而米歇尔斯则把寡头统治看作现代组织共同的管理方式。他俩都试图证明社会主义的组织和社会，而且必将像资本主义的组织和社会一样，成为官僚的、寡头的。在韦伯看来，社会主义意味着官僚的权力延伸到全社会，导致"官僚专政"，而不是无产阶级专政。

　　与韦伯将官僚化看作现代世界不可避免的历史趋势，认为官僚化及其伴生物官僚主义是复杂的社会经济运行所必然带来的弊端不同，马克思把官僚制看作资本主义社会特有的产物，他认为任何官僚政治都是与社会主义不相容的。在马克思那里，社会主义是反现代性的，甚至是反国家的，国家和官僚机构是人被异化了的"史前"和篡夺了人类社会权力并凌驾于社会之上的异化权力的反映。社会主义必然要废除国家和官僚机构，正如社会主义必须消灭国家和官僚机构得以产生的阶级社会一样。马克思在《法兰西内战》中指出："公社是国家政权、集中化行政权力的对立物。无产阶级革命不是一次反对哪一种国家政权形式的革命，它是反对国家本身这个社会的超自然的怪胎的革命，是人民为着自己的利益重新掌握自己的社会生活。"[1] 正因为马克思把社会主义看作对以往人类世界所有异化行为的颠覆，所以他对民主的认知才会产生误区，也没有把过多精力放在研究社会主义与民主的关系之上。

　　然而，现实是对马克思的一个历史讽刺。在现实世界中，凡是成功地实现了社会主义革命的国家，革命非但没有缩小官僚的权力，反而使新的官僚机构以更大的规模、更强有力的职能获得了前所未有的发展。于是，防止官僚阶层形成特殊的利益集团就成为社会主义国家缔造者们毕生关心的问题。早在俄国革命之后不到五年的时间里，列宁就在思索，为什么新的苏维埃体系这样快就变得如此官僚化和专制化。在临终前，他十分悲观

---

[1] 《马克思恩格斯选集》第 2 卷，人民出版社 1972 年版，第 414 页。

地得出结论：他已经目睹了旧沙皇官僚机构的复活，布尔什维克只不过给这种官僚披上了苏维埃的外衣。[①] 作为列宁革命事业继承者的毛泽东更是为反对官僚特权阶层在社会主义中国的滋生蔓延倾注了其毕生的精力。从整风运动到社会主义教育运动再到"文化大革命"，一次次的理论探索，一轮轮的群众运动，把其本人和中国人民搞得筋疲力尽，也未能最终探索出防止社会主义国家"社会公仆变成社会主人"的有效办法。"文革"的后果是灾难性的，它不仅给中国带来了无可估量的损失，更使经历了大混乱后的人民对社会主义失去了信仰。然而手段的错误并不能掩盖目的的合理性，结果的惨烈也不能作为肆无忌惮地歪曲动机的理由。

苏联解体、东欧剧变，世界历史上第一个社会主义国家苏联的解体，终于揭开了隐藏在苏联社会主义意识形态后的既得利益集团——官僚特权阶层的面纱，一些苏共高官在输掉了整个国家和灵魂之后，却摇身变为资产阶级国家的新权贵，抛弃社会主义外衣对他们来说，砸碎的只是锁链，赢得的却是整个世界。当苏共高官砸碎社会主义锁链在全世界炫耀他们富甲天下时，谎言再也掩盖不了真相，人们终于不得不用冷静的眼光来看他们在苏联的生活地位以及他们的相互关系了。

早在列宁刚逝世后不久，托洛茨基在与斯大林斗争时就提出了"老近卫军"发生官僚主义蜕化问题。他指责斯大林垄断党的机关权力，压制民主，禁止不同派别的存在。在托洛茨基在党内斗争中败北被驱逐出境后，他开始系统地研究斯大林统治下的苏联官僚特权阶层。托洛茨基指出，在斯大林的集权统治下，苏联自上而下形成了一个与社会主义背道而驰的官僚阶层，这个阶层凌驾于社会和人民之上，成为新的剥削阶级，如果工人阶级不能团结起来通过"政治革命"推翻官僚的统治，使"官僚独裁统治"让位于"苏维埃民主"，那么这些官僚就会在未来成为资本主义复辟的力

---

① ［美］莫里斯·迈斯纳：《毛泽东的中国及后毛泽东的中国——人民共和国史》，杜蒲译，四川人民出版社 1989 年版，第 330 页。

量。被托洛茨基称作官僚特权阶层的苏共高官们，凭借着人民群众所赋予的社会权力享有全社会普通群众所没有且无法想象的一切：特供商品、汽车别墅、出国机会、疗养度假、免费医疗保健以及各种其他免费服务等物质享受及特权，这种与普通群众的普遍匮乏形成鲜明对比的应有尽有的优越性，有如叶利钦在其《回忆录》中所供认的那样：自然使得"一个人在职位的阶梯上爬得越高，他越是被舒适的环境所包围着，而一旦失去，他也就越痛苦"，而"所有这些都是精心安排的：一个局长没有私人汽车，但是他可以要求中央委员会的车队给他自己或他的下属派车。副部长有他自己的伏尔加小轿车，部长则不仅有伏尔加，而且车上还装有电话……但是，如果你能够爬到金字塔的顶端，那就是'完全的共产主义'……即使我这样的政治局候补委员，我的家仆包括三名厨师、三名女服务员、一名侍女和一名领导着若干助手的园丁……别墅有自己的电影院，每到星期五、星期六、星期天，一位摄影师就会到来，同时还有可供挑选的电影。至于医疗服务，药品和设备都是进口的，都是科学研究和技术的最新成果。'克里姆林宫医护中心'的病房十分宽大，摆满了奢侈品：瓷器、水晶、地毯和枝形吊灯……'克里姆林宫特供'，向最上层提供正常渠道得不到的商品，只付相当于成本一半的价格，包括最高质量的食品"①，等等。

　　然而，一个以消灭官僚制为基础的理论为何在实践中会加倍复活了官僚制呢？许多学者认为斯大林中央集权的社会主义模式是社会主义国家官僚特权阶层产生的根本原因，这种观点看似很有道理，其实并没有揭示出社会主义国家官僚特权阶层产生的根本原因，斯大林模式并不是官僚特权阶层产生的根本原因，只是它得以肆无忌惮发展的制度性因素而已。要解决官僚特权阶层问题，我们必须要认识到在社会主义国家官僚统治阶层的社会性质及其与人民的关系。

---

① 姜赞东：《权力拜物教略论——兼析前苏东社会主义转型的深层原因》，《学术前沿》2004 年第 7 期。

提到社会主义国家的官僚特权阶层，很多人会想到苏联，想到斯大林模式，很少有人会想到西方发达国家的社会民主党。实际上，社会民主党从革命党转变为改良党，很大程度上也是其党员高层形成特殊利益的结果，曼德尔把社会民主党的蜕变称为与苏联"工人国家官僚化"相对的"工人组织官僚化"。他在《权力与货币：马克思主义的官僚理论》一书中指出：社会民主党在资本主义社会内部的壮大，产生了一个未曾预料到的后果，本来社会民主党应该与无产阶级"没有不同的利益"，除了"锁链"以外一无所有，而现在他们已经拥有了庞大的组织和不容忽视的地位，这些既有的斗争成果在他们眼中越来越重要。这样一来，社会民主党就不知不觉地使自己与无产阶级开始具有了不同的利益，彻底改造社会的要求在他们的目标中的地位越来越轻了，对失去既有成果——既得利益——的担心则越来越重了。这促使社会民主党越发依赖于议会道路，唯恐在议会外的斗争会让资产阶级找到借口，毁掉他们既有的成果。迷信议会、迷信合法手段和惧怕群众在议会外直接行动的思想进一步发展下去后，不可避免的结果就是相信单靠议会手段就会取得最后的成功。[①] 曼德尔的研究与米歇尔斯的寡头统治铁律得出了相同的结论，即任何组织都会在高层形成与组织成员及其宗旨相背离的利益，因此，斯大林模式不是社会主义国家官僚特权阶层产生的根本原因，官僚特权阶层产生的根本原因在于官僚与人民具有不同利益。

马克思和列宁都认为无产阶级天然是革命的，列宁更假定无产阶级的先锋队——共产党，更是除了与无产阶级的共同利益外没有自己的特殊利益。他们都忽视了一个问题，无产阶级一旦推翻了资产阶级统治，它还能被称为无产阶级吗？无产阶级的先锋队一旦代替无产阶级掌握了政权，它还是除了锁链之外，一无所有吗？在不同的社会形态中，占主导地位的统

---

① ［比利时］厄内斯特·曼德尔：《权利与货币：马克思主义的官僚理论》，孟捷译，中央编译出版社 2002 年版，第 84 页。

治阶级与被统治阶级总是对立统一的，统治阶级消灭了，与其对应的被统治阶级也就不存在了。封建社会替代了奴隶社会，奴隶主与奴隶这对矛盾统一体就被消灭了，取而代之的是地主和农民这对矛盾统一体；资本主义社会替代了封建社会，地主与农民这对矛盾统一体也被消灭了，取而代之的是资产阶级和无产阶级这对矛盾统一体。① 无产是相对于资产存在的，消灭了资产阶级，怎么会还有无产阶级呢？ 在社会主义国家，由于消灭了资产阶级，因而也就不存在资产阶级的对立面无产阶级，更不能说无产阶级与资产阶级的矛盾是社会主义社会的主要矛盾。② 马克思在《法兰西内战》中总结巴黎公社经验时指出："当阶级统治的这一种形式被破坏后，行政权、国家政府机器就变成了革命所要打击的最大的、唯一的对象了。"③ 他得出这样的结论是因为他寄托于在资本主义最先进的国家爆发社会主义革命，由于现实的社会主义革命发生在经济落后的国家，这些国家从一建国就面临着促进经济发展的任务。由于对市场经济的否定，促进经济发展的一种自然机制在社会主义国家被人为取消了，由于资本主义世界的封锁，社会主义国家又失去了通过外部循环为经济发展积累资金的机会，在这种情况下，社会主义国家和领袖必然要承担起现代化生产组织的使命，这决定了在落后地区建立的社会主义国家只会导致国家权力和官僚制的强化，而不会导致其削弱。这决定了社会主义国家甚至比资本主义国家更容易形成对人民当家做主的威胁。因此，与马克思的预见相反，在消灭了资产阶级建立了社会主义国家之后，社会主义社会的主要矛盾就不可能再是所谓

---

① 这里的矛盾统一体，指的是一种社会形态中占主导地位的阶级对抗形式，并不是说在这种社会形态中，只存在这一种阶级关系，比如在资本主义社会同样存在着奴隶制以及奴隶主与奴隶之间的矛盾，但这种奴隶制已是作为一种资本主义的生产方式，服务于资本积累这一目的，因而不是资本主义社会主要的阶级矛盾。

② 资产阶级意识形态在社会主义仍然是一个潜在的威胁，但其并不是社会主义社会的主要矛盾对立面。

③ 《马克思恩格斯选集》第 2 卷，人民出版社 1972 年版，第 407 页。

需要无产阶级专政的资产阶级与无产阶级的矛盾，而是联合起来的劳动者与代表劳动者行使国家权力的官僚统治者之间的矛盾。这种矛盾不是阶级矛盾，是非对抗性的，其中联合起来的劳动者是矛盾的主要方面，它们要对矛盾的次要方面国家机构的官僚统治者进行完全的、全面的监督，以时刻防止"社会公仆变成社会主人"现象的发生。

在马克思关于社会主义的论述中，其实是没有提出过生产资料国有制的，他所谓的公有制指的是社会所有制，是作为自由人联合体的劳动者在社会化大生产条件下的联合劳动。由于在现实的社会主义国家中不存在实现社会所有制的条件，所以它们建立的社会主义制度，实行的是生产资料国有制。在生产资料国有制条件下，虽然生产资料归全体劳动者所有，但由于劳动者众多，因而无法使生产资料掌握在每一个劳动者手中，必须要通过全体劳动者民主选举出公共机构的负责人，并由这些公共机构的负责人代替劳动者行使生产资料的所有权。在这种情况下，社会主义国家生产资料的所有权与占有权是分离的，从而为国家权力的行使者以权谋私创造了机会，如果这些国家权力行使者的权力得不到监督，必然会在社会主义国家形成特权阶层，这个阶层不是通过占有生产资料，而是通过占有超乎社会之上的政治权力来占有劳动者的剩余劳动，从而成为新的剥削阶层。

在社会主义国家，如果未能形成有关国家官僚阶层特殊利益的概念，必然会为官僚特权阶层提供形成既得利益的温床。由于人们未能明确社会主义社会的主要矛盾是联合起来的劳动者与代表劳动者行使国家权力的官僚统治者的矛盾，因而未能把防止官僚特权阶层的形成放在重中之重的地位，也未能采取正确地抑制官僚特权的方法，从而使官僚腐败在社会主义国家无限膨胀，以至最终发展为官僚特权阶层，使马克思"社会公仆变成社会主人"的担忧成为现实。

以上我们论述的是社会主义集权官僚制产生的理论原因，在实践中，斯大林建构的反民主的政治制度为集权官僚制在社会主义国家膨胀提供了制度基础。

如果我们说列宁是苏联官僚特权阶层形成的罪魁祸首，这对列宁是不公正的。在 1903 年，列宁的确是非常强调党对工人阶级的自上而下的领导作用的，而工人阶级只是充当一个被"灌输"的角色。但是那只是在建党初期，党还不是个群众性政党，还处于地下状态，根本不具备实行民主的条件。革命是一个有高度组织性的行动，革命的成功必须要有一个统一且集中的政党的领导。列宁并不认为集中将继续适用于一个公开的、合法的群众性政党。1917 年十月革命后，列宁经常强调要发扬党内民主和人民民主，并在临终前强调要实现党内民主的制度化。遗憾的是，在列宁逝世后，斯大林并没有遵从列宁的遗愿。斯大林创立的集权官僚制度严重背离了列宁的建党原则，使民主集中制成为只有集中而没有民主的集权制度，官僚特权阶层逐渐在党内形成。

斯大林模式的集权官僚制社会主义国家的形成有一定的历史必然性。我们上面提到，由于现实中的社会主义革命都发生在政治混乱、经济落后的国家，因而统一国家、发展经济就成了这些社会主义国家的现实任务。在一个饱受政治分裂和贫穷之苦的国家里，国家的统一和经济的发展必然要求在政治上建立一个强大的中央集权国家以加速完成国家现代化的任务。于是，急于发展经济又缺乏民主传统的国家领导人就忽视了官僚化这一社会主义的大敌在社会主义国家发展的危害性，仅仅把反对官僚主义作为发展经济的附属任务来对待，甚至为加速经济发展而人为强化社会主义的集权官僚制度。这样，苏联模式的社会主义国家制度就完全背离了马克思总结的巴黎公社原则，中央集权代替了群众监督，等级工资代替了低薪养廉。失去了群众监督的国家权力即使完成了快速发展经济的现实任务，也无法解决群众深恶痛绝的官僚腐败、脱离群众等一系列官僚主义的问题；而唯上是从的等级制度则使国家权力掌握在溜须拍马唯利是图的机会主义者手中，劳动者的权力被官僚窃取，人民当家做主的社会主义国家变成了官僚特权阶层统治的社会主义国家。被国家窃取的权力并没有像马克思所言随着社会主义国家的建立而归还给社会，而是相反，随着社会主义国家的建立，国家对社会的吞噬日益严重，社会组织随着集中的强化一步步纳入到国家和官僚的统治之中。

苏联模式的集权官僚制最突出的特点有两点：（1）权力不受监督和制约，下级由上级任命，对上级负责，感受不到来自底层的压力；（2）被监督者领导着监督者来监督自己，监督者被笼罩在被监督者的权势之下，没有相应的权力。这两个特点使苏联模式的国家制度失去了任何群众监督的可能性，官僚的政治命运完全掌握在上级手中，人民没有任何制约官僚的办法，人民所期望的清正廉明的政治最终只有寄托在当政者的民主素养和道德良心上。一旦领导者自身的革命素养降低，官僚主义导致的腐败便在整个国家蔓延开来，最终腐蚀了社会主义国家大厦的根基，一个由列宁缔造的伟大的社会主义国家在群众的沉默中悄然解体。

由于苏联模式的集权官僚体制几乎被所有社会主义国家所沿用，因而苏联模式的问题就成了社会主义本身的问题。在"冷战"期间，这一问题为资产阶级反攻社会主义创造了绝佳的理论和实践条件。佩里·安德森评价说："共产主义运动的斯大林化，意味着资产阶级思想的主要部分重新获得了相对活力和对社会主义思想的优势。"[1]

## ◇◇第三节 民主去社会主义化的过程：自由民主的建构

自由民主的建构是一件系统的工程，它需要以苏联模式的人民民主为对立面，因此，人民民主制度的薄弱环节必然会成为自由民主建构的着眼

---

[1] ［英］佩里·安德森：《西方马克思主义探讨》，高铦等译，人民出版社1981年版，第73页。

点。与西方民主制度相比，人民民主最主要的缺陷表现为竞争性选举和自由的缺失。于是自由民主的建构就围绕着这两点展开。在这一过程中，有三个人的贡献是不能回避的，他们是熊彼特、达尔和萨托利。他们承担了概念塑造、完善和合法化的使命，其他的学者如李普赛特、亨廷顿、戴蒙德等，不过负责将他们建构的概念应用于具体研究和推广。

一　熊彼特：从古典民主到精英民主

亨廷顿在《第三波——20 世纪后期民主化浪潮》一书中谈道："自第二次世界大战之后，主流的方法几乎完全根据选举来界定民主"，"一个现代民族国家，如果其强有力的决策者中多数是通过公平、诚实、定期的选举产生的，并且实际上每个公民都有投票权，那么，这个国家就有了民主政体。这一关于民主的程序性定义是由熊彼特在《资本主义、社会主义与民主》一书中提出的，并得到了普遍地承认，也得到了在这一领域从事研究的学者的公认。根据这一定义，选举是民主的本质。"①

亨廷顿的论述给我们提供了三个信息：第一，通过"选举"来界定民主开始于熊彼特；第二，把选举看作民主的本质，并通过是否具有竞争性选举来判断一个国家是否是民主政体，目前在西方学术界具有一定的共识；第三，这一共识的历史并不久远，仅仅开始于第二次世界大战以后。由这三个信息我们可以想到一些非常重要的问题：首先，熊彼特为什么要用"选举"来重新界定民主，他对民主概念的重构为什么要放在民主与资本主义和社会主义的关系这个宏大的话语背景内进行讨论？其次，为什么第二次世界大战之后，西方学术界普遍接受了"选举民主"作为民主的定义，这一定义与熊彼特批判的古典民主定义（这一定义在熊彼特之前在学术界

---

①　[美] 亨廷顿：《第三波——20 世纪后期民主化浪潮》，刘军宁译，上海三联书店 1998 年版，第 6 页。

也具有一定的共识）相比规避了什么问题，对这一问题的规避是为了达到什么目的？

曼海姆曾提醒人们注意："词义的变化与每一概念的多种含义，反映了在含义的细微差别中包含了相互对抗的生活方式的对立。"① 研究民主理论，如果我们不能从"民主"到"选举民主"的词义变化中看出其中包含的相互对抗的生活方式、相互对立的阶级利益和对这种对抗本质的掩盖，我们就不可能认识到民主的本质特征和选举民主对这一本质特征的规避。从某种意义而言，"选举民主"所要规避的东西才是"民主"从它诞生那天起作为一种价值所内含的属性和作为一种政体所要面对和解决的问题。

在前文分析中我们已经证明，从古希腊开始一直到 19 世纪中叶，民主都一直被看作一种代表多数人利益的平民政体，所以从古希腊到现代的大多数代表有产阶级利益的政治思想家都是民主的反对者而不是支持者。在他们看来，民主政治意味着乌合之众对财富和智慧的威胁，其对文明的危害是毁灭性的。② 19 世纪以来，随着社会主义运动的兴起，民主开始成为无产阶级反对资产阶级统治的一面旗帜。无产阶级利用资产阶级革命时期资产阶级提出的人民主权的口号开始要求资本主义国家兑现人民主权的承诺。马克思主义诞生以后，社会主义运动有了更明确的口号，马克思、恩格斯在为共产主义者同盟起草的《共产党宣言》中非常明确地指出："工人革命的第一步就是使无产阶级上升为统治阶级，争得民主。"③ 马克思对代议制民主阶级本质的揭示推动了现实中的社会主义运动，这种揭示也使社会主义运动具有了民主扩大运动的性质。恩格斯曾很明确地评价过社会主义与

---

① ［德］卡尔·曼海姆：《意识形态与乌托邦》，黎鸣、李书崇译，商务印书馆2000 年版，第 84 页。

② C. B. Macpherson, *the Real World of Democracy*, Oxford University Press, 1965, p. 1.

③ 《马克思恩格斯选集》第 1 卷，人民出版社 1995 年版，第 293 页。

民主主义的关系："在所有的文明国家，民主主义的必然结果都是无产阶级的政治统治，而无产阶级的政治统治又是实行一切共产主义措施的前提。因此在民主主义还未实现以前，共产主义者就要和民主主义者并肩战斗，民主主义者的利益也就是共产主义者的利益。"[1] 现实中社会主义和民主主义运动的并肩战斗迫使保守主义和自由主义在理论和实践中逐渐与激进政治妥协，人类历史在20世纪步入了大众政治发展的时代。大众政治的发展使重新定义"民主"变成了一项摆在资产阶级精英面前比较迫切的任务。首先，民主已经发展成为一股只能顺应不能抗拒的历史潮流，资产阶级要想维护自身统治的合法性，只有两种选择，或者按照民主原则改造现行代议制度，或者按照现行代议制度改造民主；其次，为了与以"人民民主"为指向的社会主义国家争夺对民主解释的话语权，资产阶级必须在理论上实现民主的去社会主义化，民主去社会主义化的前提必须使民主从概念上远离苏联的人民民主模式，而接近西方的代议制模式，以"竞争式选举"为特征的"程序化"民主观自然而然成为诠释民主的最佳方案。熊彼特就是在这样一个特定的时期完成了这项特定的任务。1942年，熊彼特出版了《资本主义、社会主义与民主》一书，他在书中建构了一个以代议制经验为基础的"新"的"民主"概念。这一概念由于"与战后两个最主要的自由主义民主制国家（英国和美国）的实际结构之间具有表面的一致性，很快被看作民主制度的最'现实主义'的体现"[2]。

　　20世纪，西方社会科学发展的一个非常重要的特点就是以"科学"名义对符合统治阶级利益的"意识形态"学说进行技术包装能力的增强。这种包装能力的首要技术手段就是在社会科学方法论上实现从规范研究向实

---

　　① 恩格斯：《共产主义者和海因岑》，《马克思恩格斯选集》第1卷，人民出版社1995年版，第205页。

　　② ［英］戴维·赫尔德：《民主的模式》，燕继荣译，中央编译出版社1998年版，第224页。

证研究的转型。最早倡导把实证方法运用于社会科学研究的是社会学家孔德。孔德倡导实证研究的目的是希望通过借鉴自然科学的研究方法把人的认识从关于世界的神学和形而上学的观念中解放出来，以达到科学研究领域方法论的统一。"实证主义"被广泛运用于社会科学研究开始于 19 世纪末 20 世纪初。这一方面是由于第二次科技革命对人类生活乃至心灵产生了深刻震撼，这使得"科学彻底战胜哲学，并在知识领域逐渐赢得了崇高的社会声誉"①；另一方面，从研究方法上，"实证主义"严格遵循的"经验主义"信条对于既定社会制度而言是一种非批判性的力量，相对于"规范研究"而言，"实证研究"起到了和现实社会相互维护和印证的作用，为现存社会秩序提供了合法化证明。正因为"实证主义"具有对现行制度潜在的肯定性特征，所以马尔库塞才把它看作一种"发达工业社会的意识形态"，"既定现实在多大程度上得到科学的理解和改造，社会在多大程度上变成工业社会和技术社会，实证主义就在多大程度上在该社会中发现实现（和证明）其概念的媒介——理论与实践、真理与事实的一致"。②

熊彼特对"民主"概念的重构，遵循的就是实证主义的路径，而他的一个直接目的就是为"辨别民主政府和非民主政府"提供一个"有效的标准"。在熊彼特看来，以"人民主权"为基础的"古典民主"学说是与西方"代议制民主"不同的民主模式，即以经济平等为目标的社会主义民主模式"能同样或更好地符合人民的意志和幸福"③。这其中无疑隐藏着与社会主义国家争夺"民主"话语权的深层动机。尽管熊彼特是一位倡导科学研究独立于政治理念的学者，他在《经济分析史》中特别强调，进行科学研究前

---

① ［美］华勒斯坦等：《开放社会科学》，刘锋译，生活·读书·新知三联书店 1997 年版，第 11 页。

② ［美］赫伯特·马尔库塞：《单向度的人：发达工业社会意识形态研究》，刘继译，上海世纪出版集团 2008 年版，第 137—138 页。

③ ［美］约瑟夫·熊彼特：《资本主义、社会主义与民主》，吴良健译，商务印书馆 1999 年版，第 396 页。

"必须搬走许多障碍——其中最严重的叫做'意识形态'"①。但事实上，他本人却毕生未能脱离意识形态，进行真正价值中立的研究，从某种意义而言，甚至可以说他是一位以"科学"方法包装"意识形态"的大师，他骨子里有一股强烈地捍卫资本主义制度的使命感，《资本主义、社会主义与民主》一书就是这种使命感的一次总爆发。

正如熊彼特自己所言，《资本主义、社会主义与民主》一书是他"几乎花费 40 年时间对社会主义这个主题的大量思考、观察和研究写成一本易读读物的努力的结果"②。他研究的结论是"历史将大步进入社会主义"③，而他创作的意图却"不是为了宣扬社会主义"④，相反，他是为了在一个社会主义在大多数人眼中已经成为一种不可避免的历史趋势的背景下，为资本主义制度存在的合理性做最大可能的辩护，并试图为未来的社会主义制度建构最大程度地保留现有资本主义的制度成果。

在 1942 年初版序言中，熊彼特非常直接地表达了《资本主义、社会主义与民主》一书的创作背景和创作意图。然而这一点却被学术界普遍地忽视，这导致人们习惯于从纯学术的层面看待这本书，而无视本书创作背后的意识形态动机和作者所秉承的价值理念。熊彼特在初版序言中坦言，在当时的历史时期，关于"社会主义形式的社会将不可避免地从同样不可避免的资本主义社会的瓦解中出现"这一观点"甚至在保守主义中间也是普

---

① ［美］约瑟夫·熊彼特：《经济分析史》，朱泱等译，商务印书馆 1996 年版，第22 页。

② ［美］约瑟夫·熊彼特：《资本主义、社会主义与民主》，吴良健译，商务印书馆 1999 年版，第 9 页。

③ ［美］约瑟夫·熊彼特：《资本主义、社会主义与民主》，吴良健译，商务印书馆 1999 年版，第 25 页。

④ ［美］约瑟夫·熊彼特：《资本主义、社会主义与民主》，吴良健译，商务印书馆 1999 年版，第 26 页。

遍意见的结论"。① 而他研究这一问题的目的却在于，尽管"大多数人都同意社会主义最终会在资本主义瓦解中产生这一结论，但对于正在杀死资本主义的这个过程的性质"是各执己见的，他想向大家证明的是资本主义并不像马克思所言是死于它的问题，相反，资本主义"是被它的成就消灭的"。② 首先，资本主义为生产力发展提供了创新机制，这种创新机制不断推动生产的社会化和自动化，最终使技术进步和科学管理成为一种专家和官僚的日常行为，这使企业家和资本主义机制本身变得多余。其次，资本主义发展破坏了封建社会的制度安排，销蚀掉了它的保护阶层，使资产阶级不得不独自面对来自各方面的攻击力量。最后，资本主义创造了一种批判的心理结构，还培养了大批具有这种批判心理的知识分子，这个结构在毁坏许许多多其他制度的道德权威后，掉过头来反对它自己。

正是基于对资本主义成就和制度机制的认可，尽管熊彼特和马克思一样认为资本主义的瓦解不可避免，但他却并不像马克思那样期待资本主义的消逝。针对《资本主义、社会主义与民主》一书出版后，来自某些反社会主义人士对他"鼓吹外国集体主义"和赞同资本主义失败论的指责，熊彼特在1946年第2版序言中这样回应道："关于某一条船正在下沉的报告不是失败主义的。只有收到这个报告时的精神状态才能是失败主义的：水手们可以坐下来饮酒，但也可以冲向水泵。如果有人否定这个报告，那么他就是逃跑主义者。"③ "失败主义者是对基督教和对我们文明的一切价值说了

---

① ［美］约瑟夫·熊彼特：《资本主义、社会主义与民主》，吴良健译，商务印书馆1999年版，第10页。

② ［美］约瑟夫·熊彼特：《资本主义、社会主义与民主》，吴良健译，商务印书馆1999年版，第10页。

③ ［美］约瑟夫·熊彼特：《资本主义、社会主义与民主》，吴良健译，商务印书馆1999年版，第15页。

许多好听话却拒绝起来保卫它们的人。"① "哪个正常的人仅仅因为他深信早晚总要死去而拒绝保护他的生命？"② 在一种资本主义处于不利局面的形势下，"乐观主义只不过是背叛的一种形式罢了"③。从这些非常真诚的回应中，我们可以看到熊彼特对在他看来处于危急之中的资本主义文明充满了深厚的感情，他撰写这份资本主义即将沉船的报告无疑是希望做那个"冲向水泵"的人，从而尽最大可能"保护它的生命"。

与哈耶克同属奥地利学派，并几乎在相同的时期（社会主义处于强势的时期）做了一件相同的事情（捍卫资本主义）的熊彼特并不像哈耶克那么锋芒毕露，他采取了一种去意识形态化的经验研究路径，从而使自己捍卫资本主义的努力更加潜移默化，也更具"客观性"。熊彼特在书中对他所要阐述的三个主题——"资本主义""社会主义"和"民主"——都进行了概念上的重构。他把"资本主义""社会主义"和"民主"都看作一种与价值无关的制度安排。资本主义与社会主义的区别只是组织生产的方式不同，而民主也仅仅是一种选择统治者的手段。"民主本身不能是目的，民主是一种政治方法。"④ "民主方法就是那种为作出政治决定而实行的制度安排，在这种安排中，某些人通过争取人民选票取得作决定的权力。"⑤ "民主政治的原则因此仅仅意味着，政府的执政权应交给那些比任何竞选的个人

① ［美］约瑟夫·熊彼特：《资本主义、社会主义与民主》，吴良健译，商务印书馆 1999 年版，第 16 页。

② ［美］约瑟夫·熊彼特：《资本主义、社会主义与民主》，吴良健译，商务印书馆 1999 年版，第 15 页。

③ ［美］约瑟夫·熊彼特：《资本主义、社会主义与民主》，吴良健译，商务印书馆 1999 年版，第 16 页。

④ ［美］约瑟夫·熊彼特：《资本主义、社会主义与民主》，吴良健译，商务印书馆 1999 年版，第 359 页。

⑤ ［美］约瑟夫·熊彼特：《资本主义、社会主义与民主》，吴良健译，商务印书馆 1999 年版，第 395—396 页。

或集团获得更多支持的人。"①

熊彼特从工具理性的角度对"资本主义""社会主义"和"民主"进行概念重构是为了解构这三者原有概念中包含的价值理性因素。在熊彼特看来，资产阶级在反封建过程中发展出来的价值理性主义创造了"一种批判的心理结构"，"这结构在毁坏许许多多其他制度的道德权威之后，最后掉过头来反对它自己；资产阶级人士惊异地发现，理性主义态度在得到国王和教皇信任状后没有停步，而是继续攻击私有资产和资产阶级价值的整个体制"。② 价值理性的扩张使"资产阶级堡垒变得在政治上没有防御能力"③。民主主义者和社会主义者用资产阶级反封建过程中提出的"自由""平等""人民主权"等口号反过来批判资本主义制度本身，这种来自价值领域的批判很难通过价值理性的回应得以平息。面对普遍存在的敌视情绪，资产阶级只能通过"收买的办法"进行缓解，然而，一旦"侵略者发现他们能占有一切时，这种收买的策略也就是失效了"④。

针对当时资产主义面对的这种无计可施的不利形势，熊彼特清醒地意识到资本主义不可能通过高举价值理性的旗帜通过考验，"正如人们从不怀着可能接到满意答复的公正心态向国王、大公和教皇要求功利证书一样，资本主义站在口袋里装着死刑判决书的法官面前受审。不管法官可能听到什么样的辩护词，他们只准备传达这个判决，被告有可能取得胜利的唯一

---

① ［美］约瑟夫·熊彼特：《资本主义、社会主义与民主》，吴良健译，商务印书馆 1999 年版，第 400 页。

② ［美］约瑟夫·熊彼特：《资本主义、社会主义与民主》，吴良健译，商务印书馆 1999 年版，第 225 页。

③ ［美］约瑟夫·熊彼特：《资本主义、社会主义与民主》，吴良健译，商务印书馆 1999 年版，第 226 页。

④ ［美］约瑟夫·熊彼特：《资本主义、社会主义与民主》，吴良健译，商务印书馆 1999 年版，第 226 页。

办法是改变起诉书"①。对"民主"概念的修正无疑是熊彼特"改变起诉书"的举动。熊彼特深知"现存的社会主义可能是民主的真正理想"②，因而如何在一个民主已经发展成为人民评判政权合法性标准的时代使民主在概念上远离社会主义而亲近资本主义，成了熊彼特重构民主概念的深层意识形态动机。一旦"民主"由"民治"变为"选择统治者"，那"民主"就变成了一个与现实资本主义制度现状符合的"保守"概念，它不仅不再成为"大众"批判"精英"的武器，反而成为"精英"防范"大众"的工具。

福柯曾在《知识考古学》中告诉我们，话语不是自然生成，而是某种建构的结果。而话语建构本身是为了维护某种既定的权力。熊彼特重构民主概念的动机非常明确，就是试图与当时的社会主义国家争夺民主的话语权。在他看来，当时的社会主义者一直致力于证明社会主义与民主之间具有不可分割的关系，他们的理论指向于民主对资本主义制度的批判，他们认为"只要存在私人控制生产资料的权力，就不可能有民主，那种单纯政治民主的说法不过是欺人之谈，只有消灭私有制才能带来人民的统治"③。而第二次世界大战的爆发使资本主义本身面临更加不利的局势，"由于当前这场战争的后果，社会主义可能变成立即实践的命题"④。在这个时刻修正民主的概念，即使不可能起到挽救资本主义命运的作用，至少也可以最大限度地保留资本主义的制度成果，将民主尽量地去价值化，使其与社会主

---

① ［美］约瑟夫·熊彼特：《资本主义、社会主义与民主》，吴良健译，商务印书馆 1999 年版，第 227 页。

② ［美］约瑟夫·熊彼特：《资本主义、社会主义与民主》，吴良健译，商务印书馆 1999 年版，第 350 页。

③ ［美］约瑟夫·熊彼特：《资本主义、社会主义与民主》，吴良健译，商务印书馆 1999 年版，第 349 页。

④ ［美］约瑟夫·熊彼特：《资本主义、社会主义与民主》，吴良健译，商务印书馆 1999 年版，第 10 页。

义内含的扩大平等的动机远离。

社会主义民主理论是建立在"人民意志"和"共同福利"的基础之上的，以"人民主权"为根基的"古典民主理论"在终极目标上很容易与社会主义形成价值共识。试图将民主去社会主义化的熊彼特在重构民主概念时自然首先要批判"古典民主理论"中内含的"人民主权"的逻辑起点。

熊彼特对"民主"概念的重构主要通过两个步骤完成。首先，他对以"人民主权"为核心的"古典民主理论"进行了解构和批判；在解构"古典民主"概念的基础上，熊彼特以现行西方代议制民主为模板建构了一个以竞争性选举为核心、以精英主义为指向的经验主义的"民主"概念。

1. 对古典民主理论的批判

熊彼特所指的古典民主理论，是指 17、18 世纪资产阶级革命时期提出的以"人民主权"为核心的民主理论。近代资产阶级以自然法、自然权利、天赋人权、社会契约论为理论武器，向"君权神授"的封建政治发起了进攻，创建了以"人民主权"为核心的民主理论。该理论强调民主是一种以实现人民共同利益为目的的政治制度。人民是国家权力的来源者，国家是人民为了维护自身利益订立契约的产物，因此，人民自然而然是国家的主权者，是国家权力服务的对象。国家的主权和治权都属于人民，掌握国家权力的官僚是受人民的委托管理国家事务，因此，必须维护人民的共同利益。

熊彼特非常准确地抓住了古典民主理论的核心内容："人民意志"和"共同福利"。此外，他特别强调了功能指向而不是目的指向的民主观。无论是他所反对的古典民主观还是他所建构的精英民主观，他都不是把民主作为目的，而是作为实现某种目的的方法。"民主本身不能是目的，任何人要为民主下定义必须以此为出发点。"① 在熊彼特看来，古典民主理论是一

---

① ［美］约瑟夫·熊彼特：《资本主义、社会主义与民主》，吴良健译，商务印书馆 1999 年版，第 359 页。

种以实现人民意志和共同福利为目的的方法。"18 世纪的民主哲学可以用下面的定义来表达：民主方法就是为实现共同福利作出政治决定的制度安排，其方式是使人民通过选举选出一些人，让他们集合在一起来执行它的意志，决定重大问题"。①

熊彼特所阐释的古典民主并不是以人民自治为表现、以古希腊民主为模板的直接民主，而是已经发展出选举和代议制的间接民主。他所批判的古典民主与其所建构的精英民主其实并没有形式上的差别，他所要批判的是以实现人民主权为目的和价值取向的古典民主的定义，这一定义把代议制民主作为实现"人民意志"和"公共福利"的方法。在这一定义中，"选举代表对民主制度的最初目标而言是第二位的，最初目标是把决定政治问题的权力授予全体选民"②。在熊彼特看来，这一定义存在的最大问题是它人为制造了民主概念与现实政治制度之间的紧张关系，尚未获得实际权利的群体或者对私有财产制度不满的知识分子则可以非常自然地利用这其中的紧张关系追问现实政治制度的合法性。而这种"政治性的批评很难以合理的论证予以有效的满足"③。结果，支持古典民主制度的人们会发现，任何以民主方法解决问题的企图最可能的结果将是引起越来越愤怒的僵局或无休止的斗争。

为解构古典民主的定义，熊彼特首先否定了"共同福利"的存在，进而又论证没有"共同福利"作为基础的所谓的"人民意志"也是没有现实根据的。他具体分析如下：首先，不存在全体人民能够同意或者用合理论证的力量可使其同意的独一无二地决定的共同福利。这主要不是因为某些

---

① ［美］约瑟夫·熊彼特：《资本主义、社会主义与民主》，吴良健译，商务印书馆 1999 年版，第 370 页。

② ［美］约瑟夫·熊彼特：《资本主义、社会主义与民主》，吴良健译，商务印书馆 1999 年版，第 395 页。

③ ［美］约瑟夫·熊彼特：《资本主义、社会主义与民主》，吴良健译，商务印书馆 1999 年版，第 226 页。

人可能需要不同于共同福利的东西，而是由于对于不同的个人和集团而言，共同的福利必然指向不同的东西。其次，即使存在一种共同福利——比如功利主义者提出的最大经济满足——证明能为所有人接受，但这并不意味着对各个问题都能有同等明确的答案。再次，作为前两个命题的结果，功利主义者据为己有的人民意志的概念就烟消云散了，因为这个概念必须以存在人人辨认得出的独一无二的共同福利为先决条件。功利主义一方面统一个人意志，以理性讨论的方法将它们融入人民意志，另一方面授予它们古典民主信条具有的独有的伦理尊严。这个信条不仅仅在于崇拜人民意志本身，而且依赖对意志的"自然"目的的某些假设，这个目的得到功利主义理论根据的批准。这种普遍意志的存在和尊严一到我们不相信共同福利这个概念时也不存在了。古典学说的两根支柱不可避免地崩溃了。①

在否认了古典学术的"共同福利"和"人民意志"后，熊彼特又从群众心理学的角度对人民的政治决策能力提出质疑。他认为，一般人一旦离开与个人利益直接相关的领域进入国家与国际事务时，"他的精神状态就会跌落到较低水平上"②。由于没有直接的责任感，因此对于政治参与只有持续的冷淡。这样一来，"公共意识往往会被一些别有用心的集团利用和引导，这些集团能够在很大限度内改变甚至制造人民的意志"。"人民的意志不会是政治过程的动力，只能是它的产物。"③ 因此，他认为古典民主学说是没有经验支撑的虚构假设，"人民实际上从未统治过，但他们总是能被定

---

① ［美］约瑟夫·熊彼特：《资本主义、社会主义与民主》，吴良健译，商务印书馆 1999 年版，第 372—373 页。

② ［美］约瑟夫·熊彼特：《资本主义、社会主义与民主》，吴良健译，商务印书馆 1999 年版，第 386 页。

③ ［美］约瑟夫·熊彼特：《资本主义、社会主义与民主》，吴良健译，商务印书馆 1999 年版，第 387 页。

义弄得像在进行统治"①。

2. 重构民主：选择统治者

在批判古典民主理论的基础上，熊彼特建构了他的竞争性精英民主理论。

他认为民主并不是指人民的统治，而只是通过竞争性选举赋予人民选择统治者的机会。"根据我们所持的观点，民主政治并不意味也不能意味人民真正在统治——就'人民'和'统治'两词的任何明显意义而言——民主政治的意思只能是：人民有接受或拒绝将要来统治他们的人的机会。但是，因为人民也能用全然不民主的方式来决定接受或拒绝，我们不得不增加另一个识别民主方法的标准，来缩小我们的定义，那就是由未来领导人自由竞争选民的选票。"②

古典民主理论认为人民对每一个问题持有明确而合理的主张，在民主政体中，人民以挑选能保证他们意见得以贯彻的"代表"来实现这个主张。在古典民主理论中，选举代表对民主制度的最初目标而言是第二位的，最初目标是把决定政治问题的权力授予全体选民。熊彼特认为更忠实于现实的民主定义应该把这两个要素的作用倒转过来，把选民决定政治问题放在第二位，把选举做出政治决定的人作为最初目标。换言之，人民的任务是产生政府，或产生用以建立全国执行委员会或政府的一种中介体。民主应该定义为一种选择统治者的方法，"民主方法就是那种为作出政治决定而实行的制度安排，在这种安排中，某些人通过争取人民选票取得作决定的权力"③。

---

① ［美］约瑟夫·熊彼特：《资本主义、社会主义与民主》，吴良健译，商务印书馆1999年版，第366页。

② ［美］约瑟夫·熊彼特：《资本主义、社会主义与民主》，吴良健译，商务印书馆1999年版，第415页。

③ ［美］约瑟夫·熊彼特：《资本主义、社会主义与民主》，吴良健译，商务印书馆1999年版，第395—396页。

在熊彼特看来，他对民主的重新定义实现了他的两个目标：首先，它提供了相当有效的标准，可以用来辨别民主政府和非民主政府。这一标准"使我们的地位有所改善"，古典民主理论很容易使"那些我们认为不民主的国家政府能同样或更好地符合人民的意志和幸福"。① 其次，这个定义所体现的理论能突出政治精英的重要性，古典民主理论认为选民具有完全不现实的高度首创精神，实际上等于抹杀领导权。②

正因为熊彼特将民主理论和精英理论进行了很好地接合，很多人把他与马克斯·韦伯一起看作"精英民主论"的创始人。熊彼特的精英民主理论基本上认同精英理论对人类历史和现实政治的分析。精英理论认为，任何社会都存在着两大对立的阶级——统治阶级和被统治阶级。统治阶级凭借组织优势管理国家事务，掌管国家权力，独占各种荣誉，而作为多数的群众则处于无组织状态，因此有组织的少数对无组织的多数的支配是不可避免的。③ 精英理论不仅认为精英统治不可避免，而且认为民主本身是不可欲的，因为在他们眼中大众是非理性和缺乏政治判断能力的。精英理论的这些观点，熊彼特在《资本主义、社会主义与民主》一书中都有过相似的论述，他与同时代精英主义者的区别在于，精英主义者否认西方现代国家是民主的，而他则试图通过修正民主的定义来证明现代西方制度是民主的。在精英主义者眼中，代议制民主的一切政治程序不过是政治精英们通过各种神话、谎言和意识形态利用、操纵和控制民众的过程。帕累托坦言"当我们说选民们选出他们的代表的时候，真实的情况是，代表们是让选民们

---

① ［美］约瑟夫·熊彼特：《资本主义、社会主义与民主》，吴良健译，商务印书馆1999年版，第396页。

② ［美］约瑟夫·熊彼特：《资本主义、社会主义与民主》，吴良健译，商务印书馆1999年版，第396页。

③ ［意］加塔诺·莫斯卡：《统治阶级》（《政治科学原理》），贾鹤鹏译，译林出版社2002年版，第1页。

或者说他的朋友们把他选出来的"①。米歇尔斯也认为，"在现代政党活动中，贵族制往往以民主的外在形式表现出来"②，"领导人走马灯式地更替，使那些幼稚的人们看不到民主国家政治权威的本质所在"③。

熊彼特并不否认代议制民主本身也是精英统治，但如果仅仅满足于承认这个真相，他也可以像帕累托、莫斯卡和米歇尔斯一样成为一个否定民主可行性的彻底的"精英主义"者。然而，熊彼特的志向更为高远，他认为即使在现实生活中根本不存在民主，但因为民主已经占据了人民的头脑，充斥了人民的想象，所以"精英政治"保持"民主政治"的假象还是必要的，因为这可以增强精英统治的合法性。正是基于这个原因，熊彼特一方面批判"人民主权"，一方面又不否定"民主"，在他看来，最符合实际的办法就是按照经验中已经存在的现实秩序修正"民主"的定义，于是"民主"便被定义为一种选择统治者的方式，"民主"从此变成了"选主"④。

## 二　达尔：多头政体对精英民主的包装

在民主化研究领域，熊彼特的民主概念在 20 世纪 50 年代是得到主流学者支持并参与确立的一种主动性的行为。⑤ 1959 年，李普赛特首先在《民主的一些社会条件》中采纳了与熊彼特相同的民主定义，这一定义在一年后出版的《政治人——政治的社会基础》一书中得到持续采纳。在他之后，

---

① 唐士其：《西方政治思想史》，北京大学出版社 2002 年版，第 466 页。

② ［德］米歇尔斯：《寡头统治铁律——现代民主制度中的政党社会学》，任军锋等译，天津人民出版社 2003 年版，第 9—10 页。

③ ［德］米歇尔斯：《寡头统治铁律——现代民主制度中的政党社会学》，任军锋等译，天津人民出版社 2003 年版，第 28 页。

④ "选主"这一概念来自王绍光教授。

⑤ Steven Levitsky, "Institutionalization and Peronism: The Concept, the Case, and the Case for Unpacking the Concept", *Party Politics*, Vol. 4, No. 1, 1998, p. 77.

无论主流学者在现代化和民主化的研究范式上具有怎样的区别，熊彼特民主定义的主流地位从未被动摇过。然而，熊彼特精英民主观确立的民主本质在于选拔精英，他给人们描述的民主图景非常黯淡，大众在一个以精英的竞争性冲突为特征的世界中是孤立无援、软弱无力的。因此，虽被主流力挺，熊彼特的民主观还是遭到很多学者的批判，人们认为所谓精英民主不过是给精英统治套上了一层民主的光环，民众在精英民主中消失了。这一指责证明了精英民主观存在很大软肋，若想给西方政体基于民主之名的更大合法性，无疑还需要在选举之外寻找更多的群众参与点。这一任务是由罗伯特·达尔完成的。

英国政治学家和历史学家厄奈斯特·巴克指出："没有哪一种政治哲学能脱离它的历史背景；大多数政治思想家的伟大著作……本身在某种意义上就是为他们的时代而写的政治手册。"[①] 巴克的论述只说明了一个方面的问题，即政治理论是政治理论家的时代作品，另一个方面的问题是，对于同一个时代，不同的政治理论家给予的解读却不一样，每一个有自觉意识和价值立场的理论家都会根据自己的价值立场去解读时代问题，他们对时代问题采取描述还是规范的研究方法，很大程度上就反映了他们对时代问题的态度。罗伯特·达尔是一个非常具有研究价值的理论家，因为在不同的时代，他的理论所展现的问题维度十分不同。他不像亨廷顿、李普赛特，始终是一个自觉的美国体制的捍卫者，在他的早期和晚年，更多地表现出了对美国体制的批判立场。正因为如此，考察"冷战"后民主研究的意识形态化，罗伯特·达尔是一个很好的案例。

达尔的学术思想分为截然不同的三个阶段：早期和晚期都接近社会主义和激进民主主义，只有中期，达尔成为自由民主经典概念——多头政体的创建者。究竟这三个阶段的思想哪一个代表真实的达尔？伊多·奥伦在

---

① ［英］厄奈斯特·巴克：《希腊政治理论》，卢华萍译，吉林人民出版社2003年版，第18页。

《美国和美国的敌人：美国的对手与美国政治学的形成》一书中曾经讲过一个有趣的故事，这个故事来源于达尔自己的口述史。他说在 20 世纪 30 年代，达尔写于新政后期的博士论文雄心勃勃地试图从理论上调和政治民主原则和各种社会主义计划。达尔那时是美国社会主义党的成员，他希望美国通过类似的第二个新政，朝民主的社会主义秩序的方向迈进。和许多美国左翼人士一样，达尔反对美国参加第二次世界大战。第二次世界大战后，达尔进入了耶鲁大学。在那里，他和查尔斯·林德布洛姆合作了一项关于计划的研究项目，这个项目就是后来出版的《政治、经济和福利》一书。在书中，他们提出，应增加适合于民主社会中混合型经济的理性计划。他们认为，熊彼特和哈耶克同社会主义辩护者之间的主义之争已经变得毫无意义，熊彼特对虚构出来的主要替代性选择的描述是一种令人失望的观点。然而，这本书在 1953 年初版时没有产生任何影响。让达尔一举成名的是他在 1956 年出版的《民主理论的前言》一书，在书中，他不再把民主和经济计划联系起来，他承认熊彼特的分析非常出色，并对他用程序定义民主的方法大加赞扬。[①] 伊多·奥伦用达尔短短三年时间内的观点转变去证明程序民主观是一种"冷战"时政治学主流达成的共识，是美国民主研究意识形态化的表现。在这一点上，专门研究达尔"多头政体"理论的唐纳德·J. 李也认为，达尔的多头政体理论是对"冷战"期间程序民主观的迎合，战后政治科学家急需确认美国政治体制的合法性。他指出："战后的环境下，政治科学被赋予的一项理论任务就是自由民主国家的新的正义，而国家面临的问题则是更加艰巨的获取所有经济和社会阶级的忠诚问题。"[②] 在这种情况下，"社会科学的发展很大程度上要归因于意识形态的作用，而刺激和

---

①　［美］伊多·奥伦：《美国和美国的敌人：美国的对手与美国政治学的形成》，唐小松、王义桅译，上海世纪出版集团 2004 年版，第 185—186 页。

②　Donald J. Lee, *Polyarchy: The Political theory of Robert A. Dahl*, New York and London: Garland Publishing Inc. , 1991, p. 7.

维持这种发展的，是经受过为现状辩护思想的影响和社会控制新技巧的教育的研究人员的需要……而其中最重要的一个因素是基金的扩散，比如，达尔主要的工作就是由洛克菲勒基金所赞助的。"① 对于这一问题，我们还可以参考罗伯特·达尔晚年出版的《民主、自由与平等》一书的序言，他说书中第二章关于社会民主主义的研究是他博士论文的一部分，由于特殊的原因，他博士论文并没有得以出版。②

正是受到"冷战"时期主流学术思潮的影响，在事业发展期的达尔不可能表现出他青年和晚年时期的批判立场，也正是对自己研究方向的调整，达尔为西方学术界贡献了一种比熊彼特的选举民主观更具美国特色，也更加具有理想和现实调和性的以"多头政体"为特征的自由民主观。

罗伯特·达尔自由民主（多头政体）观点最重要的作用是进一步调和了理想民主和西方政体之间的鸿沟。与熊彼特的选举民主概念相比，达尔的多头政体概念更注重对精英民主的包装，他意识到民主不能被等同于选择统治者，因为这与精英主义靠得太近，民主也不能被等同于多数人统治，因为这与民粹主义（平民主义民主）靠得太近。在达尔看来，"与其说民主是一种有赖于人民去采纳和实行的现实政治制度，还不如说民主是一种有赖于哲学家们去理论化的主题"③。面对众多对精英民主保守倾向的指责，以行为主义方法论见长的罗伯特·达尔注意到了把社会和政府联系起来的中介团体——利益集团。达尔指出，在美国政党政治之外，存在着大量的代表社会多元力量的利益集团，以致政府政策制定过程中，不同社会利益

① Donald J. Lee, *Polyarchy: The Political theory of Robert A. Dahl*, New York and London: Garland Publishing Inc., 1991, p. 50.

② Robert A. Dahl, *Democracy, Liberty, and Equality*, Norwegian University Press, 1986, p. 23.

③ ［美］罗伯特·达尔：《论民主》，李凤华译，中国人民大学出版社 2012 年版，第 4 页。

集团之间的讨价还价成为政治体制的主要特征。① 由于利益集团起到了将不同利益群体的成员组织起来彼此竞争的作用，因而，现实政治中的权力中心不是一元的，而是多元的。在《民主理论的前言》和《谁统治》两本书中，达尔详细阐述了他的多元民主观念。在《民主理论的前言》中，达尔发展了熊彼特"精英民主"的观点，实现了从"精英民主"到"多元民主"的转型。熊彼特强调，民主的作用仅在于提供一种机制，使一些有能力有抱负的人通过竞争人民手中的选票而成为政治精英。达尔对批评熊彼特观点的人做了回应，他以熊彼特的终点作为起点，强调民主的本质在于政治精英之间的竞争。达尔认为，民主既不是少数统治也不是多数统治，而是多重少数的统治。达尔的分析以同时存在众多利益团体为前提。由于各种自治团体和独立的社会组织的存在，它们有着各自的利益，也围绕着各自利益相互冲突和讨价还价，在这一过程中，每个集团的精英领袖通过维护和实现成员利益的方式获得成员支持，壮大集团力量，以期在与其他政治精英竞争的过程中立于不败之地。有效的民主在于为各个利益集团的竞争提供有效平台。

在《民主理论的前言》中正式提出多元民主理论之后，达尔随即对纽黑文市进行了考察，试图从经验事实上证明这一理论，并于 1961 年出版了《谁统治》一书。通过对纽黑文市的研究，达尔认为，纽黑文市并不存在米尔斯所说的一个封闭的权力精英阶层，不同的群体在不同领域里都会影响决策。在一般人看来是权力化身的行政官或市长，"不是处在金字塔的顶端而是处于一个交互环的中心，很少采取命令的方式……他最需要来自那些不能直接命令的其他领导人的支持和同意。因为市长不能命令，

---

① Robert A. Dahl, Charles E. Lindblom, *Politics*, *Economics and Welfare*, New Brunswick and London: Transaction Publisher, 1992, p. 307.

他得进行协商。"① 达尔得出结论说："在一个世纪的时间里，一个由封闭性统治精英集团控制的政治系统，已经让位于一个由不同部分的领导人员控制的系统了，在这里，每个部分都有获取政治资源的机会。总之，这是一个多头体制。"② 既然纽黑文的政治权力结构是这样的，达尔推定，整个美国的政治权力结构也会是如此。在同一年发表的一篇题为《谁统治?》的论文中，达尔把他的观点扩大到整个美国。"不平等分散化而不是累积性——正如我所认为的那样——使得统一性的寡头政治被避免了。分散化的不平等意味着，个人或团体在一个方面资源的劣势可以在其他资源上的优势获得补偿……我认为整个美国都是这样。"③

从承认少数统治的现实到确认多重少数的统治，在达尔的努力调和下，"现代民主政治的实际竞争程度和使竞争各方满意的程度，远远超过了熊彼特模式的看法"④。因此，萨托利后来评价说："达尔也恪守竞争论，但他所强调的与熊彼特不同。达尔的起点是熊彼特的终点。他寻求的是在全社会普及和加强精英之间的竞争。"⑤ 达尔的"多头政体"理论上是熊彼特的"选举民主"理论再加上"利益集团"理论，经过他的发展，民主的定义与美国的自由民主实践更加接近了。在达尔建立"多头政体"新的民主范式之后，主流学术界在民主化研究中引用的民主定义就分为熊彼特的"选举民主"和达尔的"自由民主"两派，在 20 世纪 80 年代后期第三波民主化

---

① Robert A. Dahl, *Who Governs*, New Haven and London: Yale University Press, 1961, p. 204.

② Robert A. Dahl, *Who Governs*, New Haven and London: Yale University Press, 1961, p. 86.

③ Richard M. Merelman, *Pluralism At Yale*, London: The University of Wisconsin Press, 2003, p. 19.

④ ［英］戴维·赫尔德:《民主的模式》，燕继荣译，中央编译出版社 1998 年版，第 254—255 页。

⑤ ［美］乔万尼·萨托利:《民主新论》，冯克利、阎克文译，上海人民出版社 2009 年版，第 173 页。

暴露出严重问题之后，达尔的"自由民主"观后来居上，成为民主化研究最主流的民主定义。

1990 年，作为民主化研究领域最重要的几个权威人物，拉里·戴蒙德、胡安·林茨和西摩·李普塞特共同主编了《发展中国家的政治：民主经验比较》一书，在书中导言部分，主编者对民主的概念进行了清晰的界定，强调民主的定义采纳的是继承和发展了熊彼特选举民主观的罗伯特·达尔的多头政体的定义。民主是"一种与经济民主和社会民主相分离的政治民主"①。它主要包括三个方面：第一，存在广泛的、有价值的个人与组织之间的竞争，这一竞争为获取政府权力的有效职位提供了规则的、非暴力的手段；第二，存在普遍的没有主要成人社会团体被排斥的政治参与，这一参与表现为定期的、公正的选择领导人和政策的机会；第三，存在保障政治竞争和参与有效性的公民自由和政治自由。之所以选择和经济与社会民主分离的政治民主定义，编者称是为了研究的便利，否则民主将变得过于宽泛以至于没有现实国家能够被称作民主国家。② 这种定义民主的方式是典型的树立话语权的方式，将美国模式确立为民主的标准。在这个标准之外，民主化理论家丝毫不在意达尔晚年的民主转向和他本人对多头政体的批评，他们完全根据自身的需求和美国利益对民主概念进行取舍，于是青年和晚年的达尔在民主化研究中是从不出现的，而达尔在中年时期带有意识形态倾向的研究却被树立为评估民主的范式到处推广，这种用理论去规范实践的方法对第三波民主化的科学性和稳定性造成了很大的伤害。赫尔德对此评论说，多元民主是一种现实主义的民主理论，"他们的现实主义就是按照

---

① Larry Diamond, Juan J. Linz, Seymour Martin Lipset（eds.），*Politics in Developing Countries*：*Comparing Experiences With Democracy*，Boulder：Lynne Rienner Publishers Inc.，1990，p. 6.

② Larry Diamond, Juan J. Linz, Seymour Martin Lipset（eds.），*Politics in Developing Countries*：*Comparing Experiences With Democracy*，Boulder：Lynne Rienner Publishers Inc.，1990，p. 6.

西方政体的实际特征来想象民主，在这一过程中，他们修改了民主的定义，并且使民主思想的丰富历史屈从于现状"①。"既然甄别不同民主理论的批评标准是其现实主义的程度，那么，那些背离当前民主实践，或者与这种实践不十分和谐的模式，就可能被错误地看作是经验上不精确的、不现实的和不可取的模式。"②

从将民主去社会主义化的角度来说，达尔以一个全新的"多头政体"概念展现了一种新时代的政治话语，在这一话语中，以阶级冲突为中心的政党政治逐渐让位于以政治过程分析为中心的利益集团政治。从此以后，"多数统治"与"少数统治"之间的争论开始终结，阶级与阶级之间的矛盾变成了利益集团与利益集团之间的博弈，这一理论从根本上捍卫了现行体制的合法性。唐纳德·J. 李就此直截了当地指出："我们把达尔的多元民主理论理解为现实政治秩序的合理性理论比理解为增进这一秩序的有效手段更为恰当。"③ 正因为达尔的"多头政体"理论是一种对现行体制的维护，因而，现行体制出现的任何问题都会成为对"多头政体"理论合理性的检验。从这一理论建立之时，它遭受的批评就与获得的赞誉同样有分量。有意思的是，在这一过程中，"多头政体"理论最有力的批评者竟然是达尔本人。在晚年，达尔比任何人都不遗余力地对"多头政体"理论存在的问题进行批判，"他对美国政治体制的民主性表现出越来越多的质疑，以至于他提出了关于财富和收入分配的结构性变革，甚至怀疑起资本主义体制本身"④。

---

① ［英］戴维·赫尔德：《民主的模式》，燕继荣译，中央编译出版社 1998 年版，第 266 页。

② ［英］戴维·赫尔德：《民主的模式》，燕继荣译，中央编译出版社 1998 年版，第 267 页。

③ Donald J. Lee, *Polyarchy: The Political theory of Robert A. Dahl*, New York and London: Garland Publishing Inc. , 1991, p. 164.

④ Robert A. Dahl, Ian Shapiro and Jose Antonio Cheibub (ed. ), *The Democracy Sourcebook*, Cambridge: The MIT Press, p. 382.

在《政治、经济与福利》《多元主义民主的困境》和《经济民主的前言》等书中，达尔曾对以利益集团为基础的多元民主面临的困境进行分析并提出非常激进的解决方案。由于受制于"冷战"的限制，达尔在早期构建多元民主观时有意淡化了多头政体可能存在的政治不平等状况。首先，并不是所有的公民都是某个组织的成员。从理想的角度而言，如果所有的公民都属于某个团体或组织，那么单个公民确实可以以组织或团体的身份争取自身的利益，并实现相对的政治平等。但是，事实上，这样一种情况是很少见的。因为不是所有的公民都是政治积极分子，而且是否具有组织的身份还与财富、地位、教育等因素相联系。在 1976 年版的《政治、经济与福利》一书的序言中，达尔指出："在所有多元社会中，很大一部分公民并不参加甚至不属于任何组织。他们被排斥在可以影响政府关键决策的范围之外。像其他类型的政治参与一样，参与组织也会受到社会和经济地位的偏见。富有的人更多地参与组织、参与政治，而贫穷的人更可能是无组织的，他们很少参与或者压根就不参与公共生活。"[1] 在这样的情况下，很显然，相对于有组织的公民来说，无组织的公民就处于一种不平等的地位，因为结成组织的公民的偏好能够更多地受到政府的重视。其次，组织之间本身是不平等的。多元社会中政治资源的配置是分散性的，任何团体和组织都会拥有一定的影响力资源。然而，不同组织和团体之间可以利用的资源肯定不会是相同的，而且，由于资源的利用还会受到领导人知识、技能、偏好、素质等方面的影响，相同的政治资源也会产生不同的政策影响力。在这样的情况下，实力雄厚的组织当然会更有能力影响政府的政策，而这对于实力和影响力都相对较弱的组织来说就是一种政治不平等。同样在 1976 年版的《政治、经济与福利》一书的序言中，达尔指出："在我们的讨论中，我们犯了另外一个错误——并且这也是社会科学中还在继续的一个

---

① Robert A. Dahl, Charles E. Lindblom, *Politics*, *Economics And Welfare*, New Brunswick and London: Transaction Publisher, 1992, p. xi.

错误——即认为商人和商业团体与多元社会中其他团体扮演的是同样的利益集团的身份。商业在多元政制中扮演一个特别的与其他利益集团不同的角色，它也比其他利益集团更加强有力。"① 达尔所谓的商业团体实际上指的就是资本主义的公司或企业。

为了改变资本主义公司在多头政体中的实质优势地位，达尔在《经济民主的前言》一书中提出将民主延伸到公司企业、实行企业工人自治的观点。他的这一观点触及了资本主义私有财产权的合法性问题，已经构成了一种社会主义的经济民主观。达尔认为，公司的所有制和控制以两种方式影响着政治不平等。第一，所有权和控制导致公民的财富、收入、身份、技能、信息、接近领导人的机会等方面的差异，而这些差异将进一步导致公民作为平等成员参与政治统治的能力和机会的不平等；第二，除了少数的例外，企业的内部治理法律上和事实上都是不民主的，政治平等作为公司内部的恰当权力原则被美国人抛弃了。② 为了论证经济民主的合理性，达尔质疑了私有财产权的优先性。在达尔看来，即使我们认为每个人都有经济自由的基本道德权利，也不意味着每个人有私人财产的基本道德权利；即使我们认为每个人有私有财产的基本道德权利，也不意味着企业应该为私人所有；即使我们认为企业应该为私人所有，也不意味着它们应该在所有者的利益下运行。③ 达尔指出，按照洛克的正义理论，只有那些劳动而生产产品和服务的人（工人和雇员），才有权利占有公司的产品和服务；而且，也没有人有权占有土地或获得土地的租金，退一步说，也只有那些劳动而改善土地的人才有权获得劳动的成果。因此，达尔认为，企业私人所

---

① Robert A. Dahl, Charles E. Lindblom, *Politics*, *Economics And Welfare*, New Brunswick and London: Transaction Publisher, 1992, p. xi.

② Robert A. Dahl, *A Preface to Economic Democracy*, Berkeley: University of California Press, 1985, pp. 54 – 55.

③ Robert A. Dahl, *A Preface to Economic Democracy*, Berkeley: University of California Press, 1985, pp. 74 – 75.

有制在实践和道德两方面都是不正当的。为了实现诸如民主、公平、效率、人类可欲品性的教化，以及一种良善生活所必需的个人资源的获得的价值，人民及其代表有权以民主过程的方式决定企业应该如何占有和控制。①

达尔对多头政体的批判并没有像他当初建构多头政体理论时那样在主流学术界产生巨大的影响力。与自由主义一贯对剥削话题保持沉默一样，达尔的经济民主理论和对多头政体的改进方案都被民主化研究所无视，这在很大程度上从另一个角度证明，民主化理论对于事实的采纳是有选择性的，他们愿意接受将美国作为民主标准的观点，至于美国民主存在的问题，他们习惯性保持沉默。

## 三 萨托利：自由民主的理论正名者

20 世纪 60—70 年代，西方国家爆发了一场质疑自由民主合法性的危机。在这场危机中，西方左翼力量高举民主的旗帜对西方多头政体的反民主性进行了猛烈地抨击和揭露。危机引发了保守主义的反击，尽管如此，一直到 20 世纪 70 年代末期，激进民主对美国既得利益的指责仍然没有平息。1979 年，作为参议员的爱德华·肯尼迪曾经抱怨："代议制政府正处于我在参议员 16 年来所见到的最差状况。问题的核心是，参议院和众议院被淹没在特殊利益的竞选赞助和游说的海洋之中。"② 希尔斯曼嘲讽地评价说美国总统"不可避免地要参与政治过程中第二种最为关键的活动，即在有权有势的个人、集团、组织和地区之间充当掮客以调和它们的不同要求。总统不可避免地要置身其中。如果我们一定要给这个角色取个名字并把它

① Robert A. Dahl, *A Preface to Economic Democracy*, Berkeley: University of California Press, 1985, pp. 80 – 83.

② ［美］托马斯·戴伊，哈蒙·齐格勒：《民主的嘲讽》，孙占平等译，世界知识出版社 1991 年版，第 243 页。

列入那一长串'首脑'的名单上去，那么我们不妨称之为首席政治掮客。"①
在一片普遍质疑自由民主的批判声中，萨托利清醒地意识到，自由民主亟
须一场严谨的理论正名性的工作，《民主新论》即是一部为自由民主正名的
时代作品。在《民主新论》一书中，萨托利把自己的经验和价值观融入对
民主的思考之中，以一种自由主义立场和经验主义分析重申了自由高于民
主的主张。

从 1962 年发表《民主论》，到 1987 年发表《民主新论》，萨托利用了
长达 25 年的时间去完成他所谓的"民主理论的清理性工作"，而他清理民
主理论的目的是希望为自由主义民主正名，重新恢复自由主义民主在民主
理论中的主流地位。在他看来，"时代已经面临走向反面的危险"，"自由主
义因为它的成就而被轻视"②。人们身处自由民主制度之中，不代表人们真
正理解自由民主制度，而"除非民主制度下的公民理解这一制度，不然这
制度便无法存活"③。萨托利期望通过自己的努力帮助人们更深刻地理解自
由之于民主的意义，从而实现自由民主制度的巩固。从今天自由民主在世
界的影响力而言，萨托利的理想无疑得到了实现。

关于民主的讨论，向来有两个尺度，一个是民主主义的尺度，一个是
自由主义的尺度。基于价值偏好的区别，这两种尺度一个倾向于对自由主
义民主的超越，一个倾向于自由主义民主对民主理论的终结，萨托利无疑
是后者中的首倡者。在西方研究民主理论的所有学者中，包括熊彼特和达
尔，他们在建构新的民主概念的过程中，并没有敢声称他们所支持的民主
概念应该与民主本身画等号。尤其是达尔，他将民主这一名称留给了理想

---

① ［美］希尔斯曼：《美国是如何治理的》，曹大鹏译，商务印书馆 1986 年版，第
94 页。

② ［美］乔万尼·萨托利：《民主新论》，冯克利、阎克文译，上海人民出版社
2009 年版，第 426 页。

③ ［美］乔万尼·萨托利：《民主新论》，冯克利、阎克文译，上海人民出版社
2009 年版，第 9 页。

的民主政体，而称西方现行政体为"多头政体"。公开声明自由主义民主即为民主本身的，萨托利是第一人。在《民主新论》中萨托利公开宣言，"在我看来，民主就是西方式的民主"，"我在本书中所谈的一直是自由主义民主"，"我强调了民主不过是自由主义民主的简写"。① 然而，自由民主作为民主理论的主流和自由民主作为民主理论的终结是两项不同的工作。要完成民主理论终结者的使命，自由民主不仅需要被证明经验上是最可行的，还要被证明规范上是最合理的。

为了实现这两个目的，萨托利主要进行了三项工作：（1）在现代民主（间接民主）和古代民主（直接民主）之间划清界限，证明直接民主在现代不仅是不可行的，而且是不可欲的，以杜绝人们不时爆发出来的实践直接民主的冲动；（2）将不同于自由主义民主的民主模式归结为反民主，他试图论证民主在现代社会运行的唯一命运就是接受自由主义的规制；（3）将自由主义与资本主义脱钩，驳斥马克思的自由主义民主是资本主义经济制度的上层建筑的观点，以免大众把对资本主义的痛恨转移到自由主义上来。

1. 直接民主 VS 间接民主

萨托利在其著作《民主新论》中谈到了直接民主与间接民主的问题。直接民主主要指古希腊雅典的城邦民主，它是一种古代民主；而间接民主主要指代议制民主，它属于现代民主的范畴。在萨托利看来，直接民主与间接民主的根本区别是"直接民主就是人民不间断地直接参与行使权力，而间接民主在很大程度上则是一种对权力的限制和监督体系"②。萨托利从三个角度论证了直接民主的不可行性。

首先，从民主的行使主体而言，现代人与古代人有很大的区别。雅典

---

① ［美］乔万尼·萨托利：《民主新论》，冯克利、阎克文译，上海人民出版社2009年版，第509页。

② ［美］乔万尼·萨托利：《民主新论》，冯克利、阎克文译，上海人民出版社2009年版，第315页。

直接民主的实施需要公民具有高度的政治参与意识和大量的闲暇时间，亚里士多德把这样的人称之为政治人，并将从事政治事务看作一种公民荣誉。然而，雅典的直接民主是建立在奴隶制度的基础上的。正因为奴隶承担了所有的辛苦劳作，为自由人提供了闲暇，古代人才有机会把全部精力与时间都投入公共生活当中。而现代人与雅典人正相反，现代人是经济人不是政治人，大部分人首先必须把主要的精力放在与私人利益相关的生存性工作中。与此相对应的是，现代社会有一个明确的公私界限，人们不怎么关注公共事务。

其次，从直接民主的实践经验来言，普通人不具备参与政治的能力。在雅典，直接民主实际是受到少数人操纵的民主。因为在公民大会等民主机构中，提出各种议案和以自己的演说及影响左右会议进程的，经常是受过较多教育、有广泛社会联系，因而知识较多、能言善辩的富人。而现代群众心理学和精英主义理论也同样证明了大众不具有参与政治的能力，他们对与自身利益之外的事缺乏判断力，他们容易受外界影响和被媒体操控。

最后，从民族国家规模而言，直接民主不具有可行性。萨托利指出，"严格地说，古代民主所表现出来的特征是无国家（stateless），可以说，甚至比城邦的任何可能的形式都更无国家意味。因此，关于如何建设民主国家、如何在庞大人口聚居的广阔领土上而不仅是在一个小城市之内实行民主制度，古代民主制度不可能传授给我们什么知识"①。"因为民主最初被设计出来时，它被构想为横向的民主，古希腊的民主没有提出高度方面的问题、纵向结构的问题。而现代民主，或者说代议制民主，却提出了这样的问题。"总体而言，民主"可以获得的自治强度与所要求的自治广度和持续

---

① ［美］乔万尼·萨托利：《民主新论》，冯克利、阎克文译，上海人民出版社2009年版，第314页。

性成反比"①。在复杂庞大的现代社会，以公民亲自参与政治决策为基础的直接民主，只能导致效率低下、成本高昂和权威贬值的政治后果。"民主卷入的人越多，他们的参与效力就越小——其结果是一个消失点。因此，如果直接民主涉及到的是广大的领土和整个民族，它就会变成一个无用的公式。"② 直接民主只有在规模较小的城邦中才有实现的可能，而在领土广阔的现代民族国家，直接民主的实现是不可能的。

在否定直接民主可行性的基础上，萨托利提出了间接民主与直接民主的本质区别，"间接民主即代议制民主，是我们受着代表的统治，而不是自己统治自己，它不是一个保证人民行使权力的体系，而是一种对权力的限制和监督体系"③。现代民族国家的民主，不需要大众的积极参与，只需要提供给大众监督统治者的手段，并有机会将他们撤换。

2. 自由主义民主 VS 非民主

我们说过，在 20 世纪 60 年代，由于"法兰克福学派"的盛行和"行为主义"对理论建构的轻视，自由主义民主在西方遭遇了一场"意识形态"危机，其虽在实践中处于方兴未艾的现在进行时，但在理论论战中却节节溃败，"行为主义的经验民主论抵挡不住法兰克福学派及其遍布各地的后代神采飞扬的哲学建树"④，自由主义民主在民主理论的一片混战中处于失语状态，西方民主制度也因此遭受着潜在的危机。面对这种不利局面，作为自由主义民主和西方政治制度坚定信仰者的萨托利感到忧心忡忡，他深知

---

① ［美］乔万尼·萨托利：《民主新论》，冯克利、阎克文译，上海人民出版社 2009 年版，第 80 页。

② ［美］乔万尼·萨托利：《民主新论》，冯克利、阎克文译，上海人民出版社 2009 年版，第 318 页。

③ ［美］乔万尼·萨托利：《民主新论》，冯克利、阎克文译，上海人民出版社 2009 年版，第 307 页。

④ ［美］乔万尼·萨托利：《民主新论》，冯克利、阎克文译，上海人民出版社 2009 年版，第 8 页。

要恢复自由主义民主的声誉，需要应对来自各种批判性民主理论的挑战。

自由主义民主最核心的特点是强调自由优先于民主，自由是民主的前提和目的。在 20 世纪 60 年代，民主突破自由的限制成为大众追求的一种核心价值。在很多理论家看来，自由主义成了限制民主而不是推动民主发展的因素。一时间，工业民主、社会民主、经济民主、参与民主各种观点层出不穷，它们共同的特点都是强调民主应该突破政治领域的限制，向与人民生活更为相关的社区和工作场所发展。参与式民主是当时对于自由民主冲击最大的一种理论，无论是麦克弗森从批判自由主义民主的角度，还是佩特曼从建构参与民主理论的角度，参与式民主都直指自由民主的软肋，揭露其作为资本主义和个人主义意识形态背后反民主的本质。按照佩特曼的观点，公民参与政治最恰当的领域是与人们生活息息相关的领域，因为这是人们最为熟悉也最感兴趣的领域。只有当个人有机会直接参与和自己生活相关的决策时，他才能真正控制日常生活的过程。

为了回应参与民主等民主理论对自由民主的挑战，萨托利提出了没有自由主义民主就没有民主的观点。为证明这一观点，他强调了自由与民主的区别，将自由主义民主看作自由与民主平衡的产物。"民主有一种水平方向的动力，自由的动力则是纵向的。民主关心的是社会凝聚力和公平分配，自由则看重出类拔萃和自发性。自由以个人为枢纽，民主则以社会为中心。自由首先是要设法限制国家权力，民主则在国家权力中嵌入人民的权力。"[①]民主的本质是平等不是自由。但"自由先于平等而存在。没有自由，人们甚至无法提出平等的要求"[②]。正因为自由与民主代表不同的价值，萨托利强调自由对民主是不可或缺的，自由是民主存在的前提。当人们开始质疑

---

① ［美］乔万尼·萨托利：《民主新论》，冯克利、阎克文译，上海人民出版社 2009 年版，第 421 页。

② ［美］乔万尼·萨托利：《民主新论》，冯克利、阎克文译，上海人民出版社 2009 年版，第 403 页。

自由民主时，萨托利提醒人们注意民主走向反面的危险。[①] 当"自由的境况一旦刺激了要求平等的欲望，自由的理想便会发现自己处于不利的地位，而平等的吸引力则证明更为强大"。因为"平等产生的结果是提供实在的利益，物质的利益，而自由的利益却不可捉摸"。[②] 基于此，萨托利认为当时人们面临着一个基本的选择：是要自由主义民主之中的经济平等还是要自由主义民主之外的经济平等。在他看来，前一种平等是贯穿自由的平等，后一种平等是敌视自由的平等。"敌视自由的平等要到社会主义那里去找，而与自由协调一致的民主则寓于反社会主义的民主中。"[③] 反社会主义的民主，需要将人们追求平等的需求限定在不伤及自由的程度，超过一定限度，平等就会毁掉自由。如果国家变成了全能的国家，我们的各项平等便会和我们的自由一起消失。[④] 正是在这一意义上，萨托利坚持"要么是自由主义民主，要么什么民主都不是"，"只要自由主义民主死了，民主也就死了"。[⑤] "自由主义民主这一定式是依靠自由求平等，而不是以平等求自由。如果追求更大平等这一目的损害了使我们得以要求平等的手段，民主政体将会再度灭亡。"[⑥]

在萨托利看来，无论是社会民主、参与民主还是工业民主、经济民主，

---

① ［美］乔万尼·萨托利：《民主新论》，冯克利、阎克文译，上海人民出版社2009 年版，第 424 页

② ［美］乔万尼·萨托利：《民主新论》，冯克利、阎克文译，上海人民出版社2009 年版，第 405 页。

③ ［美］乔万尼·萨托利：《民主新论》，冯克利、阎克文译，上海人民出版社2009 年版，第 421 页。

④ ［美］乔万尼·萨托利：《民主新论》，冯克利、阎克文译，上海人民出版社2009 年版，第 394 页。

⑤ ［美］乔万尼·萨托利：《民主新论》，冯克利、阎克文译，上海人民出版社2009 年版，第 429 页。

⑥ ［美］乔万尼·萨托利：《民主新论》，冯克利、阎克文译，上海人民出版社2009 年版，第 425 页。

它们都是在等级上低于自由主义民主的民主。自由主义民主是大范围的宏观民主，是主导的统领性民主，其他民主则是次级民主。自由主义民主是其他任何民主或民主目标的必要条件、必要手段。如果一级实体不是自由民主政体，次级实体也绝少有机会以民主方式存在和繁荣。"如果统领性制度，即整个政治制度不是自由民主制度，社会民主便没有什么价值，工业民主便没有什么真实性，经济平等便可能同奴隶之间的平等没有什么两样。"① 一个学者，无论他支持什么民主，如果他们对自由主义民主这一民主政治的前提妄加轻视，甚至不予考虑，那是不可能实现任何他想要的结果的。

3. 自由主义 VS 资本主义

任何一部理论作品都是对时代问题的回应。对于萨托利而言，他所处的时代，如果说有什么对自由主义不利的环境的话，那就是人们总是将自由主义看作资本主义的一种意识形态。这种观点无疑是受马克思主义的影响。谈到马克思主义对民主理论的影响，萨托利指出，"直到 20 世纪 50 年代之前，大量文献论述的是民主，而不是'资本主义民主'，可是，如今无论是马克思主义者还是非马克思主义者，都在理所当然的谈论资本主义民主。在人们看来，资本主义民主是一种设计成政治上层建筑的经济制度"②。自由主义与资本主义的联姻，在萨托利看来，是对自由主义理念和信誉最大的伤害，也是其他民主理论攻击自由主义民主的口实。他引用诺博托·波比奥的话说"如果把自由主义等同于一种关于资产阶级权力的自由理论或实践，否定自由主义就非常容易；如果把它视为限制国家权力的理论与实践，想否定它就相当困难。因为弄权的自由，只为那些足够幸运的有权

---

① ［美］乔万尼·萨托利：《民主新论》，冯克利、阎克文译，上海人民出版社2009 年版，第 23 页。

② ［美］乔万尼·萨托利：《民主新论》，冯克利、阎克文译，上海人民出版社2009 年版，第 8 页。

者所关心，而不受限制的自由则为一切人所关心。"①

为此，萨托利进行了一项创新性工作，就是将自由主义与资本主义剥离。这项工作是萨托利非常具有独创性的工作，在他之前，没有哪个学者，包括自由主义学者，能想到将政治自由主义与经济自由主义分离开，并将自由主义作为政治自由主义的单独称谓。萨托利之所以进行这项工作，是因为在他看来，为自由主义民主正名最关键的步骤就是使其与备受指责和仇视的资本主义脱离关系。

萨托利承认，自由主义与民主的结盟总体来说是很成功的，并且在这种关系中，自由主义占了民主的上风。但这种上风不能以自由主义获胜的面目表现出来，反而需要掩饰这种胜利。为了掩饰自由主义相对于民主的胜利，自由主义放弃了其身份，转而称自己为民主主义者。这一让步是具有深远意义的出于政治目的的让步。究其原因，是由于自由主义因为与资本主义联姻过甚而遭人嫉恨。在自由主义刚刚诞生的时刻，第一次工业革命夹带着它所制造的苦难和横暴一起走进人们的视线，而工业革命正是在经济自由主义的名义下发生的。工业化所付出的代价是对工业无产阶级的无情剥削，而在工业化向世界扩展的过程中，资本主义不可避免地对工人阶级和其他下层群体造成了很大的伤害。当人们将资本主义与自由主义捆绑在一起的时候，这种对资本主义的怨恨无疑会牵连到自由主义的声誉，而很多反资本主义力量提出的方案便是将自由主义抛弃，建立有利于工人阶级的民主政体。

萨托利对这种被普遍认同的自由主义和资本主义的相关性提出了反对意见，他论证说，工业革命的信条不是自由主义，而是自由竞争、自由放任主义和曼彻斯特学派。那时候应当创一个新名词——经济放任主义，去表述与资本主义和工业化相关的一些理念，但由于人们没有做这种创新，

---

① ［美］乔万尼·萨托利：《民主新论》，冯克利、阎克文译，上海人民出版社2009年版，第403页。

非难就落在了作为不可分割整体的自由主义头上。于是，自由主义让人更多地联想到经济现象而不是政治现象，最后，它被称作资本主义，招致工人阶级的长期仇恨。直到今天，多数作者谈论古典自由主义时，仍把它当作自由放任的自由主义，因而严重混淆了自由主义和经济放任主义。事实上，洛克、孟德斯鸠、麦迪逊、贡斯当等自由主义理论家都不是经济放任主义的鼓吹者，对于他们来说，自由主义意味着法治和宪政国家，自由是政治自由，不是贸易的经济原则，更不是适者生存的法则。① 假如没有给孟德斯鸠和贡斯当的观念与曼彻斯特学派的观念都冠之以自由主义，我们多半就会使用两个不同的名称，以求在一个背景下处理政治自由问题，在另一个背景下处理市场自由问题。② 正因为人们没有这样做，导致了自由主义和经济放任主义的严重混淆。

萨托利提出，为了改变这种对待自由主义的不公正待遇，他建议"把作为经济制度的放任主义同作为政治制度的自由主义区别开来"③。在他看来，"驯化绝对权力是自由主义的精髓"，"自由主义涉及的是政治自由"，而政治自由是"保护公民免于国家压迫的自由"。④ 根据自由主义的独特精髓，萨托利将自由主义定义为"自由主义就是通过宪政国家而对个人政治自由和个人自由予以法律保护的理论与实践"。⑤ 自由主义的本质就是政治民主。如果人们谈论政治民主，那他就是在谈论自由主义，或者至少是自

---

① ［美］乔万尼·萨托利：《民主新论》，冯克利、阎克文译，上海人民出版社2009年版，第410页。

② ［美］乔万尼·萨托利：《民主新论》，冯克利、阎克文译，上海人民出版社2009年版，第423页。

③ ［美］乔万尼·萨托利：《民主新论》，冯克利、阎克文译，上海人民出版社2009年版，第412页。

④ ［美］乔万尼·萨托利：《民主新论》，冯克利、阎克文译，上海人民出版社2009年版，第416—417页。

⑤ ［美］乔万尼·萨托利：《民主新论》，冯克利、阎克文译，上海人民出版社2009年版，第417页。

由主义民主。①

　　从上述论证，我们看到萨托利的精英民主理论其实是对当时法兰克福学派和新左派强调大众参与和经济平等的民主观的回应，在他看来，民主的关键在于维护个人自由和提供选择统治者的方法。在对熊彼特民主理论发展的基础上，萨托利提出了"反馈民主论"。他指出熊彼特提出了现在称为竞争式民主论的经典定义："民主方式是为达成政治决定的制度安排，在此安排下，个人在争取人民选票的竞争中获得决定权。"熊彼特的定义具有严格程序化的特点：民主被解释为一种方法。然而，"熊彼特把他的论点限制在整个民主过程的输入的方面或时刻。因此必须问一句，我们怎样从这种方法到达它的民主结果，即从输入的民主到达输出的民主"②。萨托利认为，弗里德利克的"预期反应"原则为这个问题提供了答案。该原则可作如下表述：希望连任的当选官员（在竞争的条件下），在进行决策时受到选民会对它的决定有何反应这一预测的制约。可见，预期反应原则在输入和输出、过程与结果之间建立了联系。完整的定义便是："民主是录取领导班子的竞争方法的副产品。因为选举权会以反馈方式让当选者留心自己的选民的权力。"简言之，竞争的选举产生民主。这可称之为"反馈民主论"③。

　　萨托利的"反馈民主论"其实与熊彼特的"选举民主"观是完全一致的，他不过是从政策输出层面对"选举民主"的民主性进行了解释，但他并没有回应达尔晚年提出的由于资源占有差异导致的政策输出不平等问题。萨托利最独特的贡献在于将民主定位于自由，从而使民主远离了反资本主

---

　　① ［美］乔万尼·萨托利：《民主新论》，冯克利、阎克文译，上海人民出版社2009年版，第412页。

　　② ［美］乔万尼·萨托利：《民主新论》，冯克利、阎克文译，上海人民出版社2009年版，第170页。

　　③ ［美］乔万尼·萨托利：《民主新论》，冯克利、阎克文译，上海人民出版社2009年版，第170页。

义的因素。从熊彼特到达尔再到萨托利，西方主流民主理论完成了重构民主概念的任务，民主从此在民主化研究中被等同于西方特别是美国民主本身，这一概念的主要目的在本书看来就是将民主去社会主义化。在此之后，民主不仅远离了并不成功的人民民主模式，也远离了欧洲的社会民主模式，民主成为自由民主甚至自由的同义词。自由对民主的替换是一次成功又隐蔽的偷换概念行为，并得到大多数标榜价值中立和科学精神的民主化理论家的支持。在民主概念转型之后，由新的民主概念推动的第三波民主化进程不再像第一波、第二波一样表现出民主反对和遏制资本主义的特征，相反，资本主义变成了民主存在的基础，自由化被等同于民主化由美国、欧盟及其主导的世界银行和国际货币基金组织在世界各地推广。被抽离了反资本主义因素的民主在世界范围内推广自然巩固了资本主义世界的经济政治结构，与此同时，它也将资本在一头积累财富、一头积累贫困的特征带到了全世界每一个角落。

# 第六章　民主去社会主义化下的
## 第三波民主化进程

　　我们告诉发展中国家民主的重要性，但当涉及他们最为关心的问题、那些影响他们生计的问题，即经济时，他们被告知：经济学的铁律让你无从选择；并且由于你的民主进程有可能把事情搞糟，你必须放弃那些关键性经济决策——比如宏观经济政策——的权力，把它交给一个独立的几乎总是由金融界代表所支配的中央银行；为了保证你的行为与这个金融界的利益相一致，你被告知要全力避免出现通货膨胀——至于就业和经济增长，不必去管它；为了确保你确实如此行事，你被告知要全心信靠中央银行的措施，诸如以固定比率扩大货币供给；当一种措施未能奏效时，就搬出另一种，比如通胀目标管理。简而言之，当我们的左手似乎是在通过民主向前殖民地中的个人赋权的同时，我们的右手又把它收了回来。[1]

——斯蒂格利茨

　　在各种团体和组织中，巨型公司是其中最具影响的一种，它们行使着权力，它们的管理机构可能比许多镇、市、省或州政府更能够影

---

　　① ［英］卡尔·波兰尼：《大转型：我们时代的政治与经济起源》，冯钢、刘阳译，浙江人民出版社 2007 年版，前言第 8 页。

响人们的生活，因而它们在本质上是一种政治系统。[①] 问题在于，当公司对大量公民产生重要影响但又超脱于他们的民主控制之外时，一种内在的紧张关系就会产生。然而，实际情况是，在民主国家的视野中，大公司宛如那山区中隐现的公国，由超脱于民主决策程序之外的王子们统治着。[②]

——罗伯特·达尔

根据 2006 年联合国发布的一份财富分配报告显示，相较于"冷战"时期，后"冷战"时期的财富分配表现出了更大的不平等趋势。截止到 2006 年，世界上最富有的 1% 的成年人已经占有全世界 40% 以上的财富，而世界上 50% 的成年人仅仅占有全世界财富的 1%。[③] 如果我们将平等而不是自由看作衡量民主的一个更重要的因素，那我们可以非常清楚地看到，第三波民主化并没有把我们带入一个民主的时代，在第三波民主化过程中，民主与平等分离了，由于美国操控的民主理论和民主实践将自由化和资本主义看作民主的本质和经济基础，民主甚至成为压制平等的因素，因为自由民主理论把任何反对资本主义、挑战美国主导的世界政治经济秩序的行为都看作反民主的。按照今天的自由民主观，发达国家的民主化进程就是民众主义的，而我们今天的世界，恰恰开始于一场镇压民众主义的运动。

---

① ［美］罗伯特·达尔：《多元主义民主的困境》，周军华译，吉林人民出版社 2006 年版，第 163 页。

② ［美］罗伯特·达尔：《多元主义民主的困境》，周军华译，吉林人民出版社 2006 年版，第 172 页。

③ http://www.theguardian.com/money/2006/dec/06/business.internationalnews.

## ◇ 第一节　对民主的颠覆和威权主义的兴起

我们今天世界主导的意识形态和第二次世界大战之后二十年黄金时期有很大的不同。可以说它起源于一场对战后体制的颠覆运动。战后体制是一个以劳资妥协为基础的民主主导的体制。这一体制得益于 20 世纪上半叶资本主义缔造的一系列政治、经济、战争危机对资本主义合法性的摧毁，在资本主义丧失合法性的条件下，它要想维持自己的生存就必须与劳工利益妥协。这种妥协主要表现为进行民主的社会主义的改革，即社会民主的建立。然而，资本主义生产方式的核心要素是资本积累，当民主扩张到一定程度时，它会与资本主义生产方式存在的边界形成冲突，这一冲突在发达国家表现为民主超载，在发展中国家表现为民主崩溃，并且发展中国家的民主崩溃会得到发达国家的暗中支持。

无论是民主超载还是民主崩溃，亨廷顿都把它归结为大众参与超过了政府的制度性回应能力。在 1968 年出版的《变化社会中的政治秩序》一书中，亨廷顿把当时亚非拉各国出现的政治衰朽、民主崩溃的原因总结为"政治参与的平等提高过快，其速度远远超过了'处理相互关系的艺术'的发展速度"，"政治制度化的发展落后于社会和经济变革"[①]。而在 1973 年出版的《民主的危机——就民主国家的统治能力写给三边委员会的报告》一书中，亨廷顿同样认为，当时西方发达国家特别是美国遭遇了民主超载现象。在他看来，民主超载的原因在于"平等主义和大众参与的压力在增加，允诺

---

[①] ［美］亨廷顿：《变化社会中的政治秩序》，王冠华等译，上海世纪出版集团 2008 年版，第 4 页。

和期望之间的宏度逐渐加宽"①，民众"对于政府要求的超负载超过了它的反应能力"②。

亨廷顿把发展中国家的民主崩溃和发达国家的民主超载都归结为参与水平超过了政府的回应能力，反映了他保守主义的倾向，即他把资本主义政治经济秩序的稳定性看作比推进民主更重要的事情。在《变化社会中的政治秩序》中，亨廷顿认为在政治制度化尚未成熟的国家推进民主，会使大众参与走在制度化之前，导致政治衰朽。但按照这种观点，在一些政治制度化已经非常成熟的国家，例如美国，是不应该出现民主超载现象的。美国的问题应该是制度化过度以致妨碍了民主发展的问题，然而，当20世纪60年代发生民主与资本主义制度的冲突时，亨廷顿却指责"政府看起来没有能力促使处于战略地位的群众接受牺牲"③。并认为"一种系统民主程度越高，就越有可能遭受内部威胁的危害。如果对民主的威胁不可避免地来自民主过程自身固有的运行方式的话，民主的危机就更有可能发生"④。作为美国学术精英团体"宇宙俱乐部"的会员，在亨廷顿那里，有一条清晰的底线，那就是美国精英集团的利益和由美国主导的国际秩序是必须牢不可破的，如果民主发展有利于扩展这一国际秩序和它背后的利益就支持民主，如果民主发展会形成对这一国际秩序和利益的威胁，就需要遏制甚至颠覆民主。他在给三边委员会的报告中说，"要形成一个稳定的国际秩序并发展我们这些地区之间的合作关系，我们的政治系统的生命力是一个首

---

① ［美］塞缪尔·亨廷顿等：《民主的危机——就民主国家的统治能力写给三边委员会的报告》，马殿军等译，求实出版社1989年版，第22页。

② ［美］塞缪尔·亨廷顿等：《民主的危机——就民主国家的统治能力写给三边委员会的报告》，马殿军等译，求实出版社1989年版，第7页。

③ ［美］塞缪尔·亨廷顿等：《民主的危机——就民主国家的统治能力写给三边委员会的报告》，马殿军等译，求实出版社1989年版，第34页。

④ ［美］塞缪尔·亨廷顿等：《民主的危机——就民主国家的统治能力写给三边委员会的报告》，马殿军等译，求实出版社1989年版，第7页。

要的前提条件"①。亨廷顿政治秩序论的提出，正为美国精英集团在"冷战"期间参与的一系列颠覆民选政府，扶持独裁政府以维护自身政治系统生命力的行为提供了理论基础。

我们知道，在"冷战"期间，以反共为名，美国参与了一系列推翻民选政府的活动。其中较著名的包括 1953 年推翻伊朗民选总统莫萨德，1954 年颠覆危地马拉阿本兹政府，1964 年颠覆巴西古拉特政府和 1973 年颠覆智利民选总统阿连德。除此之外，美国还在亚非拉各国参与扶持独裁政府、遏制民主运动的活动，可以毫不夸张地说，亨廷顿后来总结的第二波民主化回潮很大程度上是拜美国所赐。在当时，亚非拉各国的独裁政府，例如印度尼西亚苏哈托政府、菲律宾的马科斯政府、多米尼加的特鲁希略政府、海地的杜瓦利埃政府、巴西的布兰科政府、阿根廷的昂格尼亚政府、智利的皮诺切特政府等都在政治、经济、军事上得到过美国的支持。然而，在对这一时期威权主义复兴的解释中，来自美国的主流理论从来没有将美国对这些政府的支持作为一个有效变量加以研究。在亨廷顿看来，威权主义复兴是拉美普力夺社会②的必然产物。1978 年，林茨和斯蒂潘主编了一套解释民主崩溃问题的丛书。在这套丛书中，他们淡化了以阶级冲突为基础的结构主义分析，将行为主义作为主要的分析方法，指出民主崩溃的主要原因在于政治行为者不善于处理复杂的利益博弈关系。在其中一本专门研究智利民主崩溃的分册中，林茨等从头到尾没有提及美国参与颠覆阿连德政府一个字，反而指责阿连德的幼稚左倾政策造成了智利政治极权化的加深，使右翼力量被迫反抗。他们对皮诺切特的独裁镇压活动轻描淡写，对基民党放任独裁的态度表示宽容，说它是"为了避免更罪恶的马克思主义的极

---

① ［美］塞缪尔·亨廷顿等：《民主的危机——就民主国家的统治能力写给三边委员会的报告》，马殿军等译，求实出版社 1989 年版，第 1 页。

② 普力夺社会指政治制度化程度低的社会。

权主义，忽视了军事独裁本身对民主建制的长久危害"①。

本书并不否定亨廷顿、林茨等人解释的有效性，只是对他们以发展中国家利益支持者的身份所进行的研究表示质疑。事实上，无论他们赞同秩序优先论还是民主优先论，都是以美国的利益而不是以发展中国家的利益作为出发点的。此外本书还强调的一个观点是，在 20 世纪 60 年代发生的无论是发达国家的民主超载问题还是发展中国家的民主崩溃问题，除了一个政治秩序和大众参与的关系问题，还有一个民主和资本主义的适应性问题，即资本主义在不同的国家对于民主的容纳边界在哪里，因为民主无论表现为大众参与还是竞争性选举最终都要落实到利益再分配之上，这是由民主的平等性所决定的，而利益再分配与资本主义需要维持的结构性不平等之间的冲突才是美国和发展中国家统治精英颠覆民主的根本原因。为了解释这个问题，我们可以分析一下现代化理论的失败过程。在"冷战"初期，一批现代化理论家认为经济发展能够为稳定发展中国家的自由民主制度提供基础。李普赛特在《政治人——政治的社会基础》一书中指出，经济落后和经济不平等是下层民众支持政治极端主义的原因，所以他大力主张美国应该采取帮助发展中国家经济发展和促进社会平等的政策。然而，这一政策在实际执行过程中受到了发展中国家和美国资本势力的干扰，他们无法接受一个社会改革的方案，而只愿意将各种帮助性投资转化为利润。从"冷战"初期设想的通过在发展中国家推动自由民主来维护美国利益到后来美国转变策略开始颠覆民主、在亚非拉各国扶持符合美国利益的军事独裁者，美国外交政策的转变反映了在发展中国家资本主义制度与民主制度的矛盾。从资本与民主矛盾方面解释美国颠覆民主和威权主义的产生，拉丁美洲国家可以作为最好的案例。

美国历来有支持拉美独裁者的传统，在他们传统的拉美政策中，依赖

---

① *The Breakdown of Democratic Regimes*：*Chile*，edited by Juan J. Linz and Alfred Stepan，Baltimore and London：The Johns Hopkins University Press，1978，p. 107.

独裁者控制拉美经济，扶持本土买办精英，保持廉价农矿产品供应符合美国的利益需求。第二次世界大战之后，由于国内左翼民主力量日渐崛起，拉美国内动荡加剧。在这种情况下，拉美国家开始请求美国对其增加经济援助，实施一项类似"马歇尔计划"的援助方案。1954 年，泛美经社理事会在里约热内卢召开会议。拉美国家采取共同立场，向美国提出了一个系统的、量化的援助计划。该计划提出在今后十年或更长的时期内，拉美每年需要输入 10 亿美元的外资，私人资本最多承担 3 亿—3.5 亿美元，其余的 6.5 亿—7 亿美元要由公共资本承担，其中美国的援助最重要。[①] 然而，美国拒绝了这一计划。杜鲁门政府和艾森豪威尔政府在对拉美的经济援助上实行了消极无为的政策，对拉美国家的援助要求置之不理。他们认为拉美最重要的事务是保持稳定，而不是推动改革和进步。为此，艾森豪威尔政府从来不在人权和民权问题上向拉美领导人施压，还把一项殊荣——荣誉军团勋章授予了发动政变推翻民选政府的秘鲁军官曼纽尔·奥德里亚和委内瑞拉军官希门尼斯。同期的美国大使还对多米尼加共和国独裁者特鲁希略和古巴独裁者巴蒂斯塔的残暴统治大加赞赏，称他们是美国的坚定盟友、自由的捍卫者。[②] 然而，1959 年古巴革命为美国在拉美的反动无为政策敲响了警钟。

1959 年元旦，卡斯特罗领导的古巴革命推翻了美国长期支持的巴蒂斯塔独裁统治。巴蒂斯塔 1952 年通过军事政变上台以后，政治上实行独裁统治，解散议会，废除进步的 1940 年宪法，宣布进步政党非法，残酷杀害人民。在他的统治下，古巴经济两极分化严重，富人过着美国百万富翁都难以企及的奢侈生活，而广大下层人民的状况却每况愈下。工人生活水平显

---

① United Nations, *International Co-operation in a Latin American Development Policy*, E/CN.12/359, New York, 1954, pp. 105 – 106.

② ［美］雷迅马：《作为意识形态的现代化——社会科学与美国对第三世界政策》，牛可译，中央编译出版社 2003 年版，第 121 页。

著下降，失业和就业不足的人高达劳动力的 60%。农村中土地兼并十分严重，8% 的庄园占有全国 3/4 的耕地，而数以万计的无地农民沦为非法占地的"自耕农"。正是这种尖锐的矛盾导致了武装革命。① 巴蒂斯塔统治时期的古巴是拉美地区的一个缩影，其他拉美国家同样由于两极分化严重而存在尖锐的社会矛盾。古巴新政府在经济社会领域实行了一系列改革，大大改善了下层人民的生活状况和社会地位，促进了社会公正。革命政权不仅在古巴国内赢得了人民的拥护，而且在其他拉美国家人民的心中激起了强烈的共鸣。在这种情况下，艾森豪威尔不得不承认："有一点我们是知道的：菲德尔·卡斯特罗在许多拉美国家的群众心目中是一个英雄。他们把他看作被践踏的人们的先锋，看作在一多半拉美国家掌握着财富和政府的特权者的敌人。"② 拉美各国人民受到古巴革命的鼓舞，希望在自己的国家也进行这样一场深刻的、彻底的变革，重组社会结构，对社会财富进行公正的分配。在实行了民主化的地区，民众支持主张公平分配和结构改革左翼政党执政，拉美地区开始出现不利于美国利益的变革局势。在 1959 年 6 月 30 日的第 449 次国家安全委员会会议上，赫托指出了拉美面临的严峻形势："多年以来，富人的财富和权力持续增长，而人民的生活水平没有提高。各国普遍存在着贫富悬殊，特别是土地是该地区的严重问题。所以，卡斯特罗革命在南美洲的影响非常显著，一股社会动荡的浪潮正在蔓延"③。

　　鉴于古巴革命对美国在拉美核心利益的影响，1961 年，新上任的肯尼迪总统启动了"争取进步联盟"计划。肯尼迪认为，"冷战"前线已经从亚洲和欧洲延伸到了拉美，共产主义已经来到了美国在"冷战"中的大后方，威胁到了美国在这一地区的传统利益和在全球"冷战"格局中的战略利益。

---

① 郭拥军：《泛美危机与争取进步联盟的形成》，《拉丁美洲研究》2003 年第 2 期。

② ［美］艾森豪威尔：《艾森豪威尔回忆录：白宫岁月（下）：缔造和平》，静海译，生活·读书·新知三联书店 1977 年版，第 592—593 页。

③ 郭拥军：《泛美危机与争取进步联盟的形成》，《拉丁美洲研究》2003 年第 2 期。

"在古巴，共产党已经获得了一个卫星国，建立了一个渗透和颠覆所有拉美国家的基地。"在其他国家，"精力旺盛、竭力鼓噪的共产党人正在利用国内的穷困和动荡，怂恿对美国日益增长的不满，设法把共产党的统治施加到这些国家"①。大选获胜以后，肯尼迪马上组织了"关于当前拉美问题的工作小组"，筹划新政府的政策。该小组在 1961 年 1 月 4 日向肯尼迪提交了报告，指出美国在西半球面临的主要形势是："莫斯科和北京看起来已经达成一致，把通过革命夺取拉美的一部分作为'冷战'的早期目标，这种'冷战'目前在加勒比地区还很活跃。""在美国看来，目前拉美的共产党挑战与富兰克林·罗斯福时代的纳粹法西斯威胁很相似，而且较之更为危险，需要更大胆、更富想象力的回应。"② 争取进步联盟正是这种"更大胆、更富想象力的回应"。肯尼迪及其智囊团普遍认为，"冷战"来到西半球的根本原因是拉美的经济和社会问题。不发达的经济、贫富悬殊的社会状况是动荡的根源，为共产主义的扩张和苏联的渗透创造了条件。所以，美国必须提供大量的经济援助，帮助拉美国家发展经济，改善社会状况。这样才能避免拉美国家爆发革命"使拉美不可避免的、必要的社会变革脱离海外的共产党国家、防止被其利用"③。

　　争取进步联盟是一个内容全面、有着具体目标的援助计划。该计划的目标是拉美国家在十年之内人均国民收入的增长率要达到 2.5%，同时"通过更平等的国民收入分配，使经济的进步惠及经济和社会群体的所有公民，较快提高更贫穷人口的收入和生活水平"。为此，美国政府承诺提供大量公共资金。在埃斯特角会议开幕式上，美国代表团团长、此时已任肯尼迪政府财政部长的迪龙宣布，美国将在联盟计划的第 1 年（即 1962 年 3 月之前）提供 10 亿美元。《埃斯特角宪章》第 4 章"支持国家发展计划的外部援助"

---

① Kennedy Library, *Pre-Presidential Papers*, Box 913.

② *FRUS*: *1961 – 1963*, Vol. XII, pp. 9 – 10.

③ *FRUS*: *1961 – 1963*, Vol. XII, pp. 9 – 10.

规定："美国将援助那些发展计划中制定了自助措施、经济社会政策和计划与本宪章的目标和原则相一致的参加国。作为这类国家内部努力的补充，美国将与来自其他外部渠道的预期援助一道分配资金，这些资金在范围和规模上将足以实现本宪章设想的目标。"①

然而，尽管高调标榜援助，"争取进步联盟"却因为投资需求与社会改革的冲突而鲜有成就。② 在拉美领导人签署争取进步联盟宪章仅一年之后，《展望》杂志就评论道："在近期的记忆中几乎没有一个伟大计划是争取进步联盟这般情形：启动时被寄予如此大的期望，又如此之快地沦为笑柄。"③ 1963 年 10 月 7 日，《美国新闻与世界报道》刊发的一篇题为《争取进步联盟有多少进步?》的文章指出，"尽管该计划向 19 个拉美国家投入了大约 10 亿美元，但在许多方面，世界的这个重要部分却比一年前变得更糟了"④。究其原因，文章认为，美国向拉美的投资还比不上其从拉美赚取的利润。文章为"争取进步联盟"算了两笔账。第一笔账是美国从拉美掠夺的利润。根据巴西驻瑞士大使小阿弗拉尼乌·德梅卢·弗朗库援引美国官方数字所作的统计，近六年来，美国对拉丁美洲的新投资为 30 亿 5000 多万美元，同期汇回本国的利润和股息达 43 亿 9700 万美元。第二笔账是美国在拉丁美洲贵卖贱买的剥削。在 1961—1962 年，由于美国压价，拉丁美洲各国向美国输出的商品价格比 1953 年下跌了 20%，而美国输往拉丁美洲的商品却上涨了 10%。结果拉丁美洲国家损失了 17 亿美元。据《巴西日报》报道，由于

---

① Pan American Union, "Alliance for Progress: Official Documents Emanating from the Special Meeting of the Inter-American Economic and Social Council at the Ministerial Level", OEA/Ser. H/XII. 1, Rev. 2, p. 12.

② 章叶：《"争取进步联盟"——美国奴役和掠夺拉丁美洲的新工具》，《经济研究》1961 年第 11 期。

③ ［美］雷迅马：《作为意识形态的现代化——社会科学与美国对第三世界政策》，牛可译，中央编译出版社 2003 年版，第 158 页。

④ ［美］雷迅马：《作为意识形态的现代化——社会科学与美国对第三世界政策》，牛可译，中央编译出版社 2003 年版，第 158 页。

同一原因，从 1955 到 1960 年，拉丁美洲国家的损失达 80 亿美元。如此这般，美国从拉丁美洲刮走的已大大超过它给"争取进步联盟"的 23 亿美元。文章还具体分析了美国投给争取进步联盟的 23 亿美元，认为这些投入根本不是真的投入。第一，这笔款子并不是美国大老板掏腰包拿出来的，大部分是过去的到期贷款和利息的再次贷借，也就是美国放高利贷收回的债款；第二，这笔款子不能用当地货币归还，必须以美元偿还；第三，这笔贷款只有三分之一是用于发展工作的，其余三分之二都用于还账；第四，即使是这三分之一的"发展"费用，还得规定 80% 以上将用于美国，即购买美国的货物和支付美国的劳务；第五，那余下来的 20% 的"发展"费用，实际上的支配者也是美国垄断资本的代理人，他们在分配中故意把贷款拨给一些与美国资本有联系的，或有美国资本参加的拉丁美洲的公司。自然不必怀疑，这笔钱通过这条渠道又回到了美国大老板的手里。[①]

除了美国实际并没有向"争取进步联盟"进行有效投资之外，"争取进步联盟"失败的另一个很重要的原因就是联盟所依托的力量——美国和本土精英（无论是国内资本还是国外资本）与这一联盟的社会改革目标存在矛盾。联盟宪章提出要制订发展计划促进外来投资，但对美国企业来说，关于施行社会公正、土地改革和收入再分配的方案使他们投资拉美的兴趣大减。此外，拉美本地的掌权者也拒绝发动社会、政治和经济的重构。由于寡头和那些脆弱的民主政体没有履行其支持公共福利计划的承诺，而且继续压制政治反对派，所以联盟的金钱并没有能够促进社会公正，只是帮助精英进一步把权力集中在自己手中。[②]

"争取进步联盟"的挫折反映了发展中国家民主化面临的一个普遍困境：资本主义与民主的适应性。民主的本质是按照多数的需求分配利润。

---

① 烽林：《"争取进步联盟"有多少进步？》，《世界知识》1963 年第 23 期。

② ［美］雷迅马：《作为意识形态的现代化——社会科学与美国对第三世界政策》，牛可译，中央编译出版社 2003 年版，第 165 页。

所以，民主与资本主义的高度适应性往往只发生在具有垄断性市场份额的发达国家。对于大多数发展中国家而言，由于处于不合理的国际交换格局之下，它们的资产阶级往往需要依附于国际资本才能发展，在依附性发展的条件下，资本积累的大部分利润首先被外资分割，因此，发展中国家政治经济精英可供分配的利润剩余有限。利润的有限性又加剧了生产的集中性，能够进行国际资本交换的生产性土地、资源在发展中国家大量聚集于少数地主和资本家手中，这使发展中国家一旦发生真正的民主化运动，必然会造成大众和精英的深刻矛盾，发展中国家的民主很容易发展成为反对国内外资本勾结的民族主义和民众主义运动。这一点在拉丁美洲第二波民主化过程中表现得也最为明显。

在第二次世界大战后的拉丁美洲，民选政府具有发展为反美的民众主义政府的倾向。所谓"民众主义"①，简单地说，"就是国家的多数人（工人、农民、中产阶级等）参加政党或社会组织，并通过这些政党和组织，在有个人魅力的领导之下积极参与国家的政治活动，以谋求自己阶级的利益的政治制度"②。民众主义一般反对独裁，主张搞多党制的民主政治；它对内强调各阶级合作，主张实行某些改革和改良措施；对外主张反对帝国主义、争取和维护民族独立，因而具有民族主义倾向；它声称既不要"帝国主义的资本主义"，也不要"极权主义的共产主义"，而要走"民族主义的资本主义"的道路。③ 西方学术界提到民众主义，往往把其看作民主的反面，本书倾向于罗伯特·达尔的观点，将民众主义看作一种平民主义的民主形式，它"假定人民主权和政治平等是唯一的民主目标"④，因此，往往

---

① 大部分文章将民众主义翻译为民粹主义，本书倾向于称之为民众主义。

② 苏振兴主编：《拉美国家现代化进程研究》，社会科学文献出版社 2006 年版，第 336 页。

③ 徐世澄：《拉丁美洲政治》，中国社会科学出版社 2006 年版，第 15—16 页。

④ ［美］罗伯特·达尔：《民主理论的前言》，顾昕、朱丹译，生活·读书·新知三联书店 1999 年版，第 61 页。

代表了多数人的利益，并遭到少数精英的反对和不满。在拉丁美洲，墨西哥的拉萨罗·卡德纳斯（1934—1940 年）、阿根廷的胡安·多明各·庇隆（1946—1955 年，1973—1974 年）、巴西的热图利奥·瓦加斯（1930—1945 年，1951—1954 年）、厄瓜多尔的何塞·马里亚·贝拉斯科·伊瓦拉（1944—1947 年）、秘鲁的维克托·阿亚·德拉托雷［于 1924 年创建阿普拉党（APRA）］、玻利维亚的维克托·帕斯·埃斯登索罗（1952—1956 年，1960—1964 年）等是这一时期民众主义政权的代表。[①]

战后拉美的民众主义政府，由于推行进口替代主义工业发展路线并进行广泛的社会改革，触犯了美国和拉美既得利益集团的利益，最终被二者联手颠覆。自 1964 年巴西发生军事政变建立军人政府开始，在十多年的时间里，拉美先后有十多个国家发生军事政变，建立了军人政府，如玻利维亚（1964 年）、阿根廷（1966 年和 1976 年）、秘鲁（1968 年）、巴拿马（1968 年）、厄瓜多尔（1972 年）、智利（1973 年）和乌拉圭（1973 年）等国。这些军事政变背后都有美国政府的武力和政治支持，造成了极为恶劣的影响。其中最臭名昭著的两次是对危地马拉和智利的干预。

危地马拉从 1931 年起建立了以豪尔赫·乌维科为首的亲美独裁政权。在其长达 13 年的执政时间里，乌维科大肆地出卖国家利益，特别是为美国果品公司提供了一切便利和剥削条件，使其成为危地马拉的国中之国。1944 年危地马拉不同阶层联合起来推翻了乌维科的独裁统治。1944 年的危地马拉革命的重要成果就是建立了民选政府。在 1944 年 12 月举行的危地马拉大选中，胡安·何塞·阿雷瓦洛当选独裁政权被推翻后的第一位民主总统。他也是这个国家历史上第一位经过直接选举产生的总统。阿雷瓦洛上任后进行了一系列的改革，例如推动起草新宪法、通过社会保障法和劳工法以及石油资源法等。通过一系列改革，危地马来的国家权益得到基本维护，

---

① 林被甸、董经胜：《拉丁美洲史》，人民出版社 2010 年版，第 331 页。

工人的权益得到基本保障。但是其改革措施触及了美国在危地马拉的核心利益，因此两国之间的关系由此开始恶化。例如在1949年，美国驻危地马拉大使理查德·派特逊就积极策划并参与阴谋推翻阿雷瓦洛的政变行动。到1950年，阿雷瓦洛总统的六年任期已完，危地马拉再一次举行总统选举。曾在阿雷瓦洛政府中担任国防部长的哈科沃·阿本斯·古斯曼以绝对多数票当选危地马拉的新一届总统。阿本斯上任后在继承前任总统的基础上，进一步地推动了改革。阿本斯在就职演说中说，他决心把危地马拉从一个半殖民地经济附属国变成为一个经济上独立的国家，把一个封建经济占优势的危地马拉变成一个现代化资本主义国家；他许诺说，他将尽力提高人民的生活水平，提供更好的福利，使危地马拉成为繁荣的国家和民主的典范。同时，阿本斯顺应人民的要求，提出了逐渐把危地马拉从美国资本的控制下解放出来和进行土改、大力发展农业的两大任务。[1] 在国内坚持维护民族利益、摆脱美国控制的同时，在外交政策上阿本斯总统也体现了独立性。阿本斯总统在内外政策上的强硬立场，进一步引起了美国的警惕和恐慌。两国的关系加速恶化。此后美国艾森豪威尔政府决定采取行动，颠覆阿本斯政府。颠覆计划分为两步：第一步，通过美洲国家组织，采取多边行动，先催促该组织在即将举行的加拉加斯会议上发表一项明确禁止在西半球建立共产主义政权的声明，在拉美制造反共舆论；然后鼓励危国内反共力量行动起来，分化瓦解阿本斯政府，直至垮台。这是上策。如这一步计划不能成功，第二步则采取单边行动，由中央情报局秘密组织武装人员颠覆阿本斯政府。[2] 此后美国就按照这一既定方针阴谋推翻阿本斯政府。首先就是在1954年在委内瑞拉召开的美洲国家组织会议上，美国通过对其他国家的威逼利诱，顺利通过了《维护美洲政治完整和反对国际共产主义干

---

① 徐世澄：《帝国霸权与拉丁美洲：战后美国对拉美的干涉》，世界知识出版社2002年版，第30页。

② 洪育沂主编：《拉美国际关系史纲》，外语教学与研究出版社1996年版，第210页。

涉》的决议。通过此决议，美国获得了干涉危地马拉政局的合法性。没过多久，美国就发动了对危地马拉的武装干涉。在美国的支援下，流亡海外的反政府头目阿马斯组织雇佣军发动对危地马拉的入侵。最后在多种因素的综合作用下，阿本斯总统被迫辞职。独裁头子阿马斯上台，恢复了美国在危地马拉的既得利益，至此危地马拉的民主进程遭遇巨大挫折。

另一个案例就是美国在 20 世纪 70 年代对智利政府的政治干预。1973年，以阿连德为首的智利民选政府被以皮诺切特为首的军人政府所取代。从此智利进入了长达 8 年的军人独裁体制。这次震惊世界的军事政变在其背后也不缺少美国的参与。1977 年，美国总统尼克松承认美国卷入了智利军事政变，他解释的原因是："对于美国的安全来说，智利的右派独裁要比左派民主强。"① 应当说，从阿连德开始参与竞选总统，到总统任职，再到被军政府推翻，美国都全程参与。由于美国担心阿连德上台后，会危及美国的利益，所以美国从阿连德竞选伊始就希望通过大力资助其竞争对手基督教民主党来阻止阿连德的上台。初期的两次竞选中效果显著，成功阻止了阿连德的执政。但是在 1970 年的竞选中，情况发生了变化。阿连德获得最高票数，但是由于未过半数，所以必须要与他票数接近的一位候选人进行议会选举，来决定总统人选。美国为此不惜发动军事政变来阻止阿连德的当选。但是事与愿违，由于一些偶然事件，阿连德还是如愿当选。在阿连德上台之后，美国通过在经济上打压和资助反对派的方式继续给阿连德政府制造麻烦。例如在经济上停止美国对智利的援助。美国停止了每年达 2000 万美元的对智经济援助；美国利用政策的影响，鼓动美国私人银行减少和停止对智利提供短期贷款，使这种贷款的数量从 1970 年秋天的 2.2 亿

---

① 徐世澄：《帝国霸权与拉丁美洲：战后美国对拉美的干涉》，世界知识出版社 2002 年版，第 69 页。

美元剧减到 1972 年的 0.32 亿美元。[①] 在资助反对派方面更是不惜代价。中央情报局对智利基督教民主党、民族党等党派、组织及其所控制的报纸、电台等提供资助，鼓动和帮助他们从事反对阿连德政府的活动，1970—1973 年的资助额至少有 650 万美元，仅对反对派报纸《信使报》的资助就有 150 万美元。[②] 美国多管齐下的打击方式，给阿连德政府造成沉重的压力。这一系列措施所造成的严重后果也为后来皮诺切特的军事政变提供了借口。对于发生在智利的军事政变，美国也都是了如指掌，并且美国在智利的中央情报局的人员也间接参与了这次政变。军事政变后，美国对待智利政府的态度也发生了一百八十度的转弯，通过多种方式资助和扶持军政府。1974 年 2 月，由美国等西方发达国家组成的巴黎俱乐部重新安排了智利 1973 年和 1974 年的到期债务，规定智利只需支付到期债务的 5%—10%，剩下的可以延期支付。世界银行在智利债务得到重新安排的当月就向智利提供了一笔 525 万美元的贷款，国际货币基金组织随后向智利提供了 9500 万美元的贷款，进出口银行也恢复了对智利提供信贷。[③]

从以上案例我们看到，拉美第二波民主化的崩溃和威权主义的复兴正是美国干预的结果，而美国干预拉美民主很大的原因是民主在拉美有必然发展为社会主义运动的倾向。对此，拉美研究专家曾昭耀评论说："在拉美国家内部，面对日益尖锐的阶级矛盾和社会冲突，西方代议制民主只会给代表广大民众阶层利益的政党提供获取政权的机会。在这种情况下，统治

① 徐世澄：《帝国霸权与拉丁美洲：战后美国对拉美的干涉》，世界知识出版社 2002 年版，第 79 页。

② 徐世澄：《帝国霸权与拉丁美洲：战后美国对拉美的干涉》，世界知识出版社 2002 年版，第 77 页。

③ 徐世澄：《帝国霸权与拉丁美洲：战后美国对拉美的干涉》，世界知识出版社 2002 年版，第 84 页。

阶级不得不转换统治手法，放弃代议制民主制度而采用军人的暴力统治。"①
尽管亨廷顿等更愿意强调威权主义的兴起是为了治理民主造成的混乱局势，
但对比今天自由民主在很多国家造成的混乱局势并没有得到美国的干预，
我们可以认为，当时美国之所以颠覆民主，是因为民主代表了它不愿意看
到的社会主义力量的崛起。对此，罗伯特·达尔曾公允地评价："阿根廷庇
隆政权试图做过去的任何政权都未曾做过的事情，将劳动阶层融入阿根廷
的经济、社会和政治生活。庇隆主义过去、甚至今天都象征着政治体制对
劳动阶层的完全包容，尽管庇隆主义会赋予独裁政权合法性，但却否定任
何歧视或排斥劳动阶层及其代言人的制度的合法性。"②

## ◇ 第二节　第三波民主化：以民主之名的 自由化进程

在上面我们提出，在 20 世纪六七十年代发生的发达国家的民主超载和
发展中国家的民主崩溃问题，政治秩序与大众参与的冲突是问题的表象，
更根本的原因是民主与资本主义的适应性问题，即资本主义在不同的国家
对于民主的容纳边界在哪里，因为民主无论表现为大众参与还是竞争性选
举最终都要落实到利益再分配之上，这是由民主的平等性所决定的。尽管
资产阶级在反封建的过程中举起了自由和民主的旗帜，在这个意义上，资
本主义的产生为现代民主的兴起创造了前提，但资产阶级的阶级利益决定
了它并不是民主扩展的支持力量。在资产阶级确立了自己的统治地位之后，

---

① 苏振兴主编：《拉美国家现代化进程研究》，社会科学文献出版社 2006 年版，第
380 页。

② ［美］罗伯特·达尔：《多头政体：参与和反对》，谭君久等译，商务印书馆
2003 年版，第 145 页。

它就从民主的支持者变成了反对者，它矢志不渝想做的事就是将民主限定在一定的范围之内。资产阶级首先想到的是限制民主运行的主体，即限制普选权，在普选权无法限制的情况下，他们会想办法限制民主运行的客体，即将民主限制在政治领域，将经济领域和社会领域排除于民主规范之外。由于资本主义与民主存在着冲突，所以在资本主义制度范围内，民主是扩张还是收缩就取决于资产阶级和劳工阶级（包括中产阶级和无产阶级）的力量对比。我们在第四章已经论证了发达国家的民主化进程就是劳工力量不断积蓄，社会主义和民主运动重合并共同遏制资本主义的过程，这一过程在资本主义经济危机和两次世界大战的冲击下达到了最顶点，民主原则遏制了资本积累原则，发达国家建立了社会民主制度。然而，力量对比是不断变化的过程，苏联建立的反民主的社会主义模式首先为资产阶级在概念上将民主与社会主义脱钩创造了条件，自由民主对社会民主的反制是资产阶级反制民主的理论基础。在实践中，新保守主义在政治领域的兴起是资产阶级反制民主的第二步。新保守主义在发达国家首先表现为主张对民主超载进行反攻的政治理念，随着里根、撒切尔上台联手掀起反对福利国家的浪潮，新保守主义获得了在发达国家将政治理念转换为政治经济社会政策的机会。新保守主义在发展中国家表现为由美国操控的"国家民主基金会"、"自由之家"、世界银行和国际货币基金组织等机构向发展中国家推荐的自由主义民主理念和新自由主义结构改革方案，这些政治理念和方案被作为民主的同义词随着第三波民主化推广到发展中国家，对于这一过程原因和结果的分析是本章的主要内容。

## 一 民主自由化：美国参与推动"新自由主义民主"

分析第三波民主化不能脱离第二波民主化在发展中国家崩溃的原因。因为在实践中发生的真实事件是，无论是第二波民主化的崩溃还是第三波民主化的兴起都得到了美国的支持，如果在这两者之间民主所秉承的理念和民主实践的结果没有一定的差异，那就无法合理解释美国对不同时期民主化态度的差异。莱斯利·贝瑟尔（Leslie Bethell）评价发生于第二次世界大战后拉美的一系列军事政变时指出，"政变不仅在于推翻一个政权，而且在于推翻一个时代，推翻一个民众主义的时代"[1]。因此，政变本质上想要颠覆的不是一个自由政府，而是一个民众政府。对美国而言，它对军事政变和独裁政府的支持基于一个特殊的历史时期，在这一时期内，民主并没有在实践中与社会主义脱钩，民主会导致不利于资本主义发展的政策和领袖人物产生。"美国之所以大力支持并直接卷入推翻阿连德的行动，是因为阿连德的民主社会主义政府代表了一种制度挑战，代表了一种为美国所不能接受的生产模式。"[2] 对此，乔治·凯南坦承："那里（拉美）民主政府太软弱以至于不能抵御共产主义攻击，我们必须承认政府压制是唯一的选择。"[3] 对于政变发生国而言，既得利益者也无法承受一个民众主义政府对其利益的限制和剥夺，他们需要在经济发展过程中把大多数人的利益屏蔽在外。

在最具代表性的威权主义研究著作《现代化和官僚威权主义：南美政治研究》一书中，吉列尔莫·奥唐奈指出，在拉美各国，"现代化产生的持续增长的平民政治参与率，这导致大多数有产群体将平民政治要求视作对于诸多现存社会安排之存亡的严重威胁。对于阶级结构、权力分布以及这些国家的国际阵营归属尤其如此。由此产生的两级对立促使大多数有产群体和利益相关国家（例如美国）在接受一个政治解决方案上团结一致。该

① Leslie Bethell, *The Cambridge History of Latin America* ( Volume VIII), N. Y.: Cambridge University Press, 1991, p. 361.

② James Petras and Morris Morley, *The United States and Chile: Imperialism and The Overthrow of The Allende Government*, N. Y.: Monthly Review Press, 1975, p. 6.

③ Abraham F. Lowenthal, Gregory F. Treverton, *Latin America in a New World*, Boulder: West View Press, 1994, p. 34.

解决方案据推测将通过政治上排除平民群体而消除那些威胁"①。在他看来，"官僚威权主义产生于平民群体及其同盟的巨大失败"②。"威权主义是一个政治上排除以前被激活的贫民群体的体制，在试图消除其以前在全国政治舞台上活跃作用的情况下，平民群体受到严格的控制。通过摧毁或夺取支持这种激活的资源（特别是那些体现在阶级组织和政治运动中的资源），这种政治排除得以实现。"③ 政治上对贫民群体的排斥是为了阻止其对利益的分享，因此，"官僚威权主义也是一种经济上排除贫民群体的体制，因为它推动的那种资本积累模式高度地向有利于大的垄断性私人资本单位和某些国家机构倾斜。原来就存在的社会资源的不平等因而极大地提高了。它相符于并促进生产结构的日益跨国化，就它在该国所行使的权力的领土范围内被包含的程度而言，这导致了社会更进一步的去国有化"④。

吉列尔莫·奥唐奈与亨廷顿关于威权主义分析的最大不同点在于，亨廷顿仅从政治秩序的角度探讨了威权主义甚至军事独裁的合理性。亨廷顿特别突出了普力夺社会的混乱性。在他看来，普力夺社会的政治参与是无序的，"各个团体是八仙过海，各显神通。富人行贿、学生造反、工人罢工、暴民示威、军人搞政变。由于缺乏公认的程序，政坛上发生诸如此类的直接行动是司空见惯的"⑤。亨廷顿把各种政治势力参政看作政治缺乏制度化的表现，他认为，"在普力夺社会，这些团体之所以更加'政治化'，

① ［阿］吉列尔莫·奥唐奈：《现代化和官僚威权主义：南美政治研究》，王欢等译，北京大学出版社 2008 年版，第 56 页。

② ［阿］吉列尔莫·奥唐奈：《现代化和官僚威权主义：南美政治研究》，王欢等译，北京大学出版社 2008 年版，第 188 页。

③ ［阿］吉列尔莫·奥唐奈：《现代化和官僚威权主义：南美政治研究》，王欢等译，北京大学出版社 2008 年版，第 190 页。

④ ［阿］吉列尔莫·奥唐奈：《现代化和官僚威权主义：南美政治研究》，王欢等译，北京大学出版社 2008 年版，第 191 页。

⑤ ［美］亨廷顿：《变化社会中的政治秩序》，王冠华等译，上海世纪出版集团 2008 年版，第 178—179 页。

乃是由于缺乏有效的政治制度去调停、升华、缓解各团体的政治行动。在普力夺制度下各种势力相互赤裸裸地对抗，没有什么政治制度也没有一批职业政治领袖被公认或接受为调节各团体之间冲突的合法中介。"① 从上述分析我们可以看到，亨廷顿对无序性的强调是一种制度主义而不是结构主义的视野，这一视野有利于论证威权主义复兴的必要性和合理性，但却没有揭示问题的实质。

在普力夺社会，之所以各种势力都不遵守制度规则，表现出政治化的倾向，不是因为没有一个被各方接受的政治制度，而是因为在制度之内，无法形成一个被各方都接受的利益分配方案。如哈特林所言，在拉丁美洲，制度共识性分歧并不严重，西方议会民主制的传统是非常悠久的。"拉美各国与美国一样都拥有现代世界历史上最悠久的和从未中断过的共和国的经验，作为治理国家及和平地解决冲突的最佳制度安排的民主合法性乃是拉丁美洲独立以来政治文化遗产的核心。"② 然而，尽管拉美具有信仰代议制民主的传统，但却不具有运行代议制民主的条件，因为拉美的社会经济结构是非民主的，严重的社会经济不平等导致"每当阶级斗争的形势危及统治阶级的安全的时候，威权主义的力量就会从政治舞台的后台跳到前台，成为一种现实的力量"③。这种非民主的社会结构只有经历一场真正触及社会结构的民主变革才能为民主政治运行提供适当的社会基础，但每当拉美民主运动深入到结构层面时，既得利益集团就会在美国的支持下跳出来以武力的方式中断民主进程。亨廷顿的政治秩序论恰恰掩盖了普力夺社会参与集团背后的利益差异，因此，在他那里，威权主义复兴是一个对各个群

---

① ［美］亨廷顿：《变化社会中的政治秩序》，王冠华等译，上海世纪出版集团2008年版，第178—179页。

② 苏振兴主编：《拉美国家现代化进程研究》，社会科学文献出版社2006年版，第387页。

③ 苏振兴主编：《拉美国家现代化进程研究》，社会科学文献出版社2006年版，第386页。

体都有利的事情，各个群体都是政治秩序恢复的受益者。而吉列尔莫·奥唐奈与亨廷顿不同，他明确指出："拉丁美洲的民主制度，是在以农村的占有土地者和城市的工业精英人物为一方，以要求取得权力和平均分配收益的平民运动为另一方的激烈冲突中崩溃的。"而"威权主义是压制平民利益的产物，它代表了有产阶级和跨国利益集团的利益。官僚威权主义的政治体制需要关闭进入政府的民主渠道。更一般的，它需要关闭表达贫民和阶级利益的渠道。这样的渠道被局限于那些居于大型组织（公共的和私人的）、特别是军队的和大型垄断企业顶端的人"①。

从以上分析我们可以看到，在发展中国家，事实上一直缺乏一个适合民主运行的相对平等的社会结构。在第三波民主化研究中，亨廷顿也不得不承认，"在某种程度上，民主的前提是多数统治，在由生活一贫如洗的多数对抗一个富可敌国的寡头集团这样一个集中体现了不平等的环境中，民主是举步维艰的"②。这个观点其实可以归结为，一个中产阶级占多数的纺锤形社会，是民主得以稳定运行的前提。而中产阶级如何产生，今天大多数主流研究成果都试图建立这样一个因果关系：市场经济促进经济发展，经济发展最终会导致收入分配的公平。关于经济增长与收入分配的关系，库兹涅茨提出的"倒 U 曲线"假说是被普遍接受的结论。"倒 U 曲线"论述了如下一种观点，即：随着经济发展而来的"创造"与"破坏"改变着社会、经济结构，并影响着收入分配。在经济未充分发展的阶段，收入分配将随同经济发展而趋于不平等。其后，经历收入分配暂时无大变化的时期，到达经济充分发展的阶段，收入分配将趋于平等。然而，事实上，库兹涅茨"倒 U 曲线"理论只是截取了发达国家片面的数据经验作为推论基

---

① ［阿］吉列尔莫·奥唐奈：《现代化和官僚威权主义：南美政治研究》，王欢等译，北京大学出版社 2008 年版，第 191 页。

② ［美］亨廷顿：《第三波——20 世纪后期的民主化浪潮》，刘军宁译，上海三联书店 1998 年版，第 60—61 页。

础的假说，这一假说把收入平等分配看作经济发展到一定阶段必然会发生的结果，他忽视了一个重要的问题，即经济发展和收入分配是两个层面的问题，单纯的经济增长并不会自动导致收入的合理分配，收入合理分配必须经历一个下层社会抗争的过程，并且这一抗争的结果取决于期待再分配的阶层与反对再分配的阶层之间的力量对比，而力量对比的决定因素则包括各种社会和意识形态条件。如果民主这一在发达国家再分配过程中扮演重要角色的理念在第三波民主化过程中被解构了所有遏制资本利益的内涵，那么它便很难在发展中国家再分配中扮演发达国家历史上曾经扮演的角色。此外，更重要的一个问题是，在资本主义生产逻辑内，经济发展的目标是服务于资本积累而不是全世界人民更好的生活，资本主义生产方式是竞争性的而不是共生性的，这决定了在资本主义世界体系内，后发国家的经济发展不可避免会损害发达国家的既得利益，并遭到发达国家的反对，这种先发国家与后发国家的竞争关系在历史上曾引发世界性和地区性的战争，为了在未来避免这种战争，需要最大程度维持一种资本流向世界、利润流向西方的结构。

正因为发展中国家的民主巩固面对着国际和国内利益再分配的双重困境，所以发展中国家的民主要想得到发达国家和国内资本集团的支持，需要以民主的自由化为前提。在未解决民主自由化问题之前，发展中国家的第二波民主化实践被国内外资本精英联手颠覆了。与第二波民主化不同，在第三波民主化中，民主自由化问题在理论和实践上都得到了解决，因而，第三波民主化得到了发达国家的支持。民主自由化解决了民主与资本主义之间的冲突问题，民主从一个遏制资本主义的因素变成了推动资本全球扩张的因素。与民主自由化同时发生的还有民主的去平等化，民主去平等化解决了精英对民主的接受问题。卡莱斯·鲍什在《民主与再分配》一书中提出过一个重要观点，即民主巩固的前提有两个：一是收入相对平等，在相对平等的社会，精英面对的再分配压力较小，因而更容易接受民主制度；

第二，资本流动性的增强。资本流动性增强，可以使惧怕再分配的精英将资产转移，这样资本就掌握了抗拒再分配的筹码。"在发展中国家民主的稳定需要以资本能实现自由流动为前提，如果资本不能流动逃避税收，那无论外资还是本土资本都会抵制民主制的引入"，"因为富人和穷人之间的巨大差距促使富人限制普选权利，以避免完全民主制带来的再分配后果，除非资产流动性遏制了穷人没收富人财产的可能"①。事实也证明，在新自由主义改革启动新一轮全球资本流动之前，美国对发展中国家威权主义的兴起采取了放任甚至支持的态度。而新一轮民主化的启动也是与资本全球化同步的，但这也意味着精英对民主的接受以民主对精英利益威胁的减小为前提。

在自由民主范式主导的第三波民主化实践中，民主转型普遍被看作一个政治民主化和经济自由化同时开展的过程。在这一过程中，经济自由化被作为政治民主化的经济基础，资本主义被看作民主的和谐共生体，它们之间彼此依存，没有矛盾。然而，在发达国家民主化历史中，资本主义与民主之间却矛盾重重。基于资本主义与民主在不同时期表现出的不同关系，海基·波多马克（Heikki Patomaki）教授指出，问题的根源在于第三波民主模式与第二波民主模式的差异。第二波民主化的民主是一种社会民主模式，而第三波民主化的民主却是一种新自由主义的民主模式。"在新自由主义民主模式中，私有财产权是首要价值。民主的核心因素是经济自由，而只有自由市场能够提供经济自由，因此商品化便成为民主化的核心目标。对于社会民主模式而言，福利国家提供民主化的制度模式，民主化的最终目标是民主社会主义的实现。"② 在阐释第三波民主模式的特征时，波多马克还

---

① ［美］卡莱斯·鲍什：《民主与再分配》，熊洁译，上海世纪出版集团 2011 年版，第 219 页。

② Heikki Patomaki，"Democracy Promotion：Neoliberal VS Social Democracy Telos"，in Christopher Hobson and Milja Kurki，*The Conceptual Politics of Democracy Promotion*，New York：Routledge，2012，p. 85.

提醒人们注意第三波民主化的过程，这一过程与新自由主义推进的过程重合，"在新自由主义运动主导下，第三波民主化进程与新自由主义新世界秩序在全球的扩展形成了合奏"①。在二者合奏的前提下，"许多自发的民主化运动后来发现得到了美国的外部支持"②。

美国参与第三波民主化的原因，一是迫于发展中国家大众的民主化需求压力，以消除自己曾作为独裁政府支持者的不良影响；二是希望民主化的内容不违背美国的利益，并保证符合自己利益需求的领导人在民主化中成功当选。这两点原因，也恰恰构成了卡特、里根政府外交政策转向的动机。为了应对发展中国家民主化运动的压力，消除美国支持独裁的负面形象，卡特政府启动了人权外交，并在外交过程中与独裁者反复交涉，达成妥协。为了保证民主化过程符合美国的利益，里根政府启动民主促进行动，建立美国国家民主基金会，支持反共组织和异见人士，并帮助自己支持的候选人赢得大选。"当这些候选人和异见者成功取得政权，就在美国的指导下制定全方位的新自由主义重建计划。在国家治理许多方面迅速国际化的情境下，这些计划将国家和社会卷入私有市场，将国家发展方向锁定于经济自由主义，最终缩减了政治和民主自决的领域。"③ 于是，在第三波民主化过程中，"新自由主义和自由民主化运动交织在一起变成一个全方位的去政治化的过程。在这一过程中，美国主导的世界银行和国际货币基金组织

---

① Heikki Patomaki, "Democracy Promotion: Neoliberal VS Social Democracy Telos", in Christopher Hobson and Milja Kurki, *The Conceptual Politics of Democracy Promotion*, New York: Routledge, 2012, p. 89.

② Heikki Patomaki, "Democracy Promotion: Neoliberal VS Social Democracy Telos", in Christopher Hobson and Milja Kurki, *The Conceptual Politics of Democracy Promotion*, New York: Routledge, 2012, p. 89.

③ Heikki Patomaki, "Democracy Promotion: Neoliberal VS Social Democracy Telos", in Christopher Hobson and Milja Kurki, *The Conceptual Politics of Democracy Promotion*, New York: Routledge, 2012, p. 89.

直接控制了许多第三世界主权国家的经济政策"①，这些政策表现为新自由主义市场化、私有化、自由化等一系列结构性改革方案。

关于新自由主义民主的性质，我们可以从新自由主义理论家哈耶克、弗里德曼等人的观点和行为中得到启示。哈耶克和弗里德曼是自由主义的支持者。但对于民主，他们的态度是功利主义的。当民主与自由发生矛盾时，他们是民主的反对者，当民主与自由表现一致时，他们又以民主推动者的面目出现。在他们眼中，反共永远是比民主重要的目标，所以他们很容易接受威权主义，并乐于为与美国立场保持一致的任何威权主义政府提供政治、经济和理论的支持，并与独裁者保持友好的关系。1962 年，哈耶克曾将自己出版的著作《自由宪章》送给葡萄牙独裁者萨拉查，并在附言中写道："这本关于宪法新原则的导言性随笔可以助他一臂之力，制定出一部能抵制滥用民主的宪法。"② 对于智利独裁者皮诺切特，哈耶克和弗里德曼都大为赞赏，认为他反共有功，并指导皮诺切特在智利进行最早的新自由主义经济实践。自从 1973 年的军事政变颠覆民选政府，智利就成为一个政治上独裁、经济上采用"货币主义"政策的典范国家，而其"货币主义"政策就是靠重用一批在芝加哥大学接受过弗里德曼培训的经济学家来执行的。"在智利，竞争性资本主义的重建非但没促进任何种类的政治自由，反而要求公民权和自由权的悬置和对所有工人阶级的组织包括工会和政党的镇压。"③ 当面对外界指责时，哈耶克还为自己的行为进行理论辩解，他提出观点说："威权主义是民主的反面，极权主义是自由的反面，因此有可能

---

① Heikki Patomaki, "Democracy Promotion: Neoliberal VS Social Democracy Telos", in Christopher Hobson and Milja Kurki, *The Conceptual Politics of Democracy Promotion*, New York: Routledge, 2012, p. 89.

② ［德］格尔哈德·帕普克主编：《知识、自由与秩序》，黄冰源等译，中国社会科学出版社 2001 年版，第 52 页。

③ ［英］安东尼·阿巴拉斯特：《西方自由主义的兴衰》，曹海军译，吉林人民出版社 2004 年版，第 453 页。

存在一种极权民主的东西，也可以想象一种按自由原则行事的威权政府。这种区别可以转化为一种非常便利的共产主义专制和非共产主义专制的区别。共产主义政体是极权主义的，反马克思主义的和亲西方的专制政体只不过是威权主义的。"① 因此，威权政府既反共又支持自由，可以成为自由世界的盟友。在给《泰晤士报》的一封信（1978 年 8 月 3 日）中，哈耶克对智利军政府的评价更是充分暴露了他的本质，他说"甚至在广受诋毁的智利，我无法找到一个不同意这种在皮诺切特统治下比阿连德统治下具有更多的个人自由的观点的人"②。安东尼·阿巴拉斯特对此评论说，面对皮诺切特在国内恐怖暴政的事实，"甚至弗里德曼也没否认政治压迫在智利的存在"，而哈耶克如此观点，"我们所能做的最仁慈的假设是，对哈耶克来说'个人自由'就等同于'经济自由'"。③

第三波民主化继承了威权主义时期的经济政策，私有化、市场化、自由化，保障了国内和国际跨国资本的利益，并有效遏制了多数分享利润的需求，在民主化初期，发展中国家普遍出现了寡头化倾向，对寡头来说幸运的是，自由民主的政治制度还为这种寡头制披上了合法性的外衣。1990年当选为莫斯科市长的加夫里尔·波波夫曾经担心民众渴望的和他及其他政治领导人想推动的转型之间存在冲突："现在我们必须创造一个有着不同形式的所有权的社会，这将是一个经济不平等的社会。不过，大众渴望公平和经济平等。因而，经济转型越深入，那些民众渴望和经济现实之间的

---

① F. A. Hayek，*New Studies in Philosophy*，*Politics*，*Economics and The History of Idea*，Rout Ledge&Kegan Paul，1978，p. 143.

② ［英］安东尼·阿巴拉斯特：《西方自由主义的兴衰》，曹海军译，吉林人民出版社 2004 年版，第 454 页。

③ ［英］安东尼·阿巴拉斯特：《西方自由主义的兴衰》，曹海军译，吉林人民出版社 2004 年版，第 454 页。

差距将更加尖锐和耀眼。"① 然而，由于第三波民主化理论强调民主的自由性质和反社会主义特征，波波夫的担忧在最初的一段时间内并没有引发大规模的对休克疗法的反抗。在东欧民主化过程中也出现了类似的奇迹，当改革者担忧"你怎么能在给予人们作出自由选择的权力的同时，又期望他们慷慨地接受削减预算、减少津贴以及解雇工人的痛苦呢？"可是，"回归欧盟的渴望帮助了前共产主义社会把民主的再分配本能与产生不平等的市场倾向调和起来。在欧洲一体化的紧身衣约束下，中东欧在同一时间接受了政治和经济开放"②。然而，人们对一系列侵害自身利益行为的忍耐有赖于人们相信暂时的牺牲会带来长远的利益，当这些群众期待的利益——例如人们期望通过民主化可以过上欧洲人民那样的幸福生活——经过了改革的阵痛期仍然没有兑现时，人们对民主的不满就会迸发，到了 21 世纪初期，这种对自由民主的不满导致了执行新自由主义政策的政府在世界各地的垮台。

　　然而，在对第三波民主化实践进行反思的主流研究中，理论家们很少注意到问题的实质在于民主的平等需求与自由放任市场经济的矛盾。相反，他们把一系列回应民众需求，采纳了遏制私有化、市场化政策的新的执政者上台看作一种民主回潮现象，批评他们是民粹主义独裁者，指责他们是选举的威权主义。殊不知民主的实现既需要遏制政府的权力又需要遏制资本的权力，在资本势力过于强大时，在自由市场理念还占据主流地位的情况下，多数会倾向于持续选举代表多数利益的领导人上台执政，因为领导人的更迭很可能造成资本势力的反攻和再分配调整的中断。民主化理论家局限于自由民主的理念，将领导人定期更换、对私有财产的保护等一系列

---

　　① ［英］安东尼·阿巴拉斯特：《民主》，孙荣飞等译，吉林人民出版社 2005 年版，第 140 页。

　　② ［俄］弗拉季斯拉夫·伊诺泽姆采夫主编：《民主与现代化》，徐向梅等译，中央编译出版社 2011 年版，第 125 页。

自由主义价值观看作衡量民主与否的标准，他们的观点只有在将民主等同于自由民主的条件下才能成立，如果民主等同于社会民主或者政府对民众需求的回应，这些论点就根本站不住脚。当民主化理论家持续将主要精力放在探讨自由民主等制度性指标的巩固时，他们根本无视民众想通过民主获得的根本利益就是保障自己的就业和生活。如牛津大学社会学教授斯坦因·瑞根（Stein Ringen）对自由民主指标批评时所说："民主的目的不是自由，而是服务人民。所以，对于民主的优势最终必须落实在它如何很好地服务人民上。而发展的衡量指标也要体现于其让人民受惠的程度，体现为人民生活条件的改观和教育的普及性。如果公共政策被经济势力的权力所影响和操控，那即使有一个看似完美的民主政体也不能保证其服务于人民的利益。"①

为了对第三波民主化进程的自由化实质有更清楚的认识，本书再次引用查尔斯·林德布罗姆教授的一个重要观点，因为这一观点怎么强调都不为过："当政治学转向对诸如立法机关、行政机构、政党和利益集团的机构建制的讨论时，它实际上是在同次要的问题打交道。议会和立法机关、行政当局、政党及利益集团的活动，大多取决于政府代替市场或市场代替政府的程度。"② 本书认为，要走出第三波民主化研究普遍集中于自由民主制度视野的误区，需要将视角深入到第三波民主化具体政策的实施过程中。我们将通过案例分析探讨一下第三波民主化推行的政策，看看这些政策在多大意义上反映了市场替代政府的程度。研究这些政策我们将会看到，那些被波兰尼质疑过的 19 世纪自由主义信条在当代获得了重生，这使波兰尼下面的一段话可以一个字都不用更改地描述我们今天的世界："计划和控制

---

① Stein Ringen, "The Measurement of Democracy: Towards A New Paradigm", *Society*, Vol. 48, Issue 1, 2011, p. 15.

② ［美］查尔斯·林德布罗姆：《政治与市场：世界的政治—经济制度》，王逸舟译，生活·读书·新知三联书店 1994 年版，第 1 页。

被攻击为对自由的否定。自由企业与私人所有权被宣称为对于自由是不可缺少的。据称，任何基于其他基础之上的社会都不能被称为是自由的。由规制所创造的自由被指责为不自由；它所提供的公正、自由和福利被贬斥为奴役的伪装。在自由主义者那里，自由的理念就堕落为对自由企业的鼓吹——今天，这种想法已被大量出现的巨型托拉斯和壮观的垄断组织化成了一种虚构。这意味着那些收入、闲暇和保障无须提高的人拥有完全的自由，而人民大众仅拥有微薄的自由，尽管他们徒劳地试图利用他们的民主权利来获得某种保护，以便使自己免于被财产拥有者所带来的权力所伤害。"①

## 二　新自由主义民主实践案例：拉丁美洲

主流理论对拉美民主化的研究都局限于政治制度表层，提出各种似是而非的名词去解释拉美民主的不稳定，例如"脆弱的民主""监护式民主""不自由的民主""委任式民主""不稳定的民主"等。这些研究就是拿"自由民主"的标配去衡量、比较，然后给出一个不同于"自由民主"的称谓，缺乏深入的政治经济学分析，也拒绝对美国的民主方案进行反思。本书不再进行重复性的范式推广，着重于林德布罗姆的方法，研究在拉美民主化过程中市场替代政府的程度和这种替代造成的结果。

波兰尼认为，19 世纪社会的先天缺陷不在于它是工业性的，而在于它是一个市场社会。而 19 世纪到 20 世纪大转型最重要的结果就是"经济制度不再为整个社会制定法则，社会相对于经济体系的首要性得到了保证"②。

---

① ［英］卡尔·波兰尼：《大转型：我们时代的政治与经济起源》，冯钢、刘阳译，浙江人民出版社 2007 年版，第 217 页。

② ［英］卡尔·波兰尼：《大转型：我们时代的政治与经济起源》，冯钢、刘阳译，浙江人民出版社 2007 年版，第 212 页。

这一大转型在拉美政治发展过程中得到了逆转。从 20 世纪 70 年代威权主义复兴颠覆进口替代和平民民主模式之后，拉美各国独裁政府就在西方的支持下逐步建立起一个纯市场化社会，这一市场化社会的特征就是政治上独裁主义，经济上自由放任主义。这两者之间是相辅相成的，不建立一个独裁型政府，就无法排除推行自由经济政策的阻力。美国社会学教授詹姆斯·彼得拉斯对此评论说："自由市场资本主义的发端深深扎根于 20 世纪 70 年代军人独裁政府的每个毛孔之中。只有在对工人阶级工会、城市公民协会及农民组织进行大规模清剿后，新自由主义政策才能实施。群众不但抵制独裁政府，而且也反对他们所采取的社会经济政策，如 70 年代初发生在乌拉圭的大罢工，智利工人和贫民区的抵制活动，阿根廷工厂和运输部门的不合法罢工以及玻利维亚的煤矿总罢工等，这一切都遭到了政府的暴力镇压。新自由主义崛起的原因并不是左派的失败或市场经济的优越性，而是武力手段非常有效。"[①] 到了 20 世纪 70 年代末，由于自由主义经济政策没有取得预期的经济绩效，反而导致更大的腐败和社会不公，独裁政府越来越丧失合法性，加上 20 世纪 70 年代中期南欧威权主义的退场和美国外交政策的转变，深受这两个地区影响的拉美走上了政治民主化的道路。第一个实行民主过渡的是多米尼加共和国（1978 年），随后是厄瓜多尔（1979 年）、洪都拉斯（1980 年）、秘鲁（1980 年）、玻利维亚（1982 年）、阿根廷（1983 年）、萨尔瓦多（1984 年）、巴拿马（1984 年）、乌拉圭（1984 年）、危地马拉（1985 年）、巴西（1985 年）、智利（1990 年）、海地（1991 年）、巴拉圭（1993 年）。至此，除古巴外，所有的国家都变成了选举民主的国家。然而，由于在 20 世纪 80 年代初就深陷债务危机，新的民主政府都面临着如何偿还债务的困境，这使它们不得不受制于西方债权国力荐的经济改革方案，没有过多自主性决策的权力。在债务危机最严重的 20

---

① ［美］罗纳德·奇尔科特主编：《替代拉美的新自由主义》，江时学等译，社会科学文献出版社 2004 年版，第 11 页。

世纪 80 年代中期，拉美国家曾试图组成一个债务国俱乐部，根据"以发展促还债"的原则与债权国进行集体谈判，但遭到拒绝。西方债权国和国际货币基金组织牢牢地掌握着债务问题的主导权，迅速制定了应对债务危机的方案，启动了历经四个阶段的债务危机处理过程。

第一阶段（1982—1985 年）。这一阶段的战略目标是：防止因债务国不履行义务而引发像 20 世纪 30 年代那样的金融崩溃。这一阶段的基本方针是要求债务国"勒紧腰带"和进行"应急性"调整。应急性调整的核心内容就是要求拉美国家最大限度地争取外贸盈余偿还债务。这些调整是通过一系列组合来实现的。第一，倾其全力扩大初级产品的生产和出口。在债务危机导致投资能力严重下降的情况下，各国政府不得不把有限的可支配资源集中投入初级产品的生产，因为拉美各国只有初级产品具有竞争优势，能立即实现出口扩张。第二，控制内需，主要表现为压缩生产投资和公共开支。第三，牺牲制造业。生产性投资集中于初级产品生产，严厉压缩进口导致技术设备和原材料供应短缺，控制内需引起市场需求萎缩，使制造业部门成为主要牺牲对象，生产急剧衰退，失业率大幅上升。应急性调整之所以导致债务国经济崩溃，一个主要原因在于西方债权国不愿意提供拯救贷款，结果，拉美地区出现资金流出的现象。

第二阶段（1985 年贝克计划）。应急性调整未能提高拉美国家的偿债能力，反而把债务国拖入衰退的深渊。这促使西方债权国承认"以发展促还债"的合理性，于 1985 年出台贝克计划，强调"保持增长与结构性调整并重"。其中一项新举措是承诺在 3 年内为拉美 10 个重债国提供 200 亿美元的商业贷款，外加 90 亿美元的公共资金支持。但由于各种原因，上述承诺基本没有兑现，债务国经济继续在衰退中挣扎。

第三阶段（1987 年贝克计划修改版）。其中新增一项重要条款是提出"市场选择单"，如允许将债务转换成打了折扣的债券，以及债务转化为资本等。但是，所谓的市场选择纯粹是一种空想，它是一种自愿行为，当没有人进行债务转换操作，就无法实施。新的贝克计划在推动债务国融资方面始终成效不大，因此，拉美债务国经济继续衰退，资金持续外流，1986—1987年资金外流平均占该地区GDP的3%。

第四阶段（1989年布雷迪计划）。该计划的突出之处在于，它在减少债务国债务方面迈出了实际的步骤，但这些步骤，以进一步规范拉美发展战略为核心。该计划要点包括：（1）美国政府要求国际货币基金组织、世界银行和各债权国政府为债务国完成减债谈判提供资金支持。（2）美国政府建议相关国家修改某些法律、规章，以消除商业银行参与减债过程面临的障碍。（3）该计划还要求国际货币基金组织采取灵活政策，即便债务国与商业银行间关于重新安排和减少债务的谈判尚未完成，也可以为其经济调整计划提供资金支持。在"布雷迪计划"的框架下，虽然这场危机终于有了缓解之道，但拉美债务国仍不得不在国际货币基金组织的监督下实行紧缩的财政政策，这一政策成为20世纪90年代拉美经济改革过程中一道无法摆脱的紧箍咒。

在上述旷日持久的危机处理过程中，拉美国家的经济与社会发展政策遭受了重大挫折。以下数据充分反映了这一状况。（1）1980—1990年，拉美地区经济增长率仅为1.2%，人均GDP增长率为－0.9%。这十年被称为拉美发展史上"失去的十年"。（2）在这十年间，拉美净流出资金超过2000亿美元，称为资本净流出的发展中地区。与此同时，拉美的外债余额由1982年的3312亿增加到1990年的4430亿美元。（3）1980—1990年，拉美制造业增长率仅为0.4%。也就是说，拉美国家经过第二次世界大战前后近五十年强劲的工业化进程之后，工业部门突然丧失了作为拉动经济增长的主导部门的作用，出现了"去工业化"现象。（4）由于各国政府普遍靠增发货币弥补财政赤字，加上市场供应不足，物价上涨，引发严重通货膨胀。1983年，地区平均通货膨胀率由两位数上升为三位数，1989年由三位数上升为四位数，1990年达到1185.2%。（5）由于经济持续衰退、失业率不断攀升、恶性通货膨胀、社会开支锐减等多种因素的综合作用，拉美地区的贫困发生率由 1980 年的 40.5% 上升到 1990 年的 48.3%，创历史新高。同期贫困人口净增 6130 万人。①

　　拉丁美洲"失去的十年"证明了新自由主义改革方案的失败，但来自美国的战略家却认为这是新自由主义推行力度不够所致。在 1989 年推出"布雷迪计划"时，其中一条规定就是谁推行新自由主义得力，谁就能优先获得与国际债权人俱乐部的谈判机会。到 1990 年 6 月，为规范拉美民主化进程，美国总统布什发表"美洲倡议"。倡议声称"为拉美民主潮流高涨而兴奋"，并高度赞扬拉美国家"正在抛弃阻碍经济发展的国家主义经济政策，现在正在增强自由市场的力量来帮助西半球实现尚未利用的前进的潜力"。倡议还强调，美洲倡议的目标就是使美洲成为一个"完全自由的民主的半球"②。从此，美国为拉美民主化定了经济自由主义的调子。在布什政府发表"美洲倡议"的同时，美国政府和它主导的国际金融机构还在华盛顿召开了一次对拉美结构改革的进展进行总结的国际会议。"会议组织者的真实意图是希望通过这次会议，把不同国际机构对拉美提出的改革条件加以分类、汇总、阐释——形成一份反映华盛顿意志的、统一的纲领性文件，以便美国政府和国际金融机构在全世界范围内，向仍在拒斥改革的国家和地区进一步施加压力。"③ 为了使会议显得学术性而非政治性，这次会议并没有以美国政府或者它主导的国际金融机构牵头，而是选择了美国国际经济研究所这样一家所谓的"私人"研究机构。从学者阵容看，从约翰·威廉姆斯、雅各布·弗兰克尔到彼得·凯南、杰弗里·萨克斯等，国际经济

---

① 苏振兴主编：《拉美国家社会转型期的困惑》，中国社会科学出版社 2010 年版，第 46—49 页。

② 苏振兴主编：《拉美国家社会转型期的困惑》，中国社会科学出版社 2010 年版，第 50 页。

③ 陈平：《新自由主义的兴起与衰落——拉丁美洲经济结构改革（1973—2003）》，世界知识出版社 2008 年版，第 193 页。

研究所几乎囊括了美国全部第一流的保守主义经济学家，著名国际政治学家罗伯特·鲍德温、约瑟夫·奈任该所高级顾问，美联储主席阿兰·格林斯潘任荣誉所长，所长则由著名保守派经济学家、前美国财政部负责国际事务的助理财政部长弗雷德·博格斯腾担任。从研究所阵容可以看出，尽管不是官方机构，国际经济研究所却与美国财政部、美联储、国际货币基金组织、世界银行及华盛顿各利益集团有着千丝万缕的联系。会议达成了著名的"华盛顿共识"。虽然是共识，但"华盛顿共识"却并不是由各方讨论后得出的一个方案，而是由主办方事先准备好的，是约翰·威廉姆斯在会议上提交的一篇论文中的十条建议。①

"华盛顿共识"的十条政策建议清单包括：（1）财政纪律方面，尽量减少地方政府、国有企业和中央银行的预算赤字，即实行紧缩政策，防止通货膨胀；（2）公共开支方面，应主要集中于初级卫生、教育和基础设施等有高经济回报率和改善收入分配潜力的领域，削减公共福利方面的开支；（3）税制改革方面，主要是拓宽税收基础，减少边际税率以刺激积极性，其实质就是扩大税基而减收企业税；（4）利率自由化，由市场决定利率；（5）采用一种具有竞争力的汇率制度；（6）实施贸易自由化，开放市场；（7）放松对外资的限制；（8）对国有企业实施私有化；（9）放松政府的管制；（10）保护私人财产权。"华盛顿共识"并无新意，只是把拉美之前进行的结构改革方案再确认一遍。在会议之后，由美洲开发银行总裁恩里克·伊格莱西亚斯做了《从政策共识到经济增长的恢复》的报告，算是代表拉美国家对华盛顿机构做出的一种表态。这个发言充满了对新自由主义改革的阿谀溢美之词，只是在发言的后半部分，作者承认，这次会议在改革时间、顺序上存在分歧，但根据日程安排，会议并未就这些广泛存在的分歧再进行认真的讨论。尽管，这次会议来自拉美的声音不够充分，但对

---

①　陈平：《新自由主义的兴起与衰落——拉丁美洲经济结构改革（1973—2003）》，世界知识出版社 2008 年版，第 193 页。

拉美的影响却极其深远。拉美各国右翼对这次会议召开兴高采烈，因为他们从美国和国际金融机构那里得到了明确支持改革的信号。在华盛顿会议之后，墨西哥、阿根廷、秘鲁等国的改革明显加快了，新自由主义不仅占据了话语上的压倒性优势，也实际主导了大多数拉美国家的改革进程。

1990 年之后拉美新自由主义改革的成效评估，在支持者和反对者之间呈现两极化的状况。反对者认为新自由主义改革是不成功的，其片面强调市场作用，结果导致社会发展停滞不前，收入分配不公不断恶化，贫困人口日益增长。支持者认为拉美改革使该地区经济走出了"失去的十年"的阴影，通货膨胀率大幅度下降，宏观经济形势得到改善。根据 2000 年联合国拉美经委会的报告，"改革的结果既不像支持者预计的那样乐观，也不像反对者担心的那样消极"。具体来说，在"华盛顿共识"后十年，拉美改革的成效可以归纳为：（1）国民经济恢复了增长，但产量并没有出现普遍高涨。许多国家的经济增长率还低于 20 世纪 50 年代至 80 年代的水平。（2）出口大幅度增加，但进口增长更快，从而导致了贸易赤字的扩大。（3）投资和生产率虽然比 20 世纪 80 年代有所提高，但增长幅度有限。（4）就业机会的数量和质量不尽如人意。（5）以收入分配为核心的社会不公有所恶化。[1]

从拉美经委会的报告来看，新自由主义改革促进经济增长的成效并没有预期那么显著，但财富分配却严重不公，导致"增长不足以应对该地区严重的社会问题"[2]。而根据世界银行 2003 年的数据，拉美"改革前"和"改革后"的经济增长比较，可以通过三种方法得出三组数据。一是将 1961—1981 年（改革前）和 1981—2001 年（改革后）进行比较，前一阶段

---

① ［美］芭芭拉·斯托林斯等：《经济增长、就业与公正——拉美国家改革开放的影响及其经验教训》，江时学等译，中国社会科学出版社 2002 年版，第 3 页。

② ［美］芭芭拉·斯托林斯等：《经济增长、就业与公正——拉美国家改革开放的影响及其经验教训》，江时学等译，中国社会科学出版社 2002 年版，第 10 页。

GDP 年均增长率为 5.59%，人均 GDP 年均增长率为 1.96%，后一阶段分别为 2.15% 和 0.34%。二是将 1961—1990 年（改革前）和 1991—2001 年（改革后）进行比较，前一阶段 GDP 年均增长 4.10%，人均 GDP 年均增长 1.69%，后一阶段分别为 3.05% 和 1.39%。第三种方法是 20 世纪 80 年代既不放在改革前，也不放在改革后，单拿 1961—1981 年与 1991—2001 年作比较，其结果是改革后的经济增长率只及改革前的 55%。世界银行的数据说明，不论以哪种方法进行比较，改革后的经济增长率都比改革前低很多。① 如果结合世界银行和拉美经委会的报告，我们可以认为新自由主义改革并没有帮助拉美实现稳定经济增长的话，联合国发展与贸易委员会于 1997 年发表的关于《全球化、分配和增长》的报告确认，在拉丁美洲，各国平均人均收入，从 20 世纪 70 年代晚期相当于北方水平的三分之一，下降到了 1997 年的四分之一。② 这说明，拉美在新自由主义改革过程中，不仅本地区经济没有显著增长，而且还遭到了发达国家的严重掠夺。

如果说新自由主义改革的经济绩效存在争议的话，它的社会绩效则是公认的显而易见的糟糕。同样根据拉美经委会的报告，在 1990 年拉美贫困人口绝对数据为两亿，而到了 2003 年，这一数据达到 2.26 亿，净增两千万。如果用 20% 最低收入者与 20% 最高收入者各自占国民总收入的比重变化进行对比，20 世纪 90 年代形式有所改善的只有 3 国，保持原状的有 1 国，出现恶化的有 9 国。③ 这意味着，在贫困人口大幅度上升的同时，许多拉美国家的收入分配的集中程度进一步提高。以几个主要国家中 10% 最高收入群体所占的收入份额为例：阿根廷由 1980 年的 30.9% 提高到 1997 年的

---

①　苏振兴主编：《拉美国家社会转型期的困惑》，中国社会科学出版社 2010 年版，第 55—56 页。

②　UNCTAD Trade and Development Report, *Globalisation*, *Distribution and Growth*, New York, United Nations, 1997.

③　苏振兴主编：《拉美国家社会转型期的困惑》，中国社会科学出版社 2010 年版，第 57 页。

35.8%，巴西由 1979 年的 39.1% 提高到 1996 年的 44.3%，墨西哥由 1984 年的 25.8% 提高到 1998 年的 34.8%，委内瑞拉由 1981 年的 21.8% 提高到 1997 年的 32.8%。

从图 6—1 我们看到，从 1990 年新自由主义改革到 2003 年左翼政府上台对改革政策进行调整，拉美贫困人口一直呈上升趋势。拉美人口贫困率上升的原因一方面是新自由主义政策从未将减贫作为发展的目标，反而主张不实施反贫困政策。另一方面，自由化、私有化导致大量民族企业被兼并或破产，拉美工业被控制在少数跨国公司或和跨国公司有牵连的本土权贵手中，只能为少数人提供就业机会。此外，"由贸易自由化而毁掉的工作机会可能明显要比它所创造的多，特别是在国际货币基金组织把贸易自由化与高利率捆绑起来时，情况尤其是如此，因为这使得创建工作岗位和新的企业成为不可能"[1]。另外，拉美经委会的一份研究报告指出，新自由主义改革导致公共部门的就业锐减，快速的贸易自由化进程和放松市场监管对工业部门也造成了冲击。由于所有的政治经济政策都不以就业为指向，而是服务于债务经济的需要，从 1990 年到 2000 年，拉美的失业率上涨了10%。[2] 面对拉美的困境，约翰·威廉姆逊和秘鲁前经济部长库辛斯基却将过失归罪于劳工市场改革进行得不彻底。言下之意，拉美要想走出困境需要进一步强化雇主的利益，雇主可以随意解聘工人、取消最低工资的规定，以降低劳工成本。[3] 正是这种完全经济自由主义的误导性教条和来自于美国支持的国际货币基金组织和世界银行的压力，使拉美民主化初期根本无视大

---

① ［英］卡尔·波兰尼：《大转型：我们时代的政治与经济起源》，冯钢、刘阳译，浙江人民出版社 2007 年版，前言第 3 页。

② ［美］E. 布拉德福德·伯恩斯、朱莉·阿·查利普：《简明拉丁美洲史：拉丁美洲现代化进程的诠释》，王宁坤译，世界图书出版社 2009 年版，第 331 页。

③ 王翠文：《从拉美的经历看新自由主义神话的幻灭》，《当代世界与社会主义》（双月刊）2004 年第 2 期。

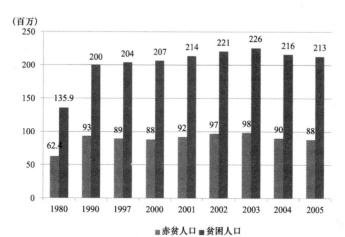

**图6—1　拉丁美洲贫困人口和赤贫人口演变（1980—2005）**①

多数人的利益，社会两极分化加剧，在两极分化的过程中，拉美各国中等收入阶层所占的收入份额出现不同程度的下降。② 中等收入阶层的减少不仅使社会冲突尖锐化，也使民主巩固失去了稳定的基础，即使在选举能够如期举行的情况下，由于民选政府的回应性有限，拉美各地频繁爆发社会动乱与政治危机。

　　失业、贫困、腐败使拉美民众对第三波民主化后的右翼政府深感失望，他们纷纷将选票投向左翼和中左翼政党。1998 年从委内瑞拉开始，在几乎所有拉美大国，左翼的政治力量都通过民主选举取得了政权。其中包括智利（2000 年和 2006 年）、巴西（2003 年和 2007 年）、阿根廷（2003 年和2007 年）、乌拉圭（2005 年）、玻利维亚（2005 年）、秘鲁（2006 年）、厄瓜多尔（2006 年）。作为最后的国家，美洲左翼化倾向席卷中美洲小国尼加

---

　　①　苏振兴主编：《拉美国家社会转型期的困惑》，中国社会科学出版社 2010 年版，第 57 页。

　　②　苏振兴主编：《拉美国家现代化进程研究》，中国社会科学出版社 2010 年版，第273 页。

拉瓜（2006 年）和危地马拉（2007 年）。拉美左翼政权较少坚持革命立场的原教旨主义，主要有两个类型：一类是温和的社会民主类型政党及政府，如智利社会党、巴西劳工党、阿根廷基什内尔政府、乌拉圭巴斯克斯政府等；另一类是激进的民众主义的政党，如委内瑞拉查韦斯的统一社会主义党、玻利维亚的莫拉莱斯政府等。二者最重要的区别不在于对新自由主义政策的调整，而在于调整的力度和采取的手段。新自由主义在拉美围绕国有企业私有化、金融贸易自由化、商品价格市场化、改革福利制度、打击劳工组织等主要目标展开。新自由主义的私有化政策直接导致拉美国家掌控国民经济命脉的能力日渐式微，国有资产流失严重，国有能源收益中饱了少数富人和国际垄断资本的私囊，并使腐败滋生蔓延。新自由主义的社会达尔文主义政策使得社会贫富差距进一步拉大，民众贫困化问题十分严重。

左派政府上台后，对新自由主义进行改良。改良措施包括：

1. 实施能源、资源国有化政策

私有化改革后，拉美大量资源性产业被私有化，大多数人无法从中获益，拉美被称作"坐在金山上的要饭者"。20 世纪 90 年代，委内瑞拉右翼政府通过《石油对外开放法案》，取消了对外资利润汇出和再投资等方面的限制，向外资全面开放石油新区的勘探。该项法案使得西方资本逐渐控制了委内瑞拉的石油资源，攫取了委内瑞拉大量的能源收入。左翼总统查韦斯 1999 年上台后，着手实行能源国有化，其主要政策措施是：（1）不断提高石油公司的开采税率和特许使用费。2001 年 11 月颁布《石油法》，该法大幅度提高石油公司的矿区使用费，由原来的 16.66% 提高到 30%。① 2006 年 5 月，委内瑞拉政府决定，将矿区使用费与石油开采税合二为一，定为总收益的 33.3%，所得税率统一为 50%。（2）不断提高国家在合资石油公司

---

① 王友明：《拉美左翼政府治理新自由主义》，《国际问题研究》2007 年第 4 期。

中的股份。2001 年的《石油法》规定，在新成立的合资公司中，国家石油公司必须拥有50%以上的股权。目前，委国家石油公司在合资公司中的股份已经达到 60%—80%。（3）收回租售给外国和私人资本的石油公司。2006 年新年伊始，委内瑞拉宣布，收回原先租售给 22 家外国和私人公司的 32 块油田，将其改为由委国家石油公司控股经营。这大大加快了委内瑞拉能源国有化的进程。

玻利维亚是拉美第二大天然气生产国。长期以来，右翼政府的新自由主义私有化政策使玻利维亚的自然资源饱受劫掠。左翼总统莫拉莱斯上台后，效仿查韦斯的做法，实施能源国有化政策。2006 年 5 月 1 日，莫拉莱斯签署最高法令，宣布对石油天然气产业实行国有化。自法令颁布之日起，国家恢复对石油天然气资源的绝对控制，废除外国能源公司与玻签订的所有合同，限期重新签订合同，并将外国能源公司向玻政府上交石油收入的比率由 18% 提高至 82%。截止到该年的 10 月 30 日，已有 10 家外国石油公司与玻政府重新签订了合同，并同意将石油收入的 82% 上交给玻政府。①

2. 实施"玻利瓦尔替代计划"

美国在拉美推行新自由主义的另一个重要内容是实施"美洲自由贸易区计划"。该计划旨在让拉美国家全面开放市场，建立涵盖整个美洲的自由贸易区，从而推动贸易和投资的开放和自由化。然而，美国在呼吁拉美敞开市场大门的同时，自己却实行贸易保护主义，拒绝在农业补贴和钢铁关税的谈判上让步。这种不对等和不公正的自由贸易协定被委内瑞拉、古巴等国认为是"一项吞并拉美国家的计划"，是"赤裸裸的帝国主义行为"，遭到了大多数拉美国家尤其是南部拉美国家的强烈抵制。五年多来，"美洲自由贸易区计划"屡遭挫折，美国与十几个重要拉美国家的谈判进展缓慢。

---

① 王友明：《拉美左翼政府治理新自由主义》，《国际问题研究》2007 年第 4 期。

2004 年底，委内瑞拉和古巴共同推出"美洲玻利瓦尔替代计划"，以此取代美国的"美洲自由贸易区计划"。该计划号召抵制美国主导的自由贸易协定，主张"所有成员国互相尊重主权，利用经济互补，加强经济合作，以人民间的贸易取代自由贸易，避免强国与弱国之间的不平等贸易"，建立一个"在团结、合作基础上的拉美一体化的自由贸易模式，实现拉美和加勒比国家新的统一和融合"。2005 年 4 月，古委两国签署了 49 项贸易与合作协议，率先落实"玻利瓦尔替代计划"。2006 年 4 月 30 日，玻利维亚总统莫拉莱斯在古巴签署了《美洲玻利瓦尔替代计划》，成为该计划的第三个成员国。在该计划的框架下，三国还签署了由莫拉莱斯倡议的《人民贸易协定》，主张"三国同舟共济，共同应对强权政治和霸权主义，加强三国能源、贸易和社会的全面合作，推进拉美和加勒比国家的一体化进程"。该协定的签署表明，"玻利瓦尔替代计划"有了实质性的进展。2007 年 1 月 11 日，尼加拉瓜宣布加入这一组织。4 月 29 日，第五届"美洲玻利瓦尔替代计划"国家首脑会议召开，该组织发展进入新的阶段。美国倡导的"美洲自由贸易区计划"面临更大的挑战，双方的较量更加激烈，这两种计划的较量及其消长情况将对整个地区政治经济格局产生重大影响。①

3. 实施扶贫计划，发展社会事业

新自由主义改革给拉美带来最为显著的变化是社会严重分化。右翼政府统治期间，失业人口和贫困人口在社会总人口中的比例明显上升，政府用于公共卫生、教育、基本食品的人均补贴大幅度减少，与民众生活密切相关的基础设施不增反减，民众生活质量严重下降，由此引发的社会危机处于一触即发的状态。左翼政权上台后，摒弃新自由主义的社会达尔文主义政策，出台了一系列扶贫、脱贫的政策措施，力图让社会中下层从改革

---

① 王友明：《拉美左翼政府治理新自由主义》，《国际问题研究》2007 年第 4 期。

中受益。其主要做法有二。一是扩大就业，尤其是贫困人口的就业。政府扶贫工作的重中之重是向贫困人口提供稳定的工作和基本的劳动保障。巴西左翼总统卢拉上台后，先后出台了"第一就业计划""辅助家庭农业计划"等帮助贫困人口就业的措施。玻利维亚总统莫拉莱斯上台后，实行"土地革命"，将200万公顷的土地分配给农民，并向他们提供拖拉机等农机设备；为扩大就业，对小生产者提供技术支持、贷款和补贴；实行财政紧缩政策，总统主动削减自己的一半工资，内阁成员和议员的工资同样减半，节省下来的资金用于为贫困人口创造就业岗位。二是加强社会保障制度，积极发展社会事业。与新自由主义抨击社会福利制度不同的是，左翼政府大力发展社会事业，努力提高贫困人口的生活质量。巴西卢拉总统提出"零饥饿计划"，旨在解决巴西贫困人口的温饱问题，并增加教育和医疗保健投入，大力发展教育事业和卫生事业。委内瑞拉总统查韦斯上台后，确立2021年前消灭国内贫困人口的目标；用国家石油收入为赤贫者建造住房，提供生活必需品，为贫困者提供小额贷款；加大财政拨款力度，用于面向穷人的教育和医疗事业。2003年开始，委内瑞拉发起帮助"最被忽视的人"运动，内容包括：在全国各地建立"民众诊所"和"城镇医疗救助团"，让穷人享受免费医疗；在全国范围内发起"识字运动"，消除文盲，创建玻利瓦尔大学，增加穷人接受中等教育和高等教育的机会。委政府这些政策措施取得了显著成效。查韦斯执政以来，国内极端贫困人口下降了一半，贫困人口下降了10.5%。①

　　经过左翼执政党的政策调整，从20世纪初开始，拉美地区的收入分配状况出现明显好转，大多数国家的基尼系数开始下降。从2002年到2008年，拉美基尼系数年均下降幅度超过2%的国家有委内瑞拉、萨尔瓦多和尼加拉瓜，年均下降幅度在1%—2%的国家分别是秘鲁、阿根廷、巴拿马、

① 王友明：《拉美左翼政府治理新自由主义》，《国际问题研究》2007年第4期。

玻利维亚、智利、巴西和厄瓜多尔。2008 年金融爆发危机后，新自由主义政策进一步遭到削减，拉美地区的收入分配状况得到进一步改善，基尼系数出现下降的国家数量继续增加，其中墨西哥、乌拉圭和委内瑞拉的基尼系数年均下降超过 2%，萨尔瓦多、秘鲁和阿根廷的基尼系数年均下降幅度在 1%—2%，整体上基尼系数年均降低了 0.7%。[①] 左翼政府对社会市场化的新自由主义政策的调整当然是拉美收入分配改善的主要原因，但具体而言，拉美地区的收入分配状况之所以出现新变化，是由以下三个因素决定的：一是劳动力市场因素，即劳动者人均收入差距的缩小；二是公共社会支出因素，即非劳动收入的变化；三是人口结构和生育率因素，即经济活动人口占全部人口的比重变化。[②] 前两个因素与左翼就业工资政策和社会保障政策的调整直接相关。以社会支出为例。左翼政府执政以来，拉美各国社会支出占 GDP 的比重却一直呈上升趋势，由 1990—1991 年的 11.3% 升至 2008—2009 年的 17.9%。其中，社会保障和福利的支出占 GDP 的比重提高的幅度最大，即从 1990—1991 年的 4.4% 上升至 2008—2009 年的 7.9%；教育支出占 GDP 的比重从 1990—1991 年的 3.1% 提高至 2008—2009 年的 4.9%；医疗卫生的支出占 GDP 的比重从 1990—1991 年的 2.7% 提高至 2008—2009 年的 3.7%；住房及其他支出占 GDP 的比重从 1.2% 提高至 1.6%。[③]

从以上分析我们看到，因为第三波民主化进程与新自由主义改革同步推进，拉美民主化最初并没有使多数人获益，反而方便了美国对拉美的掠夺。然而，即便经历了左翼政府的调整，拉美的社会不公程度在世界各地

①　齐传钧：《拉美地区收入分配状况新趋势探析》，《拉丁美洲研究》2012 年第 2 期。

②　齐传钧：《拉美地区收入分配状况新趋势探析》，《拉丁美洲研究》2012 年第 2 期。

③　齐传钧：《拉美地区收入分配状况新趋势探析》，《拉丁美洲研究》2012 年第 2 期。

区还属于最高的，因为上任的左翼政府首先要面对一个强大的反对改革的利益集团，这一集团得到了美国和由发达国家主导的所有民主评测机构的支持，这些机构将结构调整行为看作触犯私有制，认为是反民主的，拉美发展受制于全球市场，因此它不可能对发达国家主导的舆论置若罔闻。只要美国用新自由主义改造拉美的战略图谋没有丝毫改变，拉美左翼政权将始终面临着来自美国的强大压力。首先，国际货币基金组织、世界银行等国际金融机构处在美国掌控之下，这些组织的制度制定和运行规则主要以美国的利益和意志为转移。美国将继续利用这些组织干涉拉美国家的内政，尤其将对那些治理新自由主义的左翼政权国家会提出种种苛刻条件以促其变。其次，美国采取外交行动压制左翼政权和防止拉美左翼化趋势进一步蔓延。这些行动包括：推出"转型外交"，加强在巴西、委内瑞拉等国推进"民主"的努力；对反美左翼政权进行"妖魔化"宣传，动摇其执政基础；向右翼反对派提供资金和舆论支持；国会通过法案，成立特殊电台、电视台，对抗由委内瑞拉、古巴等国联合建立的南方电视台；利用经援杠杆在拉美国家中拉一派、打一派，分化和瓦解"反美联盟"。再次，美国加大推动"美洲自由贸易区"的力度，加快与南美洲重要国家的谈判进程。利用贸易快速审批权，拉近与南美一些国家的关系，在不放弃整体推进自由贸易协定的情况下，试图通过签订双边自由贸易协定，逐个击破谈判对手。这对以委内瑞拉为代表的"反美联盟"的替代方案"玻利瓦尔替代计划"提出强有力的挑战。[①] 从目前可见的情况看，美国反制拉美左翼政策的战略非常成功，这一点我们可以从拉美民众对查韦斯支持之众和主流媒体对查韦斯正面评价之少可见一斑。

---

① 王友明：《拉美左翼政府治理新自由主义》，《国际问题研究》2007 年第 4 期。

## ◇◇ 第三节　第三波民主化的范式危机

### 一　范式危机的原因：市场与民主关系的错误定位

　　拉美民主化是第三波以民主之名自由化的一个缩影。由于是现在进行时，第三波民主化在主流民主化研究中是成果最多的领域。但与多相对应的是，这些成果几乎单一到贫乏。自从亨廷顿为"第三波"定了调，之后的研究不过是利用他开创的话语范式用不同的方法论将不同国家发生的民主化故事再复述一遍。民主化成了自由民主转型学和巩固学的代名词，即便实践反复证明自由民主在大多数第三波民主化国家都遭遇了功能性挫败，但民主化理论依旧在强调，自由民主的范式是没有问题的，问题出在发展中国家缺乏自由民主有效运行的条件。然而，自由民主有效运行的条件是什么？罗伯特·达尔等学者提出，自由民主运行至少需要一个完善的市场经济和一个具有同质性的社会这两个条件。但他们忽略的一个问题时，市场经济与同质性社会之间是彼此加强的关系还是彼此异化的关系。欧洲资本主义的发展过程已经证明，纯粹自由放任的市场经济恰恰会导致一个严重阶级冲突的异质化社会，这种异质化的终结仅仅发生在第二次世界大战后凯恩斯主义对资本主义的调整之后。比发达国家曾经的阶级冲突更复杂的是，自由市场经济在发展中国家还加剧了种族和族群冲突。因为在"有主导市场的少数族群存在的社会里，市场和民主不单偏爱不同的阶级，而且偏爱不同的族群。市场在主导市场的少数族群手中聚敛财富，民主则赋予贫困的大多数人政治力量"[①]。因此，在主导市场的少数族群的社会里推

---

　　① ［美］蔡爱眉：《起火的世界——输出自由市场民主酿成种族仇恨和全球动荡》，刘怀昭译，中国大百科全书出版社 2005 年版，第 8 页。

行自由市场经济，其结果毫无例外都遭到了对抗。对抗的表现形式一般分为三种：一是对市场的对抗，将主导市场的少数族群的财富当作靶子（如2001年阿根廷贫民骚乱）；二是亲主导市场的少数族群的力量对民主的对抗（如委内瑞拉2002年的政变）；三是对主导市场的少数族群本身实行的暴力，有时候这种对抗是种族灭绝性质的（如印度尼西亚的排华暴乱和屠杀）。[①] 从东南亚（印度尼西亚、缅甸、泰国、菲律宾）到拉美（巴西、玻利维亚、委内瑞拉、墨西哥）再到非洲（卢旺达、尼日利亚、喀麦隆、津巴布韦），发展中国家民主化过程中出现的所有不稳定迹象几乎都与市场和民主冲突激发的阶级矛盾和族群矛盾有关。这些冲突要想得到解决，绝不仅仅是民主化理论家所说的确立法治的问题。许多主张序列性发展的民主化理论家以发达国家民主化为例，认为在第一波民主化过程中是法治先行于民主，因此发展过程较为平稳，本书已经用历史材料证明，这种观点是缺乏说服力的，直到第二次世界大战后形成社会民主共识，发达国家的民主化进程一直都不平稳。因为在任何时候，政治的本质都是利益的分配，政体的稳定有赖于对利益冲突的解决。这种解决可以采取专制的方式，即统治阶级靠暴力维持对自身有利的分配；也可以采取民主的方式，即统治阶层向大众分享利润。法治，只是对这些利益分配方式的确认。法治不等于民主，法治可以在一个只维护少数人利益的寡头社会运行，如尚未实现普选权的早期发达国家，罗伯特·达尔将其称为竞争性寡头政体。然而，只维护和确认少数人利益的法治是恶法。好的法治国家一定是形成了具有公平的利益分配方式的国家，好的法治国家可以是民主国家（如欧洲），也可以是不那么民主的国家（如新加坡）。正因为法治是对共识性利益分配方式的确认，因此，法治不是解决问题的原因，而是解决问题的结果，是首先有了一种被精英和大众都接受的利益分配方式，才会有法治的稳

---

① ［美］蔡爱眉：《起火的世界——输出自由市场民主酿成种族仇恨和全球动荡》，刘怀昭译，中国大百科全书出版社2005年版，第12页。

定。发展中国家普遍存在法治缺位问题，恰恰在于这些国家尚未形成一种被不同阶层都接受的利益分配方式。

之所以我们说第三波民主化国家遭遇的治理危机是一种自由民主的范式危机，恰恰是因为自由民主看不到市场与民主之间存在的矛盾，把二者看作统一体。首先，它片面归纳发达国家民主巩固的历史，将由社会民主解决的政治社会危机看作自由民主解决的危机，因此，它认为自由民主是帮助发展中国家走向善治的条件，这是一个反历史的伪知识。其次，它试图让所有人相信，每个人都是市场经济的受益者，因此市场化转型与民主化转型同时发生是一个不会发生冲突的过程。然而，到目前为止，实践只是证明市场经济可以促进经济的发展，但实践并没有证明市场经济能够保证经济发展的平衡，更没有证明市场经济能够保证财富的公正分配。在任何一个实行市场经济的国家，财富的合理分配最终都要依靠国家干预才能完成，不作为的国家加上自由竞争的市场只会创造一个社会达尔文主义的社会，在这样的社会中，大多数人不过是"工资奴隶"而已。最后，它试图让在市场化过程中利益受损的多数人相信，自由民主是一种公正的民主，自由民主带来的不公正是暂时的，是经济落后所致，只要经济能获得充分的发展，它最终能平等地回应所有人的需求。然而，这看似合理的解释也不是事实。美国作为世界上自由民主国家的样板，拥有充分的自然资源，从全球化中获取了最大的利润，仅有 3 亿人口，却是所有发达国家中治理最失败的，贫富差距最大的，社会保障最差的，犯罪率最高的，种族问题最严重的。2012 年《纽约时报》报道美国的贫富差距并没有在奥巴马任期缩小，反而持续性扩大，"最富有 20% 人群所拥有的财富占总财富的 84%。在 2010 年，经济刚开始略有恢复的第一年，1% 的上层美国人又赢得了 93% 的收入盈利"，文章作者埃杜多·波特得出结论，如果富豪们利用政治制度来降低或者阻止穷人们的发展和提升的现状得不到改变，"那么美国就将变成一个在自由民主漂亮外衣之下的世袭寡头国家"①。如果经济发展在美国得天独厚的条件下尚未将美国变成一个公正的国家，那在其他地方，例如人口众多、资源匮乏、民族多样的中国，我们能相信只要照搬自由民主，就会将所有人带到好的资本主义的天堂吗？

事实已经证明，民主化和市场化同时推进的第三波转型过程在所有推行了新自由主义政策的国家里都引发了多数人和少数人之间的战争，这场战争要想得到解决只有颠覆民主和实行社会民主两条路，前者在大众已经觉醒的时代基本不可行，后者不可能为垄断了少数资源的寡头所接受，除非他们能够在全球化过程中分割到更多的利润，但这会威胁到发达国家的利益，于是，发达国家选择了第三种办法，就是用自由民主去替代社会民主，将民主变成了一个政治、经济自由问题，而不是利益分配问题。由美国主导的民主化研究之所以一直无法抛弃自由民主范式，就在于这一范式对于美国至关重要，它一方面可以表现出美国推动民主的诚意，因为有那么多社会科学家和政治家在关心着发展中国家的命运，"帮助"它们走上民主道路，另一方面又可以规范发展中国家的民主路径，以免其偏离自由民主的轨道。自由民主实践屡遭挫折和批评却始终没有被真正反思的原因非常清楚，即发达国家需要在一个民主形成权威性话语的时代维持一个反民主的全球政治经济体制，以新自由主义为核心内容的自由民主观就是包装这一体制的最佳的意识形态。美国和欧洲不愿意在全世界推广真正的民主，即决策方面的民主，因为这意味着要分割本来属于它们的很大一部分利润，发展中国家的统治精英也不会愿意在自己国家推行民主，除非民主既不触犯其核心利益又能维护其合法性，于是，将民主仅限于政治层面的自由民主便成为与新自由主义经济制度一起推广至全世界的主流民主政体模式。这一民主模式以民主去社会主义化为前提，以政治自由为包装，以资本全

---

① http://slxh.buaa.edu.cn/kx020125.htm.

球扩张为实质，它需要一整套主流学术话语的配合，并需要不断为其制造的矛盾转移注意力。

本书恰恰指出，因为政治的本质就是利益分配，所以我们判断一个国家是不是民主国家，首先要看在这个国家，有没有形成一套有效的再分配财富的机制；我们要判断一种民主模式是不是具有推广民主的诚意，首先要看在这套民主模式扩散的过程中，财富的积累是越来越集中还是越来越分散。正是这一个标准，即财富的再分配标准可以检验一个国家民主和自由的深入程度。一般情况而言，一个真正的民主国家，既会有真正的自由，也会有公平的分配，因为真正的自由会保证不同利益集团具有平等的发声渠道和政策影响力，它不需要刻意放大一种声音，压制另一种声音。对此，安东尼·阿伯拉斯特指出，评价自由和民主的真实性，我们只需要看主流媒体的观点是否具有多样性。现代选举政治本质是一种媒体政治，"报纸、电视台、广播的所有权和支配权从某种角度来说完全是经济力量的一种形式，也是政治权力的一种形式，并为其所有者作为政治权力所使用。单个个人所有的投票权与这些拥有此类影响乃至决定政治结果的权力的人比较起来，在参与政治的形式中是那么微不足道和毫不相干。"① 然而，在今天的发达国家和发展中国家，媒体资源的分配却完全是非民主的，因为没有任何一个宣称是民主的国家能够"确保影响我们思维的权力大致能按照社会内部意见的分散程度而分布"②。安东尼·阿伯拉斯特举了英国作为例证。"在英国，因为通讯业由一个私人公司和老板掌握，结果没有一家国家性的日报或周报始终支持比新工党更左的任何政治立场。大多数新闻报纸提供的是一系列典型的右翼态度，这些态度远远超出纯粹政党政治的相对狭窄

---

① ［英］安东尼·阿伯拉斯特：《民主》，孙荣飞等译，吉林人民出版社 2005 年版，第 112 页。

② ［英］安东尼·阿伯拉斯特：《民主》，孙荣飞等译，吉林人民出版社 2005 年版，第 133 页。

的界线。非常显然的一个理由是，百万富翁不可能是社会或政治的激进分子。但只有他们能拥有报纸和媒体的所有权，那决定了媒体将不会准确反映所有的社会内部意见、观念、信仰，或者使它们保持整体平衡，因而导致社会内部关于政治问题的争论不可能是一种正当平衡和公开的辩论。"①除了媒体不可能保证话语自由之外，自由民主的决策事实上也不是由选举，而是由利益集团竞争决定的，在市场经济条件下，掌握更多资源的利益集团必然会有更多的途径去影响决策者。选举政治不过是靠作秀去制造人民当家做主的幻象，真正的民主体现于政策领域。政治决策是利益博弈的过程，不同群体的博弈筹码和力量对比决定了博弈的结果。而大量实证研究证明："在第三波民主化过程中，由于权力向私有部门转移，私营企业家对政治参与的积极性和对政策的影响力都得到了大大的提高，与此同时工会的力量变得薄弱，工人的权力在削减，他们对政策的影响力在减少。"②

从上面分析我们可以看到，第三波民主化最大的问题就是指导它的自由民主范式过于强调市场与民主之间的统一性，而忽视了二者之间的对立性。本杰明·巴伯对此评论说："新自由主义市场的神话取代了政府可以解决一切问题的神话，它认为市场可以解决一切问题，而政府除了制造祸害一事无成。这一神话导致了将市场化、私有化和将私有部门外购公共服务作为首要政策。"③ 对市场与民主关系的误解必然会激起民主力量对市场力量的反抗以及后者对前者的回击，如果不能正确认识这一问题，并建立相对平衡的利益关系，民主永远不可能成为缓和各种矛盾的平台，反而会成为激化各种矛盾的战场。对此，查尔斯·林德布罗姆早就提醒人们："事实

---

① ［美］蔡爱眉：《起火的世界——输出自由市场民主酿成种族仇恨和全球动荡》，刘怀昭译，中国大百科全书出版社 2005 年版，第 133—134 页。

② Peride Kaleagasi Blind, *Neoliberal Democratization: A Comparative Perspective on Turkey and Argentina*, Umi Dissertation Publishing, Proquest, 2011.

③ ［美］本杰明·巴伯：《强势民主》，彭斌、吴润洲译，吉林人民出版社 2006 年版，第 4 页。

上，我们对自由民主的理解如此贫乏，以致我们不知道为什么自由民主仅
仅出现在一部分市场经济的国家，而不是所有市场取向的国家。市场与民
主之间的联系，从多方面估量，乃是一个复杂的历史事实。如果我们不能
解释它，就无法理解市场，也不能理解民主。"① 为了更好地理解市场与民
主的关系，林德布罗姆认为："我们必须回到马克思，去理解民主制政府在
财产权和它的严重不平等分配上的有害后果的问题。正如我们说政府是一
种权威制度一样，财产是政府建立的权威制度。出于对政府权威问题上的
偏见，自由民主思想对于体现在财产权上的权威问题仍感觉迟钝。"②

## 二 范式危机的解决：社会民主替代自由民主

林德布罗姆提出，正确理解市场和民主的关系需要回到马克思的智慧。
我们在马克思民主观的误区一节中曾经分析过马克思民主观存在的问题，
这意味着解决问题不能照搬马克思的理论，而是需要吸取其民主观中最有
价值的成分。何为马克思民主观中最有价值的成分？那就是马克思对自由
民主的认知。马克思所处的时代是自由民主建制已经完成但又处心积虑想
把大多数人屏蔽于民主之外的时代。作为制度起源的见证者，马克思看到
自由民主最大的问题就是它的资产阶级性质，它是一种代表资产阶级利益
的民主模式。马克思在《法兰西的阶级斗争》一文中曾非常深刻地揭示了
自由民主的内在矛盾："宪法要永远保持其社会奴役地位的阶级，即无产阶
级、农民阶级和小资产者，宪法通过普选权给予其政治权力。宪法认可享
有旧的社会权力的那个阶级，即资产阶级，却被它剥夺了这种权力的政治

---

① ［美］查尔斯·林德布罗姆：《政治与市场：世界的政治—经济制度》，王逸舟
译，生活·读书·新知三联书店 1994 年版，第 4 页。

② ［美］查尔斯·林德布罗姆：《政治与市场：世界的政治—经济制度》，王逸舟
译，生活·读书·新知三联书店 1994 年版，第 8 页。

保证。资产阶级的政治统治被宪法硬塞进民主主义的框子里，而这个框子时时刻刻都在帮助敌对阶级取得胜利，并危及资产阶级社会的基础本身。宪法要求一方不要从政治的解放前进到社会的解放，要求另一方不要从社会的复辟后退到政治的复辟。"① 普沃斯基曾对此反驳说，马克思没有意识到自由民主制的实质是为资产阶级和无产阶级提供了一个博弈平台，这一平台最终会使无产阶级突破资产阶级霸权，建立劳资平衡的社会民主制度。然而，实践证明，社会民主制度的建立不是仅有一个博弈平台就足够的，关键还要有双方实力对等的博弈筹码，任何一方博弈筹码过高都可能颠覆社会民主制度，使其要么退后到自由民主，要么发展成资产阶级眼中的"多数的暴政"。

　　第三波民主化无疑是身逢了后退之后的自由民主大显身手的时代。因此，自由民主的资产阶级性质就又暴露无遗。无疑是看到了自由民主的危机和其造成的危害，2010 年，普沃斯基出版了《民主与自治的限度》一书，在书中，他总结了自由民主所遇到的四个实践危机：（1）它无法解决社会经济领域的不平等问题；（2）它无法提供人们认为有效的政治参与；（3）它无法保证政府去做它应该做的也无法保证政府不去做它不应该做的事；（4）它无法在秩序和不干预之间找到平衡点。② 普沃斯基提出的自由民主的这四个问题是很严厉的，它几乎等同于宣布了自由民主不适合治理。除此之外，普沃斯基还指出了自由民主的不足在于其受制于财产权优先的局限。他指出："代议制政府诞生于对大众参政的恐惧之中，因为大众中大部分是穷人和无知的人。美国建国之父们创建政体时的一个重要原则就是

---

① 转引自［美］亚当·普沃斯基《资本主义与社会民主》，丁韶彬译，中国人民大学出版社 2012 年版，第 149—150 页。

② Adam Przeworski, *Democracy and the Limits of Self-Government*, New York：Cambridge University Press, 2010, pp. 1 – 2.

要使代议制能保护少数有钱人免受穷人的侵害。"① 在财产权优先的情况下，"所有看似照顾弱者的慈善制度几乎是一种伪善，当需要触及私有财产时它就变得软弱无力。权力与财产之间的关系非常亲密并且经常表现得很无耻。赤裸裸的暴力常常作为保护财产权不受威胁的最后屏障。穷人被告知富人代表他们的利益，女人被告知男人代表她们的利益，野蛮民族被告知殖民者代表他们的利益。当对财产侵害的可能性被立法禁止之后，自治、平等、自由等美好的词汇开始被知识分子精心建构起来作为装饰融入到少数统治的制度中去。"② 为应对自由民主的危机，普沃斯基提出了私人自治的限度问题，认为市场需要政府的干预。他论述道："我同意人们的基本权利需要设立专门的机构去保护，与此同时，还能在程序上保证由多数制定法律和公共政策。这一问题已经变成了一种将多数统治和法治看做民主的并列价值的意识形态。但到目前为止，我们并没有证据证明那些给予了多数更多权力的制度比那些通过检查和制衡体系限制政府行动力的制度存在着更多滥用权力和变化无常的行为。"③ "我们需要政府做一些比保证个人权利更多的事情，即使我们看到了政府有滥用权力的可能。因为国家仍然是一个能促进繁荣、规范市场、保证全体人民经济福利的力量。尽管自由为保证个人权利建立了制度机制，但我们应该知道这些权利还非常有限，权利的实现需要资源，如果要使每个人的权利都是有效的，国家必须在分配资源中扮演积极的角色。"④

---

① Adam Przeworski, *Democracy and the Limits of Self-Government*, New York: Cambridge University Press, 2010, p. 162.

② Adam Przeworski, *Democracy and the Limits of Self-Government*, New York: Cambridge University Press, 2010, p. 162.

③ Adam Przeworski, *Democracy and the Limits of Self-Government*, New York: Cambridge University Press, 2010, p. 170.

④ Adam Przeworski, *Democracy and the Limits of Self-Government*, New York: Cambridge University Press, 2010, pp. 164 – 165.

然而，尽管意识到了国家应该在促进社会公平方面扮演更多的角色，但普沃斯基还是没有能够跳出固守自由民主概念的旧框架，他在文中最后指出："尽管政治哲学家总是强调共识是一个社会和国家存在的基础，但国家和社会客观地分裂为不同的阶级、文化和种族却是无法改变的现实。尽管社会主义运动为改变这种现状作出了努力，尽管冲突会随着财富的增长而有所缓解，尽管舆论调查显示世界各地人民都希望民主能够促进经济和社会的平等，但我们今天的世界大部分地区依然问题依旧。"① 出路何在？普沃斯基强调："选举民主仍然是唯一能使统治者按照被统治者的利益服务的可靠机制。"② "问题的关键是我们如何保证选举的公平和自由。"③ 在转了一个大圈之后，普沃斯基又回到了民主巩固学说的基本结论，即选举民主本身没有问题，问题在于选举不公正、不自由。事实是如此吗？随着越来越多的民主监测机构对新生民主国家的选举程序进行监督和评估，选举的公正性和自由性在大多数地区都得到了保证，问题的关键恰恰在于我们前面提到的选举背后的机制和与选民监督完全脱离的决策系统，这一系统被越来越多的政治精英操作得驾轻就熟，他们完全知道在选举时如何给选民开空头支票，也知道如何在当选后不兑现这些支票，因为他们明白最终决定他们命运和收入的是少数权贵而不是多数选民，如果他们违反了游戏规则，很可能就会被精英集团踢出局，甚至在任期内面临被颠覆的命运。

民主如何能跳出选举的游戏，真正为这个世界进步提供动力？本书的答案是民主需要在概念上进行更新，民主概念需要能够为我们提供解释这

---

① Adam Przeworski, *Democracy and the Limits of Self-Government*, New York: Cambridge University Press, 2010, p.164.

② Adam Przeworski, *Democracy and the Limits of Self-Government*, New York: Cambridge University Press, 2010, p.167.

③ Adam Przeworski, *Democracy and the Limits of Self-Government*, New York: Cambridge University Press, 2010, p.169.

个世界好的民主国家如何得以建立的更准确的知识。因为如查尔斯·蒂利所言，如何定义民主非常关键，因为"它涉及到全世界所有政权的政治身份，在那些政权中人民生活的质量以及对民主化的解释"①。"如果人们错误的定义民主或民主化，他们就会搞僵国际关系，妨碍解释，从而减少人们享受更好生活的机会。"② 由错误定义民主带来的问题有多严重，我们可以再看下福山的例子。同样是出于对自由民主现实表现的不满，弗朗西斯·福山出版了《政治秩序的起源——从前人类时代到法国大革命》一书。在书中，福山一改历史终结论的乐观情绪，充满焦虑地提醒人们不要期望照搬制度就获得好的民主，而要去研究好的制度产生的来龙去脉，"要关注那些已被视作理所当然的基本政治制度的起源，从而填补历史健忘症所造成的空白"③。在书中，福山提出了一个令人心向往之的命题："如何到达丹麦"？没有人会否认，丹麦代表了当今世界最良好的政治和经济制度。然而，丹麦究竟有多美好？福山列出了五条：民主、稳定、繁荣、包容、政治腐败率极低。因此他将丹麦看作"成功的现代自由民主制"的典范。福山有什么不对之处吗？当然有。他列出丹麦的五条优势与美国相比并没有多少不同，除了政治腐败率稍高些，美国同样民主、稳定、繁荣、包容。根据这五个清单，福山完全可以选择美国作为"成功的现代自由民主制"的典范。他遗漏了什么重要信息吗？当然有。那就是丹麦与美国的不同之处——公正、平等、社会福利高，并且不信仰自由至上的理念。因此，丹麦根本不是什么"成功的现代自由民主制"的典范，丹麦是"成功的现代社会民主制"的典范。福山将丹麦看作"自由民主制"的代表

---

① ［美］查尔斯·蒂利：《民主》，魏洪钟译，上海人民出版社 2009 年版，第 4 页。

② ［美］查尔斯·蒂利：《民主》，魏洪钟译，上海人民出版社 2009 年版，第 5 页。

③ ［美］弗朗西斯·福山：《政治秩序的起源：从前人类时代到法国大革命》，毛俊杰译，广西师范大学出版社 2012 年版，第 16 页。

是一种典型的"历史健忘症所造成的空白",历史恰恰是谢里·贝尔曼（Sheri Berman）想提醒我们的："是社会民主，而不仅仅是选举民主和自由民主，才使民主在欧洲巩固下来。"① "第二次世界大战之后，西欧人对民主的理解发生了变化，欧洲人的民主观开始超越我们今天普遍推崇的选举民主或者自由民主的概念，民主在西欧被理解为社会民主，这种社会民主作为一种政体类型不仅仅意味着政治安排的变化，还意味着社会和经济安排的引人注目的变化。"② "社会民主不仅要求自由公正的选举和保护个人的自由和权利，它还要求保证某种相对公平的社会和经济权利，保证一定程度的结果平等。这一新的民主观认为国家需要在减少社会冲突和分裂中承担更多责任。"③

贝尔曼表达的观点其实和普沃斯基是相同的，只是她将她表述的内容称作"社会民主"，并强调它不同于"自由民主"。而早在 20 世纪 90 年代初期，普沃斯基也已经提出了如下观点："社会主义者对资本主义的批判是有效的，但社会主义者的替代方案却是难以实现的。社会民主主义和市场社会主义两者都为人们提供了合理的次优选择。在社会民主主义和市场社会主义体制下，私人产权是被允许的，但国家在管理市场和重新分配收入方面却发挥着积极的作用。"④ 很明显，普沃斯基从来都不是一个自由民主的信徒，但不幸的是，他偏偏信守和捍卫着自由民主的概念，他始终相信

① Sheri Berman，"The Past and Future of Social Democracy and The Consequences for Democracy Promotion"，in Christopher Hobson and Milja Kurki，*The Conceptual Politics of Democracy Promotion*，New York：Routledge，2012，p. 80.

② C. Offe，"Competitive Party Democracy and the Keynesian Welfare State：Factors of Stability and Disorganization"，*Policy Sciences*，Vol. 15，No. 3，1983，pp. 225 – 246.

③ Sheri Berman，"The Past and Future of Social Democracy and The Consequences for Democracy Promotion"，in Christopher Hobson and Milja Kurki，*The Conceptual Politics of Democracy Promotion*，New York：Routledge，2012，p. 80.

④ ［美］亚当·普沃斯基：《民主与市场——东欧与拉丁美洲的政治经济改革》，包雅钧等译，北京大学出版社 2005 年版，第 23 页。

自由民主为所有博弈方提供了公正的平台，并且因为这一平台的结果是不确定的，因此它是民主的。普沃斯基是熊彼特"选举民主观"的坚持者，在他看来，民主的实质是建立了一套不同利益群体之间博弈机制，而这一机制得以维持下去则在于博弈结果的不确定性，如果有一方在博弈过程中成为固定的输家，这套机制就会面临被颠覆的危险。普沃斯基的观点没有错误，不幸的是，自由民主的博弈规则在发展中国家的运用中总是很难保证结果的不确定性，它总是制造固定的赢家和输家，所以，它总是难以逃脱被输家质疑的命运。为什么会如此，普沃斯基忽略了一个问题，即一套博弈机制在何种条件下才会造成结果的永久不确定性呢？这个条件普沃斯基和其他民主化理论家始终没有能够坦然面对，那就是本书反复提到的博弈参与者之间力量对比的平衡。这个道理和竞技体育一样简单，只有竞技参与者水平均等，冠军争夺战才会有悬念，如果参与者水平悬殊，那输家就不愿意玩了。民主化理论家采纳的自由民主观，首先否认了社会主义的合法性，其次否定了市场经济必然会产生少数赢家和多数输家这一事实。自由民主观认为只要机会平等，保证少数精英的流动性就实现了利益均衡，他们忽视了无论少数精英的流动性有多强，民主始终要面对一个处于输家状态的多数。于是，自由民主的稳定始终需要面临一个问题，那就是能不能对多数实现分化。所以民主化理论家需要做两件事情，首先是树立程序合法性而不是结果合法性的观念，他们必须要大众接受选举本身就意味着民主；其次，制造种族、族群和地区矛盾是发达国家特别愿意在发展中国家见到的事情，因为只有在这一多数被分裂的条件下，自由民主的博弈规则才能永远在少数获益的情况下维持下去。

对于分化多数这件事，同样在《民主与市场——东欧与拉丁美洲的政治经济改革》一书中，普沃斯基给了我们一些启示。他指出，在无法维持结果不确定的条件下，有几种让持久输家不反叛自由民主程序的方法，这些方法特别耐人寻味。它们包括：第一，如果持续的输家相信，即使"在自由民主体制下一再失败，也比处于另一种制度下的未来情形要好得多，那么他们就有可能选择继续进行民主博弈"①。为做到这一点，反复重申极权主义的危害，强调另一种制度的不可行性是必须要做的事情。所以，资产阶级理论家会把大量的经历投入到论证私有产权的必须性、社会主义的不可行性、极权主义的恐怖性之上，这些工作都是为了让失败者安于现状，失去反抗的信心。第二，需要让持续输家相信，现行制度是维持经济发展的必须。即需要宣扬一种只有资本主义和自由民主制度能够促进经济发展的理论。"从纯经济的角度来看，对民主效率的信心，在那些民主制度下赢得利益分配冲突前景渺茫的人中，也是一种保证服从的资源。若人们相信，民主从长远来看有助于经济发展，那么，即使赢得有关分配性冲突的可能性不大，他们也会选择支持这一体制。"②

　　人类社会进步是一项艰难的事业。在这项事业推进的过程中，伪善是比邪恶更大的敌人。发达国家的民主化历史证明，资本主义是现代民主发展的前提而不是结果。资本主义能为实现民主创造现代的物质条件（经济发展）和现代的社会结构（阶级关系相对于种族、族群关系的重要性），但民主化的过程却是有效多数形成合力制衡资本并分享利润的过程。真实的民主化不仅表现为竞争性选举的普及，还表现为在国家内部和国家之间利益的分散化、人的平等化和社会的公正化。自由民主理论的重心在于保护少数，它的适用性以存在一个有效多数为前提。从当前世界结构而言，无论在全球范围内还是在大多数发展中国家内部，都不存在一个具有侵犯少数利益的有效多数力量，因此，自由民主所关注的核心问题在现有条件下构成一个伪命题，它向全球的推广不仅无法有效解决问题，反而起到了

---

　　① ［美］亚当·普沃斯基：《民主与市场——东欧与拉丁美洲的政治经济改革》，包雅钧等译，北京大学出版社 2005 年版，第 18 页。

　　② ［美］亚当·普沃斯基：《民主与市场——东欧与拉丁美洲的政治经济改革》，包雅钧等译，北京大学出版社 2005 年版，第 18 页。

遮蔽真实世界的作用。

从全球民主化而言，自由民主掩盖了一个不平等的全球性利益分配结构，这一结构使资本全球扩张所得的利润只能被少数国家的少数人分享，它决定了好的资本主义不可能只凭借选举民主和政治自由的确立就被推广到大多数国家，因为政治的核心问题不是统治形式问题而是利益分配问题。从大多数发展中国家而言，由于社会主义意识形态被解构，因此，发展中国家不存在欧洲民主化过程中一条清晰的阶级利益分割线。在发展中国家，不同利益群体被各种宗教、族群、种族等重叠身份横向切割，无法形成有效的多数力量。在这些国家推广自由民主，只会使各种交叉冲突得到强化，不仅无法凝聚多数解决的生存问题，反而会撕裂社会，使国家稳定和统一都受到威胁。

针对现实世界和多数国家存在的问题，本书认为，民主的有效发展首先要将民主请下神坛，不能将民主理论建构为万能的理论。无数发展的案例证明，民主所要解决的不是发展问题，而是分配问题。一个以民主为核心的理论，需要强调民主不一定能促进经济发展，但民主需要保障发展的成果为大多数人共享。只有形成正确的民主观，我们才既不会使民主超载，成为经济发展的桎梏；也不会使民主滞后，成为维护既定制度和阻碍多数分享利益的工具。然而，目前被民主化理论树立为范式的自由民主，既没有在经济发达国家（如美国）为社会改革和公平分配提供动力，也没有在经济尚需发展的国家为发展提供稳定环境和有效政府。福山认为，"民主的失败，与其说在概念上，倒不如说在执行中"①。与其相反，本书认为，民主的失败，与其说是在执行中，不如说是概念的失败。有效的执行建立在有效的概念基础之上，一个错误的民主概念只会在执行中将人类引向歧途。因此，民主化理论如果要想成为

----

① ［美］弗朗西斯·福山：《政治秩序的起源：从前人类时代到法国大革命》，毛俊杰译，广西师范大学出版社 2012 年版，第 11 页。

指导民主前行和国家治理的科学理论而不仅仅是维护美国少数统治阶级既得利益的意识形态，由自由民主范式主导的民主化理论就需要被更能有效解释世界和推动社会公正的民主理论所取代，社会民主就是一个更有效的民主概念。

### 三　社会民主的优势：通达善治的民主概念

不能将人类引向善治的民主不是好的民主。为了使民主帮助更多的国家"到达丹麦"，很多学者曾经做出过智识上的努力，"协合民主"就是阿伦·利普哈特（Arend Lijphart）在多部著作中提到的一个替代"自由民主"的概念。在他看来，民主在多元社会生存面对的最大的难题就是社会同质和政治共识的缺失，自由民主无法解决这一难题，因为它倾向于放大分歧，鼓励不同集团追求私利。为了解决这个难题，他主张建立一种以"精英共识"为基础的协合民主。"在协合民主国家，多元社会的离心倾向被各区块（segment）领袖合作的态度与行为抵消，精英的合作成为首要特征。"[1] 然而，协合民主并不是一种概念性的民主，它的关注点在于改变精英行为的方式，主张用协商代替竞争。此外，协合民主对精英共识的强调与自由民主也没有什么本质的区别。自由民主也主张精英治理有赖于精英之间达成共识。自由民主并不是没有共识的民主，只不过它将共识定位于自由，导致自由压倒了一切。关键的问题是，如果我们想我们生活的世界更和谐、更友爱、更公正，什么样的精英共识最有意义和价值。本书认为，"社会民主"共识比"自由民主"共识更有利于促进各个利益群体的平等协商和对每一个个人生命与自由的尊重。

什么是社会民主？在现有对社会民主主义性质的研究中，有两种观点。

---

① ［美］阿伦·利普哈特：《多元社会中的民主：一项比较研究》，刘伟译，上海人民出版社 2013 年版，第 1 页。

一种观点认为社会民主主义即为民主的社会主义。这种观点最早由第二国际的领袖威廉·李卜克内西提出。他在《不要任何妥协》一书中指出:"民主社会主义深信政治问题和社会问题有着密切的联系",并道出一句名言:"没有民主的社会主义是臆想的社会主义,正如没有社会主义的民主是虚假的民主一样。"① 后来这一提法被社会党国际继承,为了与斯大林式的集权社会主义相区别,1951 年《法兰克福宣言》提出应该突出民主的社会主义模式,将民主社会主义作为社会党国际及其所属各国所应遵循的政治纲领。另一种观点认为社会民主主义是民主的资本主义。这种观点来自欧洲一些比社会民主党更激进的学者,他们认为民主的社会主义应该以公有制作为经济基础,而社会民主主义不过是一种经民主改良过的资本主义,是一种兼顾多数利益的资本主义形式。从这两种观点我们看到,无论是民主的社会主义还是民主的资本主义,社会民主都没有将资本主义看作一种有利于民主扩展的因素,相反,社会民主观认为,为了民主的发展,资本的力量需要受到约束。与此同时,社会民主观也超越了马克思民主观的局限,认识到个人权利的重要性,认识到压制个人权利的力量不仅来自资本还来自国家本身,因此,它不认为政治权利(政治民主)仅仅是资产阶级的民主,而是将政治权利看作社会民主不可分割的一部分。

正因为社会民主超越了来自左右的意识形态偏见,因此社会民主是一种融合了资本主义和社会主义优势,又摒弃了其缺陷的科学的民主观念。它将民主看作经济权利、政治权利和社会权利的统一,并提出与以经济决定论为基础的科学社会主义不同的建立在伦理基础上的社会主义。作为伦理社会主义思想的具体化,社会民主主张"自由、公正、团结"的基本价值观,这一价值观是由德国社会民主党在 1959 年率先提出的,后来又在联邦德国社会民主党《1975 年至 1985 年经济政治大纲》中加以解释:自由意

---

① 周洪军:《拉斯基"民主的社会主义"——社会民主主义和民主社会主义的过渡阶段》,《哈尔滨学院学报》2005 年第 6 期。

味着"摆脱任何有损于人的尊严的依赖关系",公正是"在社会中给每个人提供同样的权利和均等的生存机会";互助表现在社会成员的"同舟共济"、"具有一种普遍性的和人类友爱的意义"。在1986年德国社会民主党新的纲领草案中进一步阐述"民主社会主义的基本价值——自由、公正和互助,是我们估量政治现实的准绳,是衡量一个新的更好的社会制度的尺度,同时也是每个社会民主党人行动的指南"[①]。1989年,社会党国际在十八大上通过的《原则声明》中对"自由、公正、团结"作了完整表述:"自由是个人努力和合作努力的产物——这两个方面是同一进程的组成部分。每个人都有权免受政治强制,并享有追求个人目标和发挥个人潜力而行动的最大机会。但是只有整个人类争取成为自己历史的主人,并确保没有任何人、阶级、性别、宗教或种族沦为奴仆的长期斗争取得成功,才有可能做到这一点","公正意味着结束一切对个人的歧视,意味着权利和机会的平等。它要求对体力的、智力的和社会的不平等作出补偿,以及既摆脱对生产资料的所有者,也摆脱对政治权力拥有者的依附。""平等是所有人具有平等价值的表现,也是人性自由发展的前提。基本的经济、社会和文化平等,是个人多样化和社会进步的必要条件。""团结是无所不包的和全球性的,它是共同的人性和对不公正的受害者给予同情的实际表现。一切主要的人道主义传统都强调和欢呼团结。在个人之间以及国家之间空前相互依存的现代,人类的生存离不开团结,这就使团结具有更重要的意义。"[②]

明确了社会民主的基本价值,我们可以在比较中看到社会民主概念相对于自由民主概念的优势。在第二章,本书曾提出了检验民主有效性的三个标准:治理、参与—回应、再分配。以这三个标准去衡量现有的民主模式,我们可以看到,社会民主观(公民权利+政治权利+社会权利)比

---

① 转引自徐觉哉《社会主义流派史》,上海人民出版社1999年版,第385页。

② http://www.socialistinternational.org.

自由民主观（公民权利＋政治权利）更适合作为普世性的民主样板。首先，社会民主观的价值共识是"公正、自由、团结互助"，以此价值共识为出发点比自由民主观的价值共识"自由主义"更有利于实现各阶级、各利益集团之间的妥协，从而有利于国家的治理。因为自由主义价值观所张扬的是个人主义和私利至上，在自由主义价值观基础上，各利益集团容易把彼此看作竞争性的零和博弈关系，并且认为每个人追求私利具有合法性和合理性，这就使现实政治失去了妥协的基础，不同利益集团利用自由民主的平台追逐私利，最终就是互相拆台，将社会引向分裂。其次，社会民主观是一种积极自由观指导下的积极民主观，它强调积极公民和公共利益，强调公众对社会和国家事务的广泛参与，并在可能的范围内进行着直接民主的实践，它比自由民主更接近理想的民主，并因为参与的广泛性，实现了利益的协商性和回应的公平性。最后，社会民主观秉承一种积极的国家观。它承认国家权力有被滥用的危险，但它不认为因为这种威胁就应该否定国家的重要性。它认为民主的实现需要国家具有相对于资本的自主性，需要国家在再分配中扮演重要的角色。同时为了防止民主的超载，国家也需要回应资本的需求，并对福利政策进行灵活地调节。

相对于自由民主，社会民主除了更能促进民主的有效性外，它更有价值之处还在于实现了从资本主义"经济人"到亚里士多德"政治人"的回归。社会民主是一种有利于善治的民主理论。自由主义作为一种服务于资产阶级的意识形态，当然会推崇一种与资本主义逻辑一致的人性观和国家观。不幸的是，由于局限于经济决定论，马克思主义从资本"物化"人中解放人出发，却将人引向了一种更深层次的物化，马克思主义最大的缺陷就是将一项对人类道德精神具有极高要求的事业奠定在了唯物主义的基础之上。他的理论以阶级性划分人性，将人类的解放寄托于相恨而不是相爱，以致没有为人性的爱提供栖息之所。无产阶级专政只会导致资产阶级仇恨，因为无论将谁置于被压迫地位，都不可能改变整个人类的命运。

社会民主主义超越了自由主义和马克思主义的局限，认识到人类的解放在于每一个人的解放。在社会民主主义看来："社会主义是对现代社会贬低人格的一种道德抗议。它宣告人是具有尊严的；每一个人，无论男女都有权享有平等的机会，以及精神、智力、政治和经济的自由，并有权对影响工作和生活的决定行使其责任。"① "社会民主党人把人的思想自由和道德责任看作是对历史进程起塑造作用的因素。社会民主党人为实现自己的最后政治目标而斗争，但它不仅仅根据经济发展的趋向或出于物质的目的性原因，而是为了人的尊严。"② 社会民主致力于创造一个每个人都有尊严的社会，它不把人作为经济人，认为公民应该关心公益，参与政治生活。与强调个人自利和远离政治的自由民主不同，它最大限度地将民治和民享的理念付诸实践，所以在社会民主治理下的国家，几乎每一个都实现了亚里士多德关于"正义"城邦的理想。

经民主通达善治，是每一个好政府追求的目标，经民主通达幸福生活，是每一个公民寄托于民主之上的期望。民主如何能不负众望将世界带到公正、和谐、自由、平等的彼岸，选择一个好的民主概念和民主样板自然非常重要。本书提出的社会民主观也许过于高远，但相对于"自由民主"在世界上大多数地区包括美国缔造的"民有、民治、民享"无一在场的民主窘境，"社会民主"至少告诉了我们发达国家是如何通达善治的真相。我们可以有无数种理由主张推迟民主的到来，但当人类的生产能力已经足够让全世界每一个人都过上体面生活的时候，一个好的、有效的民主概念应该为创造这样一个世界贡献自己可行的力量。美国的自由民主如果想证明自己是一种比社会民主更值得推广的民主模式，它必须得先证明它足以克服自己国家的既得利益，并使每一个美国人过上有尊严、有安全感的生活。

---

① 《社会党国际文件集 1951—1987》，黑龙江人民出版社 1989 年版，第 42 页。

② 《德国社会民主党纲领性文件汇编》，转引自许俊达主编《民主社会主义哲学源流》，安徽教育出版社 1994 年版，第 104 页。

如果以美国占有的资源和经济发展的水平尚不能做到这一点，我们就不得不认为，民主能否实现民治和民享，不是一个发展问题，而是一个立场问题。

# 结论　我们需要什么样的民主观

　　思想对它自身以及对社会的认识，正如它的所有其他活动一样，从主宰发展为束缚。由于一种不可抗拒的运动，犹如生命迈向死亡，思想一次次的使用自身自由的工具来束缚自身。但是，每当思想打破了束缚，它所赢得的自由却大于它失去的自由，而且它取得胜利的辉煌将超越它过去屈从的苦难。①

——温赫尔

　　获得解放的根本条件就是突破意识形态的襁褓（它把真实历史和真实对象包围起来。不仅把它们化作影子而且加以歪曲）重新发现真实的历史和真实的对象。②

——阿尔都塞

　　在《民主新论》中，萨托利曾引用赫尔德林的观点阐述了一种遏制理想主义的主张："正是人类要把国家建成天堂的努力，使国家成了人间地狱。"③ 然而，他对自由民主却充满了新的理想主义情怀，这一新的理想

---

　　① ［美］罗纳德·H. 奇尔科特：《比较政治学理论：新范式的探索》，高铦、潘世强译，社会科学文献出版社1998年版，第38页。

　　② ［法］阿尔都塞：《保卫马克思》，顾良译，商务印书馆1984年版，第56页。

　　③ ［美］乔万尼·萨托利：《民主新论》，冯克利、阎克文译，上海人民出版社2009年版，第72页。

在向全球推广的过程中给我们创造了一个混乱无序的世界。萨托利的双重标准在资本主义保守势力那里具有普遍性。在保守的自由主义学者研究中普遍存在着这样一个悖论：当人们谈论对资本主义的超越时，他们无力否认资本主义制造的人类灾难，只好祭出反乌托邦的渐进主义的大旗，称好的世界不是一次性解决方案的理想工程，而是对人类社会小心谨慎的零星式改造。而当他们着手将自由民主推广全球时，却将自己所提倡的渐进改革理念抛诸脑后，把发展中国家作为新自由主义和自由民主休克疗法的实验场，甚至不惜对一个国家发动武力。

与萨托利不同，本书认为，在任何情况下，一个出于天使动机的理想都不会在实践中将我们引入地狱，因为天使具有公正仁善之心，她不会对一边的罪恶大加鞭笞，对另一边的罪恶进行遮掩和辩护，她也不会为了实践好的理想不惜采取恶的手段。将我们引入地狱的是假天使之名代表某种既得利益集团的伪善的理想，这种伪善理想可能出自于社会主义国家的既得利益集团，也可能出自资本主义国家的既得利益集团。从今天我们的现实来看，由于社会主义国家的既得利益集团已经随着苏联模式社会主义的失败而崩溃，人类进步事业所面临的阻力主要来自资本主义国家的既得利益集团。为揭示这一习惯于双重标准，并深谙以善的名义掩饰恶的既得利益集团，乔姆斯基曾经在一篇文章中有过这样的论述："在柏林墙倒塌一周之后，拉美六名知识分子领袖和耶稣会牧师都在萨尔瓦多高层的直接命令下被砍头。刽子手是华盛顿武装和训练出来的精英部队，他们已经犯下了令人毛骨悚然的血腥和恐怖罪行。他们刚刚在北卡罗莱纳州布拉格堡（Fort Bragg）的肯尼迪联合特种作战指挥部接受重新培训后返回国内。那些遭到谋杀的牧师并没有被当作可敬的持不同政见者来纪念，这个半球的其他异议者也没有。可敬的持不同政见者只被用来指东欧那些敌国的争取自由的人士。他们当然受苦了，但并不比拉美的同行受苦更多。正如约翰·科茨沃思（John Coatsworth）在最近出版的剑桥大学《冷战史》写的，从1960

年到 1990 年苏联垮台，拉丁美洲的政治犯、虐待的受害者以及被处决的非暴力政治异议者的数量远远超过苏联和东欧卫星国。"① 事实上，岂止在拉丁美洲，为了捍卫资本主义的统治地位，"资产阶级正义之士"们曾经发动过围剿十月革命的斗争，在很大程度上，正是这些围剿使苏联在建国之初就失去了民主建制的机会，并走上了官僚极权主义的绝路。为了捍卫资本主义的统治地位，"资产阶级正义之士"们对法西斯主义实行绥靖政策，力图将战争引向苏联，由此导致了第二次世界大战的全面升级，数千万人丧失生命。为了捍卫资本主义的统治地位，美国在越南、古巴、朝鲜、萨尔瓦多、海地进行过细菌战，放任韩国李承晚政府屠杀近 10 万左翼人士，美国外交官向苏哈托军人集团提供了印尼共产党人名单，导致近 100 万共产党被杀害。然而，所有这些惨绝人寰的暴行，都被以"冷战"的名义长时间尘封于历史，甚至，他们还要以捍卫自由的名义对这些暴行涂脂抹粉。如果我们秉承追求正义的目标，这些打着反共旗号的资本之恶就应该被揭示出来，因为没有公正全面看待历史的视角，人类对现实的解读就会充满偏见和误区。为了揭示出被意识形态遮蔽的历史，本书选取了民主被意识形态化的过程进行研究。由于这一主题过于复杂和庞大，并且经过了资产阶级政治经济文化智识的层层包装，本书未必能够令人信服地把这一问题论述清楚，由于反对主流的民主理论，本书甚至会遭到诸多反对和质疑之音。但是，困难与风险并不能阻碍本书的创作，笔者相信，即使本书的论证并不充分，但它至少能够证明这一努力的必要性。因为在一个被主流媒体、主流观念、主流话语统治的世界，人类要想冲破意识形态束缚，走向真正民主自由公正的开放社会，我们太需要一种非主流的声音。

何谓非主流的声音？难道就是为了挑战主流的无病呻吟或者标新立异吗？当然不是，本书的创作其实源于与罗素相同的潜藏在我心中的三种激

---

① http：//www.21ccom.net/articles/sxpl/sx/article_ 2011090945049_ 2. html.

情："这三种激情虽然简单，却异常强烈，它们统治着我的生命，那便是：对爱的渴望，对知识的追求，以及对人类苦难的难以承受的同情。这三种激情像变化莫测的狂风任意地把我刮来刮去，把我刮入痛苦的深海，到了绝望的边缘。"① 因为渴望爱，因此我希望人类所有人能够生活在充满爱的世界里，没有纷争、没有杀戮、没有贫穷，这种对大爱的憧憬使我成为一个不可救药的理想主义者，总想为这个世界变得更好一些尽一份微薄之力；因为追求知识，我不得不从一个理想主义者变成一个现实主义者，我拼命告诫自己，即便我有自己的理想，这一理想也必须建立在对历史和人性准确的把握之上，因为脱离普遍人性的理想再崇高，它也只会在实践中将人引向虚伪，伪善带给我们这个民族的灾难已经让我们付出了足够多的代价；因为对人类苦难的同情，我又不得不在认识现实的基础上选择一种站在多数立场的价值观，我希望这个价值观能够让冷冰冰的现实变得稍微温暖一点。

因为心系多数，所以我认为民主是一个值得追求的理想；因为研读民主著作，我不幸又发现这个世界的主流民主理论恰恰是为了遏制多数的。这种发现让我接近于愤怒，不是因为它的邪恶，而是因为它的伪善。我们当然可以出于各种理由反对多数，这些理由多得不胜枚举，而且并不是没有道理。例如多数人大多是碌碌无为、愚昧平庸的，所以这个世界上一切高雅高端的东西都必须依赖各行各业的少数精英去创造，经济发展离不开精英，艺术创造离不开精英，科学探索同样离不开精英。但是，我们不能以民主的名义反对多数。我们可以做一个柏拉图和亚里士多德那样的精英主义者，他们认为只有好的精英治理才能使城邦实现善政，他们的理想可以被经验证实或者证伪。但我们今天的世界无法被经验检验，因为我们实行的是一种叫作民主的自由制度，这导致我们无法明确这个世界上发生好

---

① 《罗素自传》（第 1 卷），胡作玄等译，商务印书馆 2002 年版，第 1 页。

的或者不好的事情究竟是因为照顾了精英利益的缘故还是照顾了多数利益的缘故，是因为自由太多的缘故还是自由太少的缘故。正因为概念和理论本身的混乱性，所以我们至今无法为这个混乱世界的源头理出一个头绪，并陷入一种思维的瓶颈。

为了使民主研究能够更准确地描述和解释世界，本书采用比较分析和文本解读的方法梳理了民主概念和实践交织并互相影响的历史，本书的主要观点可以归纳如下：

第一，本书最重要的一个观点就是民主化理论和实践要想走出现有的瓶颈，人们应该首先反思主导这一理论和实践的自由民主这一民主概念。我们不要再把两个价值偏好具有重大差异的东西看作差不多的东西。自由和民主都是人类值得追求的理想，但也都包含着一些不利于实现良好治理的消极因素，我们如果想同时获得这两样东西中的积极因素，有赖于对这两样东西进行区分而不是混同。实践已经证明没有自由的民主（中国的"文化大革命"可以看作一种没有自由的民主实践）和没有民主的自由（哈耶克眼中的典范是皮诺切特统治下的智利）都会给一个国家带来灾难。实践同样证明"自由占有压倒性的优势，民主只是细微的一小部分"[①] 的自由民主也不能使一个国家实现良好治理，它最好的制度样板——美国以最优的客观条件缔造了这个世界上最不公正、最缺乏安全感的发达国家，而它推广至全球的实践也将越来越多的国家引向危机与混乱。

第二，在批判自由民主概念的基础上，本书提出了检验民主有效性的三个标准：治理、参与—回应与再分配。以这三个标准去衡量现有的民主模式，本书认为社会民主观（公民权利＋政治权利＋社会权利）比自由民主观（公民权利＋政治权利）更适合作为普世性的民主概念。首先，社会民主观的价值共识是"公正、自由、团结互助"，以此价值共

---

① Andrew Levine, *Liberal Democracy: A Critique of Its Theory*, New York: Columbia University Press, 1981, p. 7.

识为出发点比自由民主观的价值共识"自由主义"更有利于实现各阶级、各利益集团之间的妥协，从而有利于国家的治理。因为自由主义价值观所张扬的是个人主义和私利至上，在自由主义价值观基础上，各利益集团容易把彼此看作竞争性的零和博弈关系，并且认为每个人追求私利具有合法性和合理性，这就使现实政治失去了妥协的基础，不同利益集团利用自由民主的平台追逐私利，最终就是互相拆台，将社会引向分裂。其次，社会民主观是一种积极自由观指导下的积极民主观，它强调积极公民和公共利益，强调公众对社会和国家事务的广泛参与，并在可能的范围内进行着直接民主的实践，它比自由民主更接近理想的民主，并因为参与的广泛性，实现了利益的协商性和回应的公平性。最后，社会民主观秉承一种积极的国家观。它承认国家权力有被滥用的危险，但它不认为因为这种威胁就应该否定国家的重要性。它认为民主的实现需要国家具有相对于资本的自主性，需要国家在再分配中扮演重要的角色。同时为了防止民主的超载，国家也需要回应资本的需求，并对福利政策进行灵活的调节。

第三，本书主张政治学向政治的回归。资本主义的逻辑是资本积累和追逐利润。所以资本主义生产方式的确立意味着经济人假设取代政治人假设，经济学处于学科宰制位置，并影响所有学科范式向经济学范式靠拢。本书因为要研究现实世界，所以接受了经济人假设这一分析方法，但本书认为，人类社会要想向着更加公正和谐的方向发展，需要政治学向政治的回归。本书将政治的本质分为现实和理想两个层面。从现实层面而言，本书认同戴维·伊斯顿的政治观，即政治的本质就是对价值和资源进行权威性的分配。以此为出发点，本书认为，只有以拉斯韦尔提出的"谁得到什么，他是如何得到的"为核心命题的研究才算是真正的政治学的研究。如果说经济学的核心问题围绕着如何促进经济发展，那么政治学的核心问题则应该围绕着如何进行合理分配。如果政治学过度关注经济学应该关注的问题，并受到经济学范式的影响，那我们的世界就会变得重发展而轻分配，这就是近30年人类社会生产力发展突飞猛进，但贫富差距却越来越大的根本原因。因为政治学应该着眼于分配问题，所以，当我们谈论民主政治时，从资源的分配方面作为切入点是一条厘清概念纷争和意识形态之幕的捷径。本书认为，民主制与君主制、贵族制最大的不同之处就是它在资源分配方面需要兼顾到大多数人的利益，如果它没有做到这一点，那即使它标榜民主，也是一种虚假的民主，从这个意义上，民享是检验民主的终极标准。从理想层面而言，本书认同亚里士多德的政治观。亚里士多德的政治观是一种与伦理学统一的政治观。亚里士多德最著名的著作就是他的《伦理学》和《政治学》。他在《伦理学》中告诉人们，个人生命的本质在于追求幸福。他在《政治学》中告诉人们，国家的本质在于为每个人提供可以作为幸福生活基础的公共福利。综合伦理学和政治学，亚里士多德认为，政治的本质就是为了创造至善的生活。亚里士多德同样主张人们拥有财产，但他特别强调，虽然拥有财产为善的生活所必需，但财产并不是国家和个人追求的目标。"城邦不是为了保护财产而存在的，城邦是为了优良的生活而存在的。一个城邦的目的在于促进德善。"① 而从洛克开始，政治学家告诉人们，幸福的本质和国家的目的分别在于拥有和保护私有财产。基于对政治学回归政治的主张，本书认为，研究民主政治，我们需要从经济学规范政治学的局面中走出来，即民主研究需要向政治研究回归，从发展问题转向分配问题，从自由问题转向正义问题。这种转向意味着：从概念层面而言，民主的概念需要从21世纪向19—20世纪回归，民主需要重新找回与多数和社会主义的相关性，从自由民主向社会民主回归；从规范的层面而言，民主的价值需要从自由主义向古典共和主义回归，即民主作为一种政体需要以增进公民幸福和国家善治为目标，需要促进公民道德的完善和对

---

① ［古希腊］亚里士多德：《政治学》，吴寿彭译，商务印书馆2007年版，第148—151页。

公共事务的参与。为此，政体意义上的民主的合法性需要建立在公共利益而不是私人利益之上。

　　第四，本书探讨了社会民主的发展背景和实践条件，强调社会民主的普世化需要以社会主义价值观的复兴为基础。"到达丹麦"是人类社会的一个理想，这一理想如何实现，它需要一个客观的条件，即作为一种规范和合理化资本主义的价值理念和政策方案，社会主义需要在与民主的结合中重新焕发生命力。社会民主是在批判资本主义和斯大林模式社会主义基础上发展出的一种混合政体和民主观念。社会民主之所以于30年新自由主义的反攻中仍然在欧洲表现出顽强的生命力，是因为欧洲具有强大的社会主义传统，这一传统即使不以替代资本主义为目标，但它仍然给人传递着一种信念，即好的资本主义需要社会主义的在场。否定了社会主义，资本主义就失去了反省和约束自身的动力。社会主义是一种代表下层民众立场的意识形态，之所以说它是意识形态，是因为它的利益指向并不具有普世性，与自由主义相反，它更多地代表无产阶级而不是资产阶级的利益。在社会科学研究领域，普遍存在着轻视甚至否定社会主义的倾向，这其中的原因当然在于斯大林模式社会主义实践的失败，但还有一些基于知识分子身份意识的因素。知识分子是社会主流思潮的引导者，但知识分子大多在社会分层中处于中层而不是下层。在社会分层中的地位决定了知识分子倾向于以中产阶级的立场看待问题。除了阶级身份决定的阶级意识之外，出于自利的本能，要获得主流地位，很多知识分子又会自觉地接受并推广有利于上层社会的价值和理念。因此，在大多数情况下，从古到今，下层人民总是缺乏代言人，我们之所以在政治学经典文献中看到更多反对民主的声音，正是因为真正以民主主义和平民立场去研究民主的学者非常有限。今天，大多数学者都愿意做个中庸的调和者，主张价值中立。中庸和价值中立对于做学问来说确实是个好方法，但这个好方法经常会在实践中碰壁。我们发现，中庸作为一种理论永远正确，但是现实世界大多数情况都是两极化而不是中庸化的。中产阶级是民主巩固的前提是一个普遍真理，但如果中产阶级不占多数而占少数，中产阶级就未必会成为民主的支持者。迪特里希·鲁施迈耶（Dietrich Rueschemeyer）之所以强调工人阶级是民主化的动力，就是因为她发现在中产阶级为少数时，它就具有投机性，并往往向上层靠拢。在这方面，20世纪60年代的拉美和今日的泰国已经提供了很好的案例。因此，当我们期望中产阶级有好的表现时，却常常苦于中产阶级的匮乏。在一个资本主义生产方式占主导的社会，如何形成更多的中产阶级，历史提供的答案就是通过工人阶级的社会主义和民主主义运动。因此，是社会主义和民主的结合为中产阶级占主导的社会创造了条件，中产阶级大多是由无产阶级转化而成的，中庸的可行性建立在两极平衡的基础之上，当工人阶级和资产阶级力量对比平衡时，资产阶级才会向工人阶级让利，大量的中产阶级由此产生。所以，否定了社会主义，就不可能得到好的资本主义，而去社会主义化的自由民主运动，也不可能帮助福山实现将发展中国家都带到丹麦的理想。好的制度需要建立在适合这一制度的经济基础和社会结构之上。到达丹麦不是一个制度移植问题，而是一个国家之间和国家内部的利益再分配问题。

第五，本书强调，民主化理论的完善需要越来越多的发展中国家知识分子投入到理论创新的努力中去。我们生活的世界是一个由话语建构的世界，无论是日常交往、学术交往还是政治交往，我们都是通过话语和概念在打交道。话语权表面看来是语言的掌控权，事实上，话语权是思维的掌控权，无论说话的人是谁，只要他使用的话语和概念确定了，他的思维模式也就确定了。对于民主化研究而言，由于全世界通行是美国人建构的概念、理论和标准，所以这一领域事实上只有美国人在思考，美国人在评价，美国人在主导进程。民主化进程要想突破实践困境，摆脱美国社会科学话语霸权是必须要做的事，因为他们的话语首先服务于他们的利益。即使是西方的社会民主主义者，也未必愿意为将自己好的制度推广全球去自觉削减自己在全球资本主义利润分割中的份额，这在某种程度上也许可以解释为什么普沃斯基这个社会民主主义者却坚持不放弃自由民主这一概念的原因。

第六，本书最后一个主要观点是，民主理论要想成为科学的理论，必须将民主请下神坛，不能将民主理论建构为万能的理论。无数发展的案例证明，民主所要解决的不是发展问题，而是分配问题。一个以民主为核心的理论，需要强调民主不一定能促进经济发展，但民主需要保障发展的成果为大多数人共享。只有形成正确的民主观，我们才既不会使民主超载，成为经济发展的桎梏；也不会使民主滞后，成为维护既定制度和阻碍多数分享利益的工具。然而，目前被民主化理论树立为范式的自由民主观，既没有在经济发达国家（如美国）为社会改革和公平分配提供动力，也没有在经济尚需发展的国家为发展提供稳定环境和有效政府。正是在这个意义上，本书强调，民主化理论如果想成为指导民主前行和国家治理的科学理论而不仅仅是维护美国少数统治阶级既得利益的意识形态，由自由民主范式主导的民主化理论就需要被更能有效解释世界和推动社会公正的民主理论所取代。与此目的同比，本书提供的替代自由民主的社会民主观只是一种抛砖引玉的尝试，仅供批判。

最后，作者强调本书是一部理想主义者的现实主义作品，它力求遵循历史和现实来解释世界，但它提供的方案具有一定的乌托邦色彩。为什么自认是乌托邦？因为笔者越来越感觉到，由于集体行动的困境和既得利益者的聪慧和强大，现实世界想做一些倾向于大多数人（或者更坦白说是穷人）的改良已经变得十分困难。今天，几乎所有的西方社会科学研究所传递的信息都是要你安于现状，这些作品力证由于人类曾有过改造世界的失败尝试，所以任何想要改变现状的企图都只会使现状变得更糟。赵汀阳教授曾经这样悲观地评论这个充满保守气息的世界："过去，人们认为乌托邦是个好东西。今天，一切好的东西都成了乌托邦"。尽管如此，本书还是想指出乌托邦有其存在的价值。乌托邦的价值主要不在于它的可行性，而在于它为改造现实所必需。马克斯·韦伯曾经说过："政治意味着用力而缓慢穿透硬木板的过程，它同时需要激情和眼光。所有历史经验都验证了一个绝对真理：如果人们没有一次次为了这个世界上不可能的事物而努力，那他连可能的事物都不会得到。"①

---

① Max Weber, *Political Writings*, Edited by Peter Lassman, Cambridge：Cambridge University Press, 1994, p. 369.

# 附录一　自由民主的范式确立与范式危机

2008 年金融危机之后，世界政治的一个显著特征就是民粹主义在发达国家的兴起。无论对民粹主义持何种态度，大部分学者都承认，民粹主义是代议制民主失灵的反映，"哪里有民粹主义者以运动或政党的方式来进行动员，哪里就有充分的理由对代议制政治的功能进行检验，哪里就有充分的理由怀疑它某个环节可能出了故障"[①]。在对民粹主义忧虑的基础上，越来越多的学者开始关注自由民主的危机问题。[②] 2015 年，美国传播自由民主思想的著名刊物《民主》杂志在第一期发表了多篇评述自由民主危机的文章。主编拉里·戴蒙德（Larry Diamond）在《直面民主衰退》一文中指出，根据"自由之家"统计数据，从 2000 年到 2015 年，民主制度在 27 个国家失灵，包括美国在内的世界各成熟民主国家也出现了民主功能失调现象。[③]美国国家民主基金会研究员普拉特纳则在卷首语中直接承认自由民主在越来越多的国家包括美国遭遇了严重危机，他号召自由民主的拥趸团结起来正视危机，迎接挑战。[④] 福山借鉴亨廷顿的经典理论，在文章中为自由民主

---

① ［英］保罗·塔格特：《民粹主义》，袁明旭译，吉林人民出版社 2005 年版，第 156 页。

② Foa, Roberto Stefan, and Yascha Mounk, "The Democratic Disconnect", *Journal of Democracy*, Vol. 27, No. 3, 2016, pp. 5 – 17.

③ Larry Diamond, "Facing up the Democratic Recession", *Journal of Democracy*, Vol. 26, No. 1, 2015, pp. 141 – 155.

④ Marc F. Plattner, "Is Democracy in Decline?", *Journal of Democracy*, Vol. 26, No. 1, 2015.

表现不佳提供了解释，他认为自由民主危机源于国家能力没有跟上民主问责制的步伐。[①] 然而，尽管批评之音层出不穷，但这些批评并不构成对福山"历史终结论"的终结，而只是自由民主范式内的反思，它们并没有提出一种新的民主模式和民主话语，自由民主仍然是唯一被普遍接受的民主模式，历史仍然终结于自由民主，因为人类社会并没有在"最基本的政治形式和精神原则"上表现出进步的可能性。[②] 本文对自由民主危机的认知不属于自由民主范式的内部反思，通过运用托马斯·库恩《科学革命的结构》一书中的范式革命理论去分析自由民主范式的演变历程，本文认为，目前的自由民主危机不仅是一场制度实践危机，还是一场研究范式危机，政治科学研究成果呈现的操作性批评的反复性和前提性批评的缺失性正是自由民主范式危机的特征性表现，它预示着民主研究领域将面临一场范式革命。

## 一　自由民主的范式确立

在《科学革命的结构》一书中，托马斯·库恩将一项研究议题分为"前科学""常规科学""科学革命"三个基本阶段。"常规科学"是一项研究议题的成熟期，它诞生的标志就是研究范式的确立。范式在库恩那里并没有一个确切的定义，他指出，如果一项研究成果共有以下两个特征，他便将其称为"范式"。这两个特征是：第一，它空前地吸引了一批坚定的拥

---

① Francis Fukuyama, "Why Is Democracy Performing So Poorly?", *Journal of Democracy*, Vol. 26, No. 1, 2015, pp. 11 – 20.

② 福山对"历史终结论"的表述是："自由民主制度和自由市场经济在全世界取得了决定性胜利"，虽然"历史的自然过程还会继续，但历史的所有大问题已经完全解决，不再有重大事件发生，构成历史本质的最基本政治形式和精神原则的进步不再可能"。参见［美］弗朗西斯·福山《历史的终结及最后之人》，黄胜强、许铭原译，中国社会科学出版社 2003 年版，第 2—4 页。

护者，使他们脱离科学活动的其他竞争模式；第二，它足以无限制地为重新组成的一批实践者留下有待解决的种种问题。范式之所以标志着常规科学的诞生，是因为它"在一段时期内为以后几代实践者们暗暗规定了一个研究的合理问题和方法"①。与成熟的"常规科学"阶段相对应的是"前科学"阶段和"科学革命"阶段。所谓"前科学"阶段，是指没有出现研究范式的阶段。在这个阶段，有多少个相关主题的研究者，就可能有多少种关于主题本质的观点。范式的出现意味着在某一研究议题上形成了较为统一的研究概念和理论，并产生了坚守范式的学术共同体。然而，学术共同体的产生，意味着范式在便利"常规科学"开展的同时具有潜在的封闭性，共同体坚守某种范式，就规范了在范式的框架内科学家能提出什么样的问题。这种封闭性意味着，范式的转换本质上是一种新概念、新理论诞生的过程，它会带来一场科学革命。

在民主研究领域，自由民主具有库恩所说的研究范式的意义，因为它是民主作为社会科学研究议题以来，第一次在学术共同体内形成共识的民主概念和民主模式。起始于"冷战"初期的自由民主学术共同体在半个多世纪的时间里围绕政治民主化议题建构了包括民主发生论、民主转型论、民主巩固论、民主崩溃论等的政治发展理论，这些理论虽然在研究议题上表现出时代差异性，但它们具有无争议的核心概念——自由民主和较稳定的研究目的——自由民主的生成与推广。自由民主范式的产生是"冷战"和后"冷战"时期具有自由民主价值偏好的社会科学家共同努力的结果。在自由民主范式产生之前，民主研究只处于库恩所说的"前科学"阶段。在"前科学"阶段，学者们对于民主没有共通性概念和理论，并且经常发生争论。在那个时期，民主概念具有可争议性，自由民主仅是各种民主模式和民主理论中的一种，并且常常被其他民主概念的支持者当作非民主的

---

① [美] 托马斯·库恩：《科学革命的结构》，金吾伦、胡新和译，北京大学出版社 2003 年版，第 8 页。

精英政治模式加以批判。这种"前科学"阶段民主概念的混乱性和多元性持续了很长时间，以至于在自由民主研究范式确立的初期，萨托利还认为基于民主观念的混乱，需要进行一次民主理论的清理工作，从而为自由民主正名并确认它为民主的主流理论。

与自然科学的研究范式不同，由于社会科学的研究对象——人和人类社会的复杂性与能动性，社会科学研究范式具有更强的主观性，"如何决定概念化一个理念是一个深刻的政治的、规范的和意识形态的问题。所有概念化的定义都与复杂的政治的、伦理的和意识形态的争论联系在一起。这导致的结果是，所有关于概念存在必要争议性的理论都受到规范权力和政治权力的关系和位置问题的牵扯"①。在很多时候，一个研究范式的确立过程也是话语霸权的确立过程，当这一话语霸权与政权合法性具有极大相关性时，它就成为一个国家的软实力和核心利益所在。正因为如此，社会科学研究范式的生成并不像自然科学那样纯粹是知识积累到某种程度的结果，它具有很强的历史情境性和政治目的性，是知识共同体与政治权力主体或经济利益主体合作的结果，自由民主范式的产生也是如此。

约翰·邓恩在讲述民主作为一个名词的历史时，特别强调过这样一种观点：从民主到自由民主的转变，"是一个非常具有政治意味的词语的极为政治化的历史"②。民主，无论作为一种价值还是一种政体，都是一个古老的概念。作为价值的民主，是与精英主义相对立的，它相信民众与精英之间的差异是一种利益差异而不是能力差异，并试图通过让民众介入政治去改变政治和经济的精英结构，进而实现利益的公平分配，提高政治共同体的代表性和凝聚力。作为政体的民主，是试图通过政治制度设计去实现民

① Milja Kurki, "Democracy and Conceptual Contestability: Reconsidering Conceptions of Democracyin Democracy Promotion", *International Studies Review*, 2010, Vol. 12, p. 364.

② ［英］约翰·邓思：《让人民自由——民主的历史》，尹钛译，新星出版社 2010 年版，前言第 4 页。

主价值的尝试，民主政体的确立通常是价值理念和阶级斗争双重作用的结果，它的样板是古希腊的直接民主制度。从目前可以查阅的文献资料来看，从古希腊到现代，几乎所有的精英都是反民主的。在古希腊，只有伯里克利和德谟斯提尼表达过对民主政体的赞美之意，除此之外，所有留下文字或被人留下过文字的包括苏格拉底、柏拉图、亚里士多德、希罗多德、阿基比德、克里底亚、老寡头、修昔底德、波利比阿、阿里斯托芬等人都对民主政体提出过强烈的质疑，所以后世的英国自由主义史学家阿克顿勋爵（Lord Acton）曾总结说："对雅典民主制的抗议是古希腊哲学中最响亮的声音。"① 从古希腊沿革下来的批判民主的传统一直持续到 20 世纪初期，麦克里兰（J. S. Meclelland）对此评价说："对民主的担忧，几乎是西方政治思想家的集体共识，甚至可以说，政治理论被发明出来，正是为了证明民主，即所谓的人民自治，势必要演变成暴民之治。"② 法国政治思想家埃米尔·法盖（Gustave Le Bon）也为此感慨："几乎所有 19 世纪的思想家都不是民主派。在我写《19 世纪的政治思想家》一书时，这令我十分沮丧。我找不到一个民主派，尽管我想找到这么一位，以介绍他所阐述的民主学说。"③

　　然而，民主的命运在 20 世纪中期发生了改变，它从一种备受主流精英诟病的价值和政体模式变成了一个各派别、组织、国家竞相争夺并因此自带光环的"世界性新普世宗教"（the world's new universal religion）。④ 精英缘何改变了对民主的看法？米歇尔·曼德尔鲍姆（Micheal Mandelbaum）教授在 2007 年出版的《民主的美名：世界上最流行政体的兴起和风险》一书

---

　　① ［英］阿克顿：《自由史论》，胡传胜等译，译林出版社 2001 年版，第 60 页。

　　② J. S. Meclelland, *The Crowd and The Mob: From Plato to Canetti*, London: Unwin Hyman, 1989, p. 1.

　　③ Gustave Le Bon, *The Psychology of Revolution*, New York: G. P. Putnam's Sons, 1913, p. 284.

　　④ Paul E. Corcoran, "The Limits of Democratic Theory", in *Democratic Theory and Practice*, edited by Graeme Duncan, Cambridge: Cambridge University Press, 1983, p. 14.

中探讨了民主在 20 世纪获得合法性的原因。他指出，我们今天公认的民主概念与 20 世纪之前的民主概念有很大的不同。其中最大的区别是当代民主是一种将自由（个人自由）和民主（全民统治）合二为一的民主。而在 20 世纪之前，自由和民主是彼此充满对立和矛盾的价值，那时的民主仅仅指的是人民主权即多数的统治，而多数统治是遏制自由的。经济自由，特别是私有制、宗教自由和各种政治权利，在当时被认为在民主之下无法存在。到了 20 世纪，自由与民主开始融为一体，形成一种混合政体，并独占了民主之名，民主逐渐获得了好名称。① 弗兰克·坎宁安（Frank Cunningham）在《民主理论与社会主义》一书中也指出了自由民主对民主性质的改变。他强调，在 20 世纪上半叶之前，无论是社会主义者还是自由主义者，都将民主看作反对资本主义的因素，而在"冷战"开始之后，自由主义者开始以民主代言人的面目出现，重视民主并且希望它有实质定义的政治理论家总是希望民主的定义与他们所支持的社会和政治安排一致。在这一过程中，民主概念发生了亲资本主义和反社会主义的转变。② 由上可见，精英对民主态度的改变并不是精英变得亲民主了，相反，是民主变得亲精英了，自由民主范式的确立就承担了这一将自由民主精英化的功能。通过规范民主的定义，自由民主范式将民主从一个充满争议的词汇变成一个好词汇，从那以后，民主"抖落身上的一长串狼藉的名声，使自己从一种不掺感情的描述或者使人憎恶的描述性的词，变成了一种人们充满信心且语意坚定地向别人推荐的政治方案"③。然而，自由民主范式的确立是一个系统工程，它经过了概念建构、概念拣选和概念推广三个阶段。自由民主概念的建构不

---

① Micheal Mandelbaum, *Democracy's Good Name*: *The Rise and Risks of the World's Most Popular Form of Government*, New York: Public Affairs, 2007.

② Frank Cunningham, *Democratic Theory and Socialism*, Cambridge University Press, 1987.

③ ［英］约翰·邓思：《让人民自由——民主的历史》，尹钛译，新星出版社 2010 年版，前言第 4 页。

是一个人完成的，在这一过程中，有两个人的贡献不能回避，他们是约瑟夫·熊彼特和罗伯特·达尔。熊彼特首先进行了概念创造，之后，达尔将熊彼特的概念与政治自由主义理念和美国制度实践进行了更加紧密的结合，形成了可以量化的自由民主指数。

1942 年，熊彼特出版了《资本主义、社会主义与民主》一书，他在书中建构了一个以英美代议制经验为基础的新的民主概念。这一概念指出，"民主本身不能是目的，民主是一种政治方法"①，"民主方法就是那种为作出政治决定而实行的制度安排，在这种安排中，某些人通过争取人民选票取得做决定的权力"②，"民主政治的原则因此仅仅意味着，政府的执政权应交给那些比任何竞选的个人或集团获得更多支持的人"③。熊彼特建构民主概念遵循了一条实证主义路径，通过他的定义，民主与英美代议制民主之间画了等号，民主对英美等国的政治发展不再具有规范性。

尽管熊彼特建构"选举民主"概念具有原创性，但这一创造本身并不具有范式意义，在自由民主范式确立之前，熊彼特的民主概念不过是库恩所说的"前科学"阶段各种民主概念中的一种。这种"前科学"阶段的民主概念要转变为具有范式意义的民主概念，还需要在学术界形成概念共识，按照库恩对范式特征的描述："第一，它空前地吸引了一批坚定的拥护者，使他们脱离科学活动的其他竞争模式；第二，它足以无限制地为重新组成的一批实践者留下有待解决的种种问题。"④ 因此，熊彼特"选举民主"概

---

① ［美］约瑟夫·熊彼特：《资本主义、社会主义与民主》，吴良健译，商务印书馆 1999 年版，第 359 页。

② ［美］约瑟夫·熊彼特：《资本主义、社会主义与民主》，吴良健译，商务印书馆 1999 年版，第 395—396 页。

③ ［美］约瑟夫·熊彼特：《资本主义、社会主义与民主》，吴良健译，商务印书馆 1999 年版，第 400 页。

④ ［美］托马斯·库恩：《科学革命的结构》，金吾伦、胡新和译，北京大学出版社 2003 年版，第 8 页。

念从"前科学"概念到范式性概念的转变还需要经过社会科学界对民主概念拣选的过程，使它变成学术界公认的无争议的民主概念。基于"冷战"中与苏联争夺民主话语权的紧迫性，美国社会科学界在政府介入下很快开展了这项工作。"二战"后，在联邦政府，特别是国防部和中情局的资助下，美国社会科学的一些领域，如现代化研究或发展研究、地区研究和行为科学研究等都带有明显的意识形态特征。[①] "在美国政府的宣传口号中，民主、自由、真理是最为频繁出现的字眼。然而，如一位美国历史学家所言，在冷战的背景下，真理远不仅仅是一种大家所共同寻求的知识产品。它也被看作是'我们的武器'。与之相应的是，接受了政府国家安全观念的社会科学家也日益模糊了学术与宣传之间的界线，成为功利的目的至上主义者。"[②] 为了与以"人民民主"为指向的社会主义国家争夺对民主解释的话语权，美国政治科学家参与了一场规范民主概念的行动，这个行动的核心目标是将民主去社会主义化。所谓民主去社会主义化，就是通过建构一个规范性的民主定义，使民主从概念上既远离苏联的人民民主模式也远离欧洲的社会民主模式。熊彼特的"选举民主"概念由于"与战后两个最主要的自由主义民主制国家（英国和美国）的实际结构之间具有表面的一致性，很快被看作民主制度的最'现实主义'的体现"[③]。

美国学者劳伦斯·迈耶和约翰·伯内特在对比较政治中的民主理论进行细化研究时，特别强调过美国民主化研究拣选民主概念的标准："如果要使民主这个术语的定义能够用来根据我们的意思进行实践分类，它必须能够毫不含糊地用于我们认为应该归入民主一类的，以此与那些我们认为不

---

① 於荣：《战后美国社会科学研究政策及其对美国社会科学研究的影响》，《清华大学教育研究》2010 年第 1 期。

② 于群：《社会科学研究与美国心理冷战战略——以"学说宣传项目"为核心的探讨》，《美国研究》2007 年第 2 期。

③ ［英］戴维·赫尔德：《民主的模式》，燕继荣等译，中央编译出版社 1998 年版，第 224 页。

应该归入民主一类的国家相区别。一个所设置的标准却没有西方国家能够满足是没有意义的，同样，一个既能运用于西方国家，又能运用于一党制国家的民主定义也是没有意义的。"① 熊彼特的"竞争性选举"民主观之所以能够成为"冷战"之后延续至今的"自由民主"的主流概念，无疑在于"它提供了一个标准，将我们认为民主的国家与非民主的国家相区别。如果将民主定义为在社会或经济上的平等程度，或者政府对人民的回应程度，那非民主国家可能符合甚至超过了我们认为的民主国家在这些属性上的程度"②，以至于"那些被归于民主范畴之外的政治体系也可以拿来自我肯定"③。因为有共同的理想和目标，美国政治科学界拣选民主概念的标准也符合熊彼特建构"选举民主"概念的初衷。在《资本主义、社会主义与民主》一书中，熊彼特曾直言不讳地表示，他定义民主的一个直接目的就是为"辨别民主政府和非民主政府"提供一个"有效的标准"。在他看来，以"人民主权"为基础的"古典民主"学说使与西方"代议制民主"不同的民主模式即以经济平等为目标的社会主义民主模式"能同样或更好地符合人民的意志和幸福"④。而他的"选举民主"概念正是在批判以"人民主权"为基础的"古典民主"学说的基础上产生的，这其中无疑隐藏着与社会主义国家争夺"民主"话语权的深层动机。⑤

---

① ［美］劳伦斯·迈耶等：《比较政治学：变化世界中的国家和理论》，罗飞等译，华夏出版社 2001 年版，第 35 页。

② ［美］劳伦斯·迈耶等：《比较政治学：变化世界中的国家和理论》，罗飞等译，华夏出版社 2001 年版，第 37 页。

③ ［美］劳伦斯·迈耶等：《比较政治学：变化世界中的国家和理论》，罗飞等译，华夏出版社 2001 年版，第 39 页。

④ ［美］约瑟夫·熊彼特：《资本主义、社会主义与民主》，吴良健译，商务印书馆 1999 年版，第 396 页。

⑤ 关于熊彼特建构"选举民主"概念的过程，参见张飞岸《论民主的"去社会主义化"——熊彼特"民主"概念的意识形态立场和功能解析》，《政治学研究》2011 年第 5 期。

经过了概念建构、概念拣选之后，概念推广成为自由民主范式确立的最后环节。政治科学家们接下来要做的事情就是在学术研究中统一采纳熊彼特的民主概念，并用确定的概念建构各种民主化理论。在民主化研究领域，推广熊彼特概念在 20 世纪 50 年代是得到主流学者支持并参与确立的一次行为。① 这次重构民主概念的行动"既是一个政治运动，同样也是一个知识性运动"②。1959 年，李普赛特首先在《民主的一些社会条件》中采纳了与熊彼特相同的民主定义，这一定义在一年后出版的《政治人》一书中得到继续采纳。在他之后，无论主流学者在现代化和民主化的研究范式上具有怎样的区别，熊彼特民主定义的主流地位从未被动摇过。亨廷顿在《第三波——20 世纪后期民主化浪潮》一书中坦言："自第二次世界大战之后，主流的方法几乎完全根据选举来界定民主"，"一个现代民族国家，如果其强有力的决策者中多数是通过公平、诚实、定期的选举产生的，并且实际上每个公民都有投票权，那么，这个国家就有了民主政体。这一关于民主的程序性定义是由熊彼特在《资本主义、社会主义与民主》一书中提出的，并得到了普遍地承认，也得到了在这一领域从事研究的学者的公认。根据这一定义，选举是民主的本质"。③

政治科学界选择将"选举民主"作为唯一的民主概念和模式，不仅是一种确立范式的行为，还是一种政治行为，体现了一种概念政治。所谓"概念政治"，是指"人们通过界定、解释和运用某一本来具有争议性的概念——例如民主——从而将这一概念固化，并通过推广这一固化概念去

---

① Steven Levitsky, "Institutionalization and Peronism: The Concept, The Case, and The Case for Unpacking the Concept", *Party Politics*, Vol. 4, No. 1, 1998, p. 77.

② ［英］安东尼·阿巴拉斯特：《西方自由主义的兴衰》，曹海军等译，吉林人民出版社 2004 年版，第 432 页。

③ ［美］塞缪尔·亨廷顿：《第三波——20 世纪后期民主化浪潮》，刘军宁译，上海三联出版社 1998 年版，第 6 页。

影响现实世界的一种政治方式"①。自由民主范式的确立，正是为了通过规范民主概念进而规范世界民主进程。这意味着，无论在政治上还是学术上，偏离自由民主范式的人可能会承受被学术同人否定或无视的风险。从政治角度来说，这是一种在"冷战"期间难以被容忍的背叛行为；从学术角度来说，范式意味着在某一研究议题上形成了较为统一的研究概念，它"在一段时期内为以后几代实践者们暗暗规定了一个研究的合理问题和方法"②，"以共同范式为基础进行研究的人，都承诺同样的规则和标准从事科学实践"③，"那些不愿意或不能把他们的工作与该范式相协调的人，他们只能孤立地进行工作或依附于某个别的团体"④。在这种情势下，与学术共同体确立的"选举民主"概念有不同观点的学者，要么坚持己见面临孤立，要么融入范式向前推进，查尔斯·梅里亚姆和罗伯特·达尔代表了两个不同的案例。

1940 年，继承了杜威民主观念的梅里亚姆出版了一本非常具有影响力的民主著作《民主是什么？》。在书中，梅里亚姆将民主定义为"一种由社会主体决定国家共同体控制和指导方向的政治联合形式。在民主政体中，必须为大众参政和管理者对被管理者负责提供某种相应的程序"。他把民主看作"一种精神、一种对待同胞的态度。认为民主的目的是推动人类文明的进步。而文明的进步从根本上说是大众获益"⑤。而民主使大众获益必然

① Christopher Hobson and Milja Kurki, *The Conceptual Politics of Democracy Promotion*, New York: Routledge, 2012, p. 3.

② ［美］托马斯·库恩：《科学革命的结构》，金吾伦、胡新和译，北京大学出版社 2003 年版，第 8 页。

③ ［美］托马斯·库恩：《科学革命的结构》，金吾伦、胡新和译，北京大学出版社 2003 年版，第 8—9 页。

④ ［美］托马斯·库恩：《科学革命的结构》，金吾伦、胡新和译，北京大学出版社 2003 年版，第 15—16 页。

⑤ Charles E. Merriam, *What is Democracy?*, Chicago: University of Chicago Press, 1941, p. 6.

意味着："每个人在获得最低限度安全方面具有平等的机会。每个人都拥有最低标准的食物、住房和衣物。每个人都有一份收入不错的工作和免于失业的保障。每个人都有接受教育的保障，每个人都有免受衰老威胁的保障。"① 梅里亚姆的民主观明显是一种具有社会主义倾向的社会民主观念，因而，当美国政府决定将民主作为"冷战"的旗帜时，他这种理想的民主观必然要让位于一种更实用的民主观，于是梅里亚姆的《民主是什么?》一书在"冷战"开始之后就停止出版了。1948 年 12 月，梅里亚姆的一位芝加哥大学的同事弗兰克·奈特（Frank Knight）在美国政治学会年会上批评了梅里亚姆的民主观，他指出："民主不应该被等同于某种社会目标，而应该被等同于自由。民主等同于社会目标必然导致人们不断地给政府新的任务和越来越多的权力，会使政府不久以后成为所有人的主人，而不是公仆。"②

罗伯特·达尔是一个非常具有研究价值的理论家，在不同的时代，他的理论所展现的问题维度十分不同。他不像亨廷顿、李普赛特，始终是一个自觉的美国体制的捍卫者，在他的早期和晚年，更多地表现出了对美国体制的批判立场。正因为如此，考察自由民主范式的意识形态特征，罗伯特·达尔是一个很好的研究对象。英国政治学家和历史学家厄奈斯特·巴克指出："没有哪一种政治哲学能脱离它的历史背景；大多数政治思想家的伟大著作……本身在某种意义上就是为他们的时代而写的政治手册。"③ 巴克的论述只说明了一个方面的问题，即政治理论是政治理论家的时代作品，另一方面的问题是，对于同一个时代，不同的政治理论家给予的解读却不一样，每一个有自觉意识和价值立场的理论家都会根据自己的价值立场去

---

① Charles E. Merriam, *On The Agenda of Democracy*, Cambridge Mass：Harverd University Press，1941，pp. 98 – 99.

② Frank Knight, "Economic and Social Policy in a Democratic Society", *Journal of Political Economy*, Vol. 58, 1950, p. 513.

③ ［英］厄奈斯特·巴克：《希腊政治理论》，卢华萍译，吉林人民出版社 2003 年版，第 18 页。

解读时代问题，他们对时代问题采取描述还是规范的研究方法，很大程度上就反映了他们对时代问题的态度。

达尔的学术思想分为截然不同的三个阶段：早期和晚期都接近社会主义和激进民主主义，只有中期，达尔成为自由民主经典概念——多头政体的创建者。究竟这三个阶段的思想哪一个代表真实的达尔？伊多·奥伦在《美国的对手与美国政治学的形成》一书中曾经讲过一个有趣的故事，这个故事来源于达尔自己的口述史。他说在20世纪30年代，达尔写于新政后期的博士论文雄心勃勃地试图从理论上调和政治民主原则和各种社会主义计划。达尔那时是美国社会主义党的成员，他希望美国通过类似的第二个新政，朝民主的社会主义秩序的方向迈进。和许多美国左翼人士一样，达尔反对美国参加"二战"。"二战"后，达尔进入了耶鲁大学。在那里，他和查尔斯·林德布洛姆合作了一项关于计划的研究项目，这个项目就是后来出版的《政治、经济和福利》一书。在书中，他们提出，应增加适合于民主社会混合型经济的理性计划。他们认为，熊彼特和哈耶克同社会主义辩护者之间的主义之争已经变得毫无意义，熊彼特对虚构出来的主要替代性选择的描述是一种令人失望的观点。然而，这本书在1953年初版时没有产生任何影响。让达尔一举成名的是他在1956年出版的《民主理论的前言》一书，在书中，他不再把民主和经济计划联系起来，他承认熊彼特的分析非常出色，并对他用程序定义民主的方法大加赞扬。① 伊多·奥伦用达尔短短三年时间的观点转变去证明熊彼特的"选举民主"观是一种"冷战"时政治学主流达成的共识，是美国民主研究意识形态化的表现。在这一点上，专门研究达尔"多头政体"理论的唐纳德·J. 李也认为，达尔的多头政体理论是对"冷战"期间程序民主观的迎合，战后政治科学家亟需确认美国政治体制的合法性。他指出："战后的环境下，政治科学被赋予的一项理论

---

① ［美］伊多·奥伦：《美国和美国的敌人：美国的对手与美国政治学的形成》，唐小松、王义桅译，上海人民出版社2004年版，第185—186页。

任务就是自由民主国家的新的正义，而国家面临的问题则是更加艰巨的获取所有经济和社会阶级的忠诚问题。"① 在这种情况下，"社会科学的发展很大程度上要归因于意识形态的作用，而刺激和维持这种发展的，是经受过为现状辩护思想的影响和社会控制新技巧的教育的研究人员的需要……而其中最重要的一个因素是基金的扩散，比如，达尔主要的工作就是由洛克菲勒基金所赞助的"②。对于这一问题，我们还可以参考罗伯特·达尔晚年出版的《民主、自由与平等》一书的序言，他说书中第二章关于社会民主主义的研究是他博士论文的一部分，由于特殊的原因，他的博士论文并没有得以出版。③ 正是受到"冷战"时期主流学术思潮的影响，在事业发展期的达尔没有坚持自己青年时代的批判立场，对自己的研究方向进行了调整，为美国政治科学界贡献了一种比熊彼特的"选举民主"观更具美国特色的、以"多头政体"为特征的自由民主观。

在很大程度上，达尔的"多头政体"观是对熊彼特"选举民主"观的发展。熊彼特将民主的本质定义为选拔统治者，他给人们描述的民主图景非常黯淡，大众在"选举民主"中扮演被统治者的角色，他们唯一能做的就是在选举季来临时通过选票表达自己的意见。因此，虽被主流力挺，熊彼特的民主观还是遭到很多学者的批判，人们认为选举民主不过是给精英统治套上了一层民主的光环，民众在民主中消失了。罗伯特·达尔进一步调和了理想民主和美国政体之间的鸿沟，面对众多对"选举民主"保守倾向的指责，以行为主义方法论见长的罗伯特·达尔注意到了把社会和政府联系起来的中介团体——利益集团。达尔指出，在美国政党政治之外，存

---

① Donald J. Lee, *Polyarchy*: *The Political Theory of Robert A. Dahl*, New York and London: Garland Publishing Inc. , 1991, p. 7.

② Donald J. Lee, *Polyarchy*: *The Political Theory of Robert A. Dahl*, New York and London: Garland Publishing Inc. , 1991, p. 50.

③ Robert A. Dahl, *Democracy*, *Liberty*, *and Equality*, Oslo: *Norwegian* Norwegian University Press, 1986, p. 23.

在着大量代表社会多元力量的利益集团，民主作为一种制度，不仅要允许人民以投票的方式选择统治者，还要允许个人基于利益、信仰、偏好结成各种利益组织，政府制定政策的过程，就是允许不同利益群体组织起来彼此竞争，并对各种社会利益集团诉求进行回应的过程。因此，民主不是少数统治，也不是多数统治，而是多重少数的统治。

达尔的"多元民主"理论事实上是熊彼特的"选举民主"理论再加上"利益集团"理论，因此，民主不仅仅是选举，还有保证少数能够结盟、表达的各种政治自由。在达尔建立"多元民主"新的民主理论之后，主流学术界在民主化研究中引用的民主定义就分为熊彼特的"选举民主"和达尔的"多元民主"两派。因为内涵更丰富，达尔的"多元民主"观后来居上，他关于保障多元民主运行的八个制度标准①被各种民主评估机构量化为相似的民主评估指标，根据这些指标，自由民主从一种描述性概念变成规范性概念，从一种民主模式的美国版本变成民主模式的普世版本，在此基础上，加入自由民主学术共同体的学者们的工作，就是丈量世界上各个国家离自由民主有多远，并研究它们何时、如何发生和完成从非民主制度向自由民主制度的转型。

## 二　自由民主的范式危机

基于"冷战"动因产生的自由民主范式在苏联解体、东欧剧变之后曾

---

①　这八个制度标准是：（1）建立和加入组织的自由。（2）表达自由。（3）投票权。（4）政治领导人为了争取支持而竞争的权利。（5）可选择的信息来源。（6）自由公正的选举。（7）根据选票和其他民意表达制定政府政策的制度。（8）取得公共职务的资格。参见［美］罗伯特·达尔《多头政体：参与与反对》，谭君久等译，商务印书馆2003年版，第13—14页。

经踌躇满志。许多民主化研究者得出与福山"历史终结论"相似的观点，认为"冷战"的结束意味着自由民主模式获得了胜利，未来就是见证它如何在世界各地生根发芽、开花结果。然而，第三波民主化实践的危机很快给这种"必胜主义"的乐观情绪浇了一盆冷水。

根据美国民主评估机构"自由之家"的统计，从 1974 年到 2011 年，世界上民主国家的数量增长了 43 个，但这种民主国家数量的增长与民主质量的下降却相伴而行，民主化没有像预期那样与大众利益的扩张和国家的有效治理呈现出稳定的相关性。在此过程中，发达国家的数量一个都没有增长，严格说甚至还有减少。葡萄牙、土耳其的经济每况愈下，希腊、冰岛宣布国家破产，俄罗斯从曾经可以与美国分庭抗礼的超级大国沦为靠贩卖资源和吃老本谋生的发展中国家。不仅如此，作为曾经的"亚洲四小龙"和第三波民主化转型的样板国家和地区——韩国和中国台湾，它们的民众普遍感觉实行民主后自己的生活水平不仅没有提高，相比于威权主义统治时期，相对收入还有所下降。学者郑振清的研究指出："在 1985 年，台湾最高百分之二十所得阶层与最低百分之二十所得阶层比较，所得分配差距为五点三八倍，是世界各国中所得分配较为平均的国家之一。"[①] 随着民主化进程的推进，台湾并没有变得更公正，基尼系数反而呈逐年上升趋势。郑振清将台湾工业化以来家庭所得分配分为三个阶段："第一阶段为 70 年代到 80 年代，这二十年间台湾基尼系数在最低 0.277（1980 年）到最高 0.303（1989 年）之间变动，高低倍数比在最低 4.17（1980 年）和最高 4.92（1989 年）之间变动，显示台湾处于均富型经济增长阶段，所得分配比较平均；第二阶段为 90 年代，这十年间基尼系数从 1990 年的 0.312 逐步上升到 2000 年的 0.326，高低倍数比从 1990 年的 5.18 上升到 2000 年的 5.55，显示台湾的均富型增长模式和所得分配发生变化，贫富差距开始扩大

---

① 郑振清：《社会民生政策与台湾选举政治》，《新产经》2012 年第 1 期。

但不算严重；第三阶段为 2001 年至 2010 年，这十年间基尼系数从 0.35 开始缓步上升，逼近国际警戒线，同时大岛指数基本上在 6.0 以上，2009 年达到 6.34，显示台湾的贫富差距持续扩大，所得分配不同于 70—80 年代均富型增长时期的状况。"[①] 具体到第三波民主化转型的重点区域后共产主义的东欧，2008 年，根据欧洲晴雨表的一份调查，只有 21% 的立陶宛人、24% 的保加利亚人、24% 的罗马尼亚人、30% 的匈牙利人、38% 的波兰人，认为他们从柏林墙的倒塌中有所受益，[②] 越来越多的人开始怀疑 90 年代初流行的公民社会解放东欧的观点。如今人们更多地认为，东欧转型是一场有利于精英并由精英主导的转型。这场从共产主义到自由主义的转型"只是将精英从意识形态束缚、从共同体的锁链、从被清算的恐惧、从犯罪感、从爱国主义，甚至从作为统治者必须肩负的责任中解放出来"[③]。其他发展中国家民主化的实践效果也乏善可陈，其主要成果仅仅表现为"选举民主"的确立和资本流动性的增强。民主尽管赋予了人民选择统治者的权利，但由于没有解决深层次的社会结构矛盾和形成不同阶级、族群之间共赢的经济增长模式以及利润分配方式，这种选举权的竞争反而使阶级和族群之间的矛盾显性化，因而频繁在发展中国家引发暴力冲突。

2008 年金融危机之后，自由民主的实践危机从第三波民主化国家扩展到原生国家。从欧洲到美国，体制外抗争和各种民粹主义运动风起云涌，究其原因，是因为财富分配不公使自由民主稳定运行的中产阶级结构被打破。根据经济合作与发展组织（OECD）2011 年度报告，在 2008 年全球经济危机爆发前 20 年间，经合组织成员国家庭实际可支配收入年均增长

---

① 郑振清：《社会民生政策与台湾选举政治》，《新产经》2012 年第 1 期。

② Eurobarometer 70, "Field Work, October-November 2008", *Data*, p. 58, December 2008, available at http：//ec. europa. eu/public_ opinion/archives/eb/eb70/eb70_ en. htm.

③ Ivan Krastev, "Twenty Years of Postcommunism: Deepening Dissatisfactory", *Journal of Democracy*, Vol. 21, No. 1, 2010, p. 114.

1.7%，但 10% 最富裕家庭的收入增长要远远高于大多数家庭的收入增长，收入不平等呈扩大趋势。① 2012 年《纽约时报》报道美国的贫富差距并没有在奥巴马任期内得到缩小，反而持续性扩大，"最富有的 20% 的人群所拥有的财富占总财富的 84%。在 2010 年，经济刚开始略有恢复的第一年，1% 的上层美国人又赢得了 93% 的收入盈利"，文章作者埃杜多·波特得出结论，如果富豪们利用政治制度来降低或者阻止穷人们发展和提升的现状得不到改变，"那么美国就将变成一个在自由民主漂亮外衣之下的世袭寡头国家"②。政治决策是利益博弈的过程，不同群体的博弈筹码和力量对比决定了博弈的结果。而大量实证研究证明："在第三波民主化过程中，由于权力向私有部门转移，私营企业家对政治参与的积极性和对政策的影响力都得到了大大的提高，与此同时工会的力量变得薄弱，工人的权力在削减，他们对政策的影响力在减少。"③

面对自由民主在各国表现出来的治理危机，自由民主学术共同体内部的学者对自由民主遭遇的实践困境也进行了深入反思。其中最有影响的论文应该是托马斯·卡罗瑟斯（Thomas Carothers）教授的《转型范式的终结》。在这篇发表于 2002 年《民主杂志》的论文中，卡罗瑟斯对民主转型范式存在的五大问题进行了系统的批评。他认为，与民主转型理论勾画的美好前景相反，第三波民主化普遍遭遇了转型危机，它们并没有转型成为真正的民主国家，而是长期被固定于"无效多元主义"和"权力主导性政治"的灰色区域。无效多元主义国家大多表现为政府腐败和无能，而权力主导性国家与其相反，存在一个过于强大的个人、政党或者组织操控整个

---

① http：//www. gfmag. com/tools/global - database/economic - data/11944 - wealth - distribution - income - inequality. html#axzz2WV4XnPBh.

② http：//slxh. buaa. edu. cn/kx020125. htm.

③ Peride Kaleagasi Blind, *Neoliberal Democratization：A Comparative Perspective on Turkey and Argentina*, Proquest, Umi Dissertation Publishing, 2011.

国家权力。为解释民主转型中出现的问题，卡罗瑟斯对民主转型范式进行了批评：第一，不能认为告别专制就意味着民主转型，大多数国家在专制之后长期处于灰色区域。第二，并不存在固定的民主发展的序列，不同国家的民主化过程是不同的。第三，竞争性选举并不意味着能扩大政治参与和增强政府责任，民主的有效性有赖于财富的合理分配和社会文化结构的变革。第四，民主转型论忽视了民主发展的条件，把民主看作单纯的政体变革。第五，民主转型论忽视国家能力建设，它过于注重分权，不利于稳定政体的生成。①

2010 年，普沃斯基出版了《民主与自治的限度》一书，在书中，他总结了自由民主所遇到的四个实践危机：（1）它无法解决社会经济领域的不平等问题；（2）它无法提供人们认为有效的政治参与；（3）它无法保证政府去做它应该做的，也无法保证政府不去做它不应该做的事；（4）它无法在秩序和不干预之间找到平衡点。② 普沃斯基提出的自由民主的这四个问题是很严厉的，它几乎等同于宣布了自由民主不适合治理。除此之外，普沃斯基还指出了自由民主的不足在于其受制于财产权优先的局限。他指出："代议制政府诞生于对大众参政的恐惧之中，因为大众中大部分是穷人和无知的人。美国建国之父们创建政体时的一个重要原则就是要使代议制能保护少数有钱人免受穷人的侵害。"③ 在财产权优先的情况下，"所有看似照顾弱者的慈善制度几乎是一种伪善，当需要触及私有财产时它就变得软弱无力。权力与财产之间的关系非常亲密并且经常表现得很无耻。赤裸裸的暴力常常作为保护财产权不受威胁的最后屏障。穷人被告知富人代表他们的

---

① Thomas Carothers, "The End of The Transition Paradigm", *Journal of Democracy*, Vol. 13, No. 1, 2002.

② Adam Przeworski, *Democracy and the Limits of Self – Government*, New York: Cambridge University Press, 2010, pp. 1 – 2.

③ Adam Przeworski, *Democracy and the Limits of Self – Government*, New York: Cambridge University Press, 2010, p. 162.

利益，女人被告知男人代表她们的利益，野蛮民族被告知殖民者代表他们的利益。当对财产侵害的可能性被立法禁止之后，自治、平等、自由等美好的词汇开始被知识分子精心建构起来作为装饰融入少数统治的制度中"①。

从 2008 年开始，福山也发表了大量文章反思自由民主和对美国否决性政体批评的文章，他强调好的自由民主是国家能力、法治与问责制的组合，由于大多数民主国家不注重法治和国家能力建设，民主在这些国家无法转换为治理绩效。

以上这些反思自由民主的研究虽然深刻地揭示了自由民主存在的问题，但也深刻地暴露了自由民主的范式危机。这种危机表现在，所有这些研究均没有质疑自由民主范式的前提，即自由民主概念及其背后的自由主义理念本身存在的问题。这导致他们对自由民主危机的认知是一种政策性的反思，他们不可能在自由民主之外去探讨自由民主政策性失败的根本原因。即使卡罗瑟斯指出了民主转型范式忽视了"民主的有效有赖于财富的合理分配和社会文化结构的变革"和"国家能力建设，过于注重分权"这样的真问题，他仍然无法解释，这一范式为何会对这些问题视而不见。即使普沃斯基花了大量的篇章去描述自由民主存在的问题，但他仍然得出结论："选举民主是唯一能使统治者按照被统治者的利益服务的可靠机制。"② "问题的关键是我们如何保证选举的公平和自由。"③ 即使福山对民主在实践中的不良表现已经达到了焦虑的程度，但他仍然强调："民主的失败，与其说

---

① Adam Przeworski, *Democracy and The Limits of Self - Government*, New York：Cambridge University Press, 2010, p. 162.

② Adam Przeworski, *Democracy and The Limits of Self - Government*, New York：Cambridge University Press, 2010, p. 167.

③ Adam Przeworski, *Democracy and The Limits of Self - Government*, New York：Cambridge University Press, 2010, p. 169.

在概念上，倒不如说在执行中。"① 因为对自由民主概念本身缺乏反思，民主化研究的学术共同体即使发生了研究兴趣的转移，比如从民主转型到民主巩固、从民主巩固到国家能力，但是它们仍然无法为人们走出自由民主危机贡献全新的视角，比如彻底抛弃自由民主范式，将民主概念变成可争议性概念；彻底抛弃政体类型学分类，将政体研究从形式合法性研究变为治理有效性研究；彻底抛弃社会主义反民主论，像在第一波民主化中真实发生的那样，在社会主义与民主有效运行之间建立相关性。这一工作只能由自由民主学术共同体之外的人来做，因为这是自由民主范式带给范式接受者的思维障碍，走出范式危机需要进行一场范式革命。

最后，我们再次引入库恩关于科学革命结构的观点去验证这场自由民主的范式危机。库恩将科学革命分为四个阶段：（1）常规科学的诞生，产生一个研究范式。由于美国政治科学学术共同体的努力，产生了自由民主的研究范式，这个范式将民主从可争议概念变成无争议概念，标志着在民主研究领域常规科学的诞生。（2）范式"在一段时期内为以后几代实践者们暗暗规定了一个研究的合理问题和方法"，"空前地吸引了一批坚定的拥护者，使他们脱离科学活动的其他竞争模式"。② 自由民主研究范式确立之后，民主转型学和民主巩固学都是在范式指导下的研究性工作，大量的政治科学工作者进入这项工作，扩展了范式的应用范围和精确性。这是一段范式的发展期。（3）出现严重的反常，引发范式危机。实践中自由民主遭遇危机，既定研究范式为危机提供了自认为合理的解释，但这些解释无法在实践中改变危机的现状。在科学家发现长期甚至严重的反常情况时，"虽然他们可能开始失去信心，然后考虑别的选择方案，但他们决不会抛弃已

---

① ［美］弗朗西斯·福山：《政治秩序的起源：从前人类时代到法国大革命》，毛俊杰译，广西师范大学出版社 2014 年版，第 11 页。

② ［美］托马斯·库恩：《科学革命的结构》，金吾伦、胡新和译，北京大学出版社 2003 年版，第 8 页。

导致他们陷入危机的范式"①。在此之前，科学家"会设计出大量的阐释并对他们的理论作特设性的修改，以消除任何明显的冲突"②。例如，福山就试图通过增加国家能力和法治两个维度去解释自由民主在很多国家的失败。但这种工作很难在自由主义的视野之下完成，"因为它要求大规模的范式破坏，要求常规科学的问题和技巧有重大转变"③。（4）新范式的诞生，危机得以平息。目前自由民主范式正处于危机中，新范式尚未产生。从范式危机到新范式的产生是一个非常漫长的过程，范式转换总是受到既有范式学术共同体的抵制。这表现在，在自由民主范式之外去反思自由民主危机的文章可能会难以在行业期刊内发表，也难以获得学术共同体的认可。因此，"从一个处于危机的范式，转变到一个常规科学的新传统能从其中产生出来的新范式，远不是一个累积过程，即远不是一个可以经由对旧范式的修改或扩展所能达到的程度。当转变完成时，专业的视野、方法和目标都将改变"④。库恩特别强调：旧范式与新范式之间具有不可通约性。在范式革命之后，即便是同样的用词，它们的真实含义也已改变。一个新理论的诞生就是一场世界观的转变。这意味着，未来，我们可能会见证新的民主理论，甚至民主完全成为一场过时的盛宴。

---

① ［美］托马斯·库恩：《科学革命的结构》，金吾伦、胡新和译，北京大学出版社 2003 年版，第 66 页。

② ［美］托马斯·库恩：《科学革命的结构》，金吾伦、胡新和译，北京大学出版社 2003 年版，第 67 页。

③ ［美］托马斯·库恩：《科学革命的结构》，金吾伦、胡新和译，北京大学出版社 2003 年版，第 57 页。

④ ［美］托马斯·库恩：《科学革命的结构》，金吾伦、胡新和译，北京大学出版社 2003 年版，第 72—73 页。

# 附录二　西方自由民主危机与中国民主话语构建

　　习近平总书记在哲学社会科学工作座谈会上的讲话强调："要注意加强话语体系建设。打造易于为国际社会所理解和接受的新概念、新范畴、新表述，引导国际学术界展开研究和讨论。"①民主，是世界范围内哲学社会科学中最有影响力的概念之一，也是当今世界被最大多数人认可的核心价值和制度模式。人类世界是被话语建构的世界，话语是建立在概念基础之上的，在这个意义上，谁主导了民主概念，谁就掌握了民主话语权。

　　2016年美国大选使美国自由民主制度遭遇了前所未有的危机。由于特朗普和桑德斯两个反精英建制者的参与，2016年美国大选从一开始就上演了一出不按常理出牌的年度大戏。这一常理是什么？就是大选的参与者要遵守不泄露底牌的游戏规则。这个底牌就是美国不是一个真正的民主国家，而是一个精英以民主之名统治的国家。因为要从众多"自由民主"体制内对手中突围，两个体制外的竞选者必须要迎合美国民众的民主需求，通过揭精英之短、暴体制之弊、应多数之需，借助民众主义路线登顶美国总统的宝座。于是，我们看到了一场从民主党党内超级代表拦截桑德斯到精英媒体一边倒支持希拉里的建制派自发抱团、开足火力、集齐待命的自卫反击战，这一反击战最终以特朗普的当选彻底暴露了美国精英与民众之间的

---

　　①　习近平：《在哲学社会科学工作座谈会上的讲话》，2016年5月18日，人民网（http://politics.people.com.cn/n1/2016/0518/c1024-28361421-2.html）。

裂痕，也将美国从民主的起诉方送上了民主的被告庭。随着特朗普当选为美国总统，世界范围内开始流行两个政治词汇：一个叫"民粹"，另一个叫"白左"。① 这两个派别虽然都不太看得上彼此，但是它们共同承认一个问题，就是美国的民主制度陷入了一场危机。民粹主义者认为，美国的民主根本是在戏弄选民，两党轮流坐庄，却选不出真正代表多数人利益的总统，以致财富集中越演越烈，财富对政治的影响越来越大。据美国学者研究，美国国会对上层的诉求总是有求必应，而对中下层的诉求总是视而不见，如果民主的本意意味着人民的统治，那美国已经成为一个以财富为凭的寡头制国家。而"白左"认为，美国民主制把特朗普这样没有治国经验、视政治正确为无物、靠语言出位竞选的政治素人送上总统之位，就证明它在网络政治时代已经陷入了危机，它只能选出迎合选民的野心家，而无法选出德才兼备的领导者，民主的择优功能已经失效。美国民主制度的危机，为中国建构自身的民主概念、确立中国民主话语权提供了良好的时机。然而，确立中国的民主话语，必须要解构西方的自由民主话语，澄清自由民主危机的实质和过程。要澄清这个过程，得找回历史的视野，在历史中认识自由民主的实质。

## 一　被自由民主掩盖的真实历史

霍布斯鲍姆将 20 世纪称作"极端的年代"。这个极端的年代有个重要

---

① "民粹"是"白左"对支持特朗普民众的称谓，说他们根本是不学无术的乌合之众，为了自己的一点私利就被政客忽悠。"白左"特指一些受过良好教育的西方白人，因为长期脱离本国最广大民众的生活，形成唱高调的多元价值观和道德优越感。他们高举政治正确的大旗，长期关注诸如移民、少数族裔、LGBT（女同性恋者"Lesbians"、男同性恋者"Gays"、双性恋者"Bisexuals"与跨性别者"Transgender"）和环境等问题，他们自以为是救世主，但其实不过是把自己的需求凌驾于别人的需求之上。

的价值分野和历史分野。价值分野就是资本主义与社会主义的分野。历史分野就是，在 20 世纪前半叶，社会主义是原告，资本主义是被告。在 20 世纪后半叶，社会主义变成了被告，资本主义成为原告。这个社会主义在西方世界从原告变成被告的过程非常耐人寻味，其中最重要的环节，就是美国通过民主概念和理论的建构，确认了西方选举民主的唯一民主性，将社会主义民主制度等同于反民主的极权主义。

霍布斯鲍姆在《极端的年代》中有过这样一段论述："大战方歇，如果说新掌权的共产党领导人有任何忧虑的话，绝不是担心社会主义的前途。""再看看各国的资产阶级，它们之中有谁能不为资本主义的前途担忧。法国的实业家在重建工厂之余，岂不也扪心自问：国有化政策，或干脆由红军当政，恐怕才能解决他们面对的问题？保守派法国史学家拉迪里后来回忆，当年即深受亲人这种疑惑心情的影响，毅然于 1949 年加入法国共产党。美国商业部副部长于 1947 年曾向总统杜鲁门提出报告说：欧洲多数国家已经摇摇欲坠，随时就会崩溃瓦解；至于其他国家，也是风雨飘摇，饱受威胁，好不到哪儿去。"① 面对资本主义制度的信誉危机，"二战"后承担起资本主义世界领导权任务的美国有着非常自觉和强烈的使命感，它清楚，纠缠于资本主义与社会主义的价值争论，资本主义很难在短时间内改变攻守劣势，"资本主义站在口袋里装着死刑判决书的法官面前受审。不管法官可能听到什么样的辩护词，他们只准备传达这个判决，被告有可能取得胜利的唯一办法是改变起诉书"②。

如何改变起诉书？转移价值争论的议题是可行的出路。"二战"之后，人类历史上兴起了"普世的民主宗教"。到 20 世纪 50 年代，"第一次没有

---

① ［英］霍布斯鲍姆：《极端的年代》（上），郑明萱译，江苏人民出版社 1998 年版，第 119 页。

② ［美］约瑟夫·熊彼特：《资本主义、社会主义与民主》，吴良健译，商务印书馆 1999 年版，第 227 页。

一种学说作为反民主的学说而提出"，在这个时代，"观点迥异的政治领袖都声称自己是民主人士。全世界所有的政权都把自己描述成民主政权"①。对美国而言，如果它能够通过话语构建，将民主等同于自身的政治制度，而把社会主义的人民民主制度排除于民主制度之外，它就从根本上维护了资本主义制度的合法性。

在今天很多人看来，欧美国家是发达和繁荣的象征。然而，我们今天看到的欧美和马克思看到的西欧是完全不同的景象。马克思之所以花费毕生经历去批判资产主义，就是因为他看到的资本主义存在着赤裸裸的、让有良知之士不能容忍的不公平。资产阶级穷奢极欲，无产阶级则衣不蔽体，他们在最艰苦的条件下日以继夜的工作，赚到的工资却不够满足一个人生活的基本需求。对于那个时代，我们可以在 19 世纪欧美作家的小说中一览无余，《雾都孤儿》中奥利弗的悲惨遭遇可以看作那个时代底层人民的真实写照。恩格斯的《英国工人阶级状况》一书，也非常写实地描述过英国辉煌的维多利亚时代工人阶级的悲惨生活。书中写道："一切可以保持清洁的手段都被剥夺了，水也被剥夺了，因为自来水管只有出钱才能安装，而河水又被污染，根本不能用于清洁的目的。他们被迫把所有的废弃物和垃圾、把所有的脏水甚至还常常把令人作呕的污物和粪便倒在街上，因为他们没有任何别的办法处理这些东西。这样，他们就不得不使自己的地区变得十分肮脏。各种各样的灾祸都落到穷人头上。城市人口本来就过于稠密，而穷人还被迫挤在一个狭小的空间。他们不仅呼吸街上的污浊空气，还被成打地塞在一间屋子里，他们在夜间呼吸的那种空气完全可以令人窒息。给他们住的是潮湿的房屋，不是下面冒水的地下室，就是上面漏雨的阁楼。为他们建造的房子不能使恶浊的空气流通出去。给他们穿的衣服是坏的、破烂的或不结实的。给他们吃的食物是劣质的、掺假的和难消化的。这个

---

① Richard McKeon eds. , *Democracy in a World of Tensions*, Paris：UNESCO, 1951, pp. 522 – 523.

社会使他们产生最激烈的情绪波动，使他们忽而感到很恐慌，忽而又觉得有希望，人们像追逐野兽一样追逐他们，不让他们得到安宁，不让他们过平静的生活。"①

马克思时代的欧洲如何变成了今天的福利欧洲，美国民主化研究的成果普遍认为是普选权的结果。首先，美国学者给民主下了一个确切的定义，将民主定义为在普选权基础上的多党竞争性选举。用亨廷顿的总结就是："一个现代民族国家，如果其强有力的决策者中多数是通过公平、诚实、定期的选举产生的，并且实际上每个公民都有投票权，那么，这个国家就有了民主政体"。② 然后，他们解释说，19世纪的欧洲之所以工人比较穷，是因为那个时候没有普选权，工人没有机会选举自己的政党上台执政。20世纪之后，发达国家逐渐实现了普选权，工人阶级纷纷成立了代表自己利益的政党，由于工人阶级在总人口中处于多数，所以，在一人一票的情况下，为了上台执政，不仅工人阶级政党本身，就连以往的资产阶级政党也纷纷投工人阶级所好，在竞选时提出很多迎合工人阶级诉求的纲领，随着工人阶级政党上台执政，推动了很多有利于工人利益的改革。这些改革包括：提高工资，削减劳动时间，给资产阶级增税，给工人提供失业救济、养老保险、医疗保险等社会保障。

这种解释有一部分道理，也看似符合历史真相。因为普选权的落实，发达国家发生了很大变化，赤贫消失了，无产阶级逐渐拥有了自己的财产变成了中产阶级，工人生活改善后失去了革命性，他们逐渐认同资本主义制度，不再向社会主义迈进了。到20世纪五六十年代，福利国家发展到最高峰，很多学者站出来宣布意识形态终结。他们指出，发达国家已经没有阶级矛盾了，代表不同阶级利益的意识形态失去了市场。然而，历史的真

---

① 《马克思恩格斯文集》第1卷，人民出版社2009年版，第410—411页。

② ［美］塞缪尔·亨廷顿：《第三波——20世纪后期民主化浪潮》，刘军宁译，上海三联书店出版社1998年版，第6页。

相并非如此。时代精神在 20 世纪 70 年代突然发生了逆转。20 世纪 70 年代，形势一片大好的西方突然发生了新一轮经济危机，经济发展陷入滞胀，与此同时，新保守主义在西方政界、学界异军突起。新保守主义声称，民主在西方已经发展过头了，资本家已经给工人让步太多，不能再让步了，在保守主义领袖撒切尔和里根的领导下，西方掀起了新保守主义革命，这个革命的目标很简单，就是向民主和福利进攻。为了向民主和福利进攻，政治上的新保守主义联合经济上的新自由主义，二者携手发起了一场解除资本管制的运动，全球化由此开始，人类进入了一个新资本主义时代。这个时代重演了 19 世纪的故事，故事的主题是：资本主义遏制民主。但这次遏制不是通过拒绝普选权，已经给予无产阶级的东西除非使用暴力很难收回去，而是通过建构新的民主概念，实现民主的自由主义化，让民主与社会主义脱钩。这一新的民主概念就是自由民主。自由民主是一系列与美国政治制度等同的形式指标，其中最重要的是多党竞争性选举和公民自由，随着自由民主观被人们接受，民主渐渐地被看作一种与经济结构和财富再分配没有相关性的政治自由主义制度，民主内含的反资本主义特质被祛除了。

　　自由民主的建构不仅是一种理论行为，还是一种政治行为，它体现了一种概念政治。所谓"概念政治"是指"人们通过界定、解释和运用某一本来具有争议性的概念——例如民主——从而将这一概念固化，并通过推广这一固化概念去影响现实世界的一种政治方式"①。"冷战"开始之后，在美国政府的支持下，美国社会科学家参与了一场规范民主概念的行动，这个行动的核心目标就是将民主去社会主义化。所谓的民主去社会主义化，就是通过建构一个规范性的民主定义，使民主从概念上等同于西方的自由民主模式，远离社会主义的人民民主模式。经过几番权衡，熊彼特的以

---

① Christopher Hobson and Milja Kurki, *The Conceptual Politics of Democracy Promotion*, New York：Routledge, 2012, p. 3.

"竞争式选举"为特征的"美国式"自由民主观被确认为诠释民主的最佳方案。① 自由民主将民主定义为选举，19 世纪西方发生的民主化运动自然就成了一场普选权扩张运动。在自由民主那里，普选权是民主的重点，而工人争取普选权的动机被掩盖掉了。虽然西方学者承认普选权与福利国家之间的关系，但是他们并没有真正说清楚福利国家从何而来，似乎有了普选权就有了福利国家。如果问题如此简单，为何我们今天世界上有这么多实现了普选权的国家，福利国家却仍然只存在于西欧几个发达国家之中？如果普选权就能带来福利国家，为何发达国家的普选权并没有消失，但从 20 世纪 70 年代开始却出现了一场去福利化运动？由此可见，西方学者讲述的普选权导致福利国家的故事并不是历史的真相。这背后还有更重要的因素，就是无产阶级与资产阶级的力量对比。民主仅仅被描述为选举是不够的，它只是用民主的形式取代了民主的实质。西欧的民主化事实上是一场被无产阶级政党组织起来的群众性运动，它需要借助意识形态动员和组织下层人民去改革社会结构和财富再分配，它的形式并不重要，它的实质必须代表最大多数人的利益。如果社会主义被置于民主的对立面，民主的多数就丧失了阶级意识，他们无法表达自己，只能接受资产阶级意识形态的话语规训和统治。

## 二　自由民主的实质与危机

自由民主的形式民主观规避了民主的实质是为了保证政府服务于人民的利益，仅仅将民主看作每隔几年在几个候选人中选择一个统治者的机会，这就为政客通过控制议题操纵民主提供了制度空间，最终反而证明了马克

---

① 具体过程参见张飞岸《论民主的"去社会主义化"——熊彼特"民主"概念的意识形态立场和功能解析》，《政治学研究》2011 年第 5 期。

思的论断：代议制民主只是资产阶级实现统治的一种方法。马克思在《1848—1850 年法兰西阶级斗争》中指出，资产阶级宪政民主与资产阶级财产权之间存在着根本性的矛盾："它通过普选权给予了政治权力的阶级正是它要使它们的社会奴役地位永恒化的那些阶级——无产阶级、农民阶级和小资产阶级，而被它剥夺了维持旧有社会权力的政治保证的阶级正是它批准具有这种权力的那个阶级——资产阶级。资产阶级的政治统治被宪法勉强塞进民主主义的框子里，而这个框子时时刻刻都在帮助资产阶级的敌人取得胜利，并使资产阶级社会的基础本身成为问题。宪法要求前者不要从政治的解放前进到社会的解放，要求后者不要从社会的复辟后退到政治的复辟。"①因为民主与资本主义之间存在着紧张关系，资产阶级的理想一直是既保持民主的假象，又让民主不威胁到资产阶级的财产权。

在一段时间内，资产阶级做到了这一点，他们通过各种意识操纵方式让人民接受了自由民主的全部理论，人民的阶级意识被瓦解，阶级联合被打破，这段时间开始于 20 世纪 70 年代末，延续至 2008 年美国金融危机。这段时期被美国学者克鲁格曼称作"新镀金时代"。"新镀金时代"发端于新保守主义革命，这场革命逆转了劳动和资本之间的力量对比。政治的本质是利益分配，而利益分配的方案取决于劳资之间的力量对比。要想让利益分配重新倾向于资方，就需要从主客观条件上扭转"二战"后形成的资方处于弱势、劳方处于强势的格局，让劳动重新处于资本的压制之下。美国作为资本主义世界的领导者，为此付出了不懈的努力，主要包括以下方面。

第一，让民主与社会主义脱钩。西方人谈论民主，很少提及它与社会主义的相关性。这种认知就是从 20 世纪 70 年代开始新保守主义意识形态不断宣传的结果。从历史上看，19 世纪开始的发达国家工人民主运动是与社

---

① 《马克思恩格斯选集》第 1 卷，人民出版社 1972 年版，第 427—428 页。

会主义运动紧密相连的。在那个时代，只有社会主义者是民主坚定的支持者，自由主义和保守主义对民主都采取保留态度。随着资产阶级的崛起和阶级结构的简化，民主日益被看成一种无论在价值还是目标上都与社会主义具有很大共同性的制度和理念，一种一旦实现就可能导致社会主义取代资本主义的力量。法国大革命结束后，西欧保守主义阵营的思想家们对大众与民主保持了更加戒惧的姿态。"在 19 世纪30—40 年代，自由主义者普遍相信，民主将不可避免地导致社会主义。社会主义意味着底层大众在社会上占据支配地位，大众的介入只能带来社会的不稳定、激进的财产再分配和野心勃勃的煽动家的掌权。"① 在当时，"无论是社会主义者还是他们的反对者，都认为民主和社会主义是一种同族现象。社会主义者将社会主义看作法国大革命和1848 年革命民主一翼的自然延伸，社会主义的反对者同样认为社会主义意味着民主的完全实现，意味着暴民统治和社会混乱"②。正因为民主与社会主义紧密相连，当时工人的民主运动有着强烈的利益诉求，它直接指向资本主义发展存在的最核心问题：少数人暴富与多数人贫困的并存。工人争取普选权并不是为了争取选择统治者的机会，而是选上的统治者代表工人阶级向资产者要求财富再分配。为了抹去民主与社会主义的相关性，美国社会科学家参与了一场建构自由民主概念的行动，这个行动的核心特征就是将民主去社会主义化。美国学者劳伦斯·迈耶和约翰·伯内特在对比较政治中的民主理论进行细化研究时，特别强调过西方民主化学者在重构民主概念时的打算："如果要使民主这个术语的定义能够用来根据我们的意思进行实践分类，它必须能够毫不含糊地用于我们认为应该归入民主一类的，以此与那些我们认为不应该归入民主一类的国家相

---

① Paul Edward Gottfried, *After Libertism—Mass Democracy in the Managerial State*, New Jersey: Princeton University Press, 1999, p. 39.

② Frank Cunningham, *Democracy Theory and Socialism*, New York: Cambridge University Press, 1987, p. 3.

区别。一个所设置的标准却没有西方国家能够满足是没有意义的，同样，一个既能运用于西方国家，又能运用于一党制国家的民主定义也是没有意义的"①。熊彼特建构的以"竞争式选举"作为"民主"评价核心准则的"精英民主"概念，之所以能够成为"冷战"至今"自由民主"的主流概念，无疑在于"它提供了一个标准，将我们认为民主的国家与非民主的国家相区别。如果将民主定义为在社会或经济上的平等程度，或者政府对人民的回应程度，那非民主国家可能符合甚至超过了我们认为的民主国家在这些属性上的程度"，以至于"那些被归于民主范畴之外的政治体系也可以拿来自我肯定"。②自由民主观念将民主背后的利益诉求屏蔽，把它变成一种竞选游戏，其实就是消灭了无产阶级的阶级意识，让他们忘记了自己的好生活不是来源于资本主义，而是来源于社会主义。

第二，抹黑社会主义，赞扬资本主义，让人失去想象另一个世界的能力。这项工作包含两个内容：首先，将社会主义等同于斯大林模式，又将斯大林模式抹黑，等同于没有民主、没有自由的极权主义。这种经西方话语建构的斯大林模式社会主义还没有资产阶级民主制先进，自然对人民毫无吸引力，苏联解体、东欧剧变，就是人民相信这种建构话语的结果。西方马克思主义学者佩里·安德森指出："共产主义运动的斯大林化，意味着资产阶级思想的主要部分重新获得了相对活力和对社会主义思想的优势。"③其次，将资本主义看作自由的前提，将自由看作民主的目的。哈耶克在《通往奴役之路》中认为，自由只存在于自由放任的市场经济之中，如果民主导致管制，就意味着民主对人的奴役，民主本质上是一种手段、一种保

---

① ［美］劳伦斯·迈耶等：《比较政治学：变化世界中的国家和理论》，罗飞等译，华夏出版社 2001 年版，第 35 页。

② ［美］劳伦斯·迈耶等：《比较政治学：变化世界中的国家和理论》，罗飞等译，华夏出版社 2001 年版，第 37—39 页。

③ ［英］佩里·安德森：《西方马克思主义探讨》，高铦等译，人民出版社 1981 年版，第 73 页。

障国内安定和个人自由的实用手段，它本身绝不是一贯正确和可靠无疑的。哈耶克反对国家给予穷人经济保障，认为经济保障这一概念与这个领域内其他用语一样，是含糊其辞的，因此，对要求保障的普遍赞同可能对自由来说是一种危险。而哈耶克倡导的自由不过是让钱来主导人，他非常荒谬地论述钱是人们所发明的最伟大的自由工具之一。在现存社会中，只有钱才向穷人开放一个惊人的选择范围，在这种社会里的穷人比在另一个不同类型的社会里拥有很多的物质享受的人要自由得多。哈耶克的观点要想成立是需要在两个问题上闭口不言的：一是资本主义必然导致两极分化；二是所谓的个人自由对于强者才是终极价值，只有强者才不需要任何帮助，而弱者需要保护者，国家权力需要在资本主义制度下代表民意扮演遏制资本的角色。然而，在一段时间内，西方主流媒体宣传的都是哈耶克们的观点，意识形态对社会主义的否定，使社会主义对资本主义的约束力降到了最低点。

第三，解除对资本的管制。从普选权到福利国家有两个前提：一是要人们认为管制资本是应该的、正义的；二是资本要没有反抗能力，只能接受政府的管制。新保守主义消解了这两个前提，解放了资本。首先，新自由主义者从意识形态上论证了福利国家的弊病，认为福利国家是造成经济停滞的罪魁祸首，因为福利国家给资本征税太多，因此资本失去了投资动力，资本不投资，经济自然就停滞了。舆论从以前批判资本剥削占有了大量利润转向批判民主掠夺了太多财富，导致投资无利可图，劳动人民成为懒汉。其次，新自由主义在全世界推进资本自由流动，"资产流动性遏制了穷人没收富人财产的可能"①，使民族国家内部民选政府对资本的约束能力大大减弱，当资本可以用脚投票时，选民就没有能力再与资本抗衡，民选政府只有一个选择，就是说服选民接受削减工资和福利的政策，以使资本

---

① ［美］卡莱斯·鲍什：《民主与再分配》，熊洁译，上海世纪出版集团 2011 年版，第 219 页。

能够留在本国创造就业机会。资本流动性的增强使国家代表多数选民遏制资本增值冲动的能力降低，直接扭转了资本与劳工之间的力量对比。

第四，左翼政党从经济左翼向文化左翼的转型。美国民主党20世纪60年代支持黑人和妇女的民权运动，使美国南部白人这一民主党的传统票仓转向共和党。为了赢得更多选票，民主党逐渐放弃了罗斯福时期开始的代表中下层利益的政治纲领，开始寻求全球化时代新的选民联盟。他们将选民锁定于全球化精英阶层、知识分子、女权主义者、少数族裔和移民，实现了从经济左翼向文化左翼转型。这种转型在民主党看来一方面可以避免经济上与下层走得太近而失去上层金主的支持，另一方面又坚持了政治自由主义原则，成为专注于文化议题的中上层和边缘群体与少数族裔的代言人。民主党的转型对欧洲左翼政党影响很大，它们纷纷变成文化多元主义的政党，偏离了传统经济左翼路线，这种偏离无意中配合了资本统治精英的阶级瓦解政策，把马克思眼中具有统一阶级利益的无产阶级，分化成一个个无法联合的身份共同体，并为经济危机中极右翼政党上台创造了条件。从2008年美国金融危机开始，资本主义世界陷入了全球性经济危机，这一危机符合马克思生产过剩危机的特征，也引发了发达国家中下层民众的不满，只是由于传统左翼放弃了对资本主义的批评，民众找不到自己的代言人，只好投入右翼民族主义的怀抱。民粹主义反体制运动在各地兴起，自由民主陷入了深层的结构危机。

所谓自由民主的结构性危机，是指它的危机来源于自由民主自身的弊病，无法通过自由民主的方式在现有资本主义经济、制度结构下得到解决。30多年的新自由主义运动对资本管制的解除、对社会主义的批评，使资本主义失去了约束力量，在30多年的时间里，财富迅速向少数人手里集中，中产阶级在这一过程中急剧缩减。中产阶级的减少，使世界政治走向极化。民族主义、民粹主义、种族主义、恐怖主义这些时代难题，本质上都是利益分配不公的结果。然而，社会主义力量的衰减让我们看不到改变世界的可能性，未来人类的出路有待于民主与社会主义的重新结合。要想重新实现民主与社会主义的结合，需要在意识形态领域掀起一场新的批评资本主义的运动。这一运动首先需要人们走出自由民主的话语霸权，实现民主话语从自由民主向人民民主的转型，这个任务，无疑要由中国的社会科学工作者来承担。

## 三 回到人民民主：建构中国民主话语权

长期以来，中国学者一直将人民民主看作中国特色社会主义的民主模式，并没有想过建构以人民民主为基础的具有国际影响力的新的民主概念和民主理论。这在某种程度上是缺乏理论自觉的表现，与习近平总书记提出的打造易于为国际社会所理解和接受的新概念、新范畴、新表述，引导国际学术界展开研究和讨论存在很大的距离。民主，是"冷战"后西方社会科学尤其是政治学的主导概念。在西方政治学界，有一半的学术成果与民主相关。为了建构自由民主话语权，从熊彼特到达尔，从萨托利到戴蒙德，美国经过几代学者的不懈努力，形成了以民主转型和民主巩固为议题的学术共同体。这个共同体修正了民主定义，形成了研究范式，影响了世界范围内各国学者、政治家和民众的民主观。到目前为止，所有西方民主评估指数都将竞争性选举作为民主评估的首要标准，竞争性选举在各项民主评估指标中占据了极大的权重，因而，在国际通行的话语中，中国与其他社会主义国家一直被看作非民主国家。要想在民主理论领域完成习近平总书记提出的"建立有国际影响力的学术概念"的要求，中国学者必须了解西方自由民主话语权是如何建立的，它和人民民主有什么关系。知道了这一关系，人民民主话语建构才是一种自觉的行为，才能有的放矢、有据可依。

在西方民主话语构建的过程中，自由民主的建构与人民民主的解构是一个问题的两面，也就是说，西方学者构建民主话语权是非常自觉的、反人民民主的智识行动，它的理论路径如下：第一，解构了以人民主权为基础的18—19世纪民主观，这一民主观将民主看作人民主权的实现，自由民主用否定人民存在共同利益的方式解构了人民，进而解构了人民民主，完成了用多元民主去置换多数民主的任务。第二，否定价值民主观，将民主看作一种程序性的方法、一种选拔统治者的制度安排，这一制度安排与英美的制度安排具有同一性，完成了用程序民主去置换实质民主的任务。针对自由民主理论建构的路径，人民民主应该逆向而行，将自身话语建构于自由民主的解构之上，它需要在理论上完成两个任务：一是恢复实质民主观，即民主是实践人民主权。人民民主是一种围绕共同利益和多数利益的民主观，它强调民主的价值在于人民当家作主和多数利益的实现。二是超越自由民主的意识形态特征和霸权性思维，将民主价值与民主模式分离。民主具有公认的价值，这是民主区别于其他政治概念和政治价值的存在论基础，然而，民主并没有统一的模式，任何国家都可以在自己历史和国情的基础上探索实现本国民主价值的制度模式。要做到这两点，人民民主必然与自由民主对形式民主的强调不同，它是一种实质民主观，它拒绝将某种制度看作民主唯一的实现途径，它专注于民主价值和民主功能的实现。

中国学者缺乏理论建构自觉性的最大原因之一是接受了西方社会科学价值中立的观念。他们长期接受西方学科范式的规训，根本意识不到他们耳熟能详并用来做各种评估的概念本身就是一种维护西方利益的意识形态，他们习惯于以拿来主义的方式用西方的概念去直接评估中国，并做各种量化研究。对于民主这么重要的概念拿来就用的结果就是，西方在中国培养了无数自由民主制度的拥趸，他们由于认定中国没有民主，从骨子里对中国政府就有一种深度的不认同，这是一种由民主话语缺失导致的中国政治制度的合法化危机。香港地区"暴乱"的重要原因之一就是香港青年长期被西方民主观洗脑，他们的激进和肆无忌惮很大程度上来自心理上的道德高地，以为自己是为香港争取民主的热血青年。然而，事实上，自由民主概念具有极强的目的指向，它的动机就是解构社会主义人民民主观，进而将民主价值的批判锋芒由对内转向对外，它的成功恰恰意味着民主的衰败。

自由民主是在西方资本主义国家与社会主义国家争夺民主话语权的条件下产生的一种民主范式。这一范式的概念来自熊彼特的《资本主义、社会主义与民主》一书中提出的全新的民主定义。人们很少意识到的是，熊彼特的民主概念，就是在解构人民民主的基础上产生。在自由民主范式产生之前，民主并不是一种制度模式，而是一种价值模式。在那之前，人们关于民主的价值基本没有争议，即民主的价值和目标是实现人民主权。熊彼特把以人民主权实现为目标的民主观称作古典民主观。在他看来，古典民主观有一个非常大的问题，即它是价值指向而不是程序指向的，这种民主观强调"人民意志"和"共同福利"，将选举仅仅作为一种实现"人民意志"和"共同福利"的方法，一旦这种方法未能实现人民意志和共同福利，它就面临着被批判和被取代的命运。在古典民主定义中，"选举代表对民主制度的最初目标而言是第二位的，最初目标是把决定政治问题的权力授予全体选民"①。为了批判古典民主观，熊彼特否定了"共同福利"的存在，一旦人民没有共同福利，那以"共同福利"为基础的"人民意志"也就不复存在。他论证说，根本不存在全体人民能够同意或者用合理论证的力量可使其同意的独一无二地决定的共同福利。因为对于不同的个人和集团而言，共同的福利必然指向不同的东西。一旦我们不相信"共同福利"存在，"人民意志"这个概念也就不存在，"因为这个概念必须以存在人人认辨得

---

① ［美］约瑟夫·熊彼特：《资本主义、社会主义与民主》，吴良健译，商务印书馆 1999 年版，第 395 页。

出的独一无二地决定的共同福利为先决条件"①。在批判古典民主理论的基础上，熊彼特建构了他的"选举民主"理论。他根据英、美两国既存制度的特征去界定民主，提出民主并不是指人民的统治，而只是通过竞争性选举赋予人民选择统治者的机会。他宣称："民主政治并不意味也不能意味人民真正在统治——就'人民'和'统治'两词的任何明显意义而言——民主政治的意思只能是人民有接受或拒绝将要来统治他们的人的机会。"② 在古典民主理论中，选举代表相对民主制度的最初目标而言是第二位的，最初目标是把决定政治问题的权力授予全体选民。熊彼特认为"现实的民主定义应该把这两个要素的作用倒转过来，把选民决定政治问题放在第二位，把选举做出政治决定的人作为最初目标"③。换言之，人民的任务是产生政府。民主应该定义为一种选择统治者的方法，"民主方法就是那种为做出政治决定而实行的制度安排，在这种安排中，某些人通过争取人民选票取得做决定的权力"④。

很显然，熊彼特的选举民主观正是以否定"共同利益"和"人民意志"为前提，而这两点，恰恰是人民民主理论的要旨。人民民主是一种以实现人民主权为目标的民主观，对于人民主权而言，"共同福利"和"人民意志"是绝对不可或缺的要素。人民主权理论的创始人卢梭，坚持区分"公意"和"众意"，强调"公意"着眼于全民的公共利益，而"众意"着眼于私人利益，只是个别意志的总和。否定了"共同福利"，也就否定了人民

---

① ［美］约瑟夫·熊彼特：《资本主义、社会主义与民主》，吴良健译，商务印书馆 1999 年版，第 372—373 页。

② ［美］约瑟夫·熊彼特：《资本主义、社会主义与民主》，吴良健译，商务印书馆 1999 年版，第 415 页。

③ ［美］约瑟夫·熊彼特：《资本主义、社会主义与民主》，吴良健译，商务印书馆 1999 年版，第 396 页。

④ ［美］约瑟夫·熊彼特：《资本主义、社会主义与民主》，吴良健译，商务印书馆 1999 年版，第 396 页。

的存在，自由民主就是反人民的民主。自由民主的反人民性，到罗伯特·达尔那里有了更详尽的理论阐释，他把自由民主称作多头政体，用多元民主观取代了多数民主观，强调民主不是"公意"，而是"众意"之间的竞争，民主不是多数的统治，多数从来不存在，民主是多重少数的统治。

正是基于自由民主对人民的否定，我们才得以确立人民民主为人民主权的正统，它是真正承认人民主权的民主观。在自由民主那里，人民主权是暴民政治的同义语，它必须被消解于人权和公民权之中。因此，自由民主国家不强调人民，只强调公民；不强调主权，只强调人权。在用人权和公民权置换了人民主权之后，自由民主声称，民主的功能不在于实现多数的意志，而在于保护少数的权利。正因为自由民主将人民主权置换为人权和公民权，要恢复人民主权，就必须将自由民主颠倒的民主观重新颠倒过来，恢复人民民主观的正统性。对于人民民主观而言，产生统治者的方法是第二位的问题，民主第一位的问题是实现人民的意志、维护人民的利益。人民民主是强调人民共同利益的民主，人民的内涵对于人民民主具有举足轻重的意义。

人民，是一个起源于西方的概念，哲学家吉奥乔·阿甘本在《什么是人民？》一文中探讨过西方历史和语境中人民的内涵。他考证指出，"人民"在西方思想史和词源学中呈现过两重意义：一是指一个共同体中的所有人；一是指共同体中的穷人、无权的人、被压迫的人、被征服的人，即"所有事实上——如果不是法律上的话——被从政治中排除出去的阶层"①。换言之，"人民"，既指所有人，又指被排除在政治之外者。根据人民的双重内涵，人民具有双重的特性：第一，是人民的整体性；第二，是人民的阶级性。这意味着，以人民利益为基础的人民民主观包含两个部分的内容：一是实现人民的公共利益；二是实现人民的阶级利益。与自由民主强调少数

---

① Giorgio Agamben, *Means Without End*: *Notes on Politics*, trans. Vincenzo Binetti and Cesare Casarino, Minneapolis: University of Minnesota Press, 2000, p. 29.

人的利益和权利不同，人民民主既强调公共利益，又强调多数利益，即中下层阶级的利益。公共利益和阶级利益兼顾是人民民主的本质特征。只有恢复人民民主的理论视野，沿着自由民主解构人民民主的脉络去重塑人民民主的特性，我们才能明确意识到，当今世界的自由民主危机，正是政治公共性和阶级性的双重危机，因为自由民主既不代表公共利益，也不代表多数利益，它只是一种以民主的名义维护少数人利益的意识形态，是一种代表资产阶级利益的民主观。

与自由民主观不同，人民民主观是一种科学的、马克思主义的民主观。这一民主观并不试图抽象地将民主宣布为普世价值，当然也不会认为世界上有普遍的民主模式。在马克思看来，民主由于坚持人民主权的终极价值，始终将公共利益和多数利益的实现作为民主的目标。为了实现公共利益和多数利益，人民民主必然与偏重于限制国家权力和保护少数精英利益的自由民主有着不同的价值偏好和制度设计。自由民主本质上是一种最低层次的形式民主观。按照林肯在"葛底斯堡"的演讲，它试图将最大多数人排斥在政治参与和利润分享之外，它在价值上用私人利益替代了公共利益，导致了民主性质的改变，它在治理上将自由置于秩序之前，导致遍布全球的国家治理危机。人民民主不是一种形式民主观，而是一种实质民主观，人民民主的评估标准体现为如下特征：（1）自由民主指标强调民主的自由面向，人民民主指标强调民主的平等面向；（2）自由民主指标强调民主的竞争性，人民民主指标强调民主的回应性；（3）自由民主指标强调对国家权力的限制和个人权利与集团利益，人民民主指标强调国家治理能力和维护公共利益；（4）自由民主指标强调民主的选举性，人民民主指标强调民主的协商性。

作为一种强调实现人民利益和人民当家作主的民主观，人民民主不要求有固定的模式，每个国家都可以通过与自己历史、政治文化契合的方式创建自己的人民民主制度。中国的人民民主模式就是中国共产党领导下的人民民主专政，它强调党的领导和人民当家作主与依法治国的有机统一。自由民主强调，由于人民主观上形成不了公共意志，因此，人民民主就不可能实现。然而，在人民民主视野中，即使人民很难自发形成公共意志，也并不代表客观上不存在人民的公共利益，在这个意义上，人民民主恰恰需要一个能够超越个人和集团私利，帮助人民形成并实现公共利益的组织，在中国，这个组织就是中国共产党。

中国的民主话语建构，既要能够提出与自由民主模式不同的民主概念和理论，又要能将中国的民主理论与中国的民主实践实现逻辑上的统一。人民民主的本质和内涵只是前提性工作，除此之外，要想产生国际影响力，还要在学理上、概念上与自由民主观及其背后的理论预设形成对话，这是一个系统的理论工程，至少要完成三个任务：第一，在西方学者那里，人民民主一直被作为极权主义或者平民主义（民粹主义）的一种模式置于民主的对立面。这种对立是通过自由民主 VS 极权主义、自由民主 VS 民粹主义两组概念建构实现的。因此，人民民主理论在解构自由民主概念的同时，还要解构极权主义和民粹主义两个概念，澄清极权主义、民粹主义产生的资本主义原因。第二，人民民主理论还要从理论上批判三个自由民主的核心理念：资本主义私有制是民主的前提，对国家权力的限制是民主的任务，个人权利的实现是民主的目标。这需要对西方一整套社会科学理念进行自由主义的批判式反思。第三，人民民主概念和理论的建构还要从民主发展史、民主价值剖析、民主实现方式上完成民主与社会主义相关性的建立和民主与资本主义相关性的脱钩。从历史发展来看，人民民主产生于社会主义思想家和民主主义者对资产阶级民主阶级性和精英性的批判，所以从源头上它就是一种优越于自由民主的模式，体现了民主的深化与发展。从价值上看，民主的核心价值是平等而不是自由，因此，现代西方普选权的推动者一直来源于弱势群体——工人阶级、少数族裔、妇女的社会抗争而不是资产阶级精英的良心发现。自由民主将自由而不是平等作为民主的核心价值，无疑是将资产阶级精英的利益置于大众利益之上。从实现方式上看，弱者的权力实现需要组织和领导者，国家和领袖在民主的实现中起着至关重要的作用，因此，民主的实现形式不是限权和分权而是民主集中制，没有集中的民主必然在实践中是无效的民主。

# 参考文献

## 中文部分

### 一 专著

马克思：《资本论》第 1 卷，人民出版社 1975 年版。

《马克思恩格斯全集》第 1 卷，人民出版社 1995 年版。

《马克思恩格斯全集》第 1 卷，人民出版社 1965 年版。

《马克思恩格斯选集》第 2 卷，人民出版社 1972 年版。

《马克思恩格斯选集》第 1 卷，人民出版社 1995 年版。

陈平：《新自由主义的兴起与衰落——拉丁美洲经济结构改革（1973—2003）》，世界知识出版社 2008 年版。

洪育沂主编：《拉美国际关系史纲》，外语教学与研究出版社 1996 年版。

李剑鸣：《大转折的年代——美国进步主义运动研究》，天津教育出版社 1992 年版。

林被甸、董经胜：《拉丁美洲史》，人民出版社 2010 年版。

刘绪贻等主编：《美国通史》（第 4 卷），人民出版社 2001 年版。

刘绪贻、李存训：《富兰克林·D. 罗斯福时代（1929—1945）》，人民出版社 1994 年版。

刘绪贻、杨生茂：《战后美国史》，人民出版社 1989 年版。

苏振兴主编：《拉美国家社会转型期的困惑》，中国社会科学出版社 2010

年版。

苏振兴主编：《拉美国家现代化进程研究》，社会科学文献出版社 2006
年版。

唐士其：《西方政治思想史》，北京大学出版社 2002 年版。

王绍光：《安邦之道——国家转型的目标与途径》，生活·读书·新知三联
书店 2007 年版。

徐世澄：《帝国霸权与拉丁美洲：战后美国对拉美的干涉》，世界知识出版
社 2002 年版。

徐世澄：《拉丁美洲政治》，中国社科出版社 2006 年版。

应克复等：《西方民主史》，中国社会科学出版社 2012 年版。

张锡昌、周剑卿：《战后法国外交史》，世界知识出版社 1993 年版。

［阿根廷］吉列尔莫·奥唐奈：《现代化和官僚威权主义：南美政治研究》，
王欢等译，北京大学出版社 2008 年版。

［比利时］厄内斯特·曼德尔：《权利与货币：马克思主义的官僚理论》，孟
捷译，中央编译出版社 2002 年版。

［德］格尔哈德·帕普克主编：《知识、自由与秩序》，黄冰源等译，中国社
会科学出版社 2001 年版。

［德］卡尔·曼海姆：《意识形态与乌托邦》，黎鸣、李书崇译，商务印书馆
2000 年版。

［德］米歇尔斯：《寡头统治铁律——现代民主制度中的政党社会学》，任军
锋等译，天津人民出版社 2003 年版。

［德］W. 桑巴特：《为什么美国没有社会主义》，赖海榕译，社会科学文献
出版社 2003 年版。

［俄］弗拉季斯拉夫·伊诺泽姆采夫主编：《民主与现代化》，徐向梅等译，
中央编译出版社 2011 年版。

［俄］谢·卡拉—穆尔扎：《论意识操纵》，徐昌翰等译，社会科学文献出版

社 2004 年版。

［法］阿尔都塞：《保卫马克思》，顾良译，商务印书馆 1984 年版。

［法］阿·索布尔：《法国大革命史》，马胜利译，中国社会科学出版社
1989 年版。

［法］贡斯当：《古代人的自由与现代人的自由》，阎克文、刘满贵译，上海
人民出版社 2003 年版。

［法］孟德斯鸠：《论法的精神》，张雁深译，商务印书馆 1961 年版。

［法］托克维尔：《论美国的民主》，董果良译，商务印书馆 1995 年版。

［古希腊］亚里士多德：《政治学》，吴寿彭译，商务印书馆 2007 年版。

［加］艾伦·伍德：《民主反对资本主义》，吕薇洲等译，重庆出版社 2007
年版。

［美］阿兰·艾萨克：《政治学的视野与方法》，张继武等译，南京大学出版
社 1988 年版。

［美］阿伦·利普哈特：《多元社会中的民主：一项比较研究》，刘伟译，上
海人民出版社 2013 年版。

［美］埃里克·方纳：《美国自由的故事》，王希译，商务印书馆 2002 年版。

［美］埃里克·霍布斯鲍姆：《帝国的年代：1875—1914》，贾士蘅译，江苏
人民出版社 1999 年版。

［美］安东尼·阿巴拉斯特：《民主》，孙荣飞等译，吉林人民出版社 2005
年版。

［美］安东尼·阿巴拉斯特：《西方自由主义的兴衰》，曹海军译，吉林人民
出版社 2004 年版。

［美］保罗·克鲁格曼：《美国怎么了？——一个自由主义者的良知》，刘波
译，中信出版社 2008 年版。

［美］本杰明·巴伯：《强势民主》，彭斌、吴润洲译，吉林人民出版社
2006 年版。

〔美〕E. 布拉德福德·伯恩斯、朱莉·阿·查利普：《简明拉丁美洲史：拉丁美洲现代化进程的诠释》，王宁坤译，世界图书出版社 2009 年版。

〔美〕蔡爱眉：《起火的世界——输出自由市场民主酿成种族仇恨和全球动荡》，刘怀昭译，中国大百科全书出版社 2005 年版。

〔美〕查尔斯·A. 比尔德：《美国宪法的经济观》，何希齐译，商务印书馆 1989 年版。

〔美〕查尔斯·蒂利：《民主》，魏洪钟译，上海人民出版社 2009 年版。

〔美〕查尔斯·蒂利：《欧洲的抗争与民主》，陈周旺等译，格致出版社，上海人民出版社 2008 年版。

〔美〕查尔斯·J. 福克斯等：《后现代公共行政》，楚艳红等译，中国人民大学出版社 2002 年版。

〔美〕查尔斯·赖特·米尔斯：《权力精英》，王崑等译，南京大学出版社 2004 年版。

〔美〕查尔斯·林德布罗姆：《政治与市场：世界的政治—经济制度》，王逸舟译，生活·读书·新知三联书店 1994 年版。

〔美〕达龙·阿塞莫格鲁、詹姆士·A. 罗宾逊：《政治发展的经济分析：专制和民主的经济起源》，马春文译，上海财经大学出版社 2008 年版。

〔美〕大卫·哈维：《新自由主义简史》，王钦译，上海译文出版社 2010 年版。

〔美〕戴维·伊斯顿：《政治生活的系统分析》，王浦劬等译，华夏出版社 1999 年版。

〔美〕弗朗西斯·福山：《政治秩序的起源：从前人类时代到法国大革命》，毛俊杰译，桂林：广西师范大学出版社 2012 年版。

〔美〕哈罗德·D. 拉斯韦尔：《政治学——谁得到什么？何时和如何得到?》，杨昌裕译，商务印书馆 1992 年版。

〔美〕赫伯特·马尔库塞：《单向度的人：发达工业社会意识形态研究》，刘继译，上海世纪出版集团 2008 年版。

［美］亨廷顿：《变化社会中的政治秩序》，王冠华等译，上海世纪出版集团 2008 年版。

［美］亨廷顿：《第三波——20 世纪后期民主化浪潮》，刘军宁译，上海三联书店 1998 年版。

［美］亨廷顿等：《现代化理论与历史经济的再探讨》，罗荣渠等编译，上海译文出版社 1993 年版。

［美］胡安·J. 林茨、阿尔弗莱德·斯泰潘：《民主转型与巩固的问题——南欧、南美和后共产主义欧洲》，孙龙等译，浙江人民出版社 2008 年版。

［美］华勒斯坦等：《开放社会科学》，刘锋译，生活·读书·新知三联书店 1997 年版。

［美］霍华德·威亚尔达主编：《民主与民主化比较研究》，榕远译，北京大学出版社 2004 年版。

［美］加里·纳什等：《美国人民：创建一个国家和一种社会（1865—2002）》（下卷），刘德斌等译，北京大学出版社 2008 年版。

［美］卡莱斯·鲍什：《民主与再分配》，熊洁译，上海世纪出版集团 2011 年版。

［美］拉尔夫·德·贝茨：《美国史（1933—1973）》（上卷），南京大学历史系英美对外关系研究室译，人民出版社 1984 年版。

［美］拉里·M. 巴特尔斯：《不平等的民主——新镀金时代的政治经济学分析》，方卿译，上海世纪出版集团 2012 年版。

［美］拉里·戴蒙德：《民主的精神》，张大军译，群言出版社 2013 年版。

［美］拉塞尔·雅各比：《乌托邦之死——冷漠时代的政治与文化》，姚建彬译，新星出版社 2007 年版。

［美］劳伦斯·迈耶等：《比较政治学：变化世界中的国家和理论》，罗飞等译，华夏出版社 2001 年版。

［美］雷迅马：《作为意识形态的现代化——社会科学与美国对第三世界政策》，牛可译，中央编译出版社 2003 年版。

［美］李普塞特：《政治人——政治的社会基础》，张绍宗译，上海人民出版社 1997 年版。

［美］理查德·霍夫施塔特：《美国思想中的社会达尔文主义》，郭正昭译，台湾联湮出版公司 1981 年版。

［美］理查德·霍夫施塔特：《美国政治传统及其缔造者》，崔永禄等译，商务印书馆 1994 年版。

［美］罗伯特·达尔：《多头政体：参与和反对》，谭君久等译，商务印书馆 2003 年版。

［美］罗伯特·达尔：《多元主义民主的困境》，周军华译，吉林人民出版社 2006 年版。

［美］罗伯特·达尔：《论民主》，李凤华译，中国人民大学出版社 2012 年版。

［美］罗伯特·A. 达尔：《民主及其批评者》，曹海军、佟德志译，吉林人民出版社 2006 年版。

［美］罗伯特·达尔：《民主理论的前言》，顾昕、朱丹译，生活·读书·新知三联书店 1999 年版。

［美］罗兰·斯特龙伯格：《西方现代思想史》，刘北成等译，中央编译出版社 2005 年版。

［美］罗纳德·H. 奇尔科特：《比较政治学理论：新范式的探索》，高铦、潘世强译，社会科学文献出版社 1998 年版。

［美］罗纳德·奇尔科特主编：《替代拉美的新自由主义》，江时学等译，社会科学文献出版社 2004 年版。

［美］莫里斯·迈斯纳：《毛泽东的中国及后毛泽东的中国——人民共和国史》，杜蒲译，四川人民出版社 1989 年版。

［美］诺姆·乔姆斯基：《失败的国家：滥用权力和践踏民主》，白璐译，上海译文出版社 2009 年版。

［美］皮埃尔·卡蓝默：《破碎的民主·试论治理的革命》，庄晨燕译，生活·读书·新知三联书店 2005 年版。

［美］乔万尼·萨托利：《民主新论》，冯克利、阎克文译，上海人民出版社 2009 年版。

［美］萨拜因：《政治学说史》，盛葵阳、崔妙因译，商务印书馆 1990 年版。

［美］塞缪尔·鲍尔斯、赫伯特·金蒂斯：《民主和资本主义》，韩水法译，商务印书馆 2003 年版。

［美］塞缪尔·亨廷顿等：《民主的危机——就民主国家的统治能力写给三边委员会的报告》，马殿军等译，求实出版社 1989 年版。

［美］斯塔夫里阿诺斯：《全球通史》（下），吴象婴等译，北京大学出版社 2006 年版。

［美］泰格、利维：《法律与资本主义的兴起》，纪琨译，学林出版社 1996 年版。

［美］托马斯·戴伊，哈蒙·齐格勒：《民主的嘲讽》，孙占平等译，世界知识出版社 1991 年版。

［美］威廉·J. 本内特：《美国通史》，刘军译，江西人民出版社 2009 年版。

［美］文森特·奥斯特罗姆：《民主的意义及民主制度的脆弱性——回应托克维尔的挑战》，陕西人民出版社 2011 年版。

［美］沃勒斯坦等：《自由主义的终结》，郝名玮、张凡译，社会科学文献出版社 2002 年版。

［美］西达·斯考切波：《国家与社会革命：对法国、俄国和中国的比较分析》，何俊志、王学车译，上海人民出版社 2007 年版。

［美］希尔斯曼：《美国是如何治理的》，曹大鹏译，商务印书馆 1986 年版。

［美］亚当·普沃斯基：《民主与市场——东欧与拉丁美洲的政治经济改

革》，包雅钧等译，北京大学出版社 2005 年版。

［美］亚当·普沃斯基：《资本主义与社会民主》，丁韶彬译，中国人民大学出版社 2012 年版。

［美］伊多·奥伦：《美国和美国的敌人：美国的对手与美国政治学的形成》，唐小松、王义桅译，上海世纪出版集团 2004 年版。

［美］伊恩·夏皮罗：《民主理论的现状》，王军译，中国人民大学出版社 2013 年版。

［美］约翰·邓恩：《让人民自由——民主的历史》，尹钛译，新星出版社 2010 年版。

［美］约翰·邓恩主编：《民主的历程》，林猛等译，吉林人民出版社 1999 年版。

［美］约翰·杜威：《人的问题》，傅统先译，上海人民出版社 1986 年版。

［美］约瑟夫·熊彼特：《经济分析史》，朱泱等译，商务印书馆 1996 年版。

［美］约瑟夫·熊彼特：《资本主义、社会主义与民主》，吴良健译，商务印书馆 1999 年版。

［意］阿奎那：《阿奎那政治著作选》，马清槐译，商务印书馆 1963 年版。

［英］阿克顿：《自由史论》，胡传胜等译，译林出版社 2001 年版。

［英］保罗·塔格特：《民粹主义》，袁明旭译，吉林人民出版社 2005 年版。

［英］戴维·赫尔德：《民主的模式》，燕继荣译，中央编译出版社 1998 年版。

［英］厄奈斯特·巴克：《希腊政治理论》，卢华萍译，吉林人民出版社 2003 年版。

［英］弗朗西丝·斯托纳·桑德斯：《文化冷战与中央情报局》，曹大鹏译，国际文化出版公司 2002 年版。

［英］弗里德里希·哈耶克：《自由秩序原理》（下），邓正来译，生活·读书·新知三联书店 1997 年版。

［英］G. R. 甘米奇：《宪章运动史》，苏公隽译，商务印书馆 1979 年版。

［英］霍布斯鲍姆：《极端的年代》，郑明萱译，江苏人民出版社 1999 年版。

［英］卡尔·波兰尼：《大转型：我们时代的政治与经济起源》，冯钢、刘阳译，浙江人民出版社 2007 年版。

［英］洛克：《政府论》（下篇），瞿菊农、叶启芳译，商务印书馆 1982 年版。

［英］T. H. 马歇尔、安东尼·吉登斯：《公民身份与社会阶级》，郭忠华、刘训练编译，江苏人民出版社 2008 年版。

［英］迈克尔·罗斯金等：《政治科学》，林震等译，华夏出版社 2000 年版。

［英］迈克尔·欧克肖特：《代议制民主中的大众》，《政治中的理性主义》，张汝伦译，上海译文出版社 2004 年版。

［英］迈克尔·帕伦蒂：《少数人的民主》，张萌译，北京大学出版社 2009 年版。

［英］佩里·安德森：《西方马克思主义探讨》，高铦等译，人民出版社 1981 年版。

［英］唐纳德·萨松：《欧洲社会主义百年史》（上），姜辉等译，社会科学文献出版社 2008 年版。

## 二 论文

白钢：《现代西方民主刍议》，《书屋》2004 年第 1 期。

房亚明：《民主、不平等与再分配：结果正义的维度》，《人文杂志》2010 年第 3 期。

谷亚光：《全球收入分配差距扩大及其原因分析》，《教学与研究》2011 年第 3 期。

郭拥军：《泛美危机与争取进步联盟的形成》，《拉丁美洲研究》2003 年第 2 期。

姜赞东：《权力拜物教略论——兼析前苏东社会主义转型的深层原因》，《学术前沿》2004 年第 7 期。

蒋达勇：《民主理论的反思与重构——基于话语分析的视角》，《理论与现代化》2009 年第 6 期。

景跃进：《民主化理论与当代中国政治发展》，《新视野》2011 年第 1 期。

李剑鸣：《美国革命时期民主概念的演变》，《历史研究》2007 年第 1 期。

李剑鸣：《危机想象与美国革命的特征》，《中国社会科学》2010 年第 3 期。

刘友霞：《法国大革命时期的平均主义》，《历史教学问题》1996 年第 1 期。

马骏：《经济、社会变迁与国家治理转型：美国进步时代改革》，《公共管理研究》2008 年第 6 卷。

齐传钧：《拉美地区收入分配状况新趋势探析》，《拉丁美洲研究》2012 年第 2 期。

孙力、高民政：《工人运动与西方民主》，《政治学研究》1999 年第 3 期。

王翠文：《从拉美的经历看新自由主义神话的幻灭》，《当代世界与社会主义》（双月刊）2004 年第 2 期。

王绍光：《有效的民主与政府》，《战略与管理》2002 年第 6 期。

王友明：《拉美左翼政府治理新自由主义》，《国际问题研究》2007 年第 4 期。

徐湘林：《转型危机与国家治理：中国的经验》，《经济社会体制比较（双月刊)》2010 年第 5 期。

许振洲：《试论民主与社会主义的本质联系》，《国际政治研究》2008 年第 4 期。

杨光斌：《民主的社会主义之维——兼评资产阶级与民主政治的神话》，《中国社会科学》2009 年第 3 期。

杨光斌：《政体理论的回归与超越：建构一种超越左右的民主观》，《中国人民大学学报》2011 年第 4 期。

于群：《社会科学研究与美国心理冷战战略——以"学说宣传项目"为核心的探讨》，《美国研究》2007 年第 2 期。

於荣：《战后美国社会科学研究政策及其对美国社会科学研究的影响》，《清华大学教育研究》2010 年第 1 期。

俞可平：《治理和善治：一种新的政治分析框架》，《南京社会科学》2001 年第 9 期。

周洪军：《拉斯基"民主的社会主义"——社会民主主义和民主社会主义的过渡阶段》，《哈尔滨学院学报》2005 年第 6 期。

周琪：《美国对西方近代民主制的贡献——代议制民主》，《美国研究》1994 年第 4 期。


三　博士学位论文

王聪：《冷战后美国输出民主战略研究》，吉林大学博士学位论文，2010 年。

武小凯：《以自由看待民主——基于自由与民主关系的视角》，武汉大学博士学位论文，2010 年。

余宜斌：《自由主义民主的困境与重建——麦克弗森的政治理论研究》，复旦大学博士学位论文，2007 年。

周圣平：《罗伯特·达尔多元主义民主观研究》，中国中央党校博士论文，2010 年。


# 英文部分


一　专著

Adam Przeworski, Susan C. Stokes, and Bernard Manin, *Democracy, Accountability, and Representation*, Cambridge University Press, 1999.

Andrew M. Carstairs, *A Short History of Electoral Systems in Western Europe*, London: George Allen and Unwin, 1980.

Andreas Schedler, *Electoral authoritarianism: The Dynamics of Unfree Competition*, L. Rienner Publishers Inc. , 2006.

Andrew Rehfeld, *The Concept of Constituency: Political Representation, Democratic Legitimacy and Institutional Design*, Cambridge: Cambridge University Press, 2005.

Adam Przeworski, *Sustainable Democracy*, New York: Cambridge University Press, 1995.

Arne Naess, Jens A. Christophersen, and Kjell Kvalo, *Democracy, Ideology and Objectivity*, Oxford: Basil Blackwell, 1956.

Bernard Manin, *The Principles of Representative Government*, Cambridge: Cambridge University Press, 1997.

Brian Seitz, *The Trace of Political Representation*, State University of New York, 1995.

Christiano, Thomas, *The Rule of the Many: Fundamental Issues in Democratic Theory*, Boulder: Westview Press, 1996.

Christopher Hobson and Milja Kurki, *The Conceptual Politics of Democracy Promotion*, New York: Routledge, 2012.

Dietrich Rueschemeyer, Evelyne Huber Huber and John D . Stephens, *Capitalist Development and Democracy*, Chicago: University of Chicago Press, 1992.

Daron Acemoglu and James Robinson, *Economic Origins of Dictatorship and Democracy*, Cambridge University Press, 2005.

David Judge, *Representation: Theory and Practice in British Politics*, London: Routledge, 1999.

David Beetham, *Democracy and Human Rights*, Cambridge: Polity Press, 1999.

Daniel Pipes, Adam Garfinkle, *Friendly Tyrants: An American Dilemma*, New

York: St. Martin's Press, 1991.

Donald J. Lee, *Polyarchy: The Political theory of Robert A. Dahl*, New York and London: Garland Publishing Inc. , 1991.

Elihu Katz, Yael Warshel, *Election Studies: What's Their Use?* , Westview Press, 2001.

Eric W. Robimoa, *Ancient Greek Democracy: Readings and Sources*, Blackwell Publishing, 2004.

Eduardo Posada-Carbo, *Elections before Democracy: The History of Elections in Europe and Latin America*, Palgrave Macmillan, 1996.

Frank Cunningham, *Theories of Democracy: A Critical Introduction*, Routledge, 2002.

Frank Cunningham, *Democratic Theory and Socialism*, Cambridge University Press, 1987.

Fareed Zakaria, *The Future of Freedom: Illiberal Democracy at Home and A-broad*, W. W. Norton & Company, 2007.

G. Bingham, Powell, J. R. , *Election as Instruments of Democracy: Majoritarian and Proportional Visions*, Yale University Press, 2000.

Gould, Carol C. , *Rethinking Democracy: Freedom and Social Cooperation in Politics, Economy and Society*, Cambridge University Press, 1988.

Hanna F. Pitkin, *The Concept of Representation*, University of California Press, 1972.

Harrop, M. and Miller, W. L. , *Elections and Voters: A Comparative Introduction*, Basingstoke: Macmillan, 1987.

John Stuart Mill, *The Basic Writings of John Stuart Mill: On Liberty, the Subjection of Women and Utilitarianism*, Modern Library, 2002.

Johnathan O' Neill, *Originalism in American Law and Politics: A Constitutional*

*History*, The Johns Hopkins University Press, 2005.

John D. Stephens, *The Transition from Capitalism to Socialism*, Urbana and Chicago: University of Illinois Press, 1986.

Jean Grugel, *Democratization: A Critical Introduction*, New York: Palgrave, 2002.

Joseph S. Tulchin (eds.), *Democratic Governance and Social Inequality*, Boulder: Lynne Rienner Publishers Inc. , 2002.

Kenneth L. Kusmer, *Down&Out: The Homeless in American Hisroty*, New York: Oxford University Press, 2002.

Luciano Canfora, *Democracy in Europe: A History of an Ideology*, Blackwell Publishing, 2006.

Larry Diamond, *Developing Democracy: Toward Consolidation*, Baltimore: The Johns Hopkins University Press, 1999.

Macpherson, Crawford Brough, *The Real World of Democracy*, Concord, O. N. : Anasi, 1965.

Macpherson, Crawford Brough, *Democracy Theory: Essays in Retrieval*, Oxford: Clarendon Press, 1973.

Micheal Mandelbaum, *Democracy's Good Name: The Rise and Risks of the World's Most Popular Form of Government*, New York: Public Affairs, 2007.

Melryn Dubofsky, *The United States in Twentieth Century*, New Jersery, 1978.

Nadia Urbinati, *Representative Democracy: Principles and Genealogy*, University Of Chicago Press, 2008.

Noam Chomsky, *Necessary Illusions: Thought Control in Democratic Societies*, London: Pluto Press, 1989.

Paul Barry Clarke, Joe Foweraker, *Encyclopedia of Democratic Thought*, Routledge, 2001.

Peter Bachrach, *The Theory of Democratic Elitism*: *A Critique*, Little Brown and Company, 1967.

Raymond Wiliams, *Culture and Society 1780 – 1950*, London: Chatto & Windus, 1959.

Reinhold Niebuhr, *The Irony of American History*, New York: Charles Scribner' Sons, 1952.

Robert A. Dahl, *A Preface to Economic Democracy*, Berkeley: University of California Press, 1985.

Ronald Inglehart and Christian Welzel, *Modernization*, *Cultural Change and Democracy*: *The Human Development Sequence*, Cambridge: Cambridge University Press.

Robert A. Dahl, *Toward Democracy*: *A Journey Reflections*(*1940 – 1997*), Berkeley: Institute of Governmental Studies Press, 1997.

Robert A. Dahl, *Democracy*, *Liberty*, *and Equality*, Norwegian University Press, 1986.

Robert A. Dahl, Charles E. Lindblom, *Politics*, *Economics And Welfare*, New Brunswick and London: Transaction Publisher, 1992.

Robert A. Dahl, *A Preface to Economic Democracy*, Berkeley: University of California Press, 1985.

Ruth Berins Collier, *Paths Toward Democracy*: *The Working Class and Elites in Western Europe and South America*, New York: Cambridge University Press, 1999.

Sheri Berman, *The Primacy of Politics*: *Social Democracy and the Making of Europe's Twentieth Century*, New York: Cambridge University Press, 2006.

Steven J. Hood, *Political Development and Democratic Theory*: *Rethinking Comparative Politics*, New York: M. E. Sharpe Inc. , 2004.

Sheri Berman, *The Primacy of Politics: Social Democracy and the Making of Europe's Twentieth Century*, New York: Cambridge University Press, 2006.

Weinstein James, *The Decline of Socialism in America 1912 – 1925*, New York: Monthly Review Press, 1967.

William Riker, *The Art of Political Manipulation*, New Haven: Yale University Press, 1986.


二　论文

Adrian Leftwich, "Governance, Democracy and Development in The Third World", *Third World Quarterly*, 1993, Vol. 14, No. 3.

Barbara Wejnert, "Diffusion, Development and Democracy (1800 – 1999)", *American Sociological Review*, Vol. 70, No. 1, 2005.

Cheol-Sung Lee, "Income Inequality, Democracy and Public Sector Size", *American Sociological Review*, Vol. 70, No. 1, 2005.

Carl Henrik Knutsen, "Measuring Effective Democracy", *International Political Science Review*, Vol. 31, No. 2, 2010.

David Collier and Steven Levitsky, "Democracy With Adjectives: Conceptual Innovation in Comparative Research", *World Politics*, Vol. 49, 1997.

Edward Muller, "Economic Determinants of Democracy", *American Sociological Review*, Vol. 60, 1995.

Gregory Brunk, Gregory Caldeira and Michael Lewis-Beck, "Capitalism, Socialism and Democracy: An Empirical Inquiry", *European Journal of Political Research*, Vol. 15, 1987.

G. Therborn, "The Rule of Capital and the Rise of Democracy", *New Left Review*, No. 133, 1977.

Giovanni Sartori, "Concept Misformation in Comparative Politics", *The American*

*Political Science Review*, Vol. 64, No. 4, 1970.

Hardin, Russell, "Representing Ignorance", *Social Philosophy and Policy*, Vol. 21, 2004.

Ivan Krastev, "Twenty Years of Postcommunism: Deepening Dissatisfactory", *Journal of Democracy*, Vol. 21, No. 1, 2010.

Judith Stepan-Norris and Maurice Zeitlin, "Radicalism, and Democracy in America's Industrial Unions", *Social Forces*, Vol. 75, No. 1, 1996.

James A. Yunker, "Would Democracy Survive under Market Socialism", *Polity*, Vol. 18, No. 4, 1986.

Jordan Michael Smith, "The U. S. Democracy Project", *The National Interest*, No. 125, 2013.

Kenneth Bollen, "Political Democracy and the Timing of Development", *American Sociological Review*, Vol. 44, 1979.

Larry Diamond, "Is the Third Wave Over?", *Journal of Democracy*, Vol. 7, No. 3, 1996.

Leslie H. Gelb, "The Free Elections Trap", *New York Times*, Vol. 29, 1991.

Milja Kurki, "Democracy and Conceptual Contestability: Reconsidering Conceptions of Democracyin Democracy Promotion", *International Studies Review*, Vol. 12, 2010.

Perry Belmont, "Democracy and Socialism", *The North American Review*, Vol. 164, No. 485, 1897.

Plotke, David, "Representation is Democracy. *Constellations*", Vol. 4, No. 1, 1997.

Philippe C. Schmitter and Javier Santiso, "Three Temporal Dimensions to the Consolidation of Democracy", *International Political Science Review*, Vol. 19, No. 1, 1998.

Richard I. Hofferbert and Hans-Dieter Klingemann, "Democracy and Its Discontents in Post-Wall Germany", *International Political Science Review*, Vol. 22, 2001.

Richard Rose& Doh Chull Shin, "Democratization Backwards: The Problem of Third-Wave Democracies", *British Journal of Political Science*, Vol. 31, No. 2, 2001.

Ronald Inglehart and Christian Welzel, "Political Culture and Democracy: Analyzing Cross-Level Linkages", *Comparative Politics*, Vol. 36, No. 1, 2003.

Seymour Lipset, "Some Social Requisites of Democracy", *American Political Science Review*, 1959.

Samuel Huntington, "Conservatism as an Ideology", *American Political Science Review*, Vol. 51, No. 2, 1957.

Seymour Martin Lipset, "The Social Requisites of Democracy Revisited: 1993 Presidential Address", *American Sociological Review*, Vol. 59, No. 1, 1994.

Steven Levitsky and Lucan A. Way, "Elections Without Democracy: The Rise of Competitive Authoritarianism", *Journal of Democracy*, Vol. 13, 2002.

Thomas Carothers, "The End of The Transition Paradigm", *Journal of Democracy*, Vol. 13, No. 1, 2002.

Wendy Sarvasy, "J. S. Mill's Theory of Democracy for a Period of Transition between Capitalism & Socialism", *Polity*, Vol. 16, No. 4, 1984.

Warren, Mark and Dario Castiglione, "The Transformation of Democratic Representation", *Democracy and Society*, Vol. 2, Issue I, 2004.

Zehra Arat, "Demoracy and Economic Development: Modernization Theory Revisited", *Comparative Politics*, Vol. 21, 1988.

# 后　记

当用键盘敲下后记两个字时，终于有种如释重负的感觉。由于自己在写作过程中经历了世界观和价值观反复重塑，并追求对主题的准确把握和细节了解，文章成型的过程用了过长的时间。然而，由于主题过于宏大，即使到现在，我仍然认为对于民主化这个主题，鉴于有太多的意识形态和主流成见遮蔽，想要了解事实的真相，得出符合实践经验和发展中国家真实需求的结论，还有漫长的路要走。然而，求知是个满负艰辛又充满乐趣的过程，作为一门以实践人类善治为追求的学科，政治学给予我的又不仅仅是求知那么简单。在研读政治学经典过程中的每一次灵魂触动和精神洗礼都能让我感受到上下求索的幸福和拨云见日的喜悦，为此，我必须感谢将这种幸福和喜悦的境遇赐予我的每一位师友。

首先要感谢的当然是我的博士导师杨光斌教授。许多年过去了，我还能感受到第一次阅读和编辑导师大作《民主的社会主义之维》时那满是共鸣的喜悦心情。杨老师是一位具有广阔视野和原创思想的学者，能成为他的学生一直以来被我视为莫大的幸运。在写作博士论文的过程中，杨老师深刻的洞见给了我很多创作的启示，他的严厉批评也是激励我不断前进的动力。

感谢程恩富教授。正是他的赏识，我得以以硕士生的身份进入中国社会科学院这一学术殿堂。从此，我有了充足的时间专心从事我热爱的事业，这种幸福感对我而言是最高级别的，因此，没有任何语言能够描述我对程恩富教授的感激之情。

感谢孙麾教授。在他手下工作的三年时间里，孙老师给了我莫大的理解、包容、帮助和鼓励，没有他的庇护，我可能会在一段并不习惯的人际关系里遭受很多挫折和委屈。

感谢徐湘林教授。在我论文写作最困难的时期，徐老师的鼓励给我了克服困难、不断前进的勇气。徐老师高洁的人品和严谨的治学态度是我一生学习的榜样。

感谢赵剑英社长。赵老师的支持和鼓励在我治学的过程中是鞭策我前进的动力。

感谢李良栋教授。李老师对青年学者的关怀和支持让我看到善良和质朴的品格对青年人格正能量的无穷激励。

感谢汪晖和王斑教授。他们为我提供了到斯坦福大学访学一年的机会，为本书收集外文资料提供了便利。

感谢范勇鹏和罗骞两位老师。作为有强烈心灵和观点共鸣的知己，和他们的交流让我拓宽了视野、增进了学识。他们是浮华社会里少有的淡泊清净之人，从他们身上我感受到了真正的学者风范。

感谢李月军、严海兵、曾毅几位同门，在博士论文的写作过程中，他们给予了我很大的帮助和支持。

感谢我最亲爱的好友：李潇潇、范春燕、尚晓宇、杨璇、周赟妍、王文锦、谭晶晶、黄振校、李委明、汪连海、周密，他们在我人生的道路上给予了无穷的关怀、友爱和欢乐，他们是我一生挚爱的伙伴。

感谢本书的编辑姜薇，本书的出版花费了她很多时间和精力，也凝结了她的智慧。

感谢我的爱人。他给了我无限的包容和支持，让我没有任何后顾之忧地从事自己喜爱的工作。

感谢爸爸妈妈。他们的生育和养育之恩我终身无以回报。

　　"为天地立心，为生民立命，为往圣继绝学，为万世开太平。"尽管自己能力有限，但张载的这句至理名言一直是我求知向学的最高追求，期望自己在未来的学术生涯中能离自己的理想近一点，再近一点。

张飞岸

2015 年 11 月